Literarische Streifzüge
Irland

Frank T. Zumbach

Irische Inspirationen

Literarische Streifzüge

Artemis & Winkler

Für Eva

Die Deutsche Bibliothek – CIP-Einheitsaufnahme
Ein Titeldatensatz für diese Publikation ist bei
Der Deutschen Bibliothek erhältlich.

© 2002 Patmos Verlag GmbH & Co. KG
Artemis & Winkler Verlag, Düsseldorf und Zürich
Alle Rechte, einschließlich derjenigen des auszugsweisen Abdrucks sowie
der fotomechanischen und elektronischen Wiedergabe, vorbehalten.
Umschlagmotiv: Davy Byrne's, 21 Duke Street
Photo: © Harry O. Sedlmair, München
Umschlaggestaltung: Groothuis, Lohfert, Consorten (Hamburg)
Satz: KompetenzCenter, Düsseldorf
Druck und Bindung: fgb · freiburger graphische betriebe
ISBN 3-538-07146-2
www.patmos.de

Inhalt

Vorwort

In der Kunst wie in der Wissenschaft gibt es keine Freude ohne das Detail ...

Nabokov, Eugen Onegin

People take pictures of each other, just to prove that they really existed ...

The Kinks

Ah, da sind sie wieder. Die Vampire vor den schönen Landschaften, die allen Ernstes glauben, sie in die Objektive ihrer Kameras saugen zu können. Aber Landschaften lassen sich kaum fotografieren, sie entwickeln ihren Zauber aus dem Augenblick, dem Sonnenstand, dem Spiel der Wolken und der Einsamkeit, dem direkten, subjektiven Erleben des Betrachters. Gibt es etwas Eintönigeres als eine Landschaftsaufnahme in einem Fotoalbum, als Dia auf einer Leinwand oder Urlaubsvideo auf einem Fernsehschirm? Nicht einmal die Beschreibung wird einer Landschaft gerecht. Darum kommen Landschaften in diesem Buch nicht vor. Der Leser, den es nach Irland verschlägt, wird sie auch ohne mich finden und hoffentlich nicht nur durch den Sucher des Fotoapparates betrachten, sondern entzückt im Hier und Jetzt.

Denn dies ist Irland, keltisches Land, *Tir na nOg*, das verlorengegangene Paradies. Die Insel der anders gehenden Uhren und der ständigen Überraschungen. Und der Pubs, natürlich. Da sitzt man gemütlich im Davy Byrne's über seinem Pint, und herein schneit ungebeten eine sechzehnköpfige Touristengruppe auf einem sogenannten Literary Pub Crawl. Ein Schauspieler rezitiert James Joyce, Flann O'Brien und Liam O'Flaherty, Blitzlichtgewitter, und mit Gemütlichkeit ist Schluß. Ich gebe also keine Pub-Empfehlungen.

Nein, ich möchte Sie zu einem Spaziergang einladen – einem Spaziergang durch Dublin vor allem und durch viele Jahrhunderte irischer Vergangenheit. Dies ist kein Reiseführer, in dem sämtliche ›Sehenswürdigkeiten‹ aufgelistet sind, keine erschöpfende Kultur- oder Literaturgeschichte, die auf Vollständigkeit Anspruch erhebt. Eher ein Bummel mit viel Muße zum Verweilen, eine Plauderei unter Freunden und Gleichgesinnten, die sich nicht damit zufrieden geben, Besichtigungspunkte abzuhaken, sondern die mehr erfahren wollen über Zusammenhänge und Hintergründe, die Spaß haben an Anekdoten und amüsanten oder schauerlichen Geschichten. In Irland erzählt jeder Stein, jeder Baum, jedes Haus so eine Geschichte. Mich interessiert, welche Menschen in diesen Häusern lebten, an denen man oft achtlos vorübergeht, was sie dachten, was sie trieben, was sie trugen, welche Parfüms sie benützten und welche Skelette sie im Keller hatten; was hinter den Gemälden, Statuen und Museumsstücken steckt, über die der Blick des gewöhnlichen Touristen ohne echte Anteilnahme schweift. Ich gönne mir den Luxus, an dem einen oder anderen Ort länger zu verweilen und in die Tiefe zu gehen, anstatt an der Oberfläche zu kleben. »Links sehen Sie die Marsh Library aus dem 17. Jahrhundert« reicht mir nicht. Ich will dann wissen: War dieser Mr. Marsh sympathisch? Welchen Leidenschaften frönte er? Was interessierte ihn am meisten? Welche Bücher sammelte er? Gibt es unflätigen Klatsch über ihn? Spukt er vielleicht noch als Geist in der Bibliothek herum?…Warum nennt man die Dubliner Architektur ›georgianisch‹? Was steht eigentlich im Book of Kells, wie ist es entstanden, welche Abenteuer hat es erlebt und welche Rätsel gibt es uns auf? Ich glaube, wir müssen wieder lernen, solche Fragen zu stellen, um von der langweiligen, fotografierbaren Beliebigkeit von Sehenswürdigkeiten zu den Geschichten vorzudringen, die sie erst interessant machen, zu den vergessenen Personen und Lebensumständen, die sie hervorbrachten. Denn Irland ist ein Puzzlesteinchen zum Verständnis der Welt…Wieso? Es würde mich freuen, wenn ich Ihre Neugierde geweckt habe. Kommen Sie, gehen wir ein Stückchen.

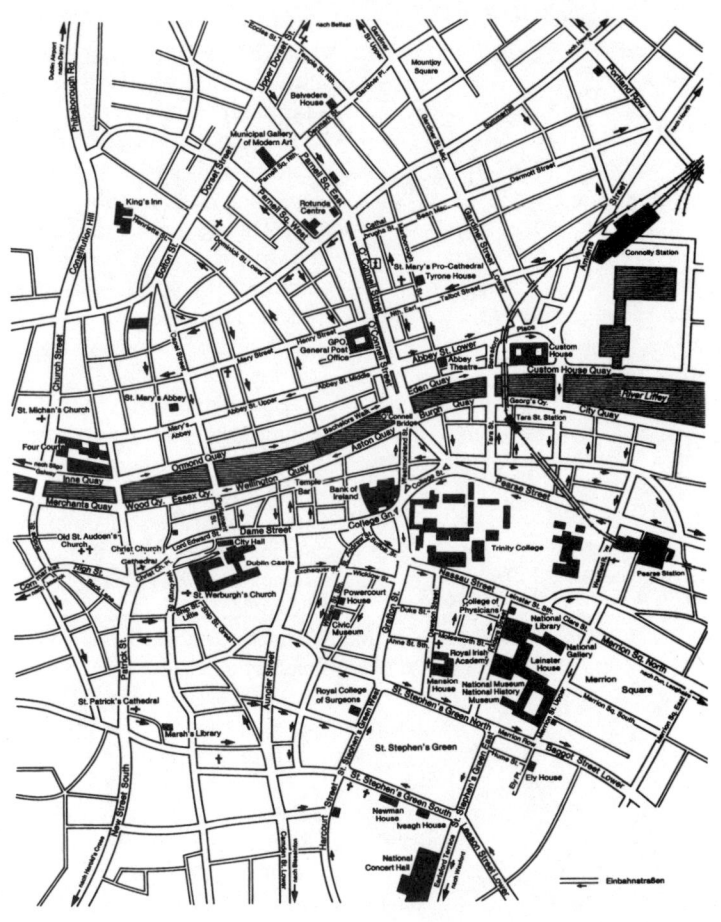

Dublin Innenstadt nördlich und südlich der Liffey

Einleitung

Warum sollten wir was für die Nachwelt tun?
Was hat die Nachwelt je für uns getan?

Joseph Addison

Ein Puzzlesteinchen

Der liebe Gott, behauptete Brendan Behan, habe den Alkohol nur darum erschaffen, um die Iren davon abzuhalten, die Welt zu beherrschen. Dafür gelang es ihnen immerhin, die abendländische Zivilisation zu retten (vgl. Thomas Cahill, *How the Irish Saved Civilisation*) und auf oft unerkannte Weise unsere Kultur, unser Denken und unseren Alltag zu durchdringen.

Die Stenographie beispielsweise verdanken wir John R. Gregg, das Sprudel- bzw. Sodawasser Robert Percival, Anfang des 19. Jahrhunderts Professor für Chemie am Trinity College in Dublin. Als ›Vater der Chemie‹ gilt Robert Boyle, der im 17. Jahrhundert durch seine Forschungen (Boyle's Law) die vordem eher mystisch-metaphysische Alchimie auf den Boden der Tatsachen holte und zur wissenschaftlichen Disziplin erhob. Das erste praktische System der Farbfotografie ließ sich 1894 der Ingenieur, Geologe und Physiker John Doly patentieren. Eine Revolution im Transportwesen löste John Dunlop aus: mit Luft gefüllte Reifen garantierten zum ersten Mal in Nordirland einen sanfteren und schnelleren Transport. Das Unterseeboot wurde von John Phillip Holland (1841–1914) erfunden, das lenkbare Torpedo von Louis Brennan, die Unterwassermine von Robert Fulton (das ›submarine‹ scheint eine Spezialität der Iren zu sein: Chefplaner und -ingenieur der *Titanic*, die in Belfast vom Stapel und wenig später auf einen Eisberg lief, war Thomas Andrew aus Comber, Co. Down). Zur Dezimierung der Wale trug bereits im 18. Jahrhundert Thomas Nesbitt durch eine von Fangschiffen abfeuerbare Harpune bei; zur Dezimierung ganzer Armeen führten Pläne Walter Gordon Wilsons, der die ersten brauchbaren Entwürfe zur

Herstellung von Panzern lieferte. Noch höher hinaus wollte ein Mr. James Martin, der den Schleudersitz für Piloten erfand.

Als Einstein 1919 in Brasilien seine Relativitätstheorie aufstellte, testete und verifizierte er sie mit einem sogenannten Colestat, einem teleskopartigen Instrument aus der Werkstatt der irischen Ingenieurs- und Optikerfamilie Grubb. Ohne Thomas Grubb (1800–1878) und seinen Sohn Howard wäre man heute bei der Betrachtung der Gestirne allgemein kurzsichtiger, und ohne die von Robert Mallet ins Leben gerufene Wissenschaft der Seismologie könnten wir nicht einmal die Erdbeben auf unserem eigenen Planeten vorhersagen – aber das sind Kleinigkeiten, verglichen mit der Entdeckung des Atoms – die, so heißt es, der englische Meteorologe John Dalton gemacht haben soll. Allerdings läßt sich nachweisen, daß er seine Erkenntnisse größtenteils aus einer 1789 erschienenen Dissertation des irischen Chemikers William Higgins abgekupfert hat. Was diese Welt im Innersten zusammenhält, wurde demnach eigentlich von einem Iren herausgefunden. Auch die Atomspaltung gelang zuerst dem Iren Jack Walton, der dafür 1951 den Nobelpreis für Physik erhielt. Der ›quark‹, jener subatomare Partikel, aus dem sich nach neuesten Forschungen Protonen und Neutronen zusammensetzen, wurde von dem amerikanischen Physiker Murray Gellman so getauft – nach einer Wortschöpfung in James Joyce' *Finnegans Wake*.

Nicht Joyce, aber dafür vier andere Schriftsteller der kleinen grünen Insel erhielten den Nobelpreis für Literatur: W. B. Yeats (»Sagen Sie mir nur, was der wert ist: wieviel springt für mich dabei heraus?«), George Bernard Shaw (»Nobelpreisgeld ist wie ein Rettungsring für einen Schwimmer, der das sichere Ufer schon erreicht hat«), Samuel Beckett (»I do not give interviews because I have no views to enter«) und Seamus Heaney (Gay Byrne: »Heißt das, daß Sie von nun an jeden Mist schreiben können?« Heaney: »Die Freiheit habe ich mir immer schon genommen.«) Zwischen der immer wieder überraschenden literarischen Produktivität und den dort üblichen Steuererleichterungen für freischaffende Autoren und Künstler besteht übrigens kaum ein Zusammenhang: »Was man hier an Steuern spart, fließt in Getränke.« (Spike Mulligan)

Die Bemerkungen Brendan Behans zu Gott, Alkohol, den Iren und noch nicht angetretener Weltherrschaft werden durch die Tatsache entkräftet, daß von den 42 amerikanischen Präsidenten genau die Hälfte irischer Abstammung war, darunter Andrew Jackson, Ulysses S. Grant, Woodrow Wilson, Herbert Clark Hoover, Harry S. Truman, John F. Kennedy, Richard Nixon, Ronald Reagan und Bill Clinton. Ebenfalls aus Irland kamen die berühmtberüchtigtsten Pioniere und Revolverhelden des Wilden Westens, z. B. Davy Crockett, Jesse James, Billy the Kid, ›Wild Bill‹ Hickock und ›Buffalo Bill‹ W. F. Cody. Hillbilly, Bluegrass – in der populären Country-Musik der Vereinigten Staaten sind irische Einflüsse unüberhörbar. Oder ein so ›typisch amerikanisches‹ Spektakel wie das am 31. Oktober: vom ausgehöhlten Kürbis bis zur gruseligen Kostümierung und dem Ausruf ›trick or treat‹ ursprünglich eine keltisch-irische Feier – Samhain – am Abend auf Allerheiligen (›All Hallow's Eve‹ – verballhornt zu ›Halloween‹.)

Heute leben ungefähr zehnmal so viele irischstämmige und stämmige Iren in den USA als in der Republik, d. h. mehr als fünfunddreißig Millionen – ein nicht zu unterschätzendes Wählerpotential. Wenn sie die Heimatinsel touristisch heimsuchen, heißt ihr Lieblingssport ›Track Your Ancestors‹, ›Begib dich auf die Spuren deiner Ahnen‹. Der Kennedy-Clan: mythenstiftender irisch-amerikanischer Uradel. Generationen von Kriminellen, Cineasten und Durchschnitts-US-Bürgern identifizierten sich mit ›Yankee Doodle Dandy‹ James Cagney, dem ›tough guy‹ des Gangsterkinos der Dreißiger und Vierziger Jahre und Prototyp des irischen Selfmademans und Sturschädels. Nachkommen irischer Einwanderer waren und sind u. v. a. aber auch Charlie Chaplin, Buster Keaton, Walt Disney, Errol Flynn, Audrey Hepburn, John Wayne, Judy Garland, Alfred Hitchcock, John Ford, Gene Kelly, Gregory Peck, Peter O'Toole (»Ich bin nicht wahnsinnig, aber der Rest der Welt isses«), Richard Harris, Mia Farrow, Grace Kelly sowie John und Anjelica Huston. Oder, um sich nicht allein auf Hollywood zu beschränken, Edgar Allan Poe, Arthur Conan Doyle (*Sherlock Holmes*), Francis Scott Fitzgerald (*Der große Gatsby*), Margaret Mitchell (*Vom Winde verweht*), Raymond Chandler, W. S. Maugham, Robert McNamara, Charles de Gaulle, Ernesto ›Che‹ Guevara (Eltern spanisch-irisch), T. E. Lawrence (*Lawrence von Arabien*), Lola Montez, Henry Ford und John Paul Getty – die Liste ließe sich endlos fortsetzen.

Obwohl die Iren entgegen dem gängigen, von ihnen selbst genährten Klischee (Brendan Behan!) keineswegs Weltmeister im Saufen sind – statistisch rangieren sie im Pro-Kopf-Konsum weit hinter den USA, Australien, Frankreich und Deutschland – gebührt ihnen höchstes Lob für die Kultivierung und Verfeinerung diverser geistiger Getränke. Die älteste lizensierte Whiskey-Destillerie der Welt (seit 1608) befindet sich in Bushmills, Co. Antrim; der Stoff wurde allerdings nachweislich bereits im 6. Jahrhundert auf der Grünen Insel gebrannt. Daß irischer Whiskey in aller Regel reiner, milder und damit einfach besser ist als der schottische, hängt mit der von Werbestrategen schändlich vernachlässigten Tatsache zusammen, daß er nicht nur zwei-, sondern dreimal destilliert wird.

Richard Hennessy aus Ballymoy, Co. Cork, gründete 1765 im Departement Charente seine weltberühmte Cognac-Firma. Aber auch Weinkenner, die einen guten Bordeaux schätzen, sollten wissen, daß heute noch die besten Lagen Abkömmlingen irischer Familien gehören, Katholiken aus Ulster, die zu Beginn des 18. Jahrhunderts James II. ins Exil folgten oder unter dem Druck wirtschaftlicher und politischer Sanktionen der Briten nach Frankreich auswanderten. Ein nicht nur für Weintrinker folgenschwerer Schritt: Der Sturm auf die Bastille, 1798 Auftakt der französischen Revolution, wurde von einem streitlustigen Iren namens John Bartholomew Blackwell angeführt.

So lassen zahllose Querverbindungen zur US-amerikanischen und europäischen, insbesondere zur englischen Geschichte (und noch zu der anderer Kulturkreise, mit denen die kleine Grüne Insel vor allem durch Handel in Berührung kam), pars pro toto, auch Zusammenhänge transparenter werden, die sie zu einem ›Puzzlesteinchen zum Verständnis der Welt‹ machen.

»Der liebe Gott, der Dir in schwarzen Samthosen vergnügt die Kehle ›runterspaziert‹« – nur im Herkunftsland konnte der Geschmack eines frischgezapften Guinness solche ketzerischen Vergleiche auslösen. Die größte und berühmteste Brauerei Europas exportiert weltweit das meiste Bier, und das *Guinness-Buch der Rekorde*, inzwischen in 23 Sprachen übersetzt, wird mit 42 Millionen verkauften Exemplaren gerade noch von der Bibel überboten.

Die Insel der Büchermenschen

Apropos Bibel: Es waren vornehmlich irische Mönche, die im frühen Mittelalter das Christentum in Europa verbreiteten. (Da die Römer glaubten, daß Schottland und Irland – Länder, die sie nie eroberten – von den gleichen Stämmen bewohnt seien, setzte sich der Terminus ›scoti‹ bis zum Beginn der Neuzeit auch für die Iren durch, was zu vielen Mißverständnissen geführt hat).

Unsere Urahnen sind durch die Nachfolger des Heiligen Patrick bekehrt worden, die unerschrocken den germanischen Heiden das Wort Gottes predigten. Fest steht also, daß sich ohne irische Missionare unsere Kultur und unser Denken anders entwickelt hätten. »Die Dimension des irischen Einflusses auf den Kontinent«, so der Historiker James W. Thompson, »ist unermeßlich« – gewiß keine Übertreibung, wenn man weiß, daß aus einst von Iren gegründeten Klöstern Städte wie Lüttich, Würzburg, Salzburg oder Wien hervorgingen.

Ebenso wird die Rolle der Insel selbst als ›Bewahrerin abendländischer Kultur‹ stark unterschätzt. Nach dem Untergang des Römischen Reiches, spätestens besiegelt mit der Einnahme Roms durch den Westgotenkönig Alarich im Jahre 410, zerfiel die damalige westliche Zivilisation in Chaos und Anarchie. In der Zeit der sogenannten ›Völkerwanderung‹ drohte die Vernichtung des gesamten aus der Antike und früheren Epochen überlieferten Wissens, an dessen Bewahrung die marodierenden Stämme, Hunnen, Vandalen, Westgoten, Quaden, Alanen usw. nicht das geringste Interesse hatten. Es gab nur wenige Zufluchtsorte für Intellektuelle – wie das entlegene Irland –, wo noch Bücher gesammelt und kopiert wurden. Gelehrte aus aller Herren Ländern flohen damals vor einer aus den Fugen geratenen Welt und brachten als kostbarstes Gut ihre Schriften mit, ähnlich den ›Büchermenschen‹ in Truffauts Film *Fahrenheit 451*. Ohne die Mönche, zu deren wichtigsten Aufgaben das Kopieren solcher Schriften in den Scriptorien zählte, wäre Unersetzliches verlorengegangen.

Es ist ein großes Glück, daß sie nicht nur christliche Texte für wert befanden, erhalten zu werden, sondern auch weltliche Werke der Dichtung, Literatur und Philosophie. Unsere Kenntnisse der keltischen Mythologie verdanken wir beispielsweise den klösterlichen Universitäten Irlands, die selbst mündliche heidnische Überlieferungen für ihre Bibliotheken aufschrieben und bewahrten.

Wenn die Iren auch während ihres sogenannten ›Goldenen Zeitalters‹ (zwischen ca. 500 und 900 n. Chr.) vielleicht nicht gerade die ›Zivilisation retteten‹, wie der amerikanische Bestsellerautor Thomas Cahill quellenreich zu belegen sucht, so wird doch von keinem Historiker bestritten, daß sie wesentlich zur Erhaltung dieser Zivilisation beitrugen. Das abendländische Denken hätte nicht die gleichen Voraussetzungen gehabt: »Die lateinische Literatur wäre ohne die Iren sicherlich verlorengegangen, und das analphabetische Europa hätte seine großen Nationalliteraturen kaum ohne das Beispiel Irlands entwickelt – wo erstmals eine volkssprachliche Literatur niedergeschrieben wurde.«

Ketzereien und Machtspiele

Irische Kirchengeschichte ist selbst für Laien und Agnostiker ein spannendes Thema, da sich die klösterlichen Strukturen bis ins hohe Mittelalter in kein Episkopat einbinden ließen – es gab also zunächst keine Aufteilung in Provinzen, Diözesen und Bistümer – und die Äbte und Priester viele der auf den Konzilien beschlossenen Dogmen ablehnten.

Die konfessionslose Gläubigkeit der ›Insel der Heiligen‹ (von denen bezeichnenderweise kein einziger je von Rom heilig gesprochen wurde, nicht einmal St. Patrick!) ging unblutig und märtyrerlos aus den religiösen Vorstellungen der Kelten hervor, wie eine Blume aus einem mythologischen Zauberwald: Die Christusdarstellungen auf den Hochkreuzen sind eingesponnen von keltischen Ornamenten und rätselhaften geometrischen Figuren. Dieses Ineinanderwachsen erklärt sich aus Ähnlich- und Gemeinsamkeiten im Glauben, etwa an das menschliche Leben als Zwischenstation, an eine Auferstehung, an die Unsterblichkeit der Seele oder an die (im Kleeblatt, dem Shamrock, versinnbildlichte) göttliche Dreifaltigkeit. Aus dieser frühen Phase westlicher Spiritualität ließe sich, würde man sie nur wieder entdecken, mehr ›geistiger Honig‹ gewinnen als aus New Age-Esoterik und der modischen Schnäppchenjagd nach östlichen Weisheiten. Eine tiefe Mitmenschlichkeit, schöpferische Phantasie und vor allem ein erfrischender Unernst durchzieht die irische Spielart der Heilssuche, man betrachte nur eine Seite des Book of Kells. Doch eine solche Auslegung des Christentums wurde von Seiten der immer starrer und intoleranter werdenden Amtskirche als verdächtig freigeistig und ketzerisch empfunden.

Daß die katholische Kirche in Irland eine so bedeutende Stellung errang, geht auf päpstliche Maßnahmen gegen derlei emanzipatorische Machenschaften zurück, sowie auf das normannische England, das dabei eine wichtige Rolle spielte. In der (möglicherweise gefälschten) Bulle *Laudabiliter* machte Papst Hadrian IV. – zufällig normannischen Geblüts und ›der einzige Engländer auf dem Stuhl Petri‹ – Irland dem Normannenkönig Heinrich II. zum ›Geschenk‹, und zwar unter der Bedingung, daß jener »die Grenzen der Kirche erweitere, dem Fortschreiten von Sünde und Lasterhaftigkeit Einhalt gebiete, Tugend unter seinen Bewohnern pflanze und die christliche Religion weiter ausbreite.« Ein bemerkenswertes Beispiel von Heuchelei: Schließlich hatten irische Missionare halb Europa zum Christentum bekehrt. Was als eine Art Kreuzzug gegen die Ungläubigen verkauft wurde, war nichts als eine interne, machtpolitische Voraufteilung der Insel – ›public relations‹ zur Verschleierung der längst beschlossenen Annexion.

Das Paradox der irischen Geschichte begann, als England im 16. Jahrhundert plötzlich aus der ›Entente cordiale‹ mit Rom ausscherte. Fast jeder kennt die Melodie von *Greensleeves* – aber nur wenige wissen, daß sie von Heinrich VIII. persönlich komponiert wurde, und zwar auf die grünen Ärmelchen seiner irischen Hofdame Anne Boleyn, in die er sich unsterblich verliebt hatte. Um seine Ehe mit Katharina von Aragonien zu annullieren und Annie zu heiraten, mußte er sich vom Papst (der die Erlaubnis dazu verweigerte) lossagen und die anglikanische Kirche gründen (was kurzfristig nicht den gewünschten Erfolg brachte, da Annie ihm untreu wurde und dafür ihr Leben unter dem Richtbeil beendete, mittelfristig Irlands Katholiken zu Freiwild machte und langfristig die ›troubles‹ bis zum modernen Nordirlandkonflikt auslöste); schon überraschend, was sich alles beim Anhören oder Mitsummen des berühmten Liedes assoziieren läßt.

Die Iren waren eigentlich erst durch England und die Normannen zu ›Papisten‹ geworden; nun wurde von ihnen verlangt, dem Katholizismus abzuschwören, weil der liebestolle Heinrich eine neue Religion gegründet hatte, die *ihn* statt des Papstes zum Oberhaupt der Kirche erklärte. Wen das etwas verwirrt, befindet sich in Gesellschaft vieler Generationen von Iren. Der Nordirlandkonflikt ist eine Spätfolge britischer ›plantation‹-Politik, die nun in großem Stil auf der Insel Land enteignete und dort königstreue Protestanten ansiedelte.

Die anglikanische Staatskirche hat kaum etwas mit der protestantischen Kirche lutherischer Prägung auf dem Kontinent gemein. Amt, Ritus und Sakrament wurden weitgehend beibehalten; daher definieren Theologen den Anglikanismus – kaum zu glauben – immer noch als ›katholischen Kirchenkörper‹ der Weltchristenheit. Salopp ausgedrückt ging es in erster Linie um den Austausch des ›Firmenchefs‹. Protestantisch zu sein, bedeutete und bedeutet vor allem »loyal gegenüber der britischen Krone«; es ging also eigentlich um gar keine Glaubensspaltung, sondern

um ein politisches Bekenntnis. Die zunehmend religiöse Einfärbung der Auseinandersetzung, durch die geschichtliche Entwicklung forciert, diente der Verklärung gegensätzlicher Interessen:
des Anspruchs Irlands auf Selbstverwaltung auf der einen und
des rücksichtslosen englischen Kolonialismus und Imperialismus auf der anderen Seite. Ein äußerst komplexes Thema, wie
man sieht; vielleicht gewinnt es für den Leser mit diesen literarischen Streifzügen durch Irland noch etwas an Tiefenschärfe.

›Those Goddamn Germans‹

Auch mit deutscher Geschichte und Kultur hatte Irland immer
wieder bedeutsame, leider oft vergessene Berührungspunkte. Bei
schönem Wetter scheinen in Dublin wegen der Ziegelsteinhäuser
die Farben Rot bis Rotbraun vorzuherrschen. Die Hauptstadt der
Republik wird leicht mit diesem warmen Farbton und dem georgianischen Baustil assoziiert. Typisch sind die vierstöckigen, fast
schmucklosen und in langen Häuserreihen (terraces) angeordneten Gebäude, etwa am Merrion, Fitzwilliam oder Mountjoy Square.
Ihre angenehm gleichförmigen, unprätentiösen Fassaden unterscheiden sich nur durch das Dekor ihrer säulen- oder eher säulchenflankierten Haustüren, jede mit einem halbkreisförmigen,
spinnwebartig durchbrochenen Oberlicht (tympanum) – beliebte
Postkartenmotive. Einzig die leuchtend bunte Bemalung der
Türen in ihren weißen Rahmungen ist neueren Datums und
nicht ganz stilecht.

Der georgianisch-neoklassizistische Baustil, dessen Ideale
Harmonie, Regelmäßigkeit, Symmetrie und Eleganz waren, setzte sich im 18. Jahrhundert durch und repräsentierte in Irland –
auf dem Lande wie in den Städten – den beherrschenden Einfluß
der britischen, protestantischen Oberschicht (Protestant Ascendancy). Seinen Namen verdankt er den deutsch-englischen Königen George I. – IV., die von 1714 bis 1830 regierten und aus der
›hannoveraner‹ Linie stammten, d. h. sie waren allesamt Könige
oder Kurfürsten von Hannover: Keineswegs nur eine Stadt, sondern bis 1866, als es nach dem Deutschen Krieg gegen Preußen
zur preußischen Provinz wurde, ein ziemlich mächtiges Land.

Nach dem Tod der letzten Stuart-Königin Anne wurde der mit
dem Hause Stuart verwandte, in Osnabrück geborene Kurfürst
Georg Ludwig 1714 als George I. König von England. Er hatte wie

seine Nachfolger stark hervorquellende Augen, wenig musische Neigungen, sprach nur gebrochen Englisch (»I hate all boets and bainters«), konnte sich nie mit den britischen Verhältnissen anfreunden, schon gar nicht mit seinem neuen, intriganten Hof, und überließ deshalb die Staatsgeschäfte der Whig-(Perücken-) Partei. Aber er scheint ein Musikliebhaber gewesen zu sein. Das Messias-Oratorium seines Hofkomponisten Händel wurde am 13. April 1742 in Dublin uraufgeführt. »Oh!« soll Jonathan Swift, der Verfasser von *Gullivers Reisen* und Dekan von St. Patrick ausgerufen haben, als Händel ihm seine Aufwartung machte, »ein Deutscher und ein Genie. Welch glücklicher Zufall! Bitten Sie ihn herein.«

George II. war politisch noch unbegabter als der Vater und behinderte die Überseepolitik seines fähigen Ministers William Pitt nach Kräften. ›Mad‹ King George III. (ständige Redensart: »Whatwhat?«) verlor durch seinen Starrsinn die amerikanischen Kolonien und wurde zuletzt unheilbar wahnsinnig. George IV., ein dicklicher Popanz und Modegeck, der sich von Beau Brummel in der Kunst des Krawattenbindens unterweisen ließ, war wegen verschwenderischen Lebenswandels beim Volk höchst unpopulär (wie übrigens »all those goddamn Germans«) und führte Großbritannien während der napoleonischen Ära von einer Wirtschaftskrise in die nächste. Nein, als besonders fähige Regenten kann man sie alle nicht bezeichnen, die laschen, glubschäugigen, in zahllosen Karikaturen verewigten ›Georgies‹.

Immerhin wurde nach ihnen der georgianische Bau- und Einrichtungsstil benannt, der – kein Paradox – in Irland seine eigentliche Blüte erlebte, denn Dublin galt einmal fast als das schönere London. Die 1757 geschaffene Wide Street Commission war das erste Stadtplanungsgremium Europas, schuf luftige Plätze und breite Straßen und befreite Dublin, ganz im Sinne der Aufklärung, aus seiner ungesunden, mittelalterlichen Verschachtelung. Richard Cassels (oder Castle), zu jener Zeit einer der gefragtesten Architekten – in dem von ihm entworfenen Leinster House tagt heute das irische Parlament – kam, wie sein Pseudonym schon andeutet, aus Kassel.

1796 wandte sich der Edinburgher Folklorist und Verleger George Thomson an die damaligen ›Star‹-Komponisten Joseph Haydn, Ludwig van Beethoven, Ignaz Pleyel und Leopold Kozeluh, sie untertänigst um die Bearbeitung einer Auswahl schottisch-walisisch-irischer Volkslieder bittend. Nur der tschechische ›Hofmusik-Compositor‹ Kozeluh hatte Probleme mit dem Material und beklagte sich in einem Antwortschreiben, die eingesandten Noten seien »barbarisch«. Haydn und Beethoven wußten hingegen soviel damit anzufangen, daß sie nicht nur eine Reihe von ›Folk Song Arrangements‹ schrieben, sondern einzelne Melodien – mitunter ohne Quellenangabe – in ihr eigenes Œuvre übernahmen.

So entspricht u. a. Beethovens Lied *Sonnenschein* Note für Note Thomas Moores *Farewell, but whenever…*, und sein 1. Klavierkonzert zitiert *The Sash My Father Wore* – ›Irish tunes‹, die somit Bestandteil der deutschen Klassik wurden. Insgesamt 57 ›irische Lieder‹ sind in Beethovens Werkverzeichnis aufgelistet, ungerechnet jene, die sonst noch in seinen Partituren auffunkeln: Der ertaubende Meister besaß eben ein untrügliches Gespür für musikalische Qualität.

Was geht uns der Nordirlandkonflikt an?

Am Ostermontag, dem 24. April 1916, traten ca. 1200 Angehörige der paramilitärischen Truppe Irish Volunteers mitten im 1. Weltkrieg in offenen Widerstand gegen die britische Herrschaft und besetzten das Dubliner Hauptpostamt (GPO – General Post Office). Von dort proklamierte einer ihrer Anführer, der Lehrer und Dichter Patrick Pearse, die provisorische Regierung der irischen Republik. Die Rebellion war, wie unzählige zuvor, heroisch, aber gänzlich unrealistisch und zum Scheitern verurteilt. Auch fand sie kaum Rückhalt in der Bevölkerung. Erst die überzogene Reaktion der Engländer, die mit schwerem Militär anrückten, die halbe Stadt in Schutt und Asche legten, danach sämtliche Rädelsführer exekutierten und so zu Märtyrern machten, löste jene Empörung und Kettenreaktion aus, die schließlich zur Entstehung des Freistaats Irland führte.

Es wird von einigen Historikern angenommen, daß die Rebellen diese Entwicklung voraussahen und durch ihre Selbstaufopferung den Stein erst ins Rollen bringen wollten. Wie dem auch sei, die rasche Niederschlagung des Osteraufstands hatte auch eine andere Ursache: Die beteiligten Iren waren nur sehr unzureichend bewaffnet. Und das lag daran, daß die von Sir Roger Casement nach mühsamen Verhandlungen mit dem Generalstab des Deutschen Kaiserreiches endlich in die Wege geleitete Waffenlieferung am Banna Strand an der Westküste der Insel durch den britischen Secret Service und rechtzeitig entsandte Kriegsschiffe vereitelt worden war. Karl Spindler, der Kapitän des (zur Tarnung unter norwegischer Flagge ausgelaufenen) Frachters ›Aud‹ sah keinen anderen Ausweg mehr, als das Schiff und die Ladung von 20 000 Gewehren samt Munition im Meer zu versenken. Eines der belastendsten Indizien für Casements Todesurteil war eine Zugfahrkarte im Schlafwagenabteil Berlin-Emden. Die geheime Hilfsaktion ging schief, aber daß die Deutschen damals irgendwie die gute Sache gegen die Engländer unterstützten, rechnet man ihnen in Irland heute noch hoch an, wenn man sich auch nicht mehr genau an die Details erinnert. Falls Sie mal in einem Pub darauf angesprochen werden sollten oder der berühmte Rebel Song *Banna Strand* gespielt wird, wissen Sie, worum es so ungefähr geht.

Gegen Mitternacht des 31. Mai 1941 wurde Dublin, besonders der Stadtteil North Strand, ›irrtümlich‹ von deutschen Kampffliegern bombardiert (34 Tote, 90 Verletzte, über 300 zerstörte oder stark beschädigte Häuser). Es heißt, Hitler habe sich bei Éamon de Valera, dem Staatspräsidenten des neutralen ›Free State of Ireland‹ (die Ausrufung zur Republik erfolgte 1949) persönlich entschuldigt und Kompensationen angeboten. Eine Entschädigungssumme von 327 000 Pfund zahlte die deutsche Bundesregierung allerdings erst 1958.

Die Piloten hatten sich im Nebel verflogen. Ihr eigentliches Ziel war Belfast, Hauptstadt des zu Großbritannien gehörigen Nordirland. Dort tobte im April/Mai '41 der berüchtigte ›Belfast-Blitz‹: Vier verheerende Luftangriffe, die über 1100 Todesopfer forderten, 56 000 Häuser zerstörten – und nicht ganz so vergessen sind wie bei uns. Die Bevölkerung war gänzlich unvorbereitet, da das Stormont-Kabinett nicht mit einer Ausweitung des Krieges auf die Insel gerechnet hatte. Es kam zu einer Panik und Massenflucht; 220 000 Einwohner verließen die brennende Stadt, und die Toten wurden aus Platzmangel in öffentlichen Bädern und Markthallen aufgeschichtet. Die von Deutschen angerichteten Verwüstungen in der wichtigsten Industriemetropole Ulsters beeinträchtigten weit über das Kriegsende hinaus die wirtschaftliche Entwicklung des Landes. Für den Wiederaufbau war entweder nicht genügend Kapital vorhanden, oder es fehlte an Investitionsbereitschaft.

Auch deshalb verpaßte Nordirland den Anschluß an den industriellen Aufschwung nach 1945. Die Folge: Arbeitslosigkeit und ein Anwachsen des protestantischen Proletariats – Brutstätte eines unionistischen Extremismus. Wer als Deutscher mit Einheimischen unbedingt über den Nordirlandkonflikt diskutieren möchte, hält sich nach dieser Hintergrundinformation vielleicht lieber etwas zurück.

Sollten Sie allerdings von einem gesprächigen Iren auf Herrn Hitler angesprochen werden, stehen die Chancen 10:1, daß er mit Ihnen, dem Deutschen, nur freundliche Konversation machen will und dabei schlicht hervorkramt, was ihm zu Deutschland alles so einfällt. Immerhin war Hitler gegen die Engländer und hat es den ›proddy-waddies‹, den Protestantenärschen im Norden, mal so richtig gezeigt. Jedenfalls wird bestimmt keine lange Geschichtslektion von Ihnen erwartet oder eine umständliche Erklärung, warum Sie Hitler nicht so prima finden. Das Beste, Sie wechseln einfach das Thema.

Kelten und Kelten

Es kann ab und zu erhellend sein, sich mit Binsenweisheiten zu befassen, wie zum Beispiel, daß Irland eine Insel ist, und darüber nachzudenken, wie prägend die geographische Lage und Topographie eines Landes auf die Mentalität seiner Bewohner, die Politik seiner Regierungen, seine Kultur und Ökonomie, seinen Stellenwert in der Weltgeschichte wie insgesamt auf seine Geschicke wirken. Schon in das Lebensgefühl auf einer Insel muß sich ein Europäer vom Kontinent erst einmal hineinversetzen, wo jederzeit Grenzen überschritten oder verletzt werden können und epochenlang Feinde oder Verbündete durch willkürlich gesetzte Linien voneinander getrennt waren. Die deutsche Angst vor ›Umkesselung‹ etwa, vor einem Mehrfrontenkrieg, die unselige Chimäre vom ›Lebensraum im Osten‹ – solche Ideen würde umgekehrt kein Ire so leicht nachvollziehen. Die territoriale Grundsubstanz seiner Insel (mag das Land selbst auch parzelliert, besetzt, ungerecht verteilt oder gar in eine Republik und eine britische Provinz geteilt sein) ändert sich für ihn allenfalls durch die Gewalt des Meeres, das ihre natürlichen Grenzen bildet und nirgendwo weiter als 140 Kilometer entfernt liegt. Das Meer schneidet sie von der übrigen Welt ab, die zu erreichen seit jeher Wagemut erforderte.

Über Jahrtausende konnte Irland ausschließlich auf dem Seeweg verlassen, ›entdeckt‹ oder erobert werden. In unserer Ära der

Überschallflüge, der drahtlosen Kommunikation und des Massentourismus scheinen Entfernungen kaum noch eine Rolle zu spielen. Die Erde ist kleiner geworden; das Gefühl für Zeit und Raum hat sich innerhalb zweier Generationen grundlegend geändert. Für Heinrich Böll war es noch ein Abenteuer, als er Ende der Fünfziger Jahre zum erstenmal nach Irland reiste und sein Dampfer »in die graue Dunkelheit hinein auf die Insel der Heiligen zufuhr.«

Vergleicht man Irland und England auf der Landkarte, so fällt auf, daß die kleinere, westlichste Insel Europas wie ein Teller oder eine Schüssel geformt ist: im Inneren flach, an den Rändern gebirgig und zerklüftet. Mit England verhält es sich genau umgekehrt: Mit Ausnahme von Schottland und Wales zum Meer hin weitgehend eben, bilden seine Berge und sanft rollenden Hügellandschaften eine Art schiefes Rückgrat in der Mitte. Irland, außer vom Meer auch noch von einer natürlichen Mauer umgeben, stellte eroberungslüsterne, seefahrende Nationen also vor größere Probleme als die Nachbarinsel mit ihren offenen Küsten – offen vor allem im Süden und Osten, gegen Deutschland und Skandinavien, von wo ihr seit jeher Gefahr drohte. Solche schon auf den ersten Blick erkennbaren topographischen Unterschiede trugen zu einer unterschiedlichen historischen Entwicklung bei. Beide Inseln erlebten verschiedene Einwanderungswellen und Invasionen, die Wirkung andersartiger Unterdrückungen, Vermischungen, Sprachen und Kulturen. So hielten die Römer Teile Großbritanniens immerhin fast 300 Jahre lang besetzt, drangen aber nie bis Irland vor. Es ist daher ein Mißverständnis, das englisch-irische Problem als eine Art ›Bruderzwist‹ zwischen im Grunde verwandten oder gleichartigen Völkern zu begreifen. Schon die Kelten, die sich (wie die Altertumsforscher annehmen) zwischen dem 6. und 3. vorchristlichen Jahrhundert in mehreren Einwanderungs- bzw. Invasionswellen in England und Irland niederließen, bildeten keine ethnische oder politische Einheit. Der Sammelbegriff ›*die* Kelten‹ (vom griechischen ›keltoi‹, was ›Krieger‹ oder auch ›die Hohen‹ bzw. ›Kühnen‹ bedeutet) sagt ungefähr so viel aus wie ›*die* Europäer‹. In der Tat handelte es sich um Volksstämme aus fast allen Teilen Zentraleuropas. Ihr Name steht in der römisch-griechischen Geschichtsschreibung, ebenso wie der Terminus ›galli‹, einfach für die ungebärdigen Völker jenseits der Grenzen damaliger ›Zivilisation‹, also für alles Fremde und Bedrohliche jenseits der Alpen. Die Gallier zum Beispiel, Stammväter der heutigen Franzosen, waren Kelten; der Name

Paris leitet sich vom Stamm der Parisii ab, Chartres von den Kanuten, Rennes von den Redonen, Nantes von den Namneten, Verdun von den Virodunen. Die Rauraker lebten an der Ruhr, die Taurisker in den Tauern; Turin, Bergamo, Mailand – alles ursprünglich keltische Siedlungen. Galazien in Polen, die Stadt Galatz in Rumänien, Galata, einer der Vororte von Istanbul und auch die Landschaft Galatien in Kleinasien: keltisch, keltisch, keltisch.

Die Urschweizer, Urbayern, Urhessen, Urböhmen sind Kelten gewesen; auf sie, nicht auf die Germanen, geht der eigentliche Ruf vom ›furor teutonicus‹ zurück, einer Kampfeslust, die Rom mehr in Angst und Schrecken versetzte als Karthago. Immerhin waren es Kelten, die Rom 387 v. Chr. zum erstenmal erobert hatten. Was diese Völker wirklich verband, war ihre indogermanische Sprachverwandtschaft, die sich in unzählige Dialekte aufgliederte, sowie Ähnlichkeiten in Religion und Kultur, wie z. B. bei der Herstellung und Verzierung von Schmuck oder Waffen. So etwas wie ein Zusammengehörigkeits- oder gar Nationalgefühl der vielen, in lockeren Stammesverbänden zusammenlebenden Clans gab es jedoch nicht, im Gegenteil, sie vertrugen sich eher nicht besonders gut. Daß sich keltische Stämme gelegentlich zum Angriff oder zur Verteidigung zusammenschlossen, blieb jedenfalls die Ausnahme – und hatte auch damit zu tun, daß sie im Laufe ihrer Geschichte von den Römern und Germanen immer mehr in die europäischen Randzonen, wie Wales, Schottland oder die Bretagne abgedrängt wurden, was sie notwendig enger zusammenschweißte. Der Gedanke einer ›Zentralregierung‹ war ihnen jedoch völlig fremd. In diesem Individualismus lag, wie sich bald herausstellen sollte, eine entscheidende Schwäche. Die jeweiligen Stammesoberhäupter bekriegten sich im Ringen um die Vormachtstellung lieber gegenseitig, als ihre Streitkräfte bei Gefahr gegen einen gemeinsamen Feind zu konzentrieren. Viele kleine Königreiche (in Irland sogenannte ›tuatha‹) standen sich, wenn nicht im Zwist, so bestenfalls in friedlicher Koexistenz gegenüber, die durch den geringsten Anlaß in Feindseligkeit umschlagen konnte. Jene Kelten, die vor rund zweieinhalbtausend Jahren nach Irland gelangten – und dort bereits auf Ureinwohner stießen, die sie bekämpften oder denen sie sich assimilierten –, verwickelten sich wahrscheinlich schon während der stürmischen Überfahrt in ihren Booten in Streitigkeiten und Raufereien. Ob sie Whiskey mitbrachten, ist leider nicht überliefert; ihre Sprache war immerhin mit dem modernen Irisch fast identisch, das sich über die Jahrhunderte kaum verändert hat. Aus dieser

Spracheigentümlichkeit können Philologen ableiten, daß sie vorwiegend aus wärmeren Ländern stammten, aus Südfrankreich und von der iberischen Halbinsel: »Die goidelische Sprache, die auch die der früh nach Spanien eingewanderten Kelten war, stellte eine archaischere Sprachstufe dar als die der Festlandkelten (Gallier) und der heutigen Bewohner von Wales und der Bretagne (britonnische Gruppe).« (Jacques Moreau)

Das ›südländisch-spanische Erbgut‹ und Temperament der Iren sollte noch zu allerhand merkwürdigen Verwicklungen führen, was einen Historiker zu der Bemerkung veranlaßte, es wäre wohl besser für sie gewesen, von den Eskimos abzustammen. Vielleicht ist es auch kein Zufall, daß Spanien und Portugal nach wie vor die beliebtesten Reiseländer der Iren sind.

Die Kelten hingegen, die sich in England ansiedelten, kamen aus nördlicheren Gefilden, aus Gallien und Germanien, etwa der Gegend um Bayern und Böhmen, von wo sie offenbar durch germanische Migrationsbewegungen vertrieben worden waren. Iren und Briten dürften sich selbst in ihrer Frühzeit einigermaßen fremd gewesen sein. Was es an Gemeinsamkeiten gab, verflüchtigte sich mehr und mehr durch die unterschiedlichen Schicksale der beiden Inseln. Regionale Konflikte zwischen den einzelnen Volksstämmen oder Kleinkönigreichen waren zwar an der Tagesordnung, doch blieb Irland weit über ein Jahrtausend lang – von ca. 500 vor bis 800 nach Christus – vor mächtigen äußeren Feinden wie Römern, Angeln oder Sachsen verschont. Und anders als in Schottland, Wales oder der Bretagne, die bis heute zum Separatismus neigen und stets entweder im Clinch mit den Ländern lagen, denen sie nun einmal angehören oder sich mit ihnen arrangieren mußten, erhielt sich das eigentümlich keltische Element auf diesem abgelegenen Eiland länger und unverfälschter als irgendwo sonst auf der Erde.

Das Rätsel als Lösung

Wie aber läßt sich dieses ›Keltische‹ verstehen, fassen, einordnen? Eben gar nicht. Das ist der Witz dabei, und wahrscheinlich auch der Grund für seine nachhaltige Anziehungskraft. Man kann es allenfalls umkreisen. Bis ins hohe Mittelalter sind Selbstzeugnisse der Kelten, etwa durch literarische Texte, nur aus zweiter Hand überliefert, und zwar von den schon erwähnten irischen

Mönchen, die aufschrieben, was sie buchstäblich nur vom Hörensagen wußten oder erzählt bekamen. Das lag nicht etwa daran, daß die ›Gebildeten‹ innerhalb des keltischen Clansystems – die vielzitierten ›Druiden‹ und ›Barden‹, deren Funktion doch etwas komplexer war, als man sich gemeinhin vorstellt – Analphabeten gewesen wären. Es ist erwiesen, daß viele unter ihnen des Lateinischen, Griechischen und anderer Sprachen mächtig waren und daß sie sich der Schrift durchaus zu bedienen wußten. Sie lehnten es aus ihrer religiösen und philosophischen Grundhaltung heraus ab, etwas zu beschreiben und dadurch eindeutig zu fixieren. »Wer Druide werden wolle, schreibt Caesar, müsse zwanzig Jahre lernen: lange Gedichte, Lehren für die Jugend über die Seele, die Sterne, die Erde, die Natur und die Götter. Die Druiden sprachen in Form von Rätseln oder Bildern über Welt und Geschichte, über Rechte und Sitten. Caesar betont, daß diese Traditionen nur mündlich weitergegeben werden durften. Da die Kelten Buchstaben kannten und benutzten, liegt hier offenbar eine bewußte Verweigerung vor, die eine Profanisierung des Mythos verhindern und Macht und Ansehen des Druidenstandes schützen sollte.« (Alexander Demandt, *Die Kelten*)

Das Leben erschien ihnen nur als kurze Durchgangsphase; deshalb gingen sie zum Schrecken der Römer, im Kampf recht sorglos damit um. Die sich unablässig erneuernde Welt, als deren Symbol die Schlange mit ihren Häutungen galt, war für sie unergründlich, vieldeutig, ein göttliches Mysterium. Sie ließ sich nicht erklären, auch in ihren Teilaspekten niemals wirklich auf den Punkt bringen. Der Versuch hieß, die Welt zu verkleinern und letztendlich zu zerstören, die Götter auf das Niveau der Menschen hinabzuziehen.

Nicht, daß es verboten gewesen wäre, schöne Dinge zu erschaffen und diese kunstsinnig zu beurteilen oder zu vergleichen. Künstler, Goldschmiede, Poeten, Sänger und Philosophen genossen ein Ansehen, das sie den Königen ebenbürtig machte. Aber die keltischen Götter glichen nicht denen der Griechen und Römer.

Als der gallische Feldherr Brennus 279 v. Chr. das Heiligtum von Delphi betrat, brach er in schallendes Gelächter aus, da er sah, daß die Griechen ihren Göttern menschliche Gestalt verliehen hatten. Aus seiner Sicht waren solche Götter lediglich Hervorbringungen einer nur um den Menschen kreisenden, naiven Religion. Das antike Weltbild wirkte auf ihn lächerlich primitiv, und die Darstellung von Gottvater Zeus als lockenbärtigem

Athleten oder Hera und Pallas Athene als heroische Frauengestalten überzeugten ihn vom Unwert dieser Gottheiten, von ihrer Eitelkeit und ihrem Größenwahn.

Das unterdrückte Weltbild

Nun ist im Zuge weltgeschichtlicher Entwicklungen, in Folge der Beeinflussung des Christentums durch die Philosophie und Mysterienkulte des klassischen Altertums und die Wiederentdeckung der Antike in der Renaissance bis hin zum Winckelmannschen Klassizismus das abendländische Geistesleben am nachhaltigsten von der griechisch-römischen Zivilisation geprägt worden. Die meisten der uns heute selbstverständlich vorkommenden Begriffe und Verhaltensmuster gehen auf Jahrhunderte wenn nicht Jahrtausende alte Traditionen zurück. Sie sind tief ins Unterbewußtsein eingedrungen; in ihnen haben unsere ›modernen‹ Formen der Politik (›Demokratie‹, ›Faschismus‹), Rechtsprechung, Moral, Ästhetik, der Unterschied zwischen ›privat‹ und ›öffentlich‹ etc. ihre undurchdringlich verästelten Wurzeln. Die Kodizes der Geschlechterbeziehungen und Spielarten der Liebe, Schönheitsideale, Keuschheit, Schamgefühl, Ehe, Sexualität, das Bild von ›männlich‹ und ›weiblich‹, die Verbindung von Eros und Thanatos, die Toleranz in Bezug auf Abweichungen von der Norm: Man stelle sich einmal vor, wie sehr das unterdrückte keltische Weltbild mit seiner Vieldeutigkeit, seinem bewußten Verzicht auf Festlegungen und Klassifizierungen, das unsere revolutionieren könnte. Eine bewußte ›Rückkehr zu den Ahnen‹ würde freilich zu ganz anderen Resultaten führen als die ranzigen Irrlehren, mit denen die Nazis Volksverhetzung betrieben: Keltische Künstler bedienten sich bereits in einem Maß der Abstraktion, daß sie im III. Reich sicher als ›entartet‹ gegolten hätten. (Im übrigen bringen alte und neue Nazis ›Germanen‹ und ›Kelten‹ sowieso ständig durcheinander). Auch die modische, gut verkäufliche und am Markt der verzweifelten Sinnsucher orientierte ›Keltenesoterik‹ mit ihrem Kunstgewerbe, Geraune, Gerune und ihrer Gefühlsduselei (»Umarmen Sie Bruder Eiche im Einklang mit dem druidischen Mondkalender«) steht einer ernsthaften Auseinandersetzung eher im Wege. Wer sich wirklich darauf einlassen möchte, begebe sich nach Irland, zu den anders schlagenden Uhren, Steinkreisen und Originalquellen.

Auf den westlichen Inseln Schottlands unterrichtete man bis vor kurzem noch nach der keltischen Methode: Jeden Sonntag lernten die Kinder, ihren Familien-Stammbaum der letzten zwanzig Generationen und darüber hinaus aufzusagen. Dieses vom geschriebenen Wort unabhängige Auswendiglernen diente vor allem dem Gedächtnistraining. Für einen Menschen der Aufklärung macht es zunächst wenig Sinn, soviel Energie darauf zu verwenden, lange Ahnenreihen (aber auch Geschichten und Lieder) zu memorieren. Die außerordentliche Bedeutung, die man seit jeher dem Erinnerungsvermögen beimaß, hat jedoch so etwas wie eine ›kollektive Erinnerung‹ bewahrt. »Die Iren«, schreibt der Schriftsteller Leonard Patrick O'Connor Wibberley, »lieben ihre Vergangenheit und sind überzeugt davon, mehr Vergangenheit zu besitzen als irgend ein anderes Volk. Auch die Engländer lieben die Vergangenheit, aber etwas anders. Sie pflegen sie wie eine alte Teetasse, die man auf der Anrichte bewundert. Aber für die Iren ist die Vergangenheit wie das Tafelgeschirr, aus dem man seine täglichen Mahlzeiten einnimmt. In Irland ist die Vergangenheit die Gegenwart, und die Gegenwart wird erst dann wichtig, wenn sie sich, von der Zukunft überrannt, in Vergangenheit verwandelt hat.« Ähnliche Beobachtungen finden sich bei irischen Autoren und Historikern häufig: »Die Iren leben nicht so sehr in ihrer Geschichte – aber die Geschichte lebt in Irland.« (Michael Jenner, *Ireland Through the Ages*) Wovon man sich bereits durch die Landschaft überzeugen kann, die wie kaum eine andere in Europa übersät ist von allgegenwärtigen physischen Erinnerungen, ›standing stones‹, Ruinen und Baudenkmälern.

Doch auch die psychische Kraft des Bewahrenden hat einen Reichtum an Legenden, Märchen, Mythen und Traditionen angesammelt, wie man ihn außerhalb Irlands nur noch selten findet. Bedroht wird dieses ›keltische Erbe‹ durch gesunden Menschenverstand, Industrialisierung, falsche Agrarpolitik, Fernsehen und Massentourismus.

Musik und Sprache

Die heutige offizielle Landessprache Irisch ist nichts anderes als das seit über zwei Jahrtausenden fast unverändert Keltisch, und das keltische Clan-System zerbrach erst Anfang des 17. Jahrhunderts durch die Eroberungs- und ›Vergeltungs‹-Feldzüge der Tudorkönigin Elizabeth I. Bis ins frühe 20. Jahrhundert suchten die Briten nicht nur die Widerstand leistenden Iren selbst, sondern auch ihre Sprache und Kultur zu unterdrücken und ihnen dadurch ihre wichtigste Kraftquelle zu nehmen. Das ist zum großen Teil gelungen. Flann O'Brien (1911–1966) berichtet in seinem *Irischen Lebenslauf* darüber, wie man noch Schulkindern seiner Generation das Gälische buchstäblich aus dem Leib prügelte. Deshalb wurde die mündliche Überlieferung auf der Insel auch ein Mittel zur Wahrung der Identität und zu einem Ausdruck der Unabhängigkeit. Angesichts dieser Entwicklung sind vier irische Literaturnobelpreisträger und das anarchistische Genie von James Joyce um so bemerkenswerter.

Zur mündlichen Überlieferung gehört das Ausschmückende und Variierende – ein wesentliches Stilelement keltisch-irischer Kultur. Das moderne Irland ist immer noch voller Musik, und selbst in den kleinsten, abgelegensten Städtchen findet sich irgendwo ein Pub, in dem sich Musiker zu einer Session einfinden, um zu improvisieren. Dabei wird nie nach Noten gespielt. Natürlich gibt es klassische Konzerte, die ebenfalls sehr beliebt sind, aber das ist etwas ganz anderes. Irische Melodien, von denen fast jeder sein Standardrepertoire im Kopf hat, bewahren ihre Frische erst durch ständige Variationen. Sie werden immer wieder ›neu erfunden‹, sie ›liegen in der Luft‹, sind jederzeit abrufbar; sie spiegeln auch eine spielerische Unabhängigkeit, die sich gegen alles Normative, gegen Regeln und Festlegungen sträubt – ein Merkmal des keltischen Charakters, dem der fast zum Abstrakten gesteigerte Begriff ›Freiheit‹ über alles geht. Ein simples deutsches Kinderlied wie *Hänschen Klein*, von einem Iren als Sean-Nós (gälisch: ›Alter Stil‹), also in einer Art Sprechgesang vorgetragen, würde zweifellos mehr als zehnmal so lange dauern, sich im Labyrinth des Textes verlieren, einzelne Passagen oder Worte umkreisen, jedenfalls sehr viel anders klingen als das Original. Ähnlich verhält es sich nach wie vor mit der Kunst des Erzählens. Ein ›seanchai‹, ein irischer Geschichtenerzähler, liest nicht, rezitiert nicht; es geht mehr um die Form als den Inhalt: die Geschichte selbst ist meist bekannt, das Thema wird häufig von jemand aus dem Publikum vorgeschlagen. Das Hauptinteresse scheint der Art und Weise zu gelten, wie er es dann interpretiert, ausschmückt, persifliert – etwa, indem er es zur gegenwärtigen politischen Lage in Beziehung setzt – kurz, wie er ihm neues Leben einhaucht.

Wenn es für einen ›seanchai‹, irgend eine Regel gibt, so die, »nie die Wahrheit einer guten Geschichte in die Quere kommen zu lassen«. Darum sind Tatsachen und Legenden wohl in keinem anderen Land so untrennbar miteinander verwoben. Es wäre eine unlösbare Aufgabe, sie zu trennen und in Schubladen zu sortieren. James Joyce brüstete sich zu Recht damit, daß er eine solche Menge an Rätseln, Metaphern und Denkhürden in seinen *Ulysses* hineingepackt habe, daß die akademischen Eliten noch jahrhundertelang damit beschäftigt seien, sie alle zu knacken, zu überspringen, zu deuten, ihren Hintersinn zu entschlüsseln: »Scheint mir der einzige Weg, sich die Unsterblichkeit zu sichern.« Dieser vertrackte irische Humor, Karl Valentin trifft ihn mitunter seltsam genau, macht Zickzacksprünge, steigert sich im Dialog, in Rede und Gegenrede, läßt den Zuhörer sich ausschütten vor Lachen und kommt dennoch selten zur Pointe, und wenn, einer gänzlich unerwarteten. Nein, es geht gar nicht um die Pointe, auf die man die ganze Zeit gewartet hat. Und das enttäuschte oder verdutzte Gesicht des Zuhörers bringt wiederum den Erzähler zum Lachen. Der irische ist ganz sicher ein anderer Humor als der britische oder deutsche.

Ist es bei einer Musik-Session zulässig, zu klatschen? Muß ein gutes Hotel eine Bar haben, und was hatte Leopold Bloom in der Dubliner Nationalbibliothek zu suchen? Wie bewegt man sich am besten durch die verschlungenen Pfade des Book of Kells? Wie schmuggelt man sich in georgianische Interieurs und was hat der Osteraufstand mit Literatur zu tun? Die Antworten sind über die folgenden Kapitel verstreut; bleiben Sie dran.

Kapitel 1

There's a wicked wind tonight,
Wild upheaval in the sea;
No fear now that the Viking hordes
Will terrify me...

Anonym, 9. Jahrhundert

Irish-English

Die offizielle Landessprache in Irland ist also Irisch, eine wohlklingende und grammatikalisch komplizierte Variante des Gälischen, etwa so alt wie Latein (die übrigen Varianten sind Schot-
tisch, Walisisch, Bretonisch und das Manx der Isle of Man).
Deshalb sieht man auf Straßenschildern und Bussen fremdartige
Buchstabengebilde wie Failte, Baile Atha Cliath oder An Lár. Leider spricht auf der Insel, außer in den sogenannten Gaeltachts,
kaum noch jemand Irisch, am allerwenigsten in Dublin. Gerade
mal 1% der Gesamtbevölkerung beherrscht diese schöne, aus-
sterbende Sprache – ungefähr 30 000 Menschen.

Stellen Sie sich vor, Sie fahren über eine deutsche Autobahn
und bekommen Hinweise auf Entfernungen zu, sagen wir, München, Stuttgart oder Berlin zweisprachig geliefert, und zwar zuerst
auf Gotisch. Für den Reisenden mag es tröstlich sein, zu wissen,
daß auch der Durchschnitts-Ire nur Bahnhof versteht, wenn er eine größere Textmenge entziffern soll, als auf einen Wegweiser
paßt: Er hat Irisch zwar schon auf der Grundschule gelernt, davon
aber in aller Regel mangels Gebrauch nur ein paar Redewendun-
gen und Vokabeln behalten. Etwa ›Failte‹, ›Willkommen‹, oder,
ungleich wichtiger, zumindest um die Touristen zu beeindrucken, ›Slainte‹ (gesprochen wie ›Slorntsche‹), ›Zum Wohl‹.

Wer sich erinnert, wie viel Aufhebens bei uns um die Recht-
schreibreform gemacht wurde und mit welcher Verbissenheit oft
um die ›Reinhaltung‹ der deutschen (oder auch nur der bayerischen) Sprache gekämpft wird, kann leicht nachvollziehen, daß
die Iren mit dem drohenden Verlust des Irischen den Verlust ih-

rer Identität befürchten. ›Can teanga, gan tir‹, ›Keine Sprache, kein Staat‹ – und der Staat bemüht sich redlich, den sterbenden Schmetterling am Leben zu erhalten, durch seine Pflege an Schulen und Universitäten, Steuererleichterungen für irischsprechende Familien in den Gaeltachts oder eben die so rührend unnützen zweisprachigen Straßenschilder, wie auf der Strecke vom Flughafen in das Stadtzentrum (An Lár) von Dublin (Baile Atha Cliath).

Der große irische Staatsmann Éamon de Valera sagte einmal, daß er ein Irland mit seiner Sprache und ohne seine Freiheit einem freien Irland ohne seine Sprache vorziehe. Das sieht man heute anders. Man verständigt sich bereits seit mehreren Generationen fast ausschließlich im Englisch der ehemaligen Besatzer, und manchmal – selten, aber manchmal – kommt so ein Gefühl der Ohnmacht und Entfremdung hoch, wie es James Joyce in seinem Roman *A Portrait of the Artist as a Young Man* ausdrückte: »Die Sprache, die wir sprechen, ist zuerst seine, dann meine. Wie anders klingen doch Worte wie Heimat, Christus, Ale, Meister aus seinem Munde! Nicht ohne Irritation kann ich diese Worte gebrauchen. Seine Sprache, so vertraut und doch so fremd, wird für mich immer ›Fremdsprache‹ bleiben. Ich habe diese Sprache nicht erfunden und auch nicht akzeptiert. Meine Zunge hält sie zurück. Meine Seele erzittert im Schatten seiner Sprache.«

Immerhin gelang es Joyce, mit dieser ›Fremdsprache‹ im *Ulysses* die Weltliteratur zu revolutionieren – und auch das (Anglo-)Irische hat in den letzten Jahrhunderten das Shakespeare- und Oxford-Englisch sowie das Amerikanische nicht unwesentlich bereichert. Wenn die Briten den Iren ihre Sprache aufzwangen, »so beeilten sich die Iren, das Kompliment zu erwidern.« (Loreta Todd, *Green English – Ireland's Influence on the English Language*)

Gerade eine so musikalische, durch Tradition und Überlieferung geprägte Mentalität wie die irische tut sich mitunter immer noch sehr schwer mit dieser Transformation von Denken, Sprechen und Singen: »Meine Mutter«, schreibt William Carleton bereits Mitte des 19. Jahrhunderts, »hatte stets große Vorbehalte dagegen, irische Lieder auf Englisch vorzutragen. Ich erinnere mich, daß sie bei einer Gelegenheit aufgefordert wurde, die englische Version jener anrührenden Melodie von *The Red-haired Man's Wife* zu singen. Sie antwortete: ›Ich will Ihnen gern den Gefallen tun, aber die englischen Worte und diese Melodie sind wie ein zänkisches Ehepaar – unser Irisch schmilzt einfach in die Musik hinein, das Englische eben nicht.‹«

Es hat ganz den Anschein, daß Irisch in abermals hundert Jahren, trotz aller Wiederbelebungsversuche, genauso tot sein wird wie Latein, eine Sprache für Philologen, geplagte Schüler und vielleicht ein paar exzentrische Liebhaber. Wer es nicht kennt oder nur ein paar Worte aufgeschnappt hat, wird dies kaum bedauern; wer allerdings das Glück hatte, einem seanchai oder Sängerinnen wie Mary O'Hara und Máire Ní Scolaí zu lauschen, wird den bezaubernden Klang vermissen und die zweisprachigen Straßenschilder mit einer gewissen Wehmut vorbeischweben sehen. Aber etwas Melancholie gehört nun einmal, ›à la recherche du temps perdu‹, mit zum Verständnis dieser Insel und ihrer Bewohner.

Der dunkle See der Hexe

Irische Ortsnamen haben immer eine bestimmte Bedeutung – ›Haupt des Meeres‹ (Kenmare), ›Kirche des heiligen Canice‹ (Kilkenny), ›Heidekrautinsel‹ (Innisfree), ›Ebene der Palmbeerbäume‹ (Moycullen) oder ›Tal der zwei Seen‹ (Glendalough) – und sind oft aus mehreren Wörtern zusammengesetzt. Baile Atha Cliath – gesprochen etwa wie ›Wejlje or Cleia‹ – heißt ›Stadt an der Hürdenfurt‹. Atha Cliath nannten Kelten schon vor weit über Tausend Jahren eine Siedlung an einer Furt über die Liffey, auf der man das Vieh von einem Ufer zum anderen treiben konnte. Diese Furt bestand ursprünglich aus ›hurdles‹, Zaunteilen aus Holz und Weidengeflecht, die man an einer seichten und schmalen Stelle des Flusses ins Wasser warf, damit die Tiere sicheren Tritt fanden. In der Nähe, genau dort, wo heute St. Patrick's Cathedral steht, floß eine heilige Quelle, mit deren Wasser St. Patrick höchstpersönlich die Küstenbewohner getauft haben soll. Mit einem kleineren Fluß, dem (heute unterirdischen) Poddle, zusammentreffend bildete die Liffey, bevor sie sich mit dem Meer vereinte und in die Irische See strömte, einen schwarzen Teich – einen ›dubh linn‹.

›Dubh‹ (schwarz) war in der keltischen Mythologie auch der Name einer Zauberin, die einst durch Hexerei eine Nebenbuhlerin in jenem Teich ertränken wollte. Das Schicksal, das sie der Geliebten ihres Ehemanns Enna zugedacht hatte, traf sie jedoch selbst: Der hielt aus Zorn über solche Ränke ihren Kopf so lange unter Wasser, bis ihr böser Geist entwich und eins mit dem dunklen See wurde, von nun an ›Dubh linn‹, ein verrufenes und gefährliches Gewässer.

Das alles wirkt wie eine ländliche, legendenumwobene Idylle. Und war es viele Jahrhunderte wohl auch, abgesehen von den üblichen Stammesfehden, Grenzstreitigkeiten und ›cattle raids‹, Viehdiebstahl in kleinerem oder größerem Stil, der, zumindest vor der Christianisierung der Insel, eine Art Volkssport gewesen sein muß. In Irlands Nationalepos, dem *Táin Bó Cuailnge*, geht es um nichts anderes: Die tragischen Entwicklungen der Helden-Saga werden ausgelöst durch den Streit eines Königspaares um einen besonders schönen und kraftvollen Stier.

Rinder gab es auf der Insel mehr als genug, sie waren lebendige Währung in einer Gesellschaft, die nur den Tauschhandel kannte. Ein Farmer, der besonders viele besaß, wurde ›bo-aire‹ genannt, ein Rinderbaron, und die Clans mit den meisten Rinderbaronen waren die reichsten. »Als Währungseinheit beim Tausch galt die Kuh; die Kuh-Einheit war als ›set‹ bekannt; Gold, Silber, Bronze, Zinn, Kleidung, Schweine, Pferde und Sklaven wurden allesamt in ›sets‹ bewertet... eine nicht sonderlich hübsche Konkubine war 3 Sets wert, eine Königstochter 20; üblicherweise kaufte man sich eine Braut. Polygamie war noch bis ins Jahr 1400 verbreitet. Uneheliche Kinder waren von der Erbfolge nicht ausgeschlossen und galten auch nicht als illegitim.

Diese Kuhwährungs-Ökonomie hätte noch Hunderte von Jahren in Frieden weitergehen können, und dabei hätten alle genug zu essen gehabt und genügend Land, um ein Auskommen zu haben. Sogar Überschüsse wurden erwirtschaftet, die man exportierte, um sie gegen Metalle, Kleidung und kostbare Juwelen zu tauschen, oder die man für die angesehenen, aber unproduktiven Priester, Poeten und Rechtsgelehrten brauchte. Der uns erhaltene Goldschmuck jener Zeit, Ringe, Armreife, Halsketten, Broschen, Halsbänder und Diademe, zeigt an, daß diese Gesellschaft über die Neigung und den notwendigen Wohlstand verfügte, ihre schönen und reichen Frauen mit all diesen Dingen zu schmücken.« (Henry Hobhouse)

Vieh- und Schafzucht wurde vor allem wegen der Milchwirtschaft, der Zucht, der Ledererzeugung und der Wolle betrieben, da man auf das Fleisch nicht angewiesen war: Dichte Eichenwälder boten reichlich Wild und Geflügel, und die Siedler an den Flüssen und Küsten ernährten sich hauptsächlich vom Fischfang. Es gab (außer Roggen) verschiedene Sorten Getreide, Gemüse, Kräuter, Hülsen- und Waldfrüchte, Pilze, Honig – ein Blick auf die damalige Speisekarte und einige erhaltene Rezepte, etwa in Buttermilch gesottener Aal oder mit Honig beträufeltes, knusprig gebratenes Wildschwein, reicht aus, um eine Passage des römischen Geschichtsschreibers Strabo über das ›Figurbewußtsein‹ der Kelten besser zu verstehen: »Sie sind bemüht, nicht fett und dickbäuchig zu werden, und jeder junge Mann, dem die Standardlänge des Gürtels nicht mehr paßt, wird mit einer Buße belegt.« Am Hungertod scheint in Atha Cliath niemand gestorben zu sein.

Noch heute ist Irland in vier Provinzen aufgeteilt, Ulster im Nordosten, Leinster (das Gebiet um Dublin) im Südosten, Munster im Südwesten und Connaught im Nordwesten. Zu jener Zeit kam noch eine zusätzliche Provinz hinzu, Meath (irisch ›Mitte‹), die inzwischen nicht mehr zählt, weil sie die Dinge arg komplizierte. Denn dort befand sich Tara, Sitz des Ard Ri, des Hochkönigs und Herrschers über die gesamte Insel.

Es zum Ard Ri zu bringen, erwies sich auf einem aus lauter Einzelkönigreichen (tuatha) bestehenden Eiland – und lauter Männern, die König sein wollten – als äußerst schwierig. Und wenn es einmal einer so weit gebracht hatte, hielt er sich meist nicht lange auf dem Posten. Seine Macht innerhalb des labilen Gesellschaftssystems war ohnehin nur beschränkt. Denn einerseits konnte er sich der Gefolgschaft der vier Könige aus den übrigen Provinzen nie ganz sicher sein, andererseits hatten diese ebenfalls Probleme, Thronfolger und -prätendenten, ehrgeizige Verwandte und die ihnen tributpflichtigen Stämme bei Laune und in Frieden zu halten.

Daß dieses System trotzdem viele Jahrhunderte lang relativ gut funktionierte und es nicht zu ständigen bürgerkriegsähnlichen Unruhen wie auf dem Balkan kam, lag an der geringen Bevölkerungsdichte, stets ausreichender Nahrungsmittelversorgung durch die Fruchtbarkeit des Bodens, genügend Jagdwild und dem Fischreichtum der Gewässer (Streitigkeiten unter Schlaraffen eskalieren selten), einer durch die strengen und allgemeingültigen ›brehonischen‹ Gesetze geregelten Rechts- und Ständeordnung, die Frauen gleichberechtigte, der überregionalen Macht der Priesterkaste (Druiden), aber auch der Künstler (vor allem der Barden, Poeten und Goldschmiede), einem gewissen Sportsgeist und sicher noch einigen anderen Umständen.

Jede Provinz setzte sich aus einer größeren Anzahl solcher ›Stämme‹ (›tribes‹) zusammen, verschiedenen Clans oder Sippen, also Großfamilien, die jeweils den stärksten oder klügsten ihrer Oberhäupter (chieftains) zum König wählten. Dessen Aufgabe bestand darin, im Notfall als Heerführer das gemeinsame Territorium und jedes einzelne Mitglied seiner Clans zu beschützen. Selbst das Provinzkönigtum war keine ständige Einrichtung; jeder einzelne der ca. 150 Chieftains trug stolz den Königstitel (»König mein Name«, spottet Joseph O'Connor, »und das ist Frau König, und dies ist unser Hund Prinz«), und die beliebten Viehdiebereien sorgten auch unter befreundeten Clans immer wieder für Zündstoff.

Auf einer Insel, deren Gesamtfläche ungefähr der Österreichs (in seinen jetzigen Grenzen) entspricht, verstanden es die Iren, sich in einer für Außenstehende höchst verwirrenden ›Kleinstaaterei‹ einzurichten. In unserer Epoche der ›Globalisierung‹ und des ›europäischen Gedankens‹ wirkt das alles wie das blanke Chaos. Doch auch die Zeitgenossen empfanden es schon so. Das mittelalterliche Feudalsystem auf dem Kontinent und auch in England basierte längst auf anderen Regeln, deren wichtigste das Recht des Stärkeren war. Voraussetzung für dieses System war Landbesitz, den es zu vergrößern und durch Vasallen, Sklaven oder Leibeigene zu bewirtschaften galt.

Land war in Irland ausreichend vorhanden; bei einer geschätzten Einwohnerzahl von 500000 im Jahre 1100 entfielen auf jeden ›freien‹ Iren ca. 40 Morgen. ›Unfrei‹ waren Sklaven, etwa von Piraten verschleppte ›Britannier‹, Kriegsgefangene oder Gesetzesbrecher. Sie machten aber nur einen verschwindend geringen Prozentsatz der Bevölkerung aus, da diese im Überfluß lebende Gesellschaft nie auf Sklavenhaltung angewiesen war. Nach dem brehonischen Recht blieb Land außerdem Gemeinbesitz und konnte nicht willkürlich durch Eroberung oder Kauf akkumuliert werden. Ackerbau spielte gegenüber der Viehzucht und Geflügelhaltung eine eher untergeordnete Rolle. Klima und Bodenbeschaffenheit ließen Brotgetreide wie Weizen nur im Südosten der Insel gedeihen. Und noch etwas erwies sich als bedeutsam: Irland ist nicht sonderlich reich an Bodenschätzen, insbesondere hat es keine Eisenvorkommen; und ohne Eisen läßt sich ein Acker nur mühsam bestellen. Von der technischen Entwicklung her befand sich die Insel noch im Hochmittelalter auf dem Niveau der Bronzezeit. Diese ›Rückständigkeit‹ wurde freilich durch die keltische Kultur, die Gelehrsamkeit und den missionarischen Eifer der irischen Mönche in Europa mehr als wett gemacht.

For Christ's Sake

Nachdem sich im 5. – 6. Jahrhundert das Christentum in Irland durchgesetzt und die Druiden als Priesterkaste fast gänzlich verdrängt hatte, entstand auf der Insel eine höchst faszinierende und einzigartige Zivilisation. Es gab weiterhin etwa 150 Einzelkönigreiche mit ihren üblichen Stammesfehden, Kleinkriegen und Rivalitäten, aber viele der zum wahren Glauben bekehrten Könige betrachteten sich von nun an zugleich als ›Bischöfe‹, als Oberhirten ihrer Clans. Da sie dazu vom Papst in Rom keineswegs autorisiert waren, ist die Bezeichnung ›Bischof‹ freilich recht vage; man weiß nicht so recht, wie sie dieses Amt verstanden und ob sie es mit dem Glauben überhaupt sehr genau nahmen. Feilim Mac Criomthan zum Beispiel, der 847 starb und in alten Chroniken »König von Munster, Gelehrter, Poet und Bischof« genannt wird, ließ mehrere Klöster außerhalb seines eigenen Regierungsbezirks in Flammen aufgehen, offensichtlich, weil er mit anderen Bischöfen nicht ganz einer Meinung war. Die meisten Äbte gehörten zum keltischen Adel und sahen keinen Widerspruch darin, sich auch aktiv in weltliche Belange einzumischen.

Man könnte annehmen, daß die irischen Herrscher ebenso wie die Päpste schon bald erkannten, welchen Nutzen ihnen die Verknüpfung von Religion und Politik brachte: Machtpolitik läßt sich dem Volk allemal besser verkaufen, wenn man sie zu einer Sache des Glaubens erklärt. Diese sehr pragmatische Deutung traf in Einzelfällen sicher zu, reicht jedoch keineswegs aus, die tiefgreifende Läuterung zu erklären, die nicht nur von großen Teilen der Bevölkerung Besitz ergriff, sondern die ›Insel der Heiligen und Gelehrten‹ zu einem für damalige Verhältnisse wahrlich internationalen Zentrum der Vergeistigung und Bildung machte.

Irland überzog sich mit einem immer dichteren Netz von Klöstern, und die größten und bedeutendsten – Clonmacnoise, Glendalough, Monasterboice und Bangor – wurden zu Prototypen der erst sehr viel später gegründeten mittelalterlichen Universitäten auf dem Kontinent. Es war eine Blütezeit der Kunst und des Kunsthandwerks, der Buchmalerei, der beeindruckenden steinernen Hochkreuze, kostbarer Reliquiare, Meßkelche, Bischofsstäbe und Schmuckstücke aus Gold, Silber, Bronze, Edelsteinen, Glas, Korallen und Emaille. Mönche in den Scriptorien bewahrten der Nachwelt Wissen, Philosophie und Literatur der Antike; in den Kirchenbauten bildete sich ein sehr eigenwilliger, irischromanischer Baustil heraus. Fast schien es so, als habe das Christentum das ungestüme keltische Temperament gebändigt, es in friedlichere, schöpferische Bahnen gelenkt.

Die Päpste verfolgten diese Entwicklung mit Mißtrauen und wohl auch einer Spur von Neid. Ihre wiederholten Bemühungen, die Insel durch Entsendung wirklicher Bischöfe der Aufsicht Roms zu unterwerfen, scheiterten: Den weitgereisten Botschaftern wurde von den irischen Äbten höflich, aber bestimmt mitgeteilt, daß sie als Gäste zwar jederzeit willkommen seien, man das bewährte System klösterlicher Selbstverwaltung jedoch beizubehalten gedenke. Viele der auf den Konzilien gefaßten Beschlüsse wurden schlicht ignoriert. Nach orthodoxer Auffassung kamen zum Beispiel Kinder, die vor der Taufe starben, an einen lichtlosen Ort, eine Art Vorhölle (sheol), aus dem es keine Erlösung gab. Sie durften nicht in geweihter Erde bestattet werden. In Irland legte man besondere kleine Friedhöfe für die Ungetauften an und hielt Messen für sie ab. Die römische Kirche scheute alles aus der Antike Überlieferte wie der Teufel das Weihwasser und zerschlug bis zur Renaissance Tempel, Bildwerke und Statuen; irische Mönche kopierten und übersetzten in jahrelanger Arbeit die Schriften des Altertums, die von Emigranten aus aller Herren Ländern gerettet und zu ihnen gebracht wurden. Während in Europa ein düsterer Märtyrerkult mit sadomasochistischen Zügen entstand, gaben die Missionare der grünen Insel ein Beispiel für sinnvolle Selbstaufopferung und tätige Nächstenliebe; so viel wir wissen, hat es dort auch keinen einzigen Märtyrer gegeben. Das ewige ›memento mori‹, das ›irdische Jammertal‹ und die genüßlich ausgemalten Schrecken des Todes und der Verwesung waren den Christen keltischer Tradition, denen das Leben als eine Art Übergangslösung erschien, völlig fremd; noch heute sind in ländlichen Gegenden Irlands Totenwachen (wakes) nicht selten Anlässe zu fröhlicher Ausgelassenheit. Nonnenklöster, bei den strengen Patriarchen auf dem Kontinent höchst umstritten, waren bei den Iren seit jeher eine Selbstverständlichkeit.

Man belächelt heute gern den ›rückständigen Katholizismus‹ in diesem kleinen Mitgliedsstaat der europäischen Union; solche Gönnerhaftigkeit deutet freilich auf Unkenntnis seiner Geschichte und der Tatsache hin, daß Irland stets einen Sonderweg beschritt und von gewissen leidigen Erfahrungen, wie etwa der Inquisition oder der organisierten Hexenverfolgung, verschont blieb. Die ständigen Machtkämpfe zwischen Staat und Kirche ließen es zwar keineswegs unberührt, aber stets nur über seine

Besatzer: Von einem eigenen (Frei-)Staat konnte bis 1921 keine Rede sein.

Atha Cliath gegen Ende des 8. Jahrhunderts, das Fischerdörfchen ›an der Hürdenfurt‹ im Osten der Insel, dürfte aus einer Ansammlung strohgedeckter Katen auf beiden Seiten der Liffey bestanden haben. Die Bewohner waren Christen, die eine Holzkirche an der Quelle erbaut hatten, wo ihre Urahnen dereinst vom Heiligen Patrick bekehrt wurden; Viehzüchter, deren Hauptsorge wohl darin bestand, daß nicht irgend ein benachbarter Clan wieder mal auf dumme Gedanken kam und nachts ihre Herden forttrieb. Die in der Umgebung lebenden Familien hatten daher, auch als Schutz vor Wölfen und den Winterstürmen, ihre Wohnhäuser und Stallungen mit ringförmigen, palisadengespickten Mauern umgeben, wo die Kühe, ihr Hauptkapital, einigermaßen sicher waren. Reste solcher Gehöfte, sogenannte ›ringforts‹, finden sich immer noch zu Hunderten über die gesamte Insel verstreut. Allein längs des Poddle standen vier Kirchen, St. Patrick, St. Brigid, St. Kevin und St. MacTaill. Ein friedliches Idyll, so schien es in der Tat – ein Land, in dem Milch und Honig flossen.

Bis dahin hatte Irland, anders als England, keine Angriffe oder gar Invasionen vom Meer her erlebt. In Großbritannien waren römische Legionen einmarschiert, hatten später norddeutsche Angeln, Sachsen und Juten Land erobert und Königreiche gegründet. Die irischen Kelten kannten nur Zwistigkeiten untereinander, eine über tausendjährige Kontinuität, eine derbe, kämpferische und mitunter kriegslüsterne Gesellschaftsform, die sich im wahrsten Sinne des Wortes ›zusammenraufen‹ mußte und in den letzten Generationen durch den christlichen Einfluß in ihrem oft blutrünstigen Überschwang gemäßigt worden war. Sie hatten, durch Lage und Klima begünstigt, kaum je längere, überregionale Perioden von Not oder Hunger erlitten. Während in England das keltische Element mehr und mehr in den Hintergrund trat und eigentlich nur bei den Walisern und Schotten erhalten blieb, überdauerte es in Irland bis heute, wie man an den Straßenschildern in gälischer Sprache ablesen kann.

Außer, daß irische Piraten gelegentlich englische Küsten geplündert und Gefangene als Sklaven verschleppt hatten (darunter auch einen sechzehnjährigen Schafhirten namens Patricius, den späteren St. Patrick) gab es bisher keine nennenswerten Berührungen oder Konflikte zwischen den beiden Inseln. Gegen Ende des achten Jahrhunderts drohte jedoch beiden eine furchtbare Gefahr: Sie zogen beutegierige, norwegische und dänische Wikinger an, die ihre Raubzüge auf ganz Europa auszudehnen begannen.

»Es braust heut nacht ein wilder Sturm...«

Der erste Angriff auf Irland erfolgte, so heißt es in den *Annalen von Ulster*, im Jahre 795 – »Die Heiden haben Rechru bis auf die Grundmauern niedergebrannt.« Diese alarmierende ›Schlagzeile‹ stammt zwar von Mönchen, den Hauptbetroffenen, denn Klöster blieben die bevorzugten Ziele der ›blonden Fremden‹ (›finn-gall‹), aber der Begriff ›Heiden‹ spricht auch für eine weit fortgeschrittene Christianisierung der Iren insgesamt. Rechru (oder Rechrainn) war ein Kloster auf einer kleinen Insel vor Dublin – wahrscheinlich Lambay Island. Seine Bewohner wurden erschlagen oder versklavt. Der berserkerhaften Wut und den überlegenen Waffen dieser Feinde konnten harmlose Fischer und Mönche nichts entgegensetzen; ein ›finn-gall‹, sagte man, wußte mit seiner Streitaxt so gut umzugehen, daß er einen Mann in drei Teile zerlegt hatte, bevor seine Leiche am Boden auftraf. Die meisten Nordmänner trugen konische Helme mit Naseneisen (›nasal‹), wie Generationen später noch ihre Nachfahren, die Normannen; die Prunkhelme ihrer Anführer hatten oft reich verzierte, unheimliche Gesichtsmasken. Helme mit Hörnern, wie man sie häufig auf Gemälden, Illustrationen oder in Cartoons à la Hägar sieht, dürften eher die Ausnahme gewesen sein, schon deshalb, weil sich ein starker Gegner im Nahkampf der Hebelwirkung der Hörner hätte bedienen können, um dem Träger den Hals umzudrehen. In den ersten Jahrzehnten blieb es bei sporadischen Überfällen auf kleinere Inseln und Küstendörfer, die sich als so profitabel erwiesen, daß die Skandinavier ab 830 größere Flottenverbände ausschickten, um ganz Irland zu erobern.

In den Klostersiedlungen war am meisten zu holen und am wenigsten Widerstand zu befürchten. Die Mönche legten sie wegen des Trinkwassers und der Fische oft in der Nähe von Flüssen an, was sie für die gefürchteten Drachenschiffe leicht erreichbar machte – so liegt Clonmacnoise am Shannon, Monasterboice nicht weit von der Boyne. Klöster dieser Größenordnung bildeten die Zentren ganzer Provinzen, hier gab es Kornspeicher, Nahrungsvorräte und Viehherden, juwelengeschmückte Kruzifixe, Altarschüsseln, Reliquienschreine, kostbar eingebundene Manuskripte – allein die Herstellung von Goldfolie zur Ausschmückung von Buchseiten erforderte einen kleinen Vorrat an Nuggets aus den Wicklow Mountains (der Name Wicklow kommt nicht von ungefähr, da die damals noch reichen Goldvorkommen der Gegend eine besondere Anziehungskraft auf Wikinger hatten). In skandinavischen Museen kann man immer noch viele dieser irischen Beutestücke bewundern. Leider wußten die Nordmänner mit Buchseiten nichts anfangen. Unersetzliche Kunstwerke, Schriften, Übersetzungen und Kopien antiker Literatur gingen als wertloser Abfall in Flammen auf oder wurden in alle Winde verstreut – Verluste, denen man lieber nicht nachsinnen möchte: Was nach Ansicht vieler Historiker die abendländische Zivilisation rettete, war nur das, was der Zerstörung entging. Das wie durch ein Wunder gerettete Book of Kells zum Beispiel, das zu jener Zeit entstand, hat eine abenteuerliche Geschichte hinter sich.

Von ihrem eigenen düsteren Götterglauben beseelt und des Lesens unkundig, dachten die Barbaren geradezu fundamentalistisch. Ihr Haß richtete sich auch gegen Buchstaben, für sie Zeichen des christlichen Glaubens, der Dekadenz und Verweichlichung. Mit Vorliebe entweihten sie Kirchenaltäre oder benutzten Gotteshäuser für heidnische Rituale; so wird berichtet, daß Ota, die Gattin des Wikingerfürsten Turgesius, auf den geweihten Altären von Clonmacnoise Opfer bringen und Orakel verkünden ließ.

Ein dunkles Zeitalter löste ein goldenes ab, und das lag hauptsächlich daran, daß die 150 Kleinkönigreiche organisatorisch nicht in der Lage waren, ihre Clans gegen den gemeinsamen Feind zu vereinen. Die Lage wurde in der Folgezeit noch verworrener, als nach den norwegischen auch dänische Wikinger in Irland einfielen; »das Meer um Erin spuckte immer neue Fluten von Fremdlingen aus«, heißt es in der Sprache der Chronisten. Die Dänen (dubh gall – die vielleicht wegen ihrer Tracht und Rüstung so genannten ›dunklen Fremden‹) kämpften nun ihrerseits gegen die finn-gall um die Vorherrschaft, vertrieben sie aus ihren Stützpunkten und setzten sich in verschiedenen Teilen des Landes fest. Es gab irische Könige, die mit den Dänen oder Norwegern paktierten, ja sogar solche, die selbst ab und zu Klöster plünderten, um ihre Kassen aufzufrischen; und die Nordmänner fingen an, die gälische Sprache zu lernen, sich für die hübschen Irinnen zu interessieren, Familien zu gründen und seßhaft zu werden. Manche nahmen sogar den christlichen Glauben an.

Aus den ›longphoirts‹, den von Erdwällen und Gräben umgebenen Befestigungen der Wikinger, von denen aus sie Raubzüge in die Umgebung unternahmen (die Stadt und die Grafschaft Longford erinnern noch heute an diese Bezeichnung), entwickelten sich die ersten Städte der Insel: Waterford, Wexford, Cork, Limerick – und Dublin. Zuvor kannten die Iren nur wenige größere Siedlungen, Klosteranlagen und Königsresidenzen, vor allem aber unzählige Einzelgehöfte, die ›ringforts‹ – nun entstanden zu ihrem Verdruß an strategisch günstigen Orten, vor allem an der Küste, geschäftige Handelsmetropolen, zu denen ihnen der Zutritt verwehrt war.

An der Stelle des Fischerdörfchens Atha Cliath, dessen Bewohner man massakriert oder vertrieben hatte, wuchs und verbreiterte sich die größte und verhaßteste dieser Städte. Die finngalls, denen Atha Cliath offenbar nur schwer von der Zunge ging, übernahmen einfach den gälischen Begriff dubh-linn für jenen dunklen Teich, in dem einst die Hexe ertrank. Und als später die Normannen die Wikinger als Besatzer Irlands ablösten, behielten sie den alten Namen bei, der dadurch bei den keltischen Ureinwohnern einen schlechten Klang bekam. Es reichte nicht aus, sie zu überfallen, zu berauben, zu brandschatzen und zu erschlagen, man mußte auch noch ihre Sprache verhunzen und aus dubhlinn Dublin machen, oder gar Dyflin – so wie aus ›Uisce Beatha‹ (ausgesprochen ›ish ke ba-ha‹, ›Wasser des Lebens‹) durch sauflustige und maulfaule normannische Söldner ›Whiskey‹ wurde. Daher ist es nur ausgleichende, wenn auch etwas verspätete Gerechtigkeit, wenn der Reisende heute auf Straßenschildern, etwa auf der Strecke vom Flughafen in die City, zuerst wieder Baile Atha Cliath liest, und darunter erst Dublin.

Der Hauptunterschied Dublins zu anderen europäischen Metropolen wie London, Paris, Rom oder Berlin besteht eben darin, daß dies keine eigentlich irische Stadt ist, sondern seit der Gründung 841 über Tausend Jahre lang eine Bastion von Irlands Eroberern und Besatzern blieb, Mittelpunkt des sogenannten ›Pale‹, des ›Pfahls im Herzen der Grünen Insel‹. Die Protestant Ascendancy, die in georgianischen Häusern residierte und deren Bauwerke wir heute bewundern – Grand Canal, Herbert Place, Trinity, Merrion Square – bestand überwiegend aus zugezogenen Engländern, während Iren auf den Straßen verhungerten und allenfalls als billige Hilfskräfte oder Lakaien geduldet wurden. Das Schimpfwort ›West-Briten‹ für die Dubliner ist in der übrigen Republik nach wie vor gebräuchlich, und das Verhältnis der Dubliner selbst zu ihrer Stadt scheint, mehr noch als das der Wiener zu Wien, von Haßliebe geprägt. »Ich fuhr heute nach Dublin und verfluchte jedes einzelne Haus, an dem ich vorbeikam«, grummelte George Bernard Shaw; für Brendan Behan war dagegen »die Stadt der Städte immer Dublin.«

Millennium? Aluminium!

1988 war den Dublinern irgendwie nach einer Tausendjahrfeier zumute. Sie fand auch statt, aber den Veranstaltern dürfte nicht ganz wohl dabei gewesen sein: Schließlich wußte man, daß das Gründungsjahr 841 war und nicht 988. Also wurde nach einem passenden historischen Ereignis gesucht, das den Trubel einigermaßen rechtfertigte.

Um 988 befand sich ›Dyflin‹ fest in der Hand dänischer Wikinger, die ihre norwegischen Konkurrenten aus der Garnison vertrieben hatten. Die Stadt war ein wichtiger Hafen und eine Drehscheibe des Handels mit irischen Sklaven, die auf oft abenteuerlichen Wegen bis ins Baltikum oder nach Nordafrika gelangten: Vor allem gebildete Mönche, die mehrere Sprachen beherrschten, erzielten Höchstpreise auf dem internationalen Markt, da sie als Dolmetscher nützlich waren. Von Dyflin aus kontrollierten die Dänen außerdem Teile Großbritanniens.

Mittlerweile gab es Ansätze zu einem organisierten Widerstand der keltischen Clanchiefs, die nach wie vor untereinander in Machtkämpfe verstrickt waren. Beste Aussichten, es zum Hochkönig über ganz Irland zu bringen, hatte zu dieser Zeit ein gewisser Máel Sechnaill II. (Malachy), der in Tara residierte, nachdem er die verfeindeten Sippen und Stämme im Süden geeinigt hatte. Im Jahre 988 also »kämpfte Malachy, König von Irland, in der Schlacht von Dublin gegen die Dänen und tötete unzählige von ihnen. Danach belagerte er ihre Garnison 20 Tage lang, während die Eingeschlossenen außer Salzwasser nichts zu trinken hatten. Als sie sich seiner Gnade unterwarfen, schenkte er ihnen das Leben, unter der Bedingung, daß sie ihm künftig eine Unze Goldes für jedes von ihnen bebaute Stück Land abtreten mußten.« Diese lukrative Abmachung sollte übrigens auch für seine eigenen Landsleute gelten, die von nun an innerhalb der Stadtmauern wohnten – bis die Dänen sie wieder hinauswarfen.

Und mehr war nicht? Eine von vielen Schlachten, mit dem Ergebnis, daß die Besatzer eine Zeit lang tributpflichtig wurden? Viele Dubliner hielten das für einen mehr als dürftigen Anlaß. Eine Tausendjahrfeier, bloß, weil die Bewohner der Stadt vor Tausend Jahren zum erstenmal Steuern zahlen mußten? Das ›Millennium‹ stand unter der Parole ›Dublin be proud‹, aber der Stolz hielt sich in Grenzen; man sprach allgemein von ›the Aluminium‹ im Sinne von ›alles Blech‹.

Wenigstens wird man im Jahre 2014, mit mehr Berechtigung, eine weitere Tausendjahrfeier begehen können: 1014 gelang es – jubeln die Schulbücher – dem heldenhaften Hochkönig Brian Boru in der Schlacht bei Clontarf, die Wikinger endgültig aus Irland zu vertreiben. Auch das ist, zurückhaltend ausgedrückt, eine geschönte Darstellung. Von ›endgültiger Vertreibung‹ konnte keine Rede sein. Brian, der König von Munster, kämpfte mit Wikinger-Söldnern gegen gälische Clans aus Leinster, die eine Allianz mit den Wikingern gebildet hatten. Der Sieg hätte ihn zum uneingeschränkten Herrscher über ganz Irland gemacht, wenn der 73-jährige nicht nach gewonnener Schlacht in seinem Zelt von einem jungen Dänen erdolcht worden wäre. Auch sein Sohn kam in diesem Kampf, der eher ein Gemetzel war, ums Leben.

Der Stern der Wikinger in Irland war zu diesem Zeitpunkt ohnehin am Verlöschen. Viele hatten die ausgeplünderte Insel längst verlassen, auf der Suche nach lohnenderen Pfründen – etwa England, das inzwischen von dem dänischen König Canute regiert wurde. Noch heute erinnern die Namen englischer Wochentage an Wikingerzeiten: Wednes-(Wodans) day, Thurs-(Thors)day, Fri-(Freyas)day.

Die übrige Mehrheit aber hatte innerhalb von drei Jahrhunderten irische Sitten und den christlichen Glauben angenommen (Dublins Christ Church steht auf dem Fundament einer von dem Dänenkönig Sithryk gegründeten Kirche), sich mehr oder weniger mit dem keltischen Clansystem arrangiert, war seßhaft geworden, zahlte dem jeweiligen Landesherrn Tribut und bildete eine als ›Ostmänner‹ oder Lochlannaigh geduldete Siedlergesellschaft. Aus Norwegen und Dänemark kamen keine weiteren Invasionen mehr. Das Hauptvermächtnis der Nordmänner an die Iren war die Gründung von Städten, die Einführung von Geldwährung und eine Verstärkung des Außenhandels – der von den Engländern bald wieder unterbunden bzw. zu ihren Gunsten kanalisiert wurde. Heute gehört das Viking Adventure & Feast – eine sonderbare Mixtur aus Museumsbesuch, ›interaktivem Erlebnis‹ (»wandern Sie durch die schmalen Sträßchen von Dyflin, wo

Sie sich mit Einheimischen unterhalten, sie bei ihrer täglichen Arbeit beobachten und sogar die Klänge und Geräusche der Wikingerstadt wahrnehmen können...«) und anschließendem mittelalterlichem Bankett zur Touristenfolklore. Wer sich den Spaß leisten möchte: Essex Street West, Temple Bar, Dublin 2. Von Original-Siedlungsspuren der Wikinger in Dublin, wie den Überresten einer hölzernen Anlegestelle, den Fundamenten von Häusern und echten »schmalen Sträßchen von Dyflin« ist leider nichts übriggeblieben – die wurden 1970 trotz massiver Bürgerproteste eingeebnet, um häßlichen Bürogebäuden Platz zu machen.

Über Bernstein und Literatur

Mehr als Tausend Jahre irischer Geschichte, zusammengefaßt auf ein paar Buchseiten – nuanciert kann eine solche Betrachtung natürlich nicht sein. Durch das grobe Raster lassen sich drei Phasen erkennen, eine ursprünglich keltische Kultur, das keltisch-christlich geprägte ›Goldene Zeitalter‹ und die Epoche der Wikingerinvasionen. Doch jede dieser Phasen hat künstlerische Ausdrucksformen hervorgebracht, die eine bessere Differenzierung ermöglichen, da durch sie erst das Persönliche hinter dem Allgemeinen sichtbar wird, durch sie plötzlich Einzelschicksale unter einer trüben Flut von Geschehnissen aufschimmern, die uns ansonsten kaum mehr betreffen – so wie ein in Bernstein eingeschlossenes Insekt selbst nach Äonen lebendig wirkt. Das Gedichtfragment eines namenlosen Mönchs aus dem 9. Jahrhundert, wie das am Anfang des Kapitels, macht seine Welt ungleich lebendiger, als jede historische Studie es vermag; die altirischen Heldensagas ziehen den Leser in ihre Strudel aus Mythos und Wirklichkeit; erst die Lektüre von *Das Gebet des Heiligen Patrick* läßt etwas von der innigen Gläubigkeit erahnen, die während des Goldenen Zeitalters viele Herzen durchströmte.

Aus Literatur erfahren wir etwas über die Einsamkeit langer Winternächte, von Liebe und Liebesleid, Lachen und Weinen, Entsetzen und Vertrauen, Tapferkeit und Feigheit, von den wirklich wichtigen, zeitlosen Dingen, die unser Leben bestimmen und sich nie ändern, die nur stets neu und manchmal erhellend neu ausgedrückt werden können.

»Wer fürchtet sich vor dem Tode?« schrieb im frühen Mittelalter ein Mönch aus Glendalough, »ich denke, nur Narren. Denn es ist ja nicht so, daß er nur einem widerführe, sondern allen. Die Reise, auf die sich mein Freund begibt, kann ich ebenso unternehmen. Wenn ich auch sonst nichts weiß, so weiß ich doch, daß ich dorthin gehe, wohin er gegangen ist. Oh, ihr Narren, daß ihr zurückschreckt vor jener kleinen Tür, durch die so viele freundliche und liebenswerte Seelen vor euch geschritten sind! Wollt ihr da zurückstehen? Ist es in eurem Falle schwerer und unzumutbarer als für irgendjemand sonst? Gewiß nicht. Zu viel Stille, glaubt ihr? Hat es hier auf Erden nicht genug Lärm und Wirrnis gegeben? Wenn es an der Zeit ist, geht nur guten Mutes. Wohin so viel an Größe und Sanftmut hinüberwechselte, könnt ihr freudig nachfolgen.«

Unzählige solcher gälischen Texte sind nie übersetzt worden: in Bibliotheken vergrabene Schätze, deren Schönheit nur wenigen Fachgelehrten bekannt und zugänglich ist. Zu fast jedem Detail meiner Zeitraffer-Fassung geschichtlicher Ereignisse gibt es irgend eine persönliche Schilderung, minutiöse Chronik, poetische Subjektivierung oder heroische Verklärung.

Auch die Legende von Tristan und Isolde geht auf eine irische Überlieferung zurück, vielleicht ist sie sogar wahr: »Als Tristan sich dem Hafen näherte, das neue, ihm unbekannte Land erblickte, fand er es lieblich und schön, und er atmete auf«, heißt es in der frühesten Fassung der tragischen Liebesgeschichte aus dem 9. Jahrhundert. Der Hafen war der von Dublin, und ›Isolde's Tower‹ einst der höchste Turm der Stadtmauer.

»Ante coitum omne animale Tristan«, behauptet wiederum der Philosoph und Naturwissenschaftler Erwin Chargaff, und nach all dem angehäuften Wissensballast, der in etwa die Zeit der Busfahrt vom Flughafen in die City von Baile Atha Cliath vertreiben half, sollte man ebenfalls aufatmen und sich ein möglichst zentral gelegenes Hotel suchen. Zentral sind zum Beispiel die Gegenden um die O'Connell Street, Temple Bar, Merrion Square und Stephen's Green. Obwohl Dublin immer teurer wird und sich dem ruinösen Londoner Standard angleicht, gibt es immer noch günstige Unterbringungsmöglichkeiten in der Innenstadt. Wer sich nicht auskennt, sollte ruhig etwas drauflegen, um sich zeitraubende Fußmärsche, Verzettelungen im Nahverkehr und Taxikosten zu sparen. Entschuldigen Sie den prosaischeren Ton, aber Sie sind nun in einer der quirligsten Städte Europas gelandet, in der zurechtzufinden Sie vor allem auf sich allein angewiesen sind.

Man kann inzwischen sogar in Dublin fein und teuer essen gehen, sollte sich aber bei der Suche nach einem Speiselokal nicht auf sein Glück verlassen, und auch nicht immer auf die Empfehlungen von Einheimischen. Wenn Sie Fast Food mögen, graue und harte Steaks, fettreiches, sehnig-knorpeliges Lammfleisch, das einem Hammel alle Ehre machen würde, mehlige Suppen, undefinierbare Gemüsepampen und Saucen, Tiefkühlgemüse, Scampis, die Darmkoliken verursachen, Kaffee, durch den man den Tassenboden sehen kann, oder den Versuch, italienische Rezepte nachzukochen, haben Sie freie Auswahl; oft ist aber das Hotelrestaurant einfach besser als das sonstige Angebot in Ihrem Stadtviertel. Keine Angst, in Irland kommen durchaus auch Feinschmecker auf ihre Kosten – nur nicht gerade in Dublin.

Eine gute Bar ist eine gute Bar ist eine gute Bar, sagte schon Gertrude Stein – oder war's Hemingway? – und das gilt selbstverständlich auch für Hotelbars. Um ein Dubliner Hotel (Hotel im Gegensatz zu ›Guesthouse‹ oder B&B), das keine eigene Bar hat, machen Sie besser einen Bogen: Mit dem stimmt irgendwas nicht. Viele Hotelbars sind so gut, daß man dort keineswegs nur auf Hotelgäste trifft. Letztere haben freilich das Privileg, auch nach der Sperrstunde noch ausgeschenkt zu bekommen – was gelegentlich zu komischen Verwicklungen führt, wenn etwa ein immer noch durstiger Ire sich als Hotelgast ausgibt. Man kann sich ein letztes Guinness ›for a night cup‹ mit aufs Zimmer nehmen und nachts den merkwürdigsten Leuten begegnen. Etwa schlagfertigen Barkeepern, frischgebackenen Schwiegervätern, die rührselig den Verlust ihrer soeben verheirateten Tochter beklagen, durchgemogelten Iren, Busfahrern, die in aller Frühe wieder ›rausmüssen‹ (ein lezzes Pint noch, aber dannisschluss...), älteren Damen, die behaupten, den ›bösen Blick‹ zu besitzen, Amerikanern in Hawaihemden, verschlafenen deutschen Touristen, die sich um zwei Uhr morgens wegen Ruhestörung beklagen und munter Weiterzechenden, die diesen Auftritt kommentieren. Ein ›pint‹ ist übrigens ein großes Bier, ein seltener verlangtes ›glass‹ oder ›ha'pint‹ ein kleines; wenn Sie einfach nur einen Whiskey bestellen, kriegen Sie einen doppelten, und niemand nimmt es nur im Geringsten übel, wenn Sie nichtalkoholische Getränke zu sich nehmen.

Auffälligkeiten

Sogar Briten und Amerikaner haben Schwierigkeiten, dem irischen Englisch zu folgen, das sich in der normalen Konversation und nach einigen Pints leicht in eine Art Keltisch zurückverwandelt und noch dazu in eine Unzahl von Regionaldialekten zerfällt. Der Dubliner erkennt den Engländer sowieso, sei er aus Manchester oder Liverpool. Er erkennt aber auch den Mann aus Cork, wie der Berliner den Münchner, und die gegenseitigen Ressentiments sind auch ziemlich die gleichen. *Sie* wird man rasch als Deutschen identifizieren, egal, wie sprachgewandt Sie sind, schon wenn Sie auf die Frage »Your first time in Ireland?« antworten müssen. Das kann Ihnen Sympathien eintragen, falls sich ihr Gegenüber daran erinnert, daß die Deutschen einst London und Belfast bombardierten. Auf die Geschichtskenntnisse der Iren ist jedoch nicht unbedingt Verlaß. Im allgemeinen wird man Ihnen aufgeschlossen, aber mit der gleichen freundlichen Zurückhaltung begegnen wie einem Touristen aus Ägypten oder Tirol. Das fällt manchen Deutschen, die einen Narren an den ›lustigen, sommersprossigen, rothaarigen und trinkfesten Iren‹ gefressen haben, offenbar schwer zu begreifen. Der Umkehrschluß funktioniert nicht so ganz, wie sie es gerne hätten: Ihre überschäumende Begeisterung für Irland verleitet sie zu dem Trugschluß, ihre Liebe würde erwidert. Wenn sie dann alle Brücken hinter sich abbrechen, zu einem horrenden Preis ein Cottage am Meer erwerben und als erstes anfangen, einen Zaun um ihr Grundstück zu bauen, so daß die einheimischen Bauern Umwege zurücklegen müssen, um auf ihre Felder zu gelangen, verwandelt sich der Enthusiasmus nach einem trüben Winter in Enttäuschung. Auch die angestrebte ›Selbstversorgung in freier Natur‹ ist in Wirklichkeit kein Zuckerschlecken. Das den Iren zu ihrem Glück fehlende Schwarzbrot und die Lebkuchen stoßen auf keine große Nachfrage, und an Keramik, Aquarellmalerei und Belehrungen zum Umweltschutz herrscht in den letzten zwanzig Jahren kein allzu dringlicher Bedarf mehr. Wer also nicht unbedingt als deutscher Tourist auffallen möchte, beherrscht seine Begeisterung, verzichtet auf Verbrüderungskundgebungen und beschränkt sich wie die Iren auf freundliche Zurückhaltung.

Von einem Dubliner ausgesprochen klingt der Name der Stadt eher wie ›Dobbelin‹ oder ›Dabbelin‹. Brendan Behan bezeichnete sich als ›Dubbalin-Man‹. James Joyce schlug ›Publin‹ als Alternative vor: »Wäre ein ganz schönes Geduldsspiel, quer durch

Dublin, ohne an einer Kneipe vorbei.« 1663 berichtete der Buchhändler und Gelegenheitsschriftsteller Richard Head: »Viele Einwohner der Stadt nennen sie Divlin, also Deubels Wirtshaus, ein wohlverdienter Name, denn es gibt sicher keine andere Stadt auf der Welt, in der so viele Teufelsbraten versammelt sind wie in dieser.« Etymologisch falsch, wie wir inzwischen wissen, aber noch heute nachvollziehbar – damals gab es eintausendeinhundertundachtzig ›Ale Houses‹, und die Zahl ist seither relativ konstant geblieben.

Was dagegen überhaupt nicht auffällt, es sei denn, Sie haben das zweifelhafte Vergnügen, am Hafen entlangzuschlendern: Dublin ist eine Hafenstadt. Das kriegt man eigentlich nur durch verirrte Möwen mit oder manchmal, wenn der Wind günstig steht, durch eine frische Meeresbrise. Mit Wasser haben es die Dubliner nicht so, auch nicht in ihrem Whiskey. Über die Liffey klagte der Dandyliterat Oliver St. John Gogarty schon 1920: »Keine Stadt vernachlässigt ihren Fluß so sehr wie Dublin. Von Butt Bridge bis Lucan schwimmt kein einziges Ausflugsboot auf der Liffey. Befänden sich die Stadt und der Fluß in England, gäbe es Gärten am Wasser und Bootshäuser und Menschen, die sich an und auf dem Wasser ergötzen.« Sich gar badend *in* der Liffey zu ergötzen, würde keinem Menschen einfallen, der auch nur einigermaßen bei Trost ist. Schon wegen der vielen Abfälle und seit sie das letztemal anläßlich des St. Patrick's Day grün eingefärbt wurde.

Die Liffey teilt Dublin in zwei ungleiche Hälften: eine mit Ausnahme der O'Connell Street ärmlichere und heruntergekommenere Nordseite und, rund um die Grafton Street, eine Schokoladenseite mit exklusiven Geschäften und Boutiquen. Eine Frau von der Süd- würde einen Mann von der Nordseite nur heiraten, um ihre Handtasche zurückzubekommen, so ein Witz mit Bart, aber sobald Sie sich nachts von der O'Connell Street entfernen und im Netzwerk der Nebenstraßen verlieren, sollten Sie Ihre Zigarette nicht gerade mit einer Fünfzigpfundnote anzünden und Ihren Armani-Anzug, Ihre Rolex und Ihre teure Spiegelreflexkamera besser unter einem Regencape verstecken.

Mit äußerlich zur Schau gestelltem Reichtum können Sie in Irland ohnehin allgemein eher einen Blumentopf verlieren als gewinnen. Schäbig gekleidete ältere Herren mit speckigen Kappen und mehrmals geflickten Anzügen entpuppen sich mitunter als Schloßbesitzer und Multimillionäre. Außer in Bankerkreisen, deren Dress-Code sich dem internationalen Standard angeglichen hat, pflegt man meist ein Understatement bis zur Selbstverleugnung. Ein gesundes Maß an Aufschneiderei wird wohlwollend zur Kenntnis genommen, jegliche Protzerei ist dagegen verpönt. Die Schere zwischen Armut und Reichtum klafft zwar, wie überall sonst, immer weiter auseinander, aber zumindest die Reichen sind bemüht, es sich nicht anmerken zu lassen. Auch Jung und Alt stehen öffentlich (nicht geburtsratenmäßig) in einem ausgewogeneren Verhältnis als im vergleichsweise streng geteilten deutschen Nachtleben.

Allerdings läßt sich die erfrischende Jugendlichkeit Irlands und vor allem Dublins kaum leugnen. »Wenn Sie sich so alt fühlen, wie Sie sind, kommen Sie lieber nicht hierher«, rät Terry Eagleton in *Die Wahrheit über die Iren*, denn über die Hälfte der Inselbewohner ist unter 25 Jahre alt, und die über 13 000 Studenten des Trinity College – nicht die einzige Universität am Ort – prägen unübersehbar die Passantenströme in der City.

Eins ist sicher: In der Hauptstadt der Republik ist an jedem Montag, Dienstag, Mittwoch und so weiter mindestens zehnmal so viel los wie in Deutschland an mehreren Wochenenden hintereinander. Spätestens seit 1991, als Dublin Europäische Kulturhauptstadt wurde, hat die Metropole einen beispiellosen Wirtschaftsboom erlebt. Der mit EU-Subventionen gefütterte ›Celtic Tiger‹ brüllt selbstbewußt und lockt sogar gelangweilte Londoner an, die mal eben ›rüberjetten‹, um in einem immer noch erzkatholischen Land den Papst boxen zu sehen. Jeden Abend mehrere Dutzend Kneipen mit Live-Musik? Keine leere Versprechung. Mädels, die auf den Tischen tanzen? Auch das: Flanieren Sie mal durch das Temple Bar-Viertel mit seinen Pubs, Cafés, Galerien und Discos.

Die Südseite mit den wichtigsten Sehenswürdigkeiten ist auf ca. einem Quadratkilometer relativ überschaubar. Wie orientiert man sich am besten? Fragen Sie nach Molly Malone.

Who the f... is Molly?

Das ist die Bronzestatue einer freizügig decolletierten Muschelverkäuferin, ›the tart with the cart‹ (›Die Schlampe mit dem Karren‹), wie sie im Volksmund genannt wird, ein Wahrzeichen Dublins mitten im Herzen der Stadt, in der Grafton Street. Naja, Wahrzeichen – sagen wir, man hat sich inzwischen an das guinnessschwarze Monstrum gewöhnt. An dieser Statue, einem Werk der mäßig talentierten Künstlerin Jeanne Rynhart aus dem Jahre 1988, stimmt leider so gut wie nichts, und die Entstehungsgeschichte der Skulptur erinnert an einen Schildbürgerstreich.

Jeder Dubliner kennt das alte Volksliedchen *Cockles and Mussels* (Herzmuscheln, Miesmuscheln), das zu einer Art heimlichen Stadthymne geworden ist:

In Dublin's fair City	*Im Dubliner Städtchen*
Where the girls are so pretty,	*Hat's manch hübsches Mädchen,*
I first set my eyes on sweet	*Dort sah ich zum erstenmal*
Molly Malone.	*Molly Malone*
As she wheel'd her wheel barrow	*Sah ihren Schubkarren,*
Thro' streets broad and narrow	*Straßen, Gäßchen durchknarren,*
Crying ›Cockles and Mussels alive,	*›Frische Muscheln, so frisch*
alive o!‹	*Gibt's sie sonst nirgendwo!‹*

Refrain:	
»Alive, alive o! Alive, alive o!	*›Leute kauft frischen Fisch,*
Crying ›Cockles and Mussels	*Noch lebendig und frisch,*
alive, alive o!‹	*Frische Muscheln, so frisch*
	Gibt's sie sonst nirgendwo!‹

She was a fishmonger,	*Es braucht niemanden wundern,*
And sure twas no wonder	*Mit Schellfisch und Flundern,*
For so were her father and	*Verdienten sich schon ihre*
mother before,	*Eltern ihr Brot.*
And they each wheel'd their	*Und man sah ihre Karren,*
barrow	
Thro streets broad and narrow	*Straßen, Gäßchen durchknarren,*
Crying ›Cockles and Mussels,	*›Frischer Fisch, frische Muscheln,*
alive, alive o!‹	*Kommen g'rad aus dem Boot!‹*

She died of a fever,	*Vor des Todes Gefahren,*
And no one could save her,	*Konn't sie keiner bewahren,*
And that was the end of sweet	*Ein Fieber verglühte schön*
Molly Malone,	*Molly Malone,*
But her ghost wheels her barrow,	*Ihr Gespenst schiebt den Karren,*
Thro' streets broad and narrow	*Manchmal hört man ihn knarren,*
Crying ›Cockles and Mussels	*In den Straßen und Gäßchen,*
alive, alive o!‹	*ihr Lied irgendwo.*

Klingt irgendwie viktorianisch – insofern man viktorianisch nicht nur mit ›prüde‹ übersetzt. Aber man möchte fast darauf wetten, daß ›ihr Lied‹ aus dem 19. Jahrhundert stammt, schon wegen der Melodie, diesem Ohrwurm, die für einen Leierkasten wie geschaffen scheint. Die früheste gedruckte Version, die sich bisher finden ließ, stammt in der Tat aus dem Jahre 1884 und wurde in London veröffentlicht. Schlimmer noch: Vieles deutet darauf hin, daß ein Schotte namens James Yorkston die Musik zu *Cockles and Mussels* und vielleicht sogar den Text dazu ersann. Dabei wäre es doch zu schön gewesen, wenn es sich um eine uralte irische Weise gehandelt hätte – zumindest für die Veranstalter der schon erwähnten, nicht sonderlich fundierten Tausendjahrfeier von 1988. Und noch tausendmal schöner, wenn sich herausstellte, daß es eine Molly Malone wirklich gegeben hat, es sich bei der Heldin der anrührenden Weise um eine historische Person handelte, eine echte Dublinerin!

Schon bei den Recherchen zu einem anderen berühmten Folksong, *It's a long way to Tipperary*, waren Volkskundler auf dessen wahre, ernüchternde, ja schockierende Hintergründe gestoßen: Das Lied wurde 1912 von den Briten Jack Judge und Harry Williams komponiert, und der Name Tipperary bezog sich eigentlich auf ein damals gut florierendes Londoner Bordell.

Auf einer Pressekonferenz am 22. Januar 1988 wurde feierlich bekanntgegeben, daß man endlich die Geburts- und Sterbedaten Molly Malones im Kirchenregister der St. John's Church entdeckt habe: Mary (Kosename Molly) Malone, geboren am 27. Juli 1663, ›Fischverkäuferin und wahrscheinlich Gelegenheitsprostituierte‹, gestorben am 13. Juni 1699 an einer fiebrigen Typhuserkrankung, beerdigt auf dem St. John's Friedhof.

Solche Verlautbarungen werden in der Dubliner Öffentlichkeit keineswegs ohne weiteres hingenommen, und alsbald meldeten sich kritische Stimmen, die Zweifel an dieser historischen Sensation anmeldeten. Der Name Malone sei in Irland nicht gerade ungewöhnlich; in anderen Kirchenregistern, zumal katholischen, tauchen etliche Malones auf, sogar Mollys – warum man ausgerechnet in den anglikanischen von St. John's nachgeforscht habe und sonst nirgendwo? ›Wahrscheinlich Gelegenheitsprostituierte‹ – was soll das heißen? Das Ganze drohte, zum Politikum zu werden, und Matt MacNulty, der Vorsitzende der Tausendjahrfeierkommission, beschloß, um des lieben Friedens willen und um von der Kontroverse ab-

Molly Malone,
›The tart with the cart‹,
in der Grafton Street

zulenken, eine Statue in Auftrag zu geben, um den sich einige Dubliner Künstler bewarben.

Den Zuschlag erhielt Jeanne Rynhart, die umfangreiche ›Feldforschungen‹ zum Thema angestellt haben wollte und im Endergebnis doch nur das auf der Pressekonferenz verkündete Klischee bediente. Die Bronzestatue trägt entsprechend ein Kleid im Stil der ›Restoration Period‹ aus der zweiten Hälfte des 17. Jahrhunderts; das üppige Dekolleté soll wohl auf ihren Nebenerwerb hindeuten; sogar der Standort Grafton Street beziehe sich, hieß es, auf Mollys tatsächliche Route, die sie von den Liberties zur Grafton Street und St. Stephen's Green geführt habe; Kunden ihrer Liebesdienste seien vor allem Studenten des Trinity College gewesen, an deren Trinkgelagen und losen Sitten schon damals Anstoß genommen wurde. Im Lied ist zwar von einem ›wheel-barrow‹ (Schubkarren) die Rede, aber Mrs. Rynhart stattete ihre Molly großzügig mit einem zweirädrigen Handkarren aus. Nun fehlte nur noch der Ruf nach einer Gedenkfeier zu Mollys 300. Todestag am 13. Juni 1999 sowie der Gründung einer ›Molly Malone Sommerschule‹. Er erfolgte pünktlich, und um die Stadtlegende noch weiter ins Kraut schießen zu lassen, behaupteten zwei Akademiker im irischen Radiosender RTE, daß Molly in Wirklichkeit Peg Woffington, die aus Dublin stammende Schauspielerin und Mätresse vieler adeliger Herren gewesen sei, und ›Herzmuscheln, Miesmuscheln‹ selbstredend nichts anderes symbolisierten als das weibliche Genital.

Viel Lärm um Nichts. *Cockles and Mussels* war bloß ein spät-
viktorianischer Gassenhauer, und der Rest ist freie Erfindung.
Wenn Sie vor der Bronzestatue von Molly Malone stehen und in
ihre traurigen Augen blicken, denken Sie nicht ans 17. Jahrhundert, sondern lieber an den Unterschied zwischen Kunst und
Kunstgewerbe.

Trinity College und die Konfessionskonfusion

Der weitläufige Gebäudekomplex schräg gegenüber ist die University of Dublin, Trinity College (TCD). Angenommen, Sie befinden sich immer noch im Pulk der eifrig fotografierenden Touristen um Molly und lauschen dem in regelmäßigen Abständen
aufglucksenden Signalton der nächsten Ampel, dann sehen Sie
auf der anderen Seite der Grafton Street ein hochherrschaftliches
Wohnhaus mit einigen Anbauten: Dort residiert der Leiter (Provost) der Universität, Dr. John Hagarty. Dieses Haus, Baujahr
1759, gehört trotz seiner prachtvollen georgianischen Innenein-
richtung und einigen wertvollen Gemälden – darunter einem
Gainsborough – zu den vielen Gebäuden auf dem Trinity-Gelän-
de, die Sie nicht betreten dürfen, außer, Sie sind eingeladen. Was
links davon, weiter unterhalb, von zwei viereckigen Türmen flankiert wie eine Mischung aus Schloß und Kaserne wirkt, ist die
Frontseite mit dem Haupteingang. Hinter dem Provost's House
wuchert eine architektonische Geschmacksverirrung aus Beton
die Nassau Street entlang, die den Blick auf den Campus ver-
sperrt. Dort gibt es einen weiteren Eingang, man könnte sagen eine Art ›Dienstboteneingang für Touristen‹, der durch einen dunklen Tunnel mit dem Charme einer Vorstadtunterführung, vorbei
an der Douglas Hyde Gallery für zeitgenössische Kunst, auf den
Fellow Square und zur Old Library führt – wo sich das Book of
Kells befindet. Wenn vor der Bibliothek bereits eine lange Besu-
cherschlange wartet, machen Sie besser auf dem Absatz wieder
kehrt und kommen zu einem günstigeren Zeitpunkt wieder.
Oder Sie schlendern ein halbes Stündchen über den Campus. Sie
können zum Beispiel links an dem langen Bibliothekstrakt vor-
beigehen, bis sie auf den unübersehbaren Campanile stoßen,
einen 30 m hohen Glockenturm. Sie stehen jetzt auf dem Parliament Square und sind umgeben von lauter hübschen Bauwerken,
an denen jeweils ein unsichtbares, aber doch irgendwie wirksa-

mes Schild hängt: »Wir müssen leider draußenbleiben.« Da ist die imposante Examination Hall von 1791, früher auch als Theater genutzt, in deren innen freundlich-ockerfarbener, reich mit Stuck verzierter Kuppel man ausnahmsweise ganz gern mal eine Prüfung ablegen würde – die kleine Orgel über der Kolonnade stammt, abenteuerlich genug, aus einem 1702 in der Vigo Bay gekaperten Schiff –, die Kapelle von 1798 (doch, die zu betreten ist möglich, wenn Sie sich die Mühe machen, an einem der sonntäglichen, überkonfessionellen Gottesdienste teilzunehmen), die schönste Mensa Irlands, die Dining Hall (1761) oder das berühmte viktorianische Museum Building des Architekten Benjamin Woodward. Das alles und mehr erfahren Sie aus einem guten Reiseführer auch, aber ich wollte Sie eigentlich zu einem Schlenker zur Library Square östlich des Campanile einladen, jener gediegen-beschaulich wirkenden roten Ziegelhäuserfront (›the Rubrics‹), die den ältesten Teil von Trinity bildet. Na, so alt auch wieder nicht; aber einige Gebäudeteile stammen noch aus der Zeit von Queen Anne vom Anfang des 18. Jahrhunderts, ehe die ›Georgies‹ das Szepter übernahmen. Hier, etwas abseits vom Getriebe, kann man sich bei Sonnenschein auf den englischen Rasen setzen und die Atmosphäre auf sich wirken lassen – eine nicht nur von der Architektur her ziemlich britische Atmosphäre.

Am 16. März 1591, als der Grundstein der Universität gelegt wurde, herrschte in England und Irland, gelinde gesagt, eine ›Konfessionskonfusion‹. Vor knapp sechzig Jahren hatte sich, wie in der Einleitung erwähnt, Heinrich VIII. selbst zum Oberhaupt der (nunmehr anglikanischen) Kirche erklärt, weil der Papst seine Ehe mit Katharina von Aragonien nicht anullieren wollte. Katharina, auf Landsitze verbannt, starb bald darauf, wahrscheinlich an Gift, und Heinrich heiratete seine – zuvor rasch noch in den Adelsstand beförderte – ›Lady Greensleeves‹, eine Hofdame irischer Abstammung namens Anne Boleyn. Die damalige politische Situation in Europa lief durch die Reformation ohnehin auf eine Teilung in ein südliches (katholisches) und ein nördliches (protestantisches) Lager hinaus, und so verband der Tudorkönig nur das Angenehme mit dem Nützlichen: Sicher spielte auch staatsmännisches Kalkül bei diesem folgenschweren Schritt eine Rolle.

Die sogenannte Suprematsakte übertrug ihm sämtliche Vollmachten über die englische und irische Kirche, die bisher Papst Clemens VII. ausgeübt hatte – welcher den Abtrünnigen natürlich umgehend exkommunizierte. Anfangs unterschied sich die anglikanische Kirche von der katholischen nur durch die Aufhebung des Zölibats für Priester: Schließlich war die englische Reformation nicht wegen des Ablaßmißbrauchs, sondern aus einer Liebesaffäre heraus entstanden. Paradoxerweise versteht sich die anglikanische Kirche bis heute als »evangelisch und katholisch in einem« und hat in Aufbau und Verfassung im wesentlichen die Gestalt des Mittelalters beibehalten (das werden Sie merken, wenn Sie in Dublin die Christ Church oder St. Patrick's Cathedral besuchen). Mit der Loslösung vom Papst wurde sie lediglich zur ›Staatskirche‹. Doch auch damit war die Mehrheit der Untertanen keineswegs einverstanden. England stand am Rande des Bürgerkriegs. Um seine Macht zu sichern, mußte Heinrich nun Freund und Feind im eigenen Reich auseinander dividieren, zu dem auch Irland gehörte. Es ging also gar nicht um die Frage, ein anderes Glaubensbekenntnis anzunehmen – ein Ersatz für das katholische war noch nicht einmal angedacht –, sondern den König statt des Papstes als geistliches Oberhaupt anzuerkennen. Um dies durchzusetzen, war ihm jedes Mittel recht. Er ließ antiklerikale Stimmungen in der Bevölkerung schüren; der Papst wurde propagandistisch zum Erzfeind der Gesellschaft abgestempelt, und seine Anhänger folgerichtig zu Staatsfeinden und Verrätern, zu ›Papisten‹. Und während in England der blanke Terror losbrach und eine Welle von Verfolgungen jeden Widerstand im Keim erstickte, ahnten die erst durch England zu Papisten gewordenen Iren noch nicht, was da auf sie zukam. Sie lebten zwar längst in keiner Idylle mehr, aber die Lage glich beängstigend der vor der Ankunft der Wikinger.

England, eine – gemessen an den Landmassen auf dem Kontinent – verhältnismäßig kleine Insel, besaß im Mächtespiel der Nationen nicht die schlechtesten Karten, und Heinrich VIII. wußte sie außerdem geschickt zu spielen. Eine listige Bündnis- und Schaukelpolitik verhinderte vorerst eine offene Konfrontation mit dem katholischen Lager Europas. Die wichtigste Trumpfkarte war der erstmals unter seiner Regierung betriebene Ausbau der Flotte, die bald alle Weltmeere beherrschen sollte. Doch dazu brauchte es Geld und Holz für die Schiffe. Als überaus gewinnbringend erwies sich (außer Steuererhöhungen) die Auflösung und Enteignung sämtlicher Klöster in England und Irland, und was das Baumaterial betraf, so waren die heiligen irischen Eichenwälder dazu bestens geeignet, um so mehr, als sich die papistischen Rebellen dann nicht länger darin verstecken konnten. »They used our trees for their ships«, hört man von Einheimischen auf die Frage nach der spärlichen Bewaldung Irlands, die im Jahre 1920 von einstmals 70% auf 1% gesunken war. Eichenholz diente den Briten jedoch auch zum Häuserbau, zur Herstellung von Möbeln, Fässern und Drehbankspindeln, zum Gerben und überraschenderweise in nicht unbeträchtlichem Umfang zur Geschmacksanreicherung von Bier.

Die Engländer sahen in den Iren ein wildes, unzivilisiertes und rebellisches Volk, das es zu zähmen oder auszurotten und dessen Ressourcen es rücksichtslos auszubeuten galt. Die Figur des Caliban in Shakespeares Drama *Der Sturm* könnte durchaus auch als Klischeebild des ›typischen Iren‹ interpretiert werden: ein Inselbewohner, Bastard einer Hexe, halb Mensch, halb Tier, »... ein scheckig Wechselbalg... ein giftiger Sklav,... der nie uns freundlich Antwort gibt,... der Schläge fühlt, nicht Güte,... in welchem keine Spur des Guten haftet, zu allem Bösen fähig!« Und Caliban: »Ihr lehrtet Sprache mir, und mein Gewinn ist, daß ich fluchen kann. Hol euch die Pest fürs Lehren Eurer Sprache.«

Größte Sorge jedoch bereitete den englischen Königen außer den immer wieder aufflammenden Rebellionen dieser Calibane die strategische Lage Irlands, das sich den Feinden Englands, allen voran Frankreich und Spanien, als Brückenkopf für eine Invasion geradezu anbot. Diese Sorge war nur allzu berechtigt, wie sich zeigen sollte: Im Kampf um die Unabhängigkeit luden irische Freiheitskämpfer Spanier und Franzosen mehrmals herzlich dazu ein, die Insel zu genau diesem Zweck zu benutzen. »He that will England win, let him in Ireland begin«, war ein altes Sprichwort, an das der Jesuit David Wolf einmal Philipp II. erinnerte – jenen spanischen Regenten, der die Armada gegen England aussandte.

Als der inzwischen zum 6. Mal verheiratete Heinrich VIII. (»... ein Schwein... ein Misthaufen, ein lügender Clown, ein Wahnsinniger mit Schaum vor dem Mund« – Martin Luther; »ein unerträglicher Schurke... ein Flecken aus Blut und Fett auf der Geschichte Englands« – Charles Dickens) 1547 starb, wurde die ohnehin für alle betroffenen Zeitgenossen komplizierte Situation vollends unüberschaubar. Man kannte sich einfach nicht mehr aus. Thronfolger war der gerade neunjährige Edward (als Edward VI.) aus seiner dritten Ehe mit Jane Seymour. Die Regierungsgeschäfte übernahmen zwei ›protectors‹, der Duke of Somerset und der Earl of Warwick. Wer nicht zur Church of England gehören wollte, blieb vogelfrei; katholische Messen waren illegal. Durch Edwards frühen Tod im Jahre 1552 gelangte jedoch als erste Königin in der englischen Geschichte Heinrichs älteste Tochter Mary – aus seiner ersten Ehe mit Katharina von Aragonien – genannt ›Bloody Mary‹, an die Macht. Da ihre spanische Mutter strenge Katholikin gewesen war, führte sie schon aus Gründen der eigenen Legitimation den Katholizismus wieder ein. Nun brannten zur Abwechslung Protestanten auf den Scheiterhaufen, und der Papst übernahm freudig erneut die Oberherrschaft über die englische Kirche. Mary heiratete den katholischen König Philipp II. von Spanien, gebar ihm aber keinen Thronerben, so daß die Krone nach ihrem wenig betrauerten Ableben 1558 automatisch ihrer Halbschwester ›Bess‹ zufiel. Elizabeth I. war die Tochter Anne Boleyns, eben jener Hofdame, welche die englische Reformation mitausgelöst hatte – und diese Königin Elizabeth, nach der ein ganzes Zeitalter benannt wurde, setzte endgültig den Protestantismus durch. Alles klar? Dann wiederholen Sie doch bitte, was ich gerade gesagt habe – ja, Sie da, Sie sind gemeint!

Leser: Zusammenfassend könnte man... äh... sagen, daß, wenn ich richtig mitgerechnet habe, die Untertanen der britischen Krone ihren Glauben innerhalb von zwölf Jahren öfter wechseln mußten als manche ihr Hemd.
Autor: Sehr gut! Weiter!
Leser: Unter Heinrich VIII. mußten sie königstreue Katholiken werden, im Unterschied zu papsttreuen römischen Katholiken. Unter seinem Sohn Edward VI. mußten sie Protestanten sein – Angehörige der Church of England. Unter ›Bloody Mary‹ mußten sie zum Katholizismus rekonvertieren. Und unter Elizabeth I. mußten Sie zur Church of England zurückkehren.
Autor: Donnerwetter! Hervorragend! Stein im Brett. Setzen. Eins.
Andere Leser (maulend): Und was hat das alles mit Trinity College zu tun?

Im Jahre 1591 gewährte Elizabeth I., die damals bereits 33 Jahre regierte, zwei loyalen Dublinern eine Privataudienz, dem Stadtrat Luke Challoner und dem Erzdiakon Henry Ussher. Sie überreichten ihr eine Petition, in der sie untertänigst um die Genehmigung zur Gründung einer Universität gebeten wurde, einem ›irischen Cambridge‹, sogar mit dem gleichen Namen: Trinity College. Rein protestantisch, versteht sich. Als Baugrund schlug man passenderweise das Areal eines ehemaligen Augustinerklosters »and the parkes thereof« vor, All Hallows, das unter Elizabeths Vater Heinrich enteignet worden war. (›Enteignet‹ ist ein viel zu harmloses Wort für die damals immer noch anhaltende Verfolgung und Ermordung von Mönchen und katholischen Geistlichen in Irland, über deren Geschichte man ein eigenes Buch schreiben könnte). Die Königin, Förderin der Künste und Wissenschaften, gab huldvoll ihre Zustimmung, unter der Bedingung, daß der von ihr eingesetzte Erzbischof von Armagh, Adam Loftus, zum Leiter der Fakultät ernannt würde.

In ihrem Begleitbrief hieß es: »... wir unterstützen dieses Vorhaben, auf daß durch das Studium Bildung und Wohlverhalten *unserer Leute* gefördert werde, von denen viele zuvor bis nach Frankreich, Italien und Spanien reisten, um fremde Universitäten zu besuchen; wodurch sie oft mit Papismus und ähnlich üblen Eigenschaften infiziert wurden und sich hernach als schlechte Untertanen erwiesen.« Unsere Leute – das waren natürlich Engländer. Nach der Vorstellung Elizabeths sollte Trinity so etwas wie eine Kaderschmiede für (insbesondere geistliche) Führungspositionen innerhalb des ›Pale‹, der britischen Besatzungszone in Irland und somit zu einem Gegenpol des Papismus (»counterblast to Popery«) werden. Ihr Lord Deputy Fitzwilliam lobte, diese Gründung sei »for the benefytt of the whole country«, zum Wohle des ganzen Landes.

Da trotz aller Zwangsmaßnahmen sogar in Dublin immer noch die Mehrheit der Einwohner dem katholischen Glauben anhing und die Stadt den Ruf hatte, in Glaubensfragen allzu tolerant zu sein, wirkt diese Ansicht vom Standpunkt der Besatzer aus verständlich. Wenn Fitzwilliam allerdings vom ›Wohl des ganzen Landes‹ sprach, meinte er damit nicht dessen angestammte Population. Gegen die Iren außerhalb des ›Pale‹, das nur große Teile der Provinz Leinster umfaßte, d. h. gegen die Gefolgsleute aufrührerischer Clans wie der O'Neills, O'Donnels und O'Briens aber auch gegen die ›Zivilbevölkerung‹, die auf deren Ländereien lebte, führte die Shakespeare-Königin nämlich schon seit Jahrzehnten einen Vernichtungskrieg, der erstmals Ausmaße eines Genozids annahm. Der Dichter Edmund Spenser, Autor des berühmten, Elizabeth gewidmeten Versepos *The Fairie Queene* und damals als Offizier im Einsatz, beschrieb seine Eindrücke in der Provinz Munster: »Die Menschen befanden sich in einem Zustand, der selbst Herzen aus Stein erweicht hätte. Aus jedem Winkel der Wälder und Täler kamen sie auf ihren Händen hervorgekrochen, da ihre Beine sie nicht länger tragen konnten. Sie sahen wie lebende Leichname aus und sprachen wie Geister, die aus ihren Gräbern stöhnen. Wenn sie ein Stück Erde fanden, das noch mit Wasserkresse oder Klee bewachsen war, scharten sie sich um diesen Flecken, ihn abzugrasen wie Vieh. In kurzer Zeit befand sich kaum noch jemand am Leben, und ein fruchtbares und volkreiches Land war zur Wüste geworden, verlassen von Mensch und Tier.«

Die Hintergründe der ›Elizabethan Wars‹ in Irland sind einigermaßen kompliziert und können hier wiederum nur flüchtig skizziert werden. Die irische Gesellschaftsstruktur jener Zeit läßt sich grob in drei Schichten aufgliedern: erstens die an ihre Clans und deren ›chieftains‹ gebundene keltische Urbevölkerung – inzwischen die Ärmsten der Armen; zweitens, die Nachkommen der normannischen Besatzer, die allmählich ›irischer als die Iren‹ geworden waren, ebenfalls mächtigen Familien, wie den Burkes, Butlers und Fitzgeralds, Gefolgschaft schuldeten und sich ›Old English‹ nannten; drittens zuletzt die ›New English‹, britisch-protestantische Siedler (oft Presbyterianer aus Schottland), denen wie den amerikanischen Pionieren Land im Überfluß versprochen worden war, die sich aber, es sei denn im gesicherten Refugium des ›Pale‹, auf höchst ungesichertem Terrain in sogenannten ›plantations‹ einrichten mußten, Inseln auf einer Insel. Letztere waren mit ›unseren Leuten‹ gemeint. Das einst ausreichend vorhandene Land wurde dementsprechend knapp, und es kam folgerichtig immer wieder zu Reibereien zwischen Enteigneten und Neuankömmlingen – was gelegentlich dazu führte, daß sich die bisher in strenger Apartheid lebenden Iren und ›Altengländer‹ zusammenschlossen und gemeinsam Widerstand gegen die ›New English‹ leisteten.

Die britische Methode der Rebellenbekämpfung hatte an solch feinen Unterschieden und der keltischen Mentalität keinerlei Interesse und walzte unter Aufbietung seiner gesamten Militärmacht alles nieder, was aufbegehrte oder dem Empire irgendwie gefährlich werden konnte. (Als ›Rebell‹ galt schon jemand, der sich nicht widerstandslos vertreiben oder erschlagen ließ. Heinrich VIII. hatte den Clans ebenso wie den ›Old English‹ ein Angebot im Mafiastil gemacht, ›das sie nicht ablehnen konnten‹: das System ›Surrender and Regrant‹ sah vor, daß der gälische und normannische Adel sein Land der Krone überschrieb und zum Dank für diese Loyalität mit eben diesem Land ›belehnt‹ wurde. Nach dem noch immer gültigen brehonischen Recht der

Gaelen war Land jedoch Gemeinbesitz und durfte nicht – auch nicht ›symbolisch‹ – veräußert werden. Die Ablehnung der Clanchiefs werteten die Briten, ganz wie zu erwarten, als Insubordination.)

Druck erzeugte Gegendruck, Angst wurde zu Aggression, und so entstand der hinlänglich bekannte Teufelskreis, der sich bis heute fortsetzt. Die Gründung von Trinity College, das sollte man sich als moderner Tourist auch vergegenwärtigen, leitete zugleich die Endphase des uralten keltischen Clansystems ein. Der gewalttätige Zusammenprall zweier verschiedenartiger Zivilisationen wurde wie stets zu Gunsten des Rechts des Stärkeren entschieden. Die Schlacht von Kinsale im Jahre 1601 und die vielbesungene ›Flucht der Grafen‹ (›flight of the earls‹) von Tyrone und Tyrconnell zusammen mit hundert weiteren Fürsten des irischen Nordens (1604) markierten eine Zeitenwende: Die alte irische Zivilisation war zerstampft – nein, noch nicht ganz vernichtet, es gibt immer noch Reste davon –, die ›Old English‹ arrangierten sich wohl oder übel mit den herrschenden Zuständen, die ›New English‹ bildeten den Grundstock für die Protestant Ascendancy, und die ›anglo-irische‹ Epoche begann. Rule Britannia.

Aber was da auf der Strecke blieb! Eine reiche Kultur wurde von einer militärisch überlegeneren unterdrückt; manche Sehenswürdigkeiten der Universität haben daher fast den Stellenwert von Trophäen, wie das Book of Kells oder die im Long Room aufbewahrte Harfe des Brian Boru.

Wenn man heute über das Kopfsteinpflaster des Campus flaniert, wirken all diese historischen Hintergründe gänzlich entrückt, und doch seltsam präsent. Als ich eben gerade von meinem Schreibtisch in München aus die Telefonnummer von Trinity College wähle und mich wie der Buchbinder Wanninger von einem Sekretariat zum nächsten verbinden lasse, um mich unter anderem danach zu erkundigen, wie hoch der gegenwärtige Anteil an katholischen Studenten geschätzt wird, hat das Ganze etwas von einer Farce. »So um die 90 Prozent, würde ich sagen«, teilt mir eine freundliche Frauenstimme mit, »ich weiß es wirklich nicht genau. Wir fragen hier bei der Einschreibung nicht nach der Religionszugehörigkeit, wissen Sie.« Ist das wohltuende Normalität oder nur die irische Art, einem mitzuteilen, daß man sich zu so indiskreten Fragen nicht zu äußern wünscht? Die inzwischen unsichtbare Grenze zu Nordirland liegt etwa 100 km entfernt, und jenseits von ihr würde ich eine solche Frage kaum zu stellen wagen. Irlands katholische Kirche hat ihren Bann gegen die protestantische Hochburg Trinity erst 1969 aufgehoben. Die ›Normalität‹ in Glaubensfragen ist eine andere, brüchigere, als etwa im protestantischen Norden und katholischen Süden Deutschlands. Gewisse feine Unterschiede gibt es ja auch noch bei uns, im Land der C-Parteien, etwa wenn es um Ehescheidungen, Abtreibung oder Kruzifixe in Klassenzimmern geht, oder wenn man als Lehrer oder Kindergärtnerin eine Stellung sucht. In Irland kommen solche Unterschiede wegen der Gleichung katholisch = irisch/protestantisch = englisch nur ungleich schärfer zum Ausdruck. Behalten Sie diese Gleichung im Gedächtnis, aber hüten Sie sich davor, sie zu thematisieren. Einen Iren nach seiner Religionszugehörigkeit zu fragen, wäre in der Tat der schlimmste Fauxpas, der Ihnen auf der Insel unterlaufen kann.

Das Problem läßt sich, wie das Keltische, nur umkreisen, oder, um es mit den Worten John Humes auszudrücken, »jemand, der hier nicht verrückt wird, hat keine Ahnung, um was es eigentlich geht.« So kann man den modernen Nordirlandkonflikt historisch, kulturgeschichtlich, soziologisch, theologisch, psychologisch, politologisch oder sonstwie aufdröseln, es bleibt doch ein ›siebenhörniges Dilemma‹, vermintes Terrain, eine Geschichte voller Paradoxa.

Trinity College, ursprünglich als Bollwerk gegen den Papismus gegründet, hat in seiner über vierhundertjährigen Geschichte immer wieder Toleranz gegenüber den unterdrückten, durch die ›Penal Laws‹ zu Menschen zweiter Klasse erklärten Katholiken bewiesen, sie manchmal aufgenommen und gefördert, sie sogar, wie während der Regierungszeit der Stuarts im 17. Jahrhundert oder durch ein Statut im Jahre 1793, zu einer akademischen Laufbahn geradezu ermutigt. So ganz realistisch war das freilich nicht: Wie hätte sich die ›jeunesse dorée‹ der protestantischen Oberschicht im Ernst mit bildungshungrigen Bettlern vertragen können? Es ist nur schwer vorstellbar, aber die katholische Mehrheit, d. h. ungefähr vier Fünftel der irischen Bevölkerung, besaß bis vor etwa 150 Jahren offiziell kaum die elementarsten Bürgerrechte. Daß sie von den Briten die gleiche Behandlung erfuhren wie Indianer, Schwarze und andere ›Minderheiten‹ von den Nordamerikanern, läßt sich durch Vernunft und durch einen wirklichen Gegensatz der Konfessionen nicht erklären, sondern eher durch eine verquere Form von Rassismus. »You are the only civilized nation who disqualify on account of religion«, sagte der Dubliner Politiker Henry Grattan 1812 in einer Rede vor dem britischen Unterhaus.

Mit die gefährlichsten Gegner englischer Tyrannei erwuchsen gerade aus den Kreisen kritischer, protestantischer Trinity-Studenten und -Absolventen. Die Studentenschaft erwies sich von Anfang an als nicht eben kompatibel mit der Obrigkeit, und diverse Ausschreitungen lassen die Demonstrationen der 68er Bewegung in beinahe mildem Lichte erscheinen. »Einige Studenten wurden von der Universität ausgeschlossen, weil sie Aufruhr und Krawall in Dublin gestiftet hatten. Die Krawalle entstanden durch die Nachricht, daß ein Student in Fleet Street verhaftet worden sei. Um diese vermeintliche Beleidigung zu rächen, eilte eine größere Abordnung von Studenten unter dem Kommando von ›Galgen‹-Walsh, dem größten Krawallbruder dieser Tage, in die Stadt, suchte die Polizeistationen heim und führte die Gefangenen im Triumphzug zur Universität, wo sie gründlich in der alten Zisterne untergetaucht wurden. Das Tauchen von Schutzmännern war in diesen schlichten, barbarischen Tagen ein beliebter Sport. [Und ein Brauch, gegen den die Fakultät nicht einschritt: ›Gentlemen, for the love of God, don't nail his ears to the pump‹, bat einmal Dr. Theckler Wilder die Studenten, Milde walten zu lassen.] Der Anführer schlug dann vor, das Newgate-Gefängnis zu stürmen und alle Gefangenen zu befreien. Das Unternehmen wurde begonnen, schlug jedoch mangels Artillerie fehl. Konstabler Roe vom Schloß [Dublin Castle], der ausreichend Kanoniere zu seiner Verfügung hatte, vereitelte den Angriff der Studenten. Einige Bürger, die sich hatten verleiten lassen, Zaungäste bei diesem vergeblichen Scharmützel zu spielen, verloren im Laufe der Kampfhandlungen ihr Leben. Goldsmith, obwohl keiner der Rädelsführer, hatte an den Vorgängen teilgenommen und wurde öffentlich wegen Begünstigung dieses Krawalls verwarnt.« (Thomas Wilson, 1747)

Davon konnten die 68er nur träumen: ›Bütteltunken‹ im Universitätsbrunnen – etwa an jener Stelle, wo sich heute der Campanile befindet –, bloß, weil ein langhaariger Student verhaftet worden war! In der Tat war wallendes Haar, ›die Zierde des freien Mannes‹, schon zu Zeiten Elizabeth I. Zeichen aufmüpfiger Gesinnung, damals, als die Studenten noch priesterliche, schwarzwallende Universitätsuniformen tragen mußten, unter deren Faltenwurf trotz strikten Waffenverbots Rapiere und Dolche aufblitzten und die Bürger sich über »long hair and ruffles and other new fangles in attire« (langes Haar, Spitzenkrägen und andere Modetorheiten) aufregten. Klar, den in Trinity immatrikulierten Sprößlingen der vornehmen Protestant Ascendancy gehörte die Stadt, sie soffen bis zur Besinnungslosigkeit, förderten die Prostitution, fochten ständig irgendwelche Ehrenhändel aus und waren in vorderster Reihe zur Stelle, wenn ein Tumult eskalierte, etwa bei den ständigen Handgreiflichkeiten zwischen den Zünften, wie den Metzgern und Schneidern. Und die meisten teilten die Vorurteile ihrer schwerreichen Eltern, die für ihre Dummheiten aufkamen und ihre Rechnungen bezahlten, gegenüber den verhungernden, entrechteten irischen Bauerntölpeln, die sie rings umgaben. Sie lebten wie die Made im Speck (»Trinity contains the cream of the land – rich and thick«, schrieb der Trinity-Absolvent Samuel Beckett) und hatten nur Verachtung für den Pöbel, dem sie ihre Privilegien verdankten. Doch es gab auch bedeutende Ausnahmen von der Regel, Leute, deren Geist durch ihr Studium erwachte und die Anstoß am ›Muff unter den Talaren‹ und den politischen Verhältnissen zu nehmen begannen. Die Liste von Trinity-Fellows, die als Freiheitskämpfer, Politiker und Schriftsteller für das Selbstbestimmungsrecht Irlands eintraten, ist lang und eindrucksvoll: der Philosoph und Bischof George Berkeley (1685–1753), der sich – trotz seiner Theorie, daß die sogenannte Außenwelt nur als Idee existiere und das Sein der Dinge einzig auf ihrem Wahrgenommenwerden beruhe (esse = percipi) – am Ende seines Lebens vor allem mit den sozialen und ökonomischen Problemen der Insel beschäftigte; Thomas Davis (1814–1845), Dichter des berühmten Liedes *A Nation Once Again*, der sich für die Versöhnung der Konfessionen im gemeinsamen Kampf um die Unabhängigkeit einsetzte; der Revolutionär Robert Emmet (1778–1802), ›the darling of Erin‹, der mit Napoleon Buonaparte darüber verhandelte, eine Rebellion in Irland mit einer französischen Invasion Englands zu koordinieren und dessen ehrgeiziger Plan, Dublin Castle zu besetzen und den Vizekönig als Geisel zu nehmen fehlschlug – seine Abschiedsansprache unter dem Galgen machte ihn unsterblich: »Wenn mein Land seinen Platz unter den Nationen der Welt einnimmt, dann, erst dann soll mein Nachruf geschrieben werden«; Douglas Hyde (1860–1949), Mitbegründer der Gälischen Liga, Sammler und Bewahrer irischer Märchen und Mythen und erster Präsident der Republik Irland; Thomas Moore (1779–1852), Irlands ›Nationalbarde‹ (*The Minstrel Boy to the war has gone…*); der Satiriker, Pamphletist, Dekan von St. Patrick und Autor von *Gulliver's Reisen*, Jonathan Swift (1667–1745); oder Theobald Wolfe Tone (1763–1798), Gründer der United Irishmen, ebenfalls ein entschiedener Gegner der konfessionellen Spaltung, die Politik und Gesellschaft Irlands lähmte: Er überredete 1796 die französische Regierung, 43 Schiffe mit 15000 Soldaten, Waffen und Munition zu entsenden, um die Iren in ihrem Kampf gegen die britische Herrschaft zu unterstützen, eine Unternehmung, die wegen Winterstürmen scheiterte.

Es ist dennoch den Katholiken, also einem Großteil der irischen Bevölkerung und ihren Nachkommen, nicht zu verdenken, daß sie in Trinity stets ein Instrument ihrer Unterdrükkung sahen. Diese Universität galt als Hort der Reaktion, als die Ausbildungsstätte der ›West-Briten‹, zu der man gebührenden Abstand zu halten hatte. »Ein ›Trinity Boy‹« schrieb M. J. McManus 1927, »ist immer und überall an seinem farbenprächtigen Pullover zu erkennen, seinen kühnen Knickerbockern und einer fühlbaren Aura der Überlegenheit. Er spricht mit einem, sagen wir mal, Camford-Akzent [d. h. einer Mischung aus Cambridge- und Oxford-Englisch, Anm. d. Verf.], besteht darauf, die englische Nationalhymne bei der geringsten Herausforderung abzusingen, und hegt die feste Überzeugung, daß ein Student von der anderen Universität in Dublin an dem Torf zu erkennen sei, der im Profil seiner Stiefel hängengeblieben ist.« Erst die ›katholische Emanzipation‹ – ein seltsames Wort für die Wiederherstellung der Grundrechte eines ganzen Volkes – hatte 1854 John Henry Newman die Gründung jener ›anderen‹, rein katholischen Universität ermöglicht, University College Dublin (UCD), auf der dann u. a. James Joyce studierte (der Hauptcampus, früher in Stephen's Green, befindet sich heute in Belfield, etwa 5 km südlich des Stadtzentrums. Mit über 17000 Studenten übertrifft die UCD inzwischen Trinity – und seit die Religionszugehörigkeit keine so große Rolle mehr spielt, stehen die beiden Institute in vergleichsweise friedlicher Konkurrenz zueinander).

Die sehr spezifische politische Aufladung der beiden Konfessionen in Irland – katholischer Nationalismus als das eine, protestantischer Unionismus als das andere Extrem – ist ein Produkt des britischen Imperialismus. Daraus heute antibritische Ressentiments abzuleiten, wäre kompletter Unfug – das hieße, unversöhnlicher zu sein als die Iren selbst. Wer die aktuellen Ereignisse beurteilen will, kommt jedoch schwerlich an den historischen Ursachen und Hintergründen vorbei. Mit denen der Dublinbesucher immer wieder konfrontiert wird – durch die allgegenwärtigen ›physischen Erinnerungen‹, Gebäude und Denkmäler: Den Dublinern, die sich daran gewöhnt haben, so gut wie unsichtbar, für den Tourist ohne Hintergrundswissen bloße ›Sehenswürdigkeiten‹. Doch »im irischen Denken sind vergangene Ungerechteiten Teil der Gegenwart. Sie verschwinden nicht einfach dadurch, daß sie vor langer Zeit geschahen.« (Terry Eagleton)

The Union

Wenn Sie, wieder am Campanile vorbei, den Parliament Square überqueren und den Campus durch den Haupteingang verlassen, stoßen Sie auf den nicht sonderlich grünen College Green, heute eher eine (wegen des Linksverkehrs für Touristen recht gefährliche) Straßengabelung, wo die Grafton Street endet bzw. in die College Street übergeht. Das große Gebäude rechts, das mit seinen Säulenhallen im Stil Palladios an einen Kaiserpalast im alten Rom erinnert, ist die Bank of Ireland. Auffällig daran sind die zugemauert wirkenden Fenster. Gewiß, es gibt jede Menge pompöser Bankhäuser in Europa, aber dieses macht trotzdem nicht den Eindruck, als sei es zu so profanem Zweck erbaut worden. Kein Wunder. Es ist das erste für ein Parlament geschaffene Gebäude der Welt und wurde von 1729 an ständig erweitert und verschönert. Drei bedeutende Architekten arbeiteten an seiner Vervollkommnung, und die Figuren über der Kolonnade des Oberhauses symbolisieren Weisheit, Gerechtigkeit und Freiheit. Ihrer Symbolkraft war allerdings nur ein mattes Leuchten beschieden. Hier wurde einst über das Schicksal der gesamten Insel debattiert, traten Politiker in flammenden Reden für ›katholische Emanzipation‹, die Rechte und die Unabhängigkeit der Iren ein – bis das Parlament 1801 selbst seine Unabhängigkeit verlor und die britische Regierung es durch den Act of Union auflöste.

Sinnbild der erzwungenen und durch Bestechungen erkauften Union mit England, die 120 Jahre lang Bestand haben sollte, ist nach wie vor der Union Jack, die britische Nationalflagge. Das Rot in den weißen Kreuzarmen auf blauem Grund steht mit für das damals einverleibte Irland, das, als Teil des ›United Kingdom of England and Ireland‹, wieder direkt von London aus regiert und nur noch durch 100 – natürlich protestantische und königstreue – Abgeordnete (bei insgesamt 658 Sitzen) im britischen Unterhaus vertreten war. Man kann sich leicht ausrechnen, was das bedeutete. Einerseits schien die Hoffnung auf Reformen, eben noch in Reichweite, nun endgültig zerstört, andererseits folgte die Protestant Ascendancy, d. h. die meisten wohlhabenden Dubliner Bürger, der Verlegung des politischen Zentrums in

Die Bank of Ireland mit zugemauerten Türen und Fenstern, College Street

ihre Heimat und verließ die Stadt wie Ratten das sinkende Schiff. Ihre gepflegten georgianischen Häuser verwahrlosten innerhalb kurzer Zeit und wurden bald in Mietwohnungen unterteilt. So begann der wirtschaftliche und kulturelle Niedergang Dublins.

Man mag, wie Brendan Behan, Dublin mit einigem Recht immer noch für »die Stadt aller Städte« halten – aber sie hat äußerlich schon bessere Tage gesehen. Ihre frühere Schönheit ist verblichen, ihr Glanz dahin. Im 18. Jahrhundert war sie eine Art strahlendes Utopia, ein Muster moderner Städteplanung, ein Experimentierfeld der neuesten Kunst- und Architekturstile, so etwas wie ein mondänes Theater, für Briten, wohlgemerkt. Der letzte Vorhang fiel am 1. Januar 1801.

Die Auflösung des irischen Parlaments spricht dafür, daß dieses Verwaltungsinstrument von George III. und seinem Minister William Pitt inzwischen als lästig, vielleicht sogar bedrohlich empfunden wurde. In den vorangegangenen Jahrzehnten hatten Politiker wie der protestantische Rechtsanwalt Henry Grattan (1746–1820) – das ist übrigens der Herr aus Bronze, der mit hoch ausgestrecktem Arm von der anderen Straßenseite herübergrüßt – den Engländern Zugeständnis um Zugeständnis abgerungen; man sprach bereits von ›Grattan's Parliament‹. Grattan, ein Hitzkopf, wortgewandt, aber undiplomatisch, preschte in manchen seiner Reden bedenklich weit vor. Den Verlust der amerikanischen Kolonien durch den Unabhängigkeitskrieg, die schlimmste Schlappe, die Großbritannien je widerfahren war, nahm er zum Anlaß, die Zurechnungsfähigkeit George III.

in Zweifel zu ziehen und anzudeuten, daß es ihm mit seiner Kolonie Irland recht bald ebenso ergehen könne. Nun, Leute wie Grattan und die Tatsache, daß das irische Parlament offiziell seit 1782 von London unabhängig war, hätten die Briten unter normalen Umständen kaum beunruhigt: Sitze im Dubliner Parlament waren käuflich, und die überwiegende Mehrheit der Mitglieder des Unter- und Oberhauses (letzteres wurde in seinem alten Zustand belassen und kann während der Schalterstunden besichtigt werden) stammte aus der ohnehin loyalen oder durch Vergünstigungen und Bestechungen noch loyaleren Protestant Ascendancy. Gegen eine solche Phalanx korrupter Heuchler, gegen die jede Abstimmung zur Farce wurde, war selbst ein Grattan machtlos. Und was die Zugeständnisse betraf, so handelte es sich eher um Trostpflästerchen; von echten Reformen konnte nie die Rede sein.

Das Wahlrecht für Katholiken von 1793 zum Beispiel bedeutete nichts weiter, als daß ein kleiner Teil der *landbesitzenden* Iren (faktisch also nur die ›Old English‹, Abkömmlinge der normannischen Besatzer, die immer noch nicht dem ›Papismus‹ abgeschworen hatten) für oder gegen protestantische Abgeordnete stimmen durfte; politische Ämter blieben ihnen weiterhin verschlossen. Nach wie vor waren die ›penal laws‹ gültig, Strafgesetze, die 1690 erlassen worden waren, weil Irland damals den entthronten katholischen Stuartkönig Jakob II. gegen Wilhelm von Oranien unterstützt hatte. Die ›penal laws‹ untersagten den irischen Katholiken – mehr als 80% der Bevölkerung – Landbesitz, den Besuch oder die Gründung von Kirchen, Schulen und Universitäten, die Bildung von Vereinigungen, die Ausübung öffentlicher Ämter und das Tragen von Waffen – neben unzähligen anderen Verboten, etwa sich frei im Land zu bewegen oder Pferde zu halten; man ließ ihnen eigentlich gerade die Luft zum Atmen, und selbst das eher widerwillig. »Erwähnen Sie ja keinem Engländer gegenüber, daß die Luft in Irland erfrischend oder gar gesund wäre«, riet Jonathan Swift einem Besucher, »man würde uns demnächst eine Luftsteuer aufbrummen.«

Im 18. Jahrhundert hatte sich das System der sogenannten ›absentees‹ herausgebildet, reichen, oft adeligen Landbesitzern, die ihre Grundstücke und Ländereien durch Mittelsmänner verwalten ließen. Mit Ausnahme der nördlichen Provinz Ulster wurde Irland in den Status eines verarmten Agrarlandes gezwungen, dessen Produkte ausschließlich der Versorgung des britischen Marktes dienten. Etwa 90% der Iren – einschließlich der zum Protestantismus Übergetretenen, jedoch wegen ihrer Armut

nicht Wahlberechtigten – waren Pächter und Kleinbauern, welche
ein Stückchen Land (das ihnen freilich nicht gehörte) für Hungerlöhne bewirtschafteten, die nicht einmal fürs Existenzmini-
mum ausreichten; durch kein Gesetz geschützt, konnten sie jederzeit enteignet und vertrieben werden. Einen Iren zu töten galt
als Kavaliersdelikt, als Ordnungswidrigkeit. Die ›absentees‹ besuchten ihre Güter, wenn überhaupt, zur Sommerfrische, zur
Jagdsaison oder um die ›heroische Landschaft‹ zu genießen. In
den Städten duldete man die Einheimischen nur als Lohnarbei-
ter, Industrieproletariat, zur Straßenreinigung oder in ähnlich
untergeordneten Stellungen. Nein, die rebellischen Reden Mr.
Grattans reichten nicht aus, ein so in sich ruhendes und beinahe
reibungslos funktionierendes System zu erschüttern. Der Mann
brachte immerhin Abwechslung in den Regierungsalltag, und zuweilen wurde es richtig spannend, wenn man für einen seiner
Anträge stimmte und ein neues ›Reförmchen‹ durchging.

Es war vielmehr dieses allgemeine revolutionäre Klima, das
ganz Europa vibrieren ließ. Der amerikanische Unabhängigkeitskrieg hatte England um seine wichtigsten Kolonien gebracht, derer es sich bis zuletzt sicher glaubte; in Frankreich begannen die
Guillotinen zu rattern; das Ancièn Regime gab es nicht mehr; die
irische, bürgerkriegsartige Rebellion von 1798 hätte beinahe zu
dem lange befürchteten Szenario einer Invasion Englands durch
französische Revolutionstruppen über die Grüne Insel geführt;
der Ruf nach ›Freiheit, Gleichheit, Brüderlichkeit‹ wurde auch in
Deutschland immer lauter – »these were desperate times, and
desperate measures had to be taken.«

Die Regierungsgewalt zu zentralisieren, erschien William Pitt
›the Younger‹, dem britischen Premierminister und wie schon
sein Vater Ratgeber des Königs, die sicherste Lösung. Doch das
Dubliner Parlament einfach aufzuheben, kam nicht in Frage: Das
wäre nur ein willkommener Anlaß zu weiteren Aufständen gewesen. Man mußte es also dazu bringen, sich quasi freiwillig auf-
zulösen, und der sicherste Weg hierzu war Bestechung. Es bedurfte dazu ja nur der Mehrheit der Abgeordneten, und diese
Mehrheit ließ sich durch großzügige Abfindungen oder die Aussicht, auf der Karriereleiter ein paar Stufen auf einmal zu nehmen, mühelos überzeugen. Henry Grattan war natürlich ein entschiedener Gegner der Union und lieferte sich sogar ein Duell
mit einem ihrer Befürworter. Zuletzt fand er sich doch in Westminster wieder, entmachtet, zurechtgestutzt auf den Posten des
Vorzeige-Querulanten.

Die inzwischen wahlberechtigten Katholiken – d. h. die landbesitzende Mittelklasse – gewann Pitt, indem er ihnen weismachte, daß die Union der erste Schritt zu ihrer endgültigen Emanzipation sei, wobei ihm zugute gehalten werden kann, daß er selbst daran glaubte. Doch der starrköpfige, in der Tat nicht sonderlich zurechnungsfähige George III. dachte nicht daran, die Zusagen seines Ministers einzuhalten, der daraufhin den Rücktritt einreichte.

Die katholische Emanzipation, insbesondere das passive Wahlrecht, hätte bei der zahlenmäßigen Unterlegenheit der Protestanten in Irland die Machtverhältnisse umgedreht – und die Protestanten waren natürlich nicht bereit, ihre politische und ökonomische Hegemonie kampflos aufzugeben. Sie sahen bereits ihre Pfründe, ja ihre Existenz bedroht und begannen sich, vor allem in Ulster, zunehmend zu militarisieren, wie durch die Gründung des Orange Order (1795).

Dessen Mitglieder ziehen noch heute mit Melonenhüten, orangenen Schärpen, Trommeln (Lambegs) und Bannern mit Aufschriften wie ›No Surrender‹ provozierend durch katholische Stadtviertel (das ›Orange' bezieht sich nicht auf die Südfrucht, sondern den englisch-protestantischen König William of Orange, Wilhelm von Oranien, ehemals Statthalter der Niederlande). Die meisten Protestanten im Norden sind nach wie vor eingefleischte ›Unionisten‹, betrachten sich als Briten und wollen daher auch von London aus regiert werden. In manchen Ortschaften Nordirlands flattert von jedem Haus der Union Jack, und sogar die Randsteine der Bürgersteige sind in seinen Farben rot weiß blau eingefärbt.

Gegen Ende des 18. Jahrhunderts gab es noch viele aufgeklärte Politiker und Freiheitskämpfer wie Thomas Davis oder Theobald Wolfe Tone, denen der unversöhnliche Gegensatz der Konfessionen als größtes Hindernis auf dem Weg zur Republik und zur Loslösung von Großbritannien erschien. Der Act of Union von 1801, durch den sich England, damals im Krieg gegen Frankreich, in Krisenzeiten ein politisch instabiles Parlament vom Halse schaffte, trug nicht zur Lösung der Probleme Irlands bei, im Gegenteil, er verschärfte sie nur.

William Pitt sah dies voraus und zog mit seinem Rücktritt die Konsequenz. Er hatte das schier Unmögliche vollbracht und durch eine Reihe macchiavellistischer Schachzüge ›Grattan's Parliament‹ zur Selbstauflösung bewogen; nun weigerte sich dieser umnachtete deutsche Trottel George ›Whatwhat?‹ III., der schon die amerikanischen Kolonien verspielt hatte, verbindliche Versprechen einzulösen. Sollten er oder spätestens seine Nachfolger versuchen, aus dem zu erwartenden Schlamassel wieder herauszukommen. Das prachtvolle Parlamentsgebäude wurde für die lächerliche Summe von 40 000 Pfund an die Bank of Ireland verkauft, unter der Auflage, daß dort nie wieder politische Versammlungen stattfinden dürften. Und Dublin, für die protestantische Oberschicht nun nicht länger ›fashionable‹, verwandelte sich in eine Art Geisterstadt. Die lebhaften Konversationen, das Gläserklirren, die Spinett- und Harfentöne in den lichten, stuckverzierten, nun leeren und hallenden Räumen, spukten noch eine Weile darin herum, wie Molly Malones Liedchen ›in broad streets and narrow‹. Dann kamen der Verfall, die Spinnweben, die Risse, der Schimmel. Das georgianische Dublin hatte aufgehört, zu existieren. Es lohnt sich, die erhaltenen oder restaurierten Reste des einstigen Grandeurs zu besichtigen, ganz besonders die Inneneinrichtungen: Die dezenten, gleichförmigen Fassaden der Ziegelhäuser, wie am Ely Place, Merrion und Fitzwilliam Square, sind nämlich nur ein Musterbeispiel britischen Understatements. Im folgenden Kapitel werde ich einige Adressen preisgeben, die auch uneingeladenen Gästen zugänglich sind. Dort können Sie im Geiste den Konversationen eleganter Damen und Herren der Protestant Ascendancy lauschen, und, wenn Sie sich zu langweilen beginnen, den Blick von den imaginären Perücken und Fächern zu den Kristall-Lüstern, Friesen, Kameen und Stuckarbeiten von Michael Stapleton oder der Brüder Francini schweifen lassen, über ›Pariser Grau‹, ›holländisches Rosa‹, Ultramarin, Preußischblau, Zitronen-, Strohgelb und ›Erbsengrün‹ (eine in Briefen aus jener Zeit häufig erwähnte Nuance und Lieblingsfarbe des Architekten William Chambers); den Formenreichtum der Marmorkamine, die Gemälde oder das erlesene Mobiliar bewundern, den Tapetenmustern im Rösselsprung folgen, sich in die pittoresken Motive der damals beliebten ›print rooms‹ vertiefen, ganz zu schweigen von diesen anmutigen bis unglaublich verschlungenen Treppenaufgängen, den Tempelchen, den Gärten ... der ›Georgian Style‹, nicht nur in Dublin, sondern über ganz Irland verbreitet, ist eine kleine, feine Wissenschaft für sich, eine Materie für Kenner und Liebhaber. »Diese Stukkaturen verkörpern die Delirien eines Irren, und zwar eines irren Iren!« rief der Dekorateur Sibthorpe aus, als er die Stuckorgien im Treppenhaus von Russborough House, County Wicklow zum erstenmal erblickte – keine schlechte Empfehlung.

Wenn es der protestantischen ›gentry‹ auf der von ihr besetzten und unterdrücken Insel an politischem Bewußtsein und Mitgefühl für die ausgebeutete Bevölkerung ermangelte – es gab allerdings viele Ausnahmen von der Regel –, war zumindest ihr Geschmack hoch entwickelt.

»Sie sahen vom Trinity zur blind besäulten Halle der Bank von Irland hinüber, wo Tauben ruckediguuuhten«, heißt es an einer Stelle der Irrfelsen-Episode von James Joyce' *Ulysses*. Der Ausdruck ›blind besäult‹ wird erst nachvollziehbar, wenn man sich an der gleichen Stelle befindet. Die Fensterbögen zwischen den palladischen Säulengängen wirken in der Tat blind wie leere Augenhöhlen: Eine weitere Stadtlegende führt dies plausibel auf den Umstand zurück, daß es die Regierung um 1800 zuletzt leid war, die von der aufgebrachten Bevölkerung immer wieder eingeworfenen Fensterscheiben ständig erneuern zu müssen und sie deshalb einfach zumauern ließ. Ob das nun stimmt oder nicht: Das alte ›Parlament‹, vor allem seine Schließung, hat Dublin und ganz Irland verändert.

Vom gleichen Standort aus, den Joyce' Held Stephen Dedalus und sein ehemaliger Musiklehrer Almidano Artifoni im Roman gerade erreicht haben, dem Haupteingang von Trinity, wo Artifoni »über Stephens Schulter auf Goldsmiths knorrigen Hinterkopf« blickt – wie bitte, wessen Hinterkopf? – möchte ich Ihnen gerne noch zwei Herren vorstellen, die zu beiden Seiten des Portals stehen und, da sie aus Bronze sind, eigentlich kaum mehr wahrgenommen werden. Den dritten, von der anderen Straßenseite mit hocherhobenem Arm herübergrüßenden Mr. Henry Grattan, habe ich bereits in Bezug auf das ›selbstaufgelöste‹ Dubliner Parlament hinlänglich zurückgegrüßt. Wenn Sie sich herumdrehen, auf den Mitteltrakt der Frontfassade blicken und jetzt wahrscheinlich von einer Flut Studenten angerempelt werden, sehen Sie auf der Grünfläche links Mr. Edmund Burke, auf der Grünfläche rechts Mr. Oliver Goldsmith. Kein Mensch scheint von den beiden Notiz zu nehmen. Das macht nichts, es sind ja im Grunde auch nur Gespenster. Die außerdem wenig miteinander gemeinsam haben, außer, daß sie im 18. Jahrhundert mit unterschiedlichem Erfolg in Trinity studierten und alle drei Standbilder von einem Bildhauer des 19. Jahrhunderts, John Foley, angefertigt wurden. Wobei die Aufgabe wohl lautete: Wie verewige ich ›drei große Söhne Irlands‹ und trage dabei auch noch zur Reputation von Trinity College bei? Wirklich gerecht wird man den in Bronze gegossenen, schillernden Charakteren nur durch die Auseinandersetzung mit ihren Lebensläufen und Schriften. Vielleicht sind ein paar Randnotizen geeignet, auf sie neugierig zu machen:

Edmund Burke, 1729–1797, geboren in Dublin, Sohn eines protestantischen Rechtsanwalts und einer katholischen Rechtlosen, machte nach seinem Studium in Trinity zunächst als Privatsekretär einflußreicher Personen, Verfasser eines Traktats über das *Schöne und Sublime* – das Immanuel Kant bewunderte –, dann als Politiker, Universalgelehrter, Philosoph und wortgewandter Redner im Londoner Parlament eine steile Karriere; allerdings nur bis zu einer Stufe, auf der sein Einfluß gering blieb (einige aristokratische Whigs nannten ihn abschätzig einen ›irischen Abenteurer‹, ›Emporkömmling‹ und ›heimlichen Papisten‹). Neigte zur Weitschweifigkeit: Eine seiner Reden dauerte neun Tage lang. Auch sein Schreibstil nötigt dem modernen Leser trotz immer wieder aufblitzender, konziser und zeitlos gültiger Gedanken (»Menschen, die nie auf ihre Ahnen zurückblicken, werden sich für die Nachwelt genausowenig interessieren«; oder – in Bezug auf Englands Steuerpolitik gegenüber Amerika – »erst ein in die Enge gedrängter Eber wird den Jägern gefährlich«) viel Ruhe und Geduld ab. Eigentlich ein Weiser der Antike, den es ins georgianische England verschlagen hatte; jemand, der so konservativ war, daß man sogar noch seine Kassandra-Rufe als Bestätigung empfand. Ihm erschien die Monarchie als gottgewollte, sakrosankte Staatsform, Garantin der Menschenrechte, in manchen Bereichen sicher verbesserungswürdig und reformbedürftig, doch niemals in Frage zu stellen. So wirkte er in einer von Revolutionen geprägten Epoche, in der aufgeklärte Geister ihre Stimmen für die Herrschaft des Volkes erhoben, wie ein finsterer Reaktionär. Der Mob, »die schweinische Vielheit«, hatte nach seiner Ansicht kein Mitspracherecht an wichtigen Entscheidungen, sondern allein eine dazu geeignete Führungsschicht; nicht der gewaltsame Umsturz durfte zu Veränderungen führen, sondern nur eine »unendlich behutsam« anzugehende Entwicklung, eine Evolution der Vernunft im Rahmen des Systems.

Karl Marx berief sich in *Das Kapital* zwar auf Burkes Gedanken zur Ökonomie, nannte den Autor jedoch einen »Sykophant im Sold der englischen Oligarchie« und »ordinären Bourgeois«. Was er nicht war. Der König und der Adel schätzten seine Grundsätze, keineswegs seine Ideen. Sein Traum von einer gütigen, gerechten, dem Wohl des Landes dienenden Monarchie war jedenfalls nicht der ihre.

Burkes Tragik lag darin, daß er in fast allem Recht behielt,

etwa, was den amerikanischen Unabhängigkeitskrieg als Folge
verfehlter britischer Machtpolitik oder die Französische Revolution betraf, deren Entwicklungen er scharfsinnig und geradezu pro-
phetisch voraussah. Aber warnende Stimmen und Besserwisser
sind im nachhinein nur mehr für Historiker von Interesse. Was
ihn vor allem sympathisch macht, ist seine enzyklopädische Bildung, insbesondere die damals ungewöhnliche, gänzlich vorur-
teilsfreie, differenzierte Auseinandersetzung mit der Geschichte,
den Religionen, Sitten und Gebräuchen Indiens. Er war einer der
ersten, die im britischen Parlament ein Bewußtsein für die Schattenseiten des Imperialismus weckten, der so leicht mit Fortschritt
verwechselt wurde, und er strengte ein (erfolgreiches, wenn sich
auch über Jahre hinziehendes) Gerichtsverfahren gegen Warren
Hastings an, der seine Regierungsgewalt in einer der indischen
Provinzen wie ein grausamer orientalischer Potentat mißbraucht
hatte. Das Parlament schlug seine klugen, keineswegs opportu-
nen Ratschläge meist in den Wind – etwa wenn er für die Emanzipation der Katholiken, die Aufhebung der ›penal laws‹ und
mehr religiöse Toleranz in seiner Heimat Irland eintrat.

Sein größtes Problem war wohl, »daß er für die Tagespolitik
zu philosophisch dachte, ebenso wie für die Philosophie zu politisch« (Hans-Christian Oeser) und darum häufig mißverstanden
wurde. Man kann immer noch über ihn streiten, wie Whigs und
Tories über seine Reden im Londoner Parlament. Einen Toast also auf Mr. Burke, der an gebrochenem Herzen gestorben sein
soll, allerdings wegen einer privaten Tragödie, dem frühen Tod
seines Sohnes. Überhaupt ist seine Lebensgeschichte vor dem
Hintergrund der dramatischen Umwälzungen des ausgehenden
18. Jahrhunderts spannender als seine gesammelten Werke (die
den Konservatismus des 19. Jahrhunderts, auch in Deutschland,
stark beeinflußt haben, man vertiefe sich nur in die Übersetzung
des Essays *Reflections on the Revolution in France* des preußischen Beamten und Demagogenverfolgers im Dienste Metter-
nichs, Friedrich von Gentz). Wer weiß, was Mr. Burke im deutschen Geistesleben sonst noch so alles angerichtet hat.

Oliver Goldsmith (1730–1774) war, darin stimmten sämtliche
Zeitgenossen überein, ein schwieriger und exzentrischer Charakter, ein genialischer Caliban, ein »inspirierter Idiot«, der sich in
die höchsten gesellschaftlichen Kreise Londons verirrt hatte. Dort
fand man ihn ebenso anziehend wie abstoßend. Äußerlich unat-
traktiv, pockennarbig, mit unebenen Zügen, einer riesigen Stirn
und spärlichem Haarwuchs, der nie von einer Perücke berührt

wurde, besaß er die Manieren eines Provinzlers, sprach in breite-
stem irischen Dialekt und legte
keinen Wert auf Gepflegtheit und
modische Kleidung. Auf einem
Parkett, das auf Stil, Schlagfertig-
keit und sprühenden Witz Wert
legte, wirkte er wie ein stammeln-
der Dorftrottel (»he wrote like an
angel, but talked like Poor Noll«,
witzelte der Schauspieler Garrick).
Er trank mehr, als er vertragen
konnte, war spielsüchtig und ständig hoch verschuldet. Oft war
sein erster Auftritt zugleich sein letzter, aber viele Gastgeber zogen es dennoch vor, dieses ›Original‹ einzuladen, mit mulmigem
Gefühl und stets auf einen Eklat gefaßt. »Seit über zwei Wochen
habe ich jeden zweiten Abend beim Duke of Hamilton ver-
bracht«, schrieb er an einen Cousin, »aber mir scheint, man sieht
dort in mir nur eine Art Hofnarren.«

Der große Samuel Johnson, selbst nicht gerade ein Muster an
Umgänglichkeit, brachte es auf den Punkt: »Kein Mann war je
ein größerer Tor, wenn er keine Feder in der Hand hielt, und
kein Mann weiser, wenn er eine benutzte.« ›Ollie‹ Goldsmith,
Sohn eines protestantischen Landpfarrers, besaß kein Geschick
in weltlichen Dingen. Seine Jugend verbrachte er lieber mit Ham-
merwerfen auf dem Jahrmarkt von Ballymahon, mit Trinkgelagen, Musizieren und Kartenspiel in lustiger Gesellschaft anderer Nichtsnutze, als die Schulbank zu drücken. In Trinity College
beteiligte er sich, wie wir schon gehört haben, an Studentenkra-
wallen; er verließ die Universität ohne Abschluß und plante, nach
Amerika auszuwandern. Von seinen letzten Ersparnissen kaufte
er eine Schiffspassage, kam jedoch zu spät zur Anlegestelle, weil
er in der Nacht zuvor ausgiebig gebechert hatte.

Nach dem Tod des Vaters nahm sich ein Onkel seiner an; er
sollte in London Rechtswissenschaften studieren. Aber er ver-
spielte sein Studiengeld, noch bevor er dort ankam. Auch ein Me-
dizinstudium in Edingburgh brach er vorzeitig ab, um in Europa
herumzureisen; er durchwanderte Holland, Frankreich, Italien
und die Schweiz und verdiente sich seinen Lebensunterhalt

durch Betteln und Flötenblasen. 1756 gelangte er völlig abgebrannt endlich doch nach London, wo er sich mit allerlei Gelegenheitsjobs durchschlug. Sein verzweifelter Entschluß, eine literarische Karriere zu beginnen, erwies sich für ihn und die Nachwelt als Glücksfall.

Schon der Stil seiner ersten Zeitungsartikel machte auf ihn aufmerksam – zum Beispiel Edmund Burke, dessen Gedanken über das Schöne und Sublime er in *Griffith's Monthly Review* lobend rezensiert hatte. Die beiden ungleichen Charaktere wurden tatsächlich Freunde; daß ihre Statuen nun gemeinsam am Hauptportal von Trinity stehen, ist eher eine Ironie des Schicksals. M. J. McManus bemerkte dazu: »Diese Institution [Trinity]... prügelte alles aus Goldsmith heraus, außer seinem Genie und seinem liebenswürdigen Naturell, sie trieb ihn hinaus, damit er sich sein Nachtquartier mit irischen Jigs und Reels auf der Flöte verdiente in den Weinbergen von Burgund und den Tälern von Tirol. Aber nachdem sie den armen Noll zu seinen Lebzeiten gesteinigt hatte, entschädigte sie ihn reichlich, als sie einen Bildhauer bestellte, der ihn nach seinem Tode in Stein schlug.«

In London schrieb Goldsmith wie ein Besessener, Essays, eine *Studie über den gegenwärtigen Zustand eleganter Erziehung in Europa*, Gedichte, u. a. die *Elegie auf Mrs. Mary Blaize* (eine stadtbekannte Pfandleiherin, bei der er wohl ziemlich in der Kreide stand), Theaterstücke und ein Kinderbuch, *Goody Two-Shoes*; er stellte, um sich finanziell über Wasser zu halten, sogar eine Naturkunde in 8 Bänden aus Werken von Wissenschaftlern wie Buffon und Linnaeus zusammen, in der allerdings gelegentlich seine irische Fabulierlust durchschlug: Da brüllten »Tyger« à la William Blake aus kanadischen Wäldern, und »Wandereichhörnchen« trieben ihre Boote durch Fächeln ihrer buschigen Schwänze in Windeseile durch die Fjorde Lapplands. Daneben gab er sogar eine eigene Zeitschrift heraus, *The Bee*. Innerhalb kurzer Zeit gehörte er zur literarischen Gesellschaft Londons und verkehrte in illustren Kreisen, u. a. bei Samuel Johnson, James Boswell oder dem Maler Sir Joshua Reynolds. Leider *spielte* er auch weiterhin wie ein Besessener und geriet nicht selten in Gefahr, wegen seines chronischen Geldmangels ins Schuldgefängnis von Newgate eingeliefert zu werden, aus dem man damals so leicht nicht mehr herauskam. 1762 verkaufte sein väterlicher Gönner Johnson für ihn das Manuskript seines Romans *The Vicar of Wakefield* für 60 Pfund – eine Summe, gerade ausreichend, die aufdringlichsten Gläubiger zufriedenzustellen und der drohenden Verhaftung zu entgehen.

Dieser Roman handelt von dem Landpfarrer Dr. Primrose und seine Familie, die durch einer Reihe furchtbarer Schicksalsschläge ins Elend getrieben werden – Primrose verliert sein Vermögen, sein Haus brennt nieder, seine Tochter wird von einem schurkischen Adeligen verführt usw. –, bis sich zuletzt durch glückliche Fügung doch noch alles zum Guten wendet. Kein Werk der Weltliteratur wirkt sonderlich originell, wenn man es in einem Satz zusammenfaßt, und natürlich ist auch hier das Wie wesentlicher als das Was: Wie Goldsmith seine Figuren zeichnet und sie sich entwickeln läßt, wie er Atmosphäre schafft, wie er die Erzählebenen wechselt, wie er die Schwächen seines Helden durch dessen Selbstdarstellung und Reaktionen entlarvt, wie er den Leser auf falsche Fährten lockt, indem er zum Beispiel in einigen Passagen das Genre des Trivialromans parodiert, wie er beiläufig politische Verhältnisse anprangert, wie er stets eine ironische Distanz bewahrt und nie in Gefahr gerät, weitschweifig oder sentimental zu werden – das alles und mehr beweist eine Meisterschaft, die ihn weit über das Gros seiner schriftstellernden Zeitgenossen emporhebt. Eine deutsche Übersetzung kam bereits 1767 heraus, ein Jahr nach Erscheinen; Goethe erwähnt den Autor bewundernd in Briefen, in *Aus meinem Leben. Dichtung und Wahrheit* – und ließ sich von ihm in der Darstellung seiner Liebesbeziehung zu Friederike Brion beeinflussen.

Mit der erfolgreichen Komödie *She Stoops to Conquer* (Sie erniedrigt sich, um zu erobern) brachte Goldsmith frischen Wind in die abgestandene Luft altmodischer Rührstücke und Farcen, die damals die Londoner Bühne beherrschten und denen er schon in seinem Essay *On Laughing and Sentimental Comedy* dem Kampf angesagt hatte. Sein berühmtes, vielschichtiges Gedicht *The Deserted Village* ist heute in jeder Standardanthologie englischer Poesie zu finden; wieder einmal verarbeitet er darin Erinnerungen an Irland und das Dörfchen Lissoy, in dem er aufwuchs (und dem er den Namen Auburn, ›kastanienbraun‹, gibt). Jeder gebildete Brite kennt die Anfangsverse:

Sweet Auburn! Loveliest village of the plain,
Where health and plenty cheered the laboring swain,
Where smiling spring its earliest visit paid,
And parting summer's lingering blooms delayed ...

denkt dabei irrtümlich an irgend einen Ort seiner Heimat und verkennt über der wehmütigen Schönheit dieses Gedichtes die Wirklichkeit, die es beschreibt, die irische Realität im 18. Jahrhundert: Jemand kehrt nach vielen Jahren ins Dorf seiner Kindheit zurück, um in der Idylle von einst seinen Lebensabend zu verbringen, findet aber nur noch verlassene Ruinen vor. Lissoy/ Auburn ist durch einen ›absentee‹ zerstört worden, einen reichen Landlord, der dort Land gekauft und Parks und Jagdreviere für sich und seine adeligen Freunde angelegt hat, falls es ihn im Herbst oder zur Sommerfrische nach Zerstreuung gelüsten sollte. Die bäuerliche Bevölkerung störte dabei nur und wurde vertrieben, nach Amerika oder in die Großstädte, wo sie von nun an ehr- und hoffnungslos dahinvegetieren muß, als Huren, billige Lohn- und Industriearbeiter oder zum Hungertod verdammt. Genau das geschah tagtäglich in Irland, und Goldsmith schilderte glühend-wehmütig sein verlorenes Paradies. Das Perverse daran war, daß die Londoner High Society – und viele Engländer bis heute – diese Botschaft als eine Art Schäferspiel, als empfindsame Aufforderung ›Zurück zur Natur‹ mißverstanden. Eine oberflächliche, putzsüchtige Gesellschaft pries den Poeten des ›bedürfnislosen Lebens‹, der ihnen half, vorübergehend in eine heile Gegenwelt zu flüchten, in der alles geordnet schien, echt, wahrhaftig, natürlich, voller Weisheit, Güte, Humor und Menschlichkeit, angefüllt mit rührenden Schicksalen und kauzigen Originalen. Dafür liebte man ihn und nahm seine eigene Kauzigkeit in Kauf.

»Schlimm steht es um ein Land, rasch vieler Übel Beute, wo bloß die Wirtschaft blüht, verrotten Geist und Leute.« Bravo, bravo, Mr. Goldsmith, mehr davon! »Wer nur an Handel und Besitz sich noch erfreut, verliert bald Ehre, Lebenslust, Zufriedenheit.« Wie feinfühlig beobachtet! Weiter! »Der nichts als Zustimmung, Applaus ersehnt, sein Glück den Wünschen anderer entlehnt.« Trefflich, muß ich mir merken. »Wir weinten, als wir in diese Welt geboren wurden, und mit jedem Tag verstehen wir besser warum.« Na, mein Lieber, so schwarz wollen wir doch heute nicht sehen, an einem so schönen Tag! Erzählen Sie uns lieber noch etwas vom einfachen Leben auf dem Lande!

›Ollie‹, der zu Freunden und Notleidenden trotz seiner selbstverschuldeten Armut immer äußerst großzügig gewesen war, starb – wie zu erwarten – hochverschuldet, ohne wirklich je auf einen grünen Zweig gekommen zu sein. Sein ›einfaches Leben‹, »ein wenig Gutes, das vorüberzog und mich mit seinem Anblick narrte«, regte postum Bildhauer (wie John Foley) zu Statuen an. Eine aus Marmor befindet sich in Westminster Abbey, mit einer Inschrift von Samuel Johnson: »Nullum quod tetigit non ornavit« – »Nichts, was er berührte, hat er nicht verschönt.« Ein hübscher Grabspruch für einen traurigen irischen Hofnarren und genialen Taugenichts.

Das Book of Kells

Inzwischen könnte sich der Andrang Book of Kells-Schaulustiger vor der Universitätsbibliothek gelockert oder schon aufgelöst haben – also noch ein Versuch. Der Eingangsbereich ist eine Mischung aus Andenkenladen und Buchgeschäft. In der schummrigen Ausstellung tappen die Besucher etwas unschlüssig vor erleuchteten Schaukästen umher, in denen insbesondere die Herstellung mittelalterlicher Handschriften demonstriert wird. Das von allen gesuchte Objekt der Begierde findet sich jedoch erst im nächsten Raum, zu dem einige Stufen hinaufführen: Dort ruht es neben dem Book of Durrow und dem Book of Armagh aufgeschlagen in einer Vitrine unter Glas, von einer Menschentraube umgeben, die sich entgegen dem Uhrzeigersinn zentimeterweise andächtig um es herum bewegt.

Einem hartnäckigen Gerücht und vielen Reiseführern zufolge wird täglich eine neue Seite des Book of Kells aufgeschlagen – insgesamt hat es 340 Folio-, also Doppelseiten –, zu sehen sind aber immer die gleichen, da allzu häufiges Umblättern die Farben beschädigen könnte wie Schmetterlingsflügel.

Den, der zum ersten Mal herkommt, dürfte zunächst verwirren, daß zwei Exemplare des berühmten Buches in der Vitrine auszuliegen scheinen. Es handelt sich aber nur um zwei von vier Teilen des gleichen Evangeliars, das 1953 neu gebunden und dabei aus praktischen Erwägungen zerstückelt wurde. Je zwei Stücke werden (so heißt es jedenfalls) im Turnus abwechselnd gezeigt, die anderen bleiben im Archiv verborgen. In jedem Fall bekommt man nur die Hälfte des Werks zu Gesicht, und davon lediglich zwei Doppelseiten – verglichen mit einem Gemälde wie der Mona Lisa wäre das weniger als eine Fingerkuppe. Außerdem ist das Book of Kells nie ganz vollendet worden und hat auch die Jahrhunderte nicht unversehrt überstanden: Mindestens 30 Folios sind verlorengegangen. So erhascht man stets nur einen

flüchtigen Blick vom (im wahrsten Sinne des Wortes) ›Buch der Bücher‹. Doch der lohnt bereits den Aufwand. Eine gewöhnliche Vierfarbreproduktion, wie in einem Kunstdruck, könnte niemals nur annähernd den oszillierenden Zauber des Originals wiedergeben – nicht einmal die Luzerner Faksimileausgabe zum Schnäppchenpreis von 15 500 €.

Das Book of Kells enthält den vollständigen Text der Evangelien (engl. ›gospels‹) des Markus, Matthäus, Lukas und Johannes (d. h. den Hauptteil des Neuen Testaments ohne die Apostelgeschichte, die Briefe des Paulus, Petrus, Johannes, Judas und die Offenbarung des Johannes). Ihnen vorangestellt sind etymologische Glossare vor allem hebräischer Namen (von denen nur eine Seite erhalten ist); die Konkordanzen des Eusebios von Caesarea, die ein rasches Auffinden gleichlautender Textstellen ermöglichen; Kapitelverzeichnisse (›Breves causae‹) der einzelnen Evangelien sowie kurze Charakterisierungen der Evangelisten (›Argumenta‹), auch diese allesamt reich verziert. Die lateinische Übersetzung aus dem Griechischen geht auf die Vulgata des Heiligen Hieronymus aus dem 4. Jahrhundert zurück; der Schrifttyp wird als ›irische Majuskel‹ bezeichnet.

Wer in die Geheimnisse der Handschrift eindringen möchte,

sollte sich zunächst mit den Texten befassen, auf den sich die Buchmalereien meist sehr konkret beziehen. Es handelt sich dabei weder um Illustrationen im herkömmlichen Sinn, noch, wie oft angenommen wird, nur um Ornamente und Verzierungen, die der schöpferischen, ungebundenen Phantasie der Künstler entsprungen sind. Das bunte Bestiarium aus Tiergestalten und Fabelwesen, das sich über die meisten Seiten vor den erstaunten Blicken des Betrachters entfaltet, hat neben der ästhetischen vor allem eine symbolische Funktion. Die Symbolsprache ist u. a. von den Weissagungen des Propheten Hesekiel und der visionären Johannesoffenbarung inspiriert. In diesen Schriften werden etwa geflügelte Figuren in Gestalt eines Menschen, eines Löwen, eines Stiers und eines Adlers beschrieben, die man später den Evangelisten zuordnete – in der Reihenfolge Matthäus, Markus, Lukas und Johannes –, den vier Stadien des Lebens Christi: bei seiner Geburt ein Mensch, bei seinem Tod ein Stier (wahrscheinlich eine Assoziation mit rituellen Tieropfern), ein Löwe bei seiner Auferstehung und ein Adler bei seiner Himmelfahrt – sowie den Elementen Luft, Feuer, Erde und Wasser. Christus wird außerdem auf die Symbole des Fischs, der Schlange und – in einem anderen Zusammenhang – des Löwen bezogen. Der Fisch schwimmt, wie die Gläubigen, »in den Wassern der Taufe«, und im Griechischen bilden die Anfangsbuchstaben für ›Jesus Christus, Gottes Sohn, Erlöser‹ das Wort für ›ichthys‹, Fisch; die Schlange mit ihren Häutungen verkörpert Auferstehung und ewiges Leben; von Löwenjungen nahmen frühe Naturforscher wie Isidor von Sevilla (*Etymologiae*) an, daß sie tot zur Welt kämen, nach drei Tagen aber durch das Brüllen oder den Lebensatem ihres Vaters erweckt würden – eine Metapher für die Wiedererweckung Christi drei Tage nach seinem Tod am Kreuz. Das Kreuz selbst ist natürlich ein im Book of Kells immer wiederkehrendes Motiv; allerdings tut man sich manchmal schwer, es als Grundmuster im Flechtwerk mancher Schmuckseiten zu erkennen. Das ›Lamm Gottes‹ oder die Taube, Symbol des Heiligen Geistes, sind uns heute noch geläufige Bilder, anders als der Pfau, von dem man glaubte, daß sein Fleisch nie verfaule und der daher für die Unverweslichkeit Christi steht. Ähnlich verhält es sich bei den vielfältigen Pflanzenornamenten, unter denen besonders häufig die Weinranke (oft in Verbindung mit dem Abendmahlskelch) als Verweis auf die Eucharistie erscheint.

Je nachdem, wie die Symbole miteinander kombiniert sind, bekommen sie speziellere oder auch ganz andere Bedeutungen:

So kann ein Löwe mit geöffnetem Rachen auch den Antichristen, ›leo rugius‹, versinnbildlichen, ebenso wie die Schlange. Die Entzifferung des ›Dekors‹ im Book of Kells ist eine komplexe, faszinierende und lebendige Wissenschaft, deren Ergebnisse unter Fachgelehrten nach wie vor kontrovers diskutiert werden. Kenntnisse der christlichen Ikonographie sind hilfreich, sich im Labyrinth des Buches zurechtzufinden, aber nicht ausreichend, auch nur einen Bruchteil seiner Rätsel zu lösen. Denn der ohnehin schon schwer verständliche, mystische Symbolismus des frühen Christentums verbindet sich darin mit den noch entrückteren, bunt durchschimmernden Allegorien der Kelten. So ist beispielsweise das Motiv zweier sitzender Männer im Profil, die sich gegenseitig am Bart zupfen (und das im Book of Kells wie auf den steinernen Hochkreuzen auftaucht) nie zufriedenstellend erklärt worden, ebensowenig wie das der beiden spielenden Katzen. Keltische Gottheiten wurden oft in Tiergestalt dargestellt. Der Rhombus, ein immer wiederkehrendes Schmuckmotiv, ist ein uraltes Sonnensymbol. Sonne und Kreuz waren schon lange vor dem Christentum heilige Zeichen. Zentrum des keltischen Hochkreuzes – das nach wie vor auch das Bild moderner irischer Friedhöfe bestimmt – ist die Sonne, ein seine Balken stützender Kreis. St. Patrick stellte dem heidnischen Sonnenkult Christus entgegen: »Wir aber glauben und verehren die wahre Sonne Christi, die niemals untergehen wird.« Er wie andere frühe Missionare in Irland gingen überaus klug bei ihrem Werk der Bekehrung vor. Sie kannten die Religion der Kelten und bedienten sich ihrer sogar, um ähnliche Glaubensvorstellungen mit neuen Inhalten zu füllen. (Der heroische Erntegott Lugh tötete, wie David Goliath, den Riesen Balar mit einer Steinschleuder und schlug ihm den Kopf ab; und er hing neun Tage an einem Baum – wo sich ihm in Visionen höheres Wissen und Ausblicke in den Himmel erschlossen –, um neu geboren zu werden, ein Mythos, der leicht durch den Kreuzestod Christi zu ersetzen war.) Die vier Stufen im Leben des Erlösers – Geburt, Tod, Auferstehung und Himmelfahrt (mit ihren Metaphern Mensch, Stier, Löwe und Adler) –, das Grundthema des Book of Kells, sind verwoben mit keltischen Unendlichkeitsspiralen, Symbolen des immerwährenden Kreislaufs von Tod und Wiedergeburt. Ewiges Leben ist es ja auch, das Christus denen, die an ihn glauben, verheißt. Die Handschrift, »das Resultat einer kühlen Halluzination«, wie sie Umberto Eco beschrieb, hat bei eingehenderer Betrachtung eine geradezu hypnotische Wirkung.

Im Gegensatz zum Verstehenwollen wäre die ›keltische‹ Betrachtungsweise allerdings eher die des Philosophen und Biochemikers Erwin Chargaff: »Er hatte sein Leben der Nichtlösung von Rätseln, dem Bewahren von Geheimnissen geweiht.« Der Verstand scheint nicht das geeignete Instrument, dieses Buch zu ergründen; wahrscheinlich ist es das Vernünftigste, sich einfach seinem Zauber zu überlassen.

»Hier kannst du«, schrieb der normannische Chronist Giraldus Cambrensis im Jahre 1185, »in das Antlitz der göttlichen Herrlichkeit sehen, das in wunderbarer Weise gemalt ist, hier auch die mystischen Darstellungen der Evangelisten betrachten, die manchmal sechs, dann wieder vier oder zwei Flügel haben. Hier wirst du den Adler sehen, dort das Kalb, hier das Gesicht eines Menschen, dort das eines Löwen. Und da gibt es fast unzählbar viele andere Bilder. Wenn du sie nicht so genau, mehr zufällig und nicht aus zu großer Nähe ansiehst, könntest du sie eher für Farbkleckse als für sorgfältige Kompositionen halten. Du wirst nichts Feines erkennen, wo doch alles fein ist. Aber wenn du dir die Mühe machst, näher hinzusehen, mit deinem schärfsten Blick, und durch langes und eingehendes Betrachten zu den Geheimnissen der Kunst vordringst, wirst du Zierat, so fein und zart, so sorgfältig und dichtgedrängt, so ineinander verknotet und verkettet, so verschlungen und in so frischen Farben ausgeführt sehen, daß du nicht zögern wirst, einzugestehen, dies alles sei eher das Werk eines Engels als eines Menschen. Was mich betrifft, je öfter ich das Buch anschaue und je genauer ich es studiere, desto mehr Wunder erkenne ich darin, desto mehr verliere ich mich in immer neuem Staunen.«

Evangeliare so reicher Ausstattung fanden gewöhnlich Verwendung in der Liturgie, lagen bei der Messe aufgeschlagen auf dem Altar oder einem Pult und dienten dem Priester als Gedächtnisstütze bei seiner Predigt. Das Book of Kells galt jedoch schon zu seiner Entstehungszeit als Wunder, nicht so sehr für Neugierige und Kunstsinnige, sondern für die gläubige Gemeinde: als ein in allen Regenbogenfarben glühender Beweis Gottes, so wie die Kirchenfenster oder die den Gesetzen der Schwerkraft zu trotzen scheinende Architektur der Gotik. Es wird wohl so gewesen sein, denn diese Dinge sind heute, trotz unser hochentwickelten Technik, handwerklich nicht mehr zu reproduzieren: Kein moderner Wissenschaftler kann beispielsweise erklären, wie die minutiöse, ja mikroskopische Genauigkeit vieler graphischer Details der Handschrift, oft nur unter der Lupe erkennbar, ohne starke Vergrößerungsgläser geschaffen werden konnte. Doch solche optischen Hilfsmittel gab es im frühen Mittelalter nicht. Hatten die Künstler des Book of Kells einen Augenfehler? Bedienten sie sich geschliffener Kristalle (die allerdings einen Verzerrungseffekt erzeugt hätten)? Man stößt, noch bevor man mit der Interpretation der Tiefen begonnen hat, schon bei der Untersuchung der Oberfläche auf Probleme.

Man kann sich die Wirkung solcher sichtbarer Zeichen der Majestät Gottes für die Menschen des Mittelalters nicht groß und erhebend genug vorstellen, ebensowenig wie den Willen der Scriptoren und Buchmaler, ihren Glauben ohne Eitelkeit und Selbstdarstellung nur durch ihre Arbeit erfahrbar zu machen. An diesem Unterschied zur Kunst späterer Epochen oder zu unserer ›aufgeklärten‹ Mentalität gehen akademische Erklärungsmuster in die Irre: Das Book of Kells stammt aus einer der unseren grundverschiedenen Welt, die zu begreifen man sich erst wieder behutsam auf sie einlassen muß. Realismus der Darstellung oder die Gesetze der Zentralperspektive waren schon seit der Antike bekannt, besaßen aber in der keltisch-christlichen Denkweise keinen allzu hohen Stellenwert. Es ging nicht darum, ein Abbild der Wirklichkeit zu schaffen. Anstatt die lebendige Natur lediglich zu kopieren, wie es die Griechen und Römer taten, ging es diesen Künstlern darum, sie zu interpretieren, sie durch Allegorien und Metaphern zu ent- und zugleich zu verschlüsseln, ihren ewigen Verwandlungen, dem Sein hinter dem Schein auf die Spur zu kommen. Insofern könnte man sie, wie der italienische Archäologe Sabatino Moscati, »die ersten Abstrakten, die ersten wirklich Modernen« nennen.

Der Name ›the booke of Kelles‹ kam erst im 17. Jahrhundert auf; bis vor etwa hundert Jahren war die Handschrift jedoch eher als ›das große Evangelienbuch des Colm Cille‹ bekannt. Colm Cille (521–597) gilt neben St. Patrick als der bedeutendste Heilige Irlands – und das will auf der ›Island of Saints‹, wo mehr Heilige verehrt werden als das Jahr Tage hat, schon etwas heißen. Kanonisiert wurde er von Rom freilich ebensowenig wie die vielen anderen.

Der keltische Edelmann Criomhthann – Colm Cille ist mehr ein Titel und bedeutet ›Taube der Kirche‹ – stammte aus dem Ui Néill-Clan, schon damals einer der mächtigsten Familien des Landes, und wäre von Geburt wie von seiner Kraft, Bildung und Klugheit her eigentlich dazu bestimmt gewesen, König von Ulster, vielleicht sogar Hochkönig aller fünf Provinzen zu werden. Aber er zog es vor, als einfacher Mönch das Christentum zu verbreiten und über 40 Klöster, Schulen und Kirchen zu gründen, darunter Derry, Swords, Durrow und Kells, obwohl er sich gelegentlich noch in die Politik einmischte. Etwa im ›Bardenstreit‹: Die irischen Könige wollten einst die Privilegien des Bardenstandes abschaffen, da sie die Poeten für zu respektlos und selbstherrlich hielten. Doch Colm Cille (übrigens selbst ein Dichter, von dem Verse überliefert sind) verteidigte die Kollegen und ihren hohen Rang so wortgewaltig, daß man sich seinem Urteil beugte. Ganz so friedfertig wie eine Taube war er offenbar nicht. In einer mittelalterlichen Chronik heißt es, er habe sich einmal ein Evangeliar bei einem anderen Mönch, Finian von Moville, ausgeliehen, eine seltene Handschrift mit Kommentaren, die er dann eigenhändig kopierte. Finian forderte außer dem Original auch die Herausgabe der Kopie, die ihm Colm Cille verweigerte. Die Sache kam vor Gericht – sicher der früheste überlieferte Fall eines Urheberrechtsprozesses – und wurde dem Hochkönig Diarmaid mac Cearrbheoil vorgetragen, welcher dem Kläger recht gab: ›le gach buin a laogh‹, ›jeder Kuh ihr Kälbchen‹. Der Legende nach gab sich der Heilige mit diesem Urteilsspruch nicht zufrieden und schwor Rache. Die Spannungen zwischen ihm und dem König verschärften sich durch einen weiteren Zwischenfall. Ein Adeliger hatte einen Mann getötet, der unter Diarmaids Schutz stand und flüchtete vor dessen Häschern in eine der von Colm Cille gegründeten Kirchen. Obwohl man ihm Asyl gewährte, drang der König persönlich mit seinen Soldaten in den geweihten Bezirk ein, ließ den Mörder ergreifen und hinrichten. Diesen Frevel sollte er bereuen, denn Colm Cille wandte sich daraufhin an seine Familie, die Ui Néill, deren Oberhaupt er bewog, Krieg gegen Diarmaid zu führen, der in der blutigen Schlacht von Cúil Dreimhne (561) Land und Leben verlor.

Der heilige Barde soll sogar selbst am Kampf teilgenommen haben, sei aber beim Anblick der vielen Toten und Verwundeten so von Reue ergriffen worden, daß er sich zur Buße auferlegte, Irland zu verlassen und nie wieder heimatlichen Boden zu betreten. Mit zwölf Mönchen (›Soldaten Gottes‹) segelte er auf eine kleine Hebrideninsel, die er Iona taufte – das hebräische Wort für Taube –, wo er fortan die schottischen Ureinwohner, die Pikten, zum wahren Glauben bekehrte. Das dort erbaute Kloster wurde zu einer berühmten Schule für Missionare, die das Christentum in ganz Europa verbreiteten. Wie so oft, sind in den alten Chroniken Sagen und Tatsachen untrennbar verwoben; an der historischen Gestalt Colm Cilles, seinem segensreichen Wirken in Irland und Schottland und der enormen Bedeutung Ionas für die frühmittelalterliche Kirchengeschichte besteht jedoch kein Zweifel. Todsicher eine Legende ist die Begegnung des Heiligen mit dem Ungeheuer von Loch Ness, über die der Abt Adamhnán 685 in seiner *Vitae Columbae* (Die Lebensgeschichte des St. Columba) berichtet. Immerhin wird ›Nessie‹ (aquatilis bestia) darin zum erstenmal mit genauer Ortsangabe erwähnt. Colm Cille soll sie so wüst beschimpft haben, daß sie sich eine ganze Weile nicht mehr blicken ließ.

Der fromme Mann starb 597 im Alter von sechsundsiebzig Jahren auf Iona, wo er sich zuletzt seiner Lieblingsbeschäftigung, dem Kopieren von Handschriften gewidmet hatte – 300 sollen es insgesamt gewesen sein. Das Book of Kells gehörte nicht dazu, obwohl man es viele Jahrhunderte als sein Werk ansah. Als sein Vermächtnis darf es dennoch gelten, denn es entstand, wenn auch ungefähr zweihundert Jahre später, auf seiner Klosterinsel vor der schottischen Küste.

Iona ist ein der Insel Mull vorgelagertes Eiland von ca. 5,5 km Länge und 2,5 km Breite. Trotz seiner bescheidenen Größe wurde es neben Lindisfarne zum Zentrum der Christianisierung Schottlands wie großer Teile Englands – Colm Cille gilt heute noch als Schutzpatron der schottischen Gaelen – und die rege Missionstätigkeit der Mönche blieb auch auf dem Kontinent nicht ohne Einfluß. In den Augen der Päpste war Iona freilich ein ›Widerstandsnest‹, das sich ihrem Einfluß und den Bestrebungen zur Vereinheitlichung der Kirche beharrlich entzog. So feierte man dort zum Beispiel Ostern weiterhin an einem anderen Datum als dem auf dem Konzil von Nicäa verbindlich festgelegten. An solchen Kleinigkeiten schieden sich die Geister, doch die Folgen waren brisant: Wer sich nicht vollkommen der Autorität Roms unterwarf, gehörte nicht der Kirchengemeinschaft an, durfte sich nicht als katholischer Christ bezeichnen und folglich auch keine Heiden bekehren. Die Missionserfolge ›unbefugter‹ irischer Mönche überall in Europa wurden offiziell nicht zur Kenntnis genommen; sie dienten immerhin einem guten Zweck, und man verbuchte sie später aufs eigene Konto.

Das Book of Kells muß, nach übereinstimmender Ansicht der Fachgelehrten, um das Jahr 800 entstanden sein, zu jener Zeit also, als erstmals größere Verbände von Wikingerschiffen die Küsten unsicher machten. Iona war als eines der ersten Ziele ihrer Raubzüge geradezu prädestiniert: eine florierende, handeltreibende Klostergemeinschaft, keine ärmlichen Katen, sondern stattliche Gebäude und satte Weiden, auf denen Viehherden grasten. Im Scriptorium arbeiteten, soli deo gloria, mindestens zwei, wahrscheinlich eher vier oder mehr Künstler-Mönche – darunter, so heißt es, auch Connachtach, der Abt des Klosters – bedächtig an einer Handschrift, die vor den heraufziehenden Stürmen bewahrt bleiben und über zwölf Jahrhunderte später in einer Glasvitrine des Trinity College liegen sollte, durch die wir es gerade betrachten. Sie schrieben auf präparierte Kalbshaut, sogenanntes ›vellum‹. Es wurde aus der Haut neu- oder ungeborener Kälber hergestellt, die man in einer Lauge aus Kalk oder Exkrementen enthaarte, auf Rahmen spannte und, nachdem die Rückstände mit Schabemessern entfernt waren, auf die richtige Größe zuschnitt. Man schätzt, daß man für dieses Evangeliar die Haut von etwa 185 Kälbern verbrauchte, ausgelesen aus einer Herde von mindestens 1200 Tieren – ein sichtbares Zeichen für den Wohlstand des Klosters. Auf den Bildern der vier Evangelisten halten diese oft Bücher und Schreibwerkzeuge in der Hand, so als hätten sich die Buchmaler selbst in ihnen porträtiert: Johannes hat zum Beispiel in der Rechten einen Federkiel, in der Linken sein Evangelium in einem rot und Purpur gefärbten Einband; neben seinem rechten Fuß sieht man ein Tintenfaß, das, wohl aus einem Kuhhorn gefertigt, in den Boden gesteckt wurde. In der Tat benutzte man Federkiele aus den Schwanzfedern von Gänsen oder Schwänen, manchmal auch feste Federhalter aus Schilfrohr; zum Malen Pinsel unterschiedlicher Feinheitsgrade, wahrscheinlich aus Marderfell. Zum Zeichnen der Hilfslinien und zur mathematisch genau berechneten Komposition der Schmuckseiten gab es Lineare, Kurvenlineare, Schablonen, Winkel und Stechzirkel. Die meisten Textseiten wurden mit Eisengallustinte aus zerstoßenen Galläpfeln, Eisensulphat und einem Bindemittel aus Gummi und Wasser geschrieben. Viele Farben mußten durch Händler aus allen Teilen der Welt importiert werden und waren daher teuer. Das Pigment Lapislazuli für die Blauschattierungen etwa stammte aus eine Mine in Afghanistan, Indigo aus einer orientalischen Pflanze; Karmesinrot wurde aus in Urin zerstampften Kermesschildläusen gewonnen, die nur im Mittelmeerraum heimisch sind. Im Gegensatz zu anderen illuminierten Handschriften verwendete man beim Book of Kells kein Blattgold; das sehr giftige und unangenehm riechende Auripigment (gelbes Arsensulfid), das ebenfalls aus Italien, Ungarn oder Asien importiert werden mußte, erzeugte jedoch einen ähnlich leuchtenden

Effekt. Diese und andere Farben, z. B. Grünspan (der an einigen Stellen das Pergament durchgefressen hat) wurden in komplizierten Mischtechniken und oft in mehreren Schichten aufgetragen. Eine besonders plastische Tiefe der Bilder erreichten die Künstler, indem sie mehrere transparente Farblasuren über eine Grundierungsschicht legten; unfähige Konservatoren haben diese Reliefwirkung im 19. Jahrhundert weitgehend zerstört, als sie die Blätter anfeuchteten, um sie zu glätten.

Noch vor der Vollendung des prachtvollen Evangeliars geriet Iona ins Visier der Wikinger, die mit ihren Drachenschiffen vor den Küsten Irlands und Englands kreuzten und nach lohnender Beute Ausschau hielten. Das Kloster wurde erstmals im Jahre 795 überfallen und ausgeplündert, ein weiteres Mal 802. Am schrecklichsten war der Angriff von 806, als 86 Mönche grausam mißhandelt und getötet wurden. Die Überlebenden verließen nun die Insel und flohen in Booten nach Irland; dabei schafften sie es wohl, außer einigen Reliquien auch die Handschrift zu retten – wann genau sie nach Kells gelangte, ist allerdings nicht überliefert. Kells in der damaligen Provinz Meath, wo der Heilige Colm Cille einst eine Kirche gegründet hatte und bald ein neues Kloster entstand, schien ihnen weit genug vom Meer entfernt, um sichere Zuflucht vor den Nordmännern zu bieten. Wie einige leere Seiten mit Hilfslinien zeigen, wurde das Book of Kells nie ganz fertiggestellt – möglicherweise sind auf Iona auch die Buchmaler umgebracht worden, und später fanden sich keine geeigneten Künstler mehr, ihr Werk zum Abschluß zu bringen.

Sicher war es auch in Kells nicht. In den Annalen von Ulster wird berichtet, daß es 1007 »aus der westlichen Sakristei der großen Steinkirche« gestohlen und »nach zwei Monaten und zwanzig Nächten« in einem Straßengraben wiedergefunden wurde. Die Diebe hatten es offenbar nur auf den kostbaren, juwelenbesetzten Schrein abgesehen, in dem man das Buch aufbewahrte. Doch die Außenblätter des Pergaments waren von Regen und Schmutz beschädigt oder vernichtet. Abermals in große Gefahr geriet die Handschrift im 17. Jahrhundert durch die bilderstürmerischen Puritanertruppen Oliver Cromwells, die damals Irland heimsuchten und Jagd auf alles ›Papistische‹ machten. Sie benutzten Kirchen – auch die von Kells – als Pferdeställe, zerschlugen Heiligenbilder und die herrlichen Kirchenfenster des Mittelalters und hätten die Blätter des Evangeliars, wären sie seiner habhaft geworden, wohl als Fidibusse herausgerissen, um ihre Tonpfeifen damit anzuzünden. Der Statthalter von Kells, Charles Lambart, Earl of Cavan, ließ es jedoch 1653 heimlich zu Freunden nach Dublin bringen, wo es einige Jahre später in den Besitz der Universität Trinity College gelangte. Dort fiel es dann im 19. Jahrhundert wohlmeinenden, aber eben unfähigen Konservatoren und Gelehrten in die Hände, die seine Seiten durch Befeuchtung zu glätten versuchten oder sie, wie Gerald Plunket, mit Texttranskriptionen, Anmerkungen und Randnotizen versahen, »in der für ihn typischen dünnen braunen Tinte«. Plunket fügte sogar ein paar eigene Zeichnungen hinzu, etwa einen Fisch auf den Rand von Folio 98. Man möchte ihn dafür heute noch umarmen und küssen.

Als Queen Victoria und ihr Prinzgemahl Albert im August 1849 Dublin besuchten, wurden sie von den Honoratioren der Stadt untertänigst gebeten, sich in das Book of Kells einzutragen – wie in ein Gästebuch! Das erschien denn doch selbst königstreuen Zeitgenossen etwas zuviel der Ehre. Aber es war nur eine irische List. Her Majesty und her Prince Consort signierten lediglich speziell zu diesem Zweck eingefügte Vorsatzblätter aus täuschend echt aussehendem Pergament, die man später wieder entfernte.

Neuerliche (offiziell ›minimale‹) Blessuren zog sich das Book of Kells erst wieder im April 2000 zu, als es das Glanzstück einer Ausstellung in der National Gallery of Australia in Canberra werden sollte. Trotz strengster Sicherheitsvorkehrungen geriet das Transportflugzeug offenbar in Turbulenzen, durch die Farbpigmente auf einigen Seiten abbröselten. Ob sich der Schaden, wie behauptet, wirklich nur auf »5 Quadratmillimeter« begrenzen läßt, versuchen immer noch Experten herauszufinden. Die Handschrift hat innerhalb der letzten zwölfhundert Jahre wirklich genug durchgemacht; es ist an der Zeit, sie endgültig luftdicht unter Glas ruhen zu lassen.

Der Long Room

Nein, gehen Sie jetzt nicht den Weg zurück, den Sie gekommen sind, sondern die häßliche moderne Betontreppe hinauf, zu der auch die übrigen Zuschauer hindrängen, sobald sie sich vom Book of Kells losgerissen haben. Es gibt noch eine andere, ungleich schönere georgianische Treppe auf der Westseite, die von Richard Castle, dem erwähnten Kasseler Architekten entworfen wurde, aber dem Ansturm all der Touristen nicht gewachsen wäre und deshalb für den Publikumsverkehr gesperrt ist – fragen

*Blick in den Long Room,
Herz der Old Library im Trinity
College*

Sie doch mal danach, und sei's
nur, um beim Aufsichtspersonal
Verwirrung zu stiften.

Im ersten Stockwerk gelangen
Sie in den Long Room, das Herz
der Old Library (›old‹, weil sie
1967 durch die neue Berkeley
Library – das ist das schräg
gegenüberliegende, scheußliche
Zweckgebäude des Architekten-
teams Ahrens/Burton/Koralek –
ergänzt wurde). Der erste Eindruck ist, zumal für Bibliophile,
überwältigend. Man schreitet, im Staubduft alter Folianten, vorbei
an den Büsten illustrer Persönlichkeiten, durch einen 64 Meter
langen, zweistöckigen, von einem hölzernen Tonnengewölbe ge-
krönten Saal, ein langgestrecktes Faß voller Bücher, deren Gold-
schnitte allenthalben im Licht der Seitenfenster verheißungsvoll
aufglühen – 200000 von insgesamt 3 Millionen der Sammlung
von Trinity College. Hier werden auch ägyptische Papyri, griechi-
sche und römische Schriftrollen der Antike, über 140 altirische
Manuskripte, die bis ins 6. Jahrhundert zurückreichen, Erstausgaben von Dantes *Divina Commedia*, Petrarcas *Sonetti e Trionfi*
und Boccaccios *Theseide*, vier Originalfolios von Shakespeares
Dramen, Briefe Maria Stuarts und viele andere Kostbarkeiten aufbewahrt. Das einzige, was stört, ist der museale, etwas prätentiö-
se Charakter des Ganzen, ein gewisser Vorzeigeeffekt: eine der
schönsten Bibliotheken Europas, die, zumindest während der Sai-
son, selten genutzt wird; ein grandioser Ausgangsschacht, durch
den sich staunende Touristen hinausdrängen, nachdem sie die
Sehenswürdigkeit des Book of Kells abgehakt haben; ein letzter
Tusch, bevor man wieder ins Freie taucht. Man sieht im Long
Room niemand wirklich lesen – außer manche Besucher, die
über die Schaukästen im Mittelgang gebeugt sind.

Büchersammlungen haben die Neigung zuzunehmen. 1712
kam man in Trinity nicht länger um ein eigenes Gebäude herum.
Es wurde rechts von den ›Rubrics‹ errichtet, nach Entwürfen von
Thomas Burgh, der die Bibliothek in den ersten Stock verlegte
und darunter weitläufige Kalksteinarkaden bauen ließ, um die

wertvollen Manuskripte vor Feuchtigkeit zu schützen. Doch die Masse der Bücher stieg sintflutartig weiter an, u. a. durch umfangreiche Schenkungen, vor allem aber durch das seit 1801 verbriefte Recht der Universität, von jeder im United Kingdom gedruckten Publikation ein Exemplar zu erhalten. So ersetzten die Architekten Deane und Woodward 1858-60 die ursprünglich plane Decke durch jenes Tonnengewölbe, das auf den heutigen Besucher einen sehr viel altertümlicheren Eindruck macht, und 1891 wurden zuletzt auch die stützenden Arkaden zugemauert, um noch mehr Platz zu schaffen. Das Gebäude der Old Library glich sich immer mehr seinem Inhalt an.

Brian Borus Harfe

Ist Ihnen im Long Room die sogenannte ›Great Harp of Brian Boru‹ aufgefallen? Sie wird oft übersehen, dabei begegnet man ihr in Irland auf Schritt und Tritt: Sie hat nämlich für das Nationalemblem der von britischer Herrschaft befreiten Republik Modell gestanden. Man fand sie vor der Euro-Einführung auf den 1-, 5- und 10-Pence-Münzen, wo man eigentlich den Kopf eines Staatsmannes erwartete, und heute noch auf Behördenbriefen, etwa der Finanzämter und Sozialversicherungen und nicht zuletzt auf den Guinness-Etiketten (dort zeigt allerdings der Klangkörper, also jener Teil, der gegen die Schulter des Harfenspielers lehnt, anders als auf den Geldstücken und Mahnungen nach links – das können Sie interpretieren wie Sie wollen). Mit dem Hochkönig und ›Sieger von Clontarf‹, Brian Boru, hat diese Harfe nichts zu tun, noch kann man sie mit ihren 70 cm Höhe als ›groß‹ bezeichnen. Sie stammt aus dem 14. Jahrhundert, allerdings ist schon in den vorchristlichen keltischen Sagen und Legenden häufig von Harfen die Rede.

In der gälischen Gesellschaft genossen Harfenspieler, ebenso wie die ›file‹ (Hofpoeten) und ›reacaire‹ (Barden, welche die Epen der file, nicht selten mit Harfenbegleitung, vortrugen) einen besonders hohen Rang und standen in der Hierarchie gleich hinter dem König, also noch über dem Adel. Die Christianisierung Irlands bestätigte diesen Rang sogar noch, da der Harfe auch in den biblischen Überlieferungen besondere Bedeutung beigemessen wird.

Zur Identifikation lud vor allem die Figur des David ein, der mit seiner Steinschleuder – eine bei den keltischen Kriegern ge-

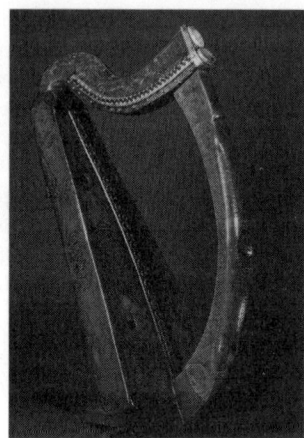

*Die ›Great Harp of Brian Boru‹
im Long Room*

bräuchliche Waffe – den Riesen
Goliath tötete, aber auch durch
sein Harfenspiel den König Saul
entzückte. Tapferkeit, Klugheit
und Musikalität: drei löbliche,
den Iren erstrebenswerte Eigenschaften, falls sie sie nicht schon
besaßen. Jedenfalls findet sich
der harfespielende David auf den
steinernen Hochkreuzen wie im
Book of Kells und anderen Handschriften bemerkenswert oft ab-
gebildet, und die Darstellung seines Instruments ähnelt verblüffend der ›Great Harp of Brian Boru‹.

Die mittelalterlichen Chroniken Irlands verzeichnen den Tod
berühmter Harfner manchmal ausführlicher als das Ableben hel-
denhafter Könige. Sogar Dante (1265–1321) war vom Klang irischer Harfen hingerissen: »Dieses altehrwürdigste Instrument
wurde aus Irland zu uns gebracht, wo es vortrefflich und in großer Zahl hergestellt wird; die Einwohner jener Insel verstehen
sich seit hunderten von Jahren auf die Kunst, darauf zu spielen.
Ja, es ist sogar Bestandteil des Wappens ihres Königreiches; sie
verzieren damit ihre öffentlichen Gebäude, prägen Harfen auf ihre Münzen, und geben als Begründung dafür an, daß sie von dem
königlichen Propheten David abstammen.« Kein Geringerer als
Dante bürgt also dafür, daß die Harfe spätestens seit dem Mittelalter Nationalsymbol der Iren war – denen freilich das Recht auf
eine eigene Nation von nun an von den Engländern streitig gemacht wurde.

Unglücklicherweise erwuchs der Harfe, trotz ihrer ätherischen
Klänge, als Wahrzeichen der Insel zugleich der Symbolcharakter
von Freiheit und Unabhängigkeit. Die englischen Unterdrücker
fürchteten stets die irische Kultur, die gerade in der Musik eine
vereinende und gefährliche Kraft entfaltete. Als Heinrich VIII.
im Zuge der anglikanischen Reformation alle Klöster enteignen
und zerstören ließ, stand als eines der ersten in Irland die Augustinerabtei von Cong auf seiner Abschußliste – weil bekannt war,
daß dort Harfen hergestellt wurden, auf denen ja ›papistische‹,
anti-britische Weisen und Gesänge intoniert werden konnten. Die

Schreckensherrschaft der Tudors und später der Cromwellschen Puritaner richtete sich zwar gegen die gesamte katholische Zivilbevölkerung, insbesondere aber gegen Geistliche, Künstler und Musiker, all jene also, denen ein wie immer gearteter Einfluß auf die Massen nachgesagt wurde. Von Heinrichs Tochter Elizabeth I., der Gründerin von Trinity, ist der Ausspruch ›Hang all the harpers‹ überliefert, oder, im Wortlaut: »Hang the harpers wherever found and destroy their instruments.« Ein halbes Jahrhundert später ließ Oliver Cromwell 500 konfiszierte Harfen in Dublin öffentlich verbrennen – ein Fanal, das an Bücherverbrennungen erinnert. Die Auswirkungen solcher Säuberungsaktionen wurden Ende des 18. Jahrhunderts spürbar. Als 1792 in Belfast ein großes Harfner-Festival veranstaltet wurde, bei dem hohe Geldpreise lockten, fanden sich gerade mal elf Maestros ein, die letzten ihrer Art. Gottseidank war beim diesem Anlaß ein Sachverständiger namens Edward Bunting zugegen, der fleißig mitschrieb, was da widerhallte. Seine stenographierten Aufzeichnungen eines außergewöhnlichen Konzerts bilden mit den Grundstock der modernen Forschung zur irischen Musikgeschichte.

Ich habe von der Harp of Brian Boru vorhin als von einer ›Trophäe‹ gesprochen, und das war sie wohl auch, auf eine höchst eigentümliche und vertrackt irische Weise. Ende des 14. oder Anfang des 15. Jahrhunderts war sie irgendwie nach Rom gelangt und stand dort im Vatikan mehr oder weniger als Ausstellungsstück herum. Papst Clemens VII. machte sie Heinrich VIII. zum Geschenk, den er vor kurzem zum ›Bewahrer des Glaubens‹ ernannt hatte, nicht ahnend, daß der englische König sich bald vom katholischen Glauben loslösen und die anglikanische Kirche gründen sollte. Bei Heinrich stand es offenbar auch nur im Weg, so daß er das Instrument als Zeichen seiner Gunst dem Earl of Clanricarde wie einen Orden verlieh, der es dann wiederum an seinen Günstling Right Honourable William Connyngham loswurde – welcher es großzügig an die Universität von Trinity weiterverschenkte.

Eine triste Geschichte. Denn während all diesem Austausch politischer Höflichkeiten wurde auf dem Instrument nie gespielt, es wanderte ungeliebt von einem Besitzer zum nächsten. Erst vor einigen Jahren wurde es mit Messingsaiten neu bespannt, und ein Harfenvirtuose spielte darauf, im alten Stil, mit den Fingernägeln. Der Klang soll überaus »lieblich und klar« gewesen sein, mit einem »glockenreinen Volumen und zugleich einer Wärme, die an eine Gitarre erinnert«.

Kapitel 2

Eine Botschaft in meinen Stücken?
Was zum Teufel glauben Sie, wer
ich bin? Ein Briefträger?
Brendan Behan

Bücher und Menschen

»So viele Bücher! Haben Sie die alle gelesen?« Besitzer einer
Bibliothek kennen diese Frage und die Schwierigkeit, sie zu beant-
worten. Die Qualität einer guten Bibliothek bemißt sich ja eben
daran, daß man darin immer wieder interessante Bücher findet,
die man *noch nicht* gelesen hat. Vor einiger Zeit sah sich jemand
gönnerhaft grinsend bei mir um und stellte fest: »›Ne Menge alter
Schwarten!« Dann erkundigte er sich vollen Ernstes: »Habt Ihr die
von Euren Eltern geerbt?« Dabei schien ihm keineswegs bewußt,
daß er gleich mehrere Beleidigungen auf einmal geäußert hatte. Er
bezeichnete nicht nur meine Erstausgaben und andere unter vielen
Abenteuern mühsam zusammengesuchten antiquarischen Schätze als »alte Schwarten«, er setzte unter anderem stillschweigend
voraus, daß ich und meine Frau von den gleichen Eltern ab-
stammten und die schönen Buchrücken nur zu dem Behufe in die
Regale gepreßt hätten, Vollidioten wie ihn durch eine gewisse
altertümliche Eleganz zu beeindrucken. Ganz abgesehen vom ›Ge-
lesenhaben‹, für ihn offenbar eine besonders unrühmliche Art der
Zeitverschwendung. Sollten Sie, lieber Leser, zufällig bibliophil
sein, gehören Sie einer vom Aussterben bedrohten Spezies an. In
Irland finden sich noch viele Leute mit der gleichen Marotte.

Dublin zum Beispiel ist auch eine Stadt für Büchernarren.
Man stößt, nicht nur in Nebenstraßen, immer wieder auf Höhlen
Ali Babas, gutsortierte Buchhandlungen à la Hodges & Figgis,
staubduftende, mehrstöckige Antiquariate – deren Adressen ich
aus schnödem Eigennutz verschweige – und oft auf versteckte Bi-

bliotheken, die kaum je ein Tourist betritt: etwa die Library der Royal Irish Academy (19 Dawson Street) mit ihren altirischen Handschriften, darunter das *Cathach*, der Originalpsalter des Heiligen Colm Cille – der vom Clan der O'Donnels noch bis ins frühe 17. Jahrhundert in einem kostbaren Schrein wie eine Flagge in viele Schlachten getragen wurde – oder das legendäre *Book of the Dun Cow*; die Bibliothek des Franziskanerklosters am Merchant's Quay, die das Originalmanuskript der *Annalen der vier Meister*, einem der berühmtesten Geschichtswerke in gälischer Sprache aufbewahrt; die Library of King's Inns in der Henrietta Street, die Chester Beatty Library (Dublin Castle) oder die älteste öffentliche Bibliothek der Insel, Marsh's Library in der Nähe der St. Patrick's Cathedral (St. Patrick's Close, Dublin 8), die aufzusuchen sich allein wegen ihrer seit dreihundert Jahren unveränderten, von dunklem Eichenholz, geschwärzten Ölgemälden und barocken Buchrücken geprägten Atmosphäre lohnt. Hier gibt es immer noch die drei ›Lesekäfige‹, in denen man die Benutzer einschloß, um sie am Stehlen der wertvollen Manuskripte zu hindern (wie etwa eine prachtvolle Ausgabe von Ciceros *Briefe an seine Freunde*, Mailand 1472, oder viele unschätzbare irische, hebräische, arabische, türkische und russische Werke des 15., 16. und 17. Jahrhunderts).

Ob der Direktor von Trinity College und spätere Erzbischof von Cashel und Dublin, Narcissus Marsh, glücklich über seinen ungewöhnlichen Vornamen war, wissen wir nicht; sicher glücklicher als seine beiden älteren Brüder, die nach dem Willen ihrer Eltern Epaphroditus und Onesiphorus heißen mußten. 1638 im englischen Wiltshire geboren, studierte er Philosophie, Mathematik und orientalische Sprachen in Oxford, war ein großer Musikliebhaber, spielte auf der Viola da gamba und schrieb einen Essay »über die Sympathie zwischen Lauten- und Geigensaiten«. In einer anderen Abhandlung über die »Klanglehre, mit einigen Vorschlägen für die Verbesserung der Akustik« gebrauchte er als Erster das Wort ›microphone‹. Sein vorzüglicher Ruf als Gelehrter trug ihm die Stellung des ›Provost of Trinity College‹ ein, mit der er aber recht unzufrieden war, da ihm seine vielfältigen Verpflichtungen nur wenig Muße für private Studien ließen; in seinem Tagebuch beklagte er sich bitter über die »ignoranten Rüpel, die sich hier immatrikulieren... ich war der 340 Studenten in dieser liederlichen und heruntergekommenen Stadt rasch überdrüssig.« Besonders umgänglich und beliebt scheint der strenggläubige, ewige Junggeselle, der im alten Bischofspalast von St.

Sepulchre residierte und sich am liebsten mit seiner Musik, östlichen Religionen, der Entfernung der Erde zum Mond oder Raupen und Insekten befaßte, nicht gerade gewesen zu sein; »er ist der erste Mensch, dem es bei seinem Status, seiner Bildung und seiner Frömmigkeit nicht gelang, ein großer Mann zu werden«, beschrieb ihn Jonathan Swift, »und er ist so weise, daß er seine eigene Gesundheit höher schätzt als anderer Leute Nasen, so daß ich keinem einen Ehrenplatz an seiner Tafel wünsche ... Sein Tod dürfte niemanden erfreuen oder betrüben – außer seinen Nachfolger.« Narcissus Marsh starb 1713; immerhin hat er uns seine herrliche Bibliothek hinterlassen. In einem der 25 000 Bände soll irgendwo ein Zettel verborgen sein, eine Nachricht seiner neunzehnjährigen Nichte, mit der sie ihrem Onkel zu erklären versucht, warum sie es in seinem Haus nicht länger aushielt und mit einem jungen Mann von schlechtem Leumund, einem gewissen Charles Proby durchbrannte. »An diesem Abend stahl sich meine Nichte Grace Marsh (ohne jedwede Gottesfurcht) zwischen acht und neun Uhr heimlich aus meinem Wohnsitz in St. Sepulchre's und wurde, wie mir berichtet wird, noch in der selben Nacht dem Vikar von Castlenock, Chas. Proby, in einem Wirtshause angetraut, woselbst sie mit ihm in einem Bette schlief – Herr, Du allein kannst meinen Kummer ermessen!« vertraute Marsh am 10. September 1695 seinem Tagebuch an. Sein Geist stöbert nächtens immer noch ruhelos seufzend in den alten Eichenregalen nach Graces Zettel. Vielleicht fällt Ihnen das Papier beim Aufschlagen eines der Folianten zufällig in die Hände: Es könnte dem untoten Stifter von Marsh's Library seinen Frieden zurückgeben.

Was Bloom in der National Library suchte

Das vorige Kapitel endete mit dem Long Room in der Old Library des Trinity College; wieder ins Freie schlendernd und den Campus, vorbei am Beton-Ungetüm der New Library, über den ›Dienstboteneingang für Touristen‹ wieder verlassend, stoßen wir abermals auf die Nassau Street mit ihren Omnibusschlangen und wenden uns nach links. Von hier aus sind es zu Fuß bloß ein paar Minuten zur National Library of Ireland, von weitem schon an ihrer grünen Kuppel erkennbar, in der dritten Nebenstraße Kildare Street. Keine Sorge, mit Bibliotheken wird es damit fürs erste sein Bewenden haben. Aber der monumentale Lesesaal,

Lesesaal der
National Library
of Ireland,
Kildare Street

Schauplatz des Scylla und Charybdis-Kapitels in James Joyce'
Ulysses, ist einen Besuch schon wert. Leopold Bloom, eine der
Hauptfiguren des Romans, trieb es am 16. Juni 1904 aus einem
ganz bestimmten Grund in die National Library: Damals war die
Eingangshalle noch mit Gipsnachbildungen der »kremigen Kurven« antiker Götter und Göttinnen ausgestattet, und Bloom beschäftigte sich mit der Frage, ob die griechischen Bildhauer ihren
Statuen jemals Arschlöcher eingemeißelt hätten. Er wollte nur
beiläufig und verstohlen »das Vorhandensein oder Nichtvorhan-
densein einer rückwärtigen Rektalöffnung im Falle weiblicher
hellenischer Gottheiten« überprüfen.

Am Besten, Sie nehmen Ihr zerfleddertes und eselohriges
Exemplar des *Ulysses* mit in den Lesesaal der National Library,
lesen dort laut das Scylla und Charybdis-Kapitel oder zumindest
Stephen Dedalus' Hamlet-Vortrag und diskutieren darüber ausführlich mit dem diensthabenden Bibliothekar, der von Ihrer
Stimme wie von Sirenenklängen angelockt werden dürfte. Im
Ernst: Der ›reading room‹ war zu Anfang des Jahrhunderts in
der Tat Schauplatz lebhafter Diskussionen der Dubliner literati,
und die Bibliothek ist heute eine Fundgrube für Joyceaner aus aller Welt, die dort mit entsprechender Genehmigung u. a. den voll-

ständigen Briefwechsel zwischen Joyce und Paul Leon einsehen können. Vor allem ist sie die reichste Quelle an Sekundärliteratur über irische (Kultur-)Geschichte, angefangen mit der *Topographia Hiberniae*, dem höchst amüsanten Irland-Reisebericht des normannischen Adeligen Giraldus Gambrensis.

Wie Bloom »Mittelgrübchen« studieren kann man dort leider nicht mehr; die Statuen wurden inzwischen aus der Eingangshalle entfernt. Aber es gibt immer noch den Mosaikfußboden, die Glasfenster mit Darstellungen berühmter Philosophen und Schriftsteller wie Chaucer, Goethe, Shakespeare, Plato und Voltaire, und die Treppe ins Allerheiligste: den D-förmigen Lesesaal, jeder Tisch mit seinem eigenen, grünen Leselicht, und darüber die riesige, sanft-orangene, von einem Stuckfries aus Engeln umringte Kuppel. Ach ja. Jeder Bibliophile sollte einmal in seinem Leben an diesem Ort gewesen sein.

Das Gebäude ist natürlich rein viktorianisch, genau wie das gegenüberliegende, größere, ihm ziemlich ähnliche und ebenso von einer Kuppel gekrönte National Museum. Kein Wunder, sie stammen beide von dem Architekten Thomas Newenham Deane, dem einzigen Iren unter ansonsten 67 britischen Bewerbern eines Wettbewerbs, der 1881 ausgeschrieben wurde. Deane trat unter dem Pseudonym ›Crom-a-Boo‹ an, dem Schlachtruf des alten Clans der Fitzgeralds, und wurde außerdem kurz nach der Eröffnung beider Häuser am 29. August 1890 vom Vizekönig feierlich zum Ritter geschlagen. Solche Triumphe gönnten die Engländer ihren Untertanen gern. Doch Parnell, der ›ungekrönte König Irlands‹ und charismatische Führer der Home Rule-Bewegung wurde im gleichen Jahr durch englische Intrigen und irisch-katholische Moral gestürzt und in den Tod getrieben. Die Gefahr schien fürs erste gebannt, und so ließ man ausnahmsweise einen Mann aus Cork künstlerische Lorbeeren ernten. Das war es eben, was der junge Joyce durchschaute und was ihn so verbitterte. Noch mehr verbitterte ihn, daß seine Landsleute begeistert auf diese Beschwichtigungstaktik hereinfielen.

Leinster House und der himmelblaue Rock des Earl of Kildare

Nicht, daß der so ostentativ in den Adelsstand erhobene Mr. Deane seiner Aufgabe nicht gewachsen gewesen wäre. Sein Problem bestand mit darin, dem Leinster House, im 18. Jahrhundert für den Grafen von Kildare und späteren Herzog von Leinster erbaut, einen möglichst passenden und würdevollen Rahmen zu schaffen. Das gelang ihm auch, nur muß man zugeben, daß der Rahmen sein Zentrum fast erdrückt, ihm jedenfalls viel von seiner Wirkung nimmt.

James Fitzgerald, der 20. Earl of Kildare, war ein in vielerlei Hinsicht bemerkenswerter Mann. Die Fitzgeralds, auch als die ›Geraldines‹ bekannt, waren seit normannischer Zeit eine der mächtigsten und einflußreichsten Dynastien Irlands, deren Loyalität sich die englischen Regenten mit Adelstiteln und Gouverneursposten erkauften. Als einer seiner Urahnen, Gerald Fitzgerald (Gearóid Mór) Ende des fünfzehnten Jahrhunderts die Kathedrale von Cashel niederbrannte und sich vor einem Gerichtshof Heinrich VII. mit den Worten verteidigte: »Ich nahm an, der Erzbischof sei darin gewesen«, lachte der König schallend, vergab ihm den Fauxpas und beließ ihm all seine Privilegien – dies nur ein Beispiel für den Rang, den die Geraldines besaßen. Sie kontrollierten zeitweise fast die gesamte Insel und auch die gälischen Clans; das Geheimnis ihres Erfolgs bestand eben darin, daß sie eine politische Mittlerfunktion zwischen England und Irland einnahmen und im Ernstfall Truppen für die Verteidigung des von den Briten besetzten Pale stellen konnten.

James Fitzgerald genoß außer seinem gesellschaftlichen Rang und einem beträchtlichen Vermögen auch eine enorme Popularität bei den Dublinern, da seine Stimme im Parlament Gewicht hatte und er sich der repressiven Politik des britischen Vizekönigs immer wieder wirkungsvoll widersetzte – etwa, wenn es um eine neue, ungerechte Besteuerung ging. Wo immer er in seiner Kutsche vorfuhr, jubelten ihm die Volksmassen zu. Er trug oft »einen über und über mit Gold und Silber bestickten, langen Rock von hellblauer Seide, mit weißem Satin ausgeschlagen, so daß er in einer Gesellschaft vornehmer Leute als der Vornehmste erschien«, erinnerte sich der Earl of Malmesbury.

Seine Frau Emily Lennox, die in direkter Linie von Charles II. abstammte, soll so schön gewesen sein, daß sie den Maler Sir Joshua Reynolds zur Verzweiflung trieb, weil er ihrem Porträt »nicht die ausdrucksvolle Süßigkeit des Originals« zu verleihen wußte. Als James 1744 den Entschluß faßte, in einen damals noch völlig unbebauten Randbezirk im Süden Dublins zu ziehen und seine Freunde ihn davor warnten, im abgelegenen ›Froschteich‹ zu versauern, antwortete er nur: »Wo ich hingehe, wird mir die Mode folgen.« Und er behielt recht. Innerhalb nur weniger Jahre wurde die Gegend, die man vorher abschätzig als ›tib and tom‹ (etwa: wo sich Fuchs und Hase Gute Nacht sagen) bezeichnet hatte, ›very fashionable‹, mehr noch, als sich der Earl das vielleicht gewünscht hatte. Er sah sich bald geradezu umringt von eleganten Wohnhäusern; aus dem zunächst freistehenden Kildare House – zum Leinster House wurde es erst 1766 nach seiner Ernennung zum Herzog von Leinster – entstand die Kildare Street mit dem luxuriösen Daly's Club, und die freie Aussicht über Felder und Wälder wich der (auch nicht üblen) Aussicht auf den Merrion Square. Daß heute die Südseite Dublins ihre Schokoladenseite ist, haben wir James Fitzgerald zu verdanken. Sein Haus blieb freilich lange Zeit das größte und stattlichste der Umgebung. Architekt war der bei der Protestant Ascendancy heißbegehrte Richard Cassels aus Kassel, das damals noch mit C geschrieben wurde. Auf dem Grundstein, den der erst dreiundzwanzigjährige Graf selbst legte, steht eine Prophezeiung, die sich bisher noch nicht erfüllt hat: »Wann immer du an einem fernen, unglücklichen Tag auf die Ruinen dieses großen Hauses blickst, bedenke, welche Bedeutung jener hatte, der es errichten ließ, und wie vergänglich alle Dinge sind, wenn sein Andenken die Zerstörung nicht überdauern konnte.« An Minderwertigkeitskomplexen kann er kaum gelitten haben, der 20. Earl of Kildare. Und sein schmuckes Anwesen, eine Mischung aus town- und country-house, das den in Dublin ausgebildeten Architekten James Hoban zu seinen Plänen für das Weiße Haus in Washington anregte, hat überdauert, wenn auch nicht im alten Glanz: Die beiden Seitenflügel sind verschwunden, die hübschen Arkaden, überhaupt das ganze Ensemble, eingezwängt zwischen die wuchtigen Gebäude der National Library und des National Museum, atmet nicht länger den freien, stolzen, etwas hoffärtigen Geist des Erbauers, es wirkt sehr viel nüchterner, urbaner. Wer heute darin wohnt? Niemand. Leinster House ist Sitz des irischen Parlaments, des Dáil Eireann (Unterhaus) und des Seanad Eireann (Senat oder Oberhaus). Eintritt ›for members only‹. Schade; die Empfangshalle und die ehemalige ›garden hall‹, der Empfangsraum für ausländische Politiker und Würdenträger, die frühere Gemäldegalerie, in der jetzt der Senat tagt, vor allem aber die Bibliothek im Erdgeschoß sind wirklich sehenswert. Vielleicht lernen Sie ja in irgendeinem Pub einen Abgeordneten kennen, der Sie auf einen Tee und eine Besichtigungstour einlädt. Doch doch, das kann vorkommen. Mir ist es mal passiert.

Ein Nazi im Nationalmuseum

Zuerst die unschöne Geschichte, auf die Sie wahrscheinlich schon die Überschrift neugierig gemacht hat. Der österreichische Prähistoriker und Keltologe Dr. Adolf Mahr kam 1927 als wissenschaftlicher Berater (›Senior Keeper of Irish Antiquities‹) des Nationalmuseums nach Dublin. 1934 wurde er von Premierminister Éamon de Valera zum Direktor des Instituts ernannt. Im gleichen Jahr löste Mahr Fritz Brase als Ortsgruppenleiter der NSDAP in Irland ab. Arbeitsrechtlich lag der Fall etwas verzwickt: Als Angestellter im öffentlichen Dienst durfte er zwar keiner irischen, wohl aber einer ausländischen Partei angehören. Und offenkundig war man in Regierungskreisen an einem guten Einvernehmen mit dem aufstrebenden Deutschen Reich interessiert. Die deutsch-irische Kooperation hatte sich schon in vielen Bereichen bewährt, u. a. bei der Gründung der Gesellschaft Bord na Mona, die den staatlichen Torfabbau organisierte, bei der Forstwirtschaft und insbesondere bei der Elektrifizierung ländlicher Gebiete durch den Bau eines Kraftwerks in Ardnacrusha am Shannon, unter Beteiligung von Siemens. Zudem bestand kein Zweifel an Mahrs fachlicher Kompetenz. Doch der war kein einfacher Parteigenosse. Er begnügte sich nicht damit, die insgesamt etwa 60–70 Nazis auf der Insel zu registrieren, Spenden und Mitgliedsbeiträge zu sammeln und jedes Jahr im Kreise von Gleichgesinnten an einer Weihnachtsfeier im angesehenen Gresham Hotel teilzunehmen – dessen eigens angemieteter Saal dann mit Hakenkreuzflaggen und einem Porträt des Führers geschmückt wurde und bald vom Horst Wessel-Lied und anderen Weisen widerhallte. Seine Aktivitäten gingen soweit, daß er jedem im neutralen Freistaat lebenden oder eintreffenden Deutschen nahelegte, der Partei beizutreten, da ansonsten mit Sanktionen zu rechnen sei (›join the party or leave Ireland‹); daß er – allerdings mit sehr viel weniger Erfolg – Iren in gesellschaftlichen und militärischen Schlüsselpositionen von der Ideologie der Herrenmenschen zu überzeugen suchte; daß er akribisch Buch über jüdische Emigranten auf der Insel führte und ihre Adressen – neben den üblichen Berichten – nach Berlin weiterleitete, und daß er zu einer Spionageeinheit gehörte, die einen möglichen Landungsplan für deutsche Truppen in Irland in Zusammenhang mit der geplanten Invasion Englands erstellte. Zu diesem Zweck hatte er Unmengen von ›Urlaubs‹-Fotos angehäuft, insbesondere von Vertrauensleuten an der Westküste, die einen nahezu lückenlosen Gesamteindruck aller wichtigen strategischen Punkte ermöglichten. Im Mai 1937 nahm er offiziell mit Joachim von Ribbentropp an der Krönung George VI. in London teil. Bei Ausbruch des Krieges ließ er sich ›kurzfristig‹ von seinem Posten beurlauben, angeblich, um in Österreich seine Ferien im Familienkreis zu verbringen. In Wirklichkeit wurde er Leiter der ›Irland-Redaktion‹, einem Radiosender, der gezielt und teilweise sogar auf Gälisch Nazipropaganda über den Ärmelkanal verbreitete. Der Clou des Ganzen war, daß er nach einer kurzfristigen Internierung in einem Gefangenenlager der Alliierten 1946 de Valera höflich darum ersuchte, ihn als Leiter des Dubliner Nationalmuseums wiedereinzustellen. James Dillon, Chef des militärischen Geheimdienstes, warnte de Valera, es sei höchst unklug, einen so eklatanten Nazi in den Staatsdienst zurückkehren zu lassen. Doch der war durch umfangreiche Dossiers bereits bestens über die Machenschaften des Herrn Mahr unterrichtet und hätte die Anfrage wohl ohnehin abschlägig beschieden. Aber wer weiß? Adenauer setzte andere Prioritäten.

Ein kleiner, verschwiegener Skandal am Rande, an den sich kaum jemand erinnert, nichts weiter. Die archäologischen Forschungen und Ausgrabungen, denen wir die Ausstellungsstücke im National Museum verdanken, haben allesamt nichts mit Dr. Mahr zu tun, obwohl er sich eifrig um Funde bemühte und wohl gern ein zweiter Schliemann geworden wäre; aber offenbar nahmen ihn seine außer-musealen Tätigkeiten zu sehr in Anspruch. Man kann diesen Herrn also während der Besichtigung getrost aus dem Gedächtnis streichen.

Hinterglasfantasien

Man betritt das Museum durch die Rotunda des Gebäudes (zu der sich der Architekt T. N. Deane von Karl Friedrich Schinkels klassizistischem Alten Museum in Berlin inspirieren ließ), und während Sie noch in der Eingangshalle ehrfurchtsvoll die Darstellungen der Tierkreiszeichen auf dem Mosaikfußboden bewundern oder den Blick in die schwindelerregende Kuppel hinaufsenden, eine kurze Bestandsaufnahme dessen, was Sie erwartet: nur etwa 10 000 Jahre irischer Geschichte, verteilt auf zwei Stockwerke und vier Ausstellungen:

1. *Ór – Irleand's Gold* zeigt ausschließlich Fundgegenstände aus Irlands Vor- und Frühgeschichte (ca. 8000–500 v. Chr.), jener gewaltigen Ära zwischen der ersten Besiedlung und den ersten Einwanderungen der Kelten auf der Insel;

2. in der *Treasury* findet man Meisterwerke irischen Kunsthandwerks von der keltischen Eisenzeit bis zum 15. Jahrhundert;

3. *The Road to Independance* demonstriert anhand von Fotos, Schriftstücken, Uniformen, Waffen etc. historische Ereignisse zwischen 1900 und 1921;

4. in der *Viking Exhibition* im 1. Stock sind Artefakte der Wikinger zu besichtigen, die bei Ausgrabungsarbeiten in den 70er Jahren vornehmlich am Dubliner Wood's Quay gefunden wurden, u.a. Münzen, Keramik und Schwerter, sowie das berühmte Cross of Cong. (Eine Ausstellung ›Dublin im Mittelalter‹ ist derzeit in Vorbereitung).

Im 1. Stock befindet sich außerdem noch eine kleine aber feine Sammlung ägyptischer Kunst (zum Beispiel der farbenfrohe Mumiensarg der Tentdinebu – samt Mumie dieser Dame) – aber es fällt schon schwer genug, bei der Fülle an irischen Schätzen nicht den Überblick zu verlieren. Als Einführung ist ein Besuch der Dia-Show im Vorführraum empfehlenswert, auf Anfrage auch in deutscher Sprache: Fragen Sie einfach einen der Aufseher.

Man kann das National Museum natürlich, wenn das nicht schon ein zu hochgestochener Begriff dafür ist, ›ästhetisch‹ erleben, etwa in dem Sinne, daß Menschen früherer Epochen schöne Dinge geschaffen haben, an denen sich das Auge des Betrachters erfreut. Warum nicht.

Das hieße jedoch, daß man diese Dinge abstrahiert, sie losgelöst von einem Kontext betrachtet, der sie zwar nicht unbedingt ›erklärbar‹, ganz sicher aber interessanter macht. Nehmen wir etwa die geheimnisvollen ›lunulae‹ – kleine Monde –, sichelförmiger Schmuck aus dünnem Goldblech in verschiedener Größe, auf die wir bei einem ersten Rundgang durch *Ór – Ireland's Gold* im direkt an die Eingangshalle anschließenden Mitteltrakt des Museums stoßen. Die Entstehungszeit der hier ausgestellten ›lunulae‹, so ist auf kleinen Kärtchen zu lesen, wird auf ca. 1800 vor Christus geschätzt. (Wir alle tragen übrigens ›lunulae‹ mit uns herum; der medizinische Fachbegriff bezeichnet die weißen Halbmonde am Ansatz der Fingernägel). Im Rom der späten Kaiserzeit wurden sie als Wahrzeichen der Göttin Luna von Frauen häufig als Amulett oder, in Massivgold, als Kleiderfibel angelegt;

sie symbolisierten gleichsam die Beziehung Mond – Weiblichkeit, der sich, wie bei Ebbe und Flut, im Monatszyklus offenbarte. Die spezifische, sichelartige Form scheint jedoch im Irland der Bronzezeit ihren Ursprung genommen zu haben, zumindest war sie dort am weitesten verbreitet; die im Vergleich spärlichen Funde in England und auf dem Kontinent werden von Archäologen als frühe Exporte gedeutet. Bisher hat man 81 Exemplare auf der Insel gefunden, davon befinden sich 45 im National Museum – weltweit die größte Ansammlung dieser Art von Schmuck. Aber handelte es sich überhaupt um Schmuck in dem Sinne, wie wir die Bezeichnung heute verstehen, als modisches Accessoire? Getragen wurde er offenbar, und zwar, wie man annimmt, um den Hals oder um ein Gewand – wie einen Umhang – zu schließen, gewissermaßen als Vorform der bei den Kelten üblichen, allerdings ringförmigen Broschen. Von Männern oder von Frauen? Von vielen oder nur von wenigen Auserwählten, wie Priestern oder Priesterinnen? Vielleicht nur zu bestimmten, zeremoniellen Anlässen? Und hat die Form wirklich etwas mit dem Mond zu tun oder vielleicht doch eher mit den goldenen Sicheln der keltischen Druiden? Manche ›lunulae‹ weisen geometrische Figuren auf, Zickzackmuster, verflochtene Dreiecke, Oktaeder. Haben diese Ornamente eine bestimmte Bedeutung oder sind sie bloße Verzierung? Besaß Irland einst reiche Goldvorkommen oder mußte das Edelmetall durch Händler eingeführt werden? Man wird immer neugieriger, sobald man anfängt, Fragen zu stellen.

Gallische Gipsfrisuren

Im vorigen Kapitel wurden die drei Phasen der irischen Geschichte skizziert, die sich an die Vor- und Frühgeschichte anschließen: die keltische Kultur, das keltisch-christliche ›Goldene Zeitalter‹ und die Epoche der Wikingerinvasionen. Das National Museum liefert nun gleichsam drei- bis vierdimensionale Illustrationen zu dieser historischen Entwicklung.

Schauen wir uns die keltischen Bewohner Irlands einmal etwas genauer an. Die römischen Geschichtsschreiber nannten sie meist ›Gaulen‹ oder ›Galli‹ und schilderten sie als hochgewachsen, hellhäutig und langhaarig – oft ist von ›rötlichem Haar‹ die Rede. Diodorus Siculus gibt eine sehr detaillierte Beschreibung: »Die Gaulen sind groß von Wuchs, mit spielenden Muskeln unter weißer Haut. Ihr Haar ist blond, aber nicht nur von Natur; sie bleichen es auch noch auf künstliche Weise, waschen es in Gipswasser und kämmen es von der Stirn zurück nach oben. So sehen sie schon deshalb Waldteufeln gleich, weil ihre spezielle Wäsche das Haar auch noch dick und schwer wie Pferdemähnen macht. Einige von ihnen rasieren sich den Bart ab, andere, vor allem die Vornehmen, lassen sich bei glattgeschabten Wangen einen Schnurrbart stehen, der den ganzen Mund bedeckt und beim Essen wie beim Trinken als ein Seiher wirkt, in welchem Nahrungsteile hängen bleiben... Gekleidet sind sie, das ist verblüffend, in grell gefärbte und bestickte Hemden. Dazu tragen sie Hosen, die sie ›bracae‹ nennen und Mäntel, welche auf der Schulter von einer Brosche festgehalten werden, schwere im Winter, leichte im Sommer. Diese Umhänge sind gestreift oder kariert, wobei die einzelnen Felder dicht beieinander stehen und verschiedene Farben aufweisen.« Ob das mit den ›Gipsfrisuren‹ stimmt oder ob es sich eher um eine Art Einschüchterungstaktik gegenüber den römischen Legionen handelte, sei dahingestellt; aus Funden und Beschreibungen weiß man aber, daß die Vorfahren der Iren einfache, farbenreiche Kleidung aus Wolle oder Leinen bevorzugten, die sie selbst herstellten. Frauen und Männer trugen eine Art Tunika und lange Übermäntel, die sie an der Schulter mit Nadeln oder Broschen befestigten. Solche Broschen, die nach dem Prinzip der Sicherheitsnadel funktionierten, sind in den verschiedensten Größen und Materialien in den Schaukästen der Treasury zu besichtigen; offenbar handelte es sich um eine recht gebräuchliche Schmuckform, wobei Gold und eine besonders künstlerische Ausgestaltung den Status des Trägers hervorhoben. Sehr beliebt bei beiden Geschlechtern waren Ringe, Armbänder und ›torques‹, Halsreifen, oft das einzige Kleidungsstück keltischer Krieger in der Schlacht, wie man am berühmten Bildnis des ›sterbenden Galaters‹ des Epigonos von Pergamon ersehen kann.

Höhergestellte Personen hatten reich verzierte Gewänder, meist in Grün oder Rot, die mit Goldfäden durchwirkt wurden. Interessant ist der Hinweis auf karierte Umhänge, die bereits die Tartanmuster der schottischen Plaids vorwegzunehmen scheinen; es wurden Stoffreste gefunden, die dies bestätigen.

»Vom äußeren Erscheinungsbild her furchteinflößend«, fährt Diodorus Siculus fort, »haben sie auch dunkeltönende und sehr rauhe Stimmen. Im Gespräch gebrauchen sie nicht viele Worte, reden oft in Rätseln und Anspielungen, so daß man ihren Unterhaltungen nur schwer folgen kann. Ständig neigen sie zu Übertreibungen, mit dem Ziel, sich großzutun und andere im Wert herabzusetzen. Sie sind Aufschneider, neigen zu leeren Drohungen und bombastischer Selbstdarstellung, haben aber einen wachen Verstand und eine rasche Auffassungsgabe.«

Obwohl Siculus kaum Brüderschaft mit Kelten getrunken haben dürfte, ähneln seine Klischees und die anderer römischer Autoren wie Caesar oder Strabo in einigen Punkten überraschend den heute noch gängigen Vorurteilen über die Iren: Die Kelten sind rothaarig, hellhäutig und sommersprossig, streitlustig, und sie feiern gern Feste, bei denen viel getrunken wird. Sie ziehen oft nackt in den Kampf, sind furchtlose und schreckliche Krieger und schlagen ihren gefallenen Gegnern die Köpfe ab. Sie sind Aufschneider, untereinander uneinig, kennen keine (Schlacht)-Ordnung, kein Maß und keine Moral. Kurz, die Kelten sind Barbaren. Zwar ist die Forschung inzwischen längst zu einem differenzierteren Bild gelangt; doch noch immer überwiegen die ungelösten Rätsel.

»In den letzten Jahren hat sich dieses Bild sogar noch getrübt, und zwar wegen der Zunahme schamloser Scharlatanerie unter dem Deckmantel ›keltischer Spiritualität‹, ›keltischer Heilkraft‹, ›keltischer Kochkunst‹ und ähnlichen Verkitschungen... wann immer wir das Wort ›Keltisch‹ hören und es nicht sprachlich sauber definiert wird, sollten wir schleunigst die Flucht ergreifen: Es kommt doch nur heiße Luft dabei heraus« (Alan Titley). Wer anhand von Originalquellen intensiver in die Irrgärten der keltischen Mythologie eindringen will – die ja von christlichen Mönchen aufgezeichnet und bereits ›gefiltert‹ wurde – wird feststellen, wie verbildet man durch die Sozialisation mit abendländischer Kultur geworden ist. Es besteht beispielsweise ein himmelweiter Unterschied zwischen einem antiken Epos wie Homers *Odyssee* und einem keltischen, wie dem sogenannten *Ulster-Zyklus* und dessen Kernstück, dem *Táin Bó Cuailnge (Der Viehraub von Cooley)*. In letzterem findet man keine Moral, keine allgemeine Wahrheit, keine Läuterung des Helden, keine sorgsam berechnete Dramaturgie, keinen einheitlichen Spannungsbogen. Es ist außerdem in Prosa verfaßt, die sich nur gelegentlich in Poesie verwandelt.

Vielleicht könnte die keltische Weltsicht, die uns ja schon rein geographisch näher steht, die unsere, von der Antike geprägte und sehr viel eindimensionalere befruchten oder gar in Frage stellen? Zweifellos ist sie ein gleichwertiger Gegenpol zur griechisch-römischen.

Wie ihre Mythologie, so neigt auch die Kunst der Kelten dazu, den Betrachter an der Nase herumzuführen: Was ist Symbol, was bloßes Dekor? Nur bei genauerem Hinsehen stößt man in den filigranen Figuren und Ornamenten auf Botschaften, Metaphern, Allegorien.

Das museale Umfeld vereinheitlicht eine Unzahl zeitlich weit voneinander entfernter, mehr oder weniger zufälliger Fundstücke auf ihren ›Showcharakter‹: Das zeigt sich bereits in den Bezeichnungen der Sammlungen, ›Irlands Gold‹ und ›Schatzkammer‹, die alles lediglich auf den Materialwert reduzieren. Das kostbare Material und seine künstlerische Gestaltung war jedoch lediglich ein ›Transportmittel‹ für Ideen, so wie wir heute einen Omnibus besteigen, um von einem Punkt zum nächsten zu gelangen: Am Endziel angekommen, denkt niemand mehr an die Beförderung dorthin. Die Denkweisen haben sich so verschoben, daß wir trotz der so wohlfeilen chronologischen Ordnung der Schaustücke kaum noch dazu in der Lage sind, sie anders zu sehen als ›Werke der Kunstgeschichte‹, als seien sie von Mäzenaten einzig dazu in Auftrag gegeben, unser Auge zu erfreuen. Wir haben verlernt, in Kunst etwas anderes zu erkennen als etwas Künstliches. Das wegen seiner geradezu mikroskopischen Feinheit oft ›abstrakt‹ bzw. rein dekorativ wirkende keltische Kunsthandwerk stellt uns vor zwei Alternativen: ästhetisches Vergnügen oder die Passion des Entdeckens, was hinter der Oberfläche verborgen liegen könnte. Beide Betrachtungsweisen haben ihre Tücken. Wie bei Joyce' Theorie über Scylla und Charybdis in seinem Kapitel des *Ulysses*, das in der Nationalbibliothek spielt, sollte man im Nationalmuseum versuchen, sie miteinander in Einklang zu bringen.

Sheela-na-gigs

Am Ausgang der Treasury stehen zwei höchst sonderbare Steinfiguren, die von den meisten Museumsbesuchern übersehen werden – was etwas verwundert, handelt es sich doch um pornographische Darstellungen: groteske Frauengestalten mit gespreizten Beinen, die dem Betrachter ihre Geschlechtsteile entgegenstrecken.

Man nennt sie Sheela-na-gigs, wobei sich die Etymologen über den Wortursprung noch nicht einigen konnten; ist er aus dem irischen Sighe nàgCioch (›die Hexe der Brüste‹) oder Sile-ina-Giob

*Eine der mehr als
150 Sheela-na-gigs
in Irland*

(›Sheela auf ihrem Hinterteil‹) abgeleitet? Jedenfalls sind diese rätselhaften Figuren auf der Insel sehr häufig, häufiger als irgendwo sonst in Europa, wo sie, wie die mittelalterlichen Wasserspeier, gelegentlich an englischen, französischen oder spanischen Kirchenbauten auffallen, wohl als eine Art Abwehrzauber. In Irland wurden mehr als 150 von ihnen gezählt, nicht nur an Kirchen, sondern auch an Burgen, Rundtürmen, ›tower-houses‹ (kleine Festungen des gälischen und anglo-irischen Adels), Toren und Stadthäusern. Neben den beiden Exemplaren in der *Treasury* gibt es in den Archiven des Nationalmuseums noch elf weitere, die Sie bei Interesse auf Anfrage hin besichtigen können – wenden Sie sich nur vertrauensvoll an Mr. Eamonn Kelly, der sogar ein Buch über dieses faszinierende Thema geschrieben hat. Und wenn Sie den Namen Sheela-na-gig in eine Suchmaschine im Internet eingeben, werden Sie überrascht sein, wie viele davon fasziniert sind; man findet sogar Angebote für entsprechende Reiserouten.

Was hat es mit diesen obszön-unheimlichen Wesen auf sich? Natürlich sind sie im Laufe der Jahrhunderte längst in den Volksaberglauben eingegangen. Manche bringen sie mit Fruchtbarkeitsriten in Zusammenhang, mit keltischen Göttinnen wie

Maeve, Mórrígan oder Brigid und den letzten Überresten des altirischen Matriarchats. Nach einer – etwas befremdlichen – Theorie symbolisiert die geöffnete Vulva den Tod, die Rückkehr in den Urschoß der Erde. Der durch die europäische Kunstgeschichte doch eher an phallische Symbole gewohnte Blick blinzelt leicht irritiert über der so verstörend-ungewohnten Zurschaustellung von Weiblichkeit. Der Historiker James O'Connor erinnert sich daran, daß man ihm, als er noch ein kleiner Junge war, erzählte, Sheela sei ein »loses Frauenzimmer« gewesen, die sich einst mit britischen Feinden einließ, Soldaten Oliver Cromwells; für ihre Unzucht und ihren Verrat habe sie ein schreckliches Ende genommen. Zur Warnung für alle Kollaborateure und zur Schande für ihre Nachkommen sei sie dann als Hexe in Stein gemeißelt worden. Leider ist an der moralischen Geschichte kein Wort wahr. Die ersten Sheela-na-gigs sind in Irland seit dem späten zwölften Jahrhundert nachweisbar; sie haben also offenbar paradoxerweise etwas mit der von den Normannen aufgezwungenen Kirchenreform zu tun.

Der Sonderweg, den die Insel auch durch ihre unabhängige Missionierung Europas einschlug, war für die Päpste ein großes Ärgernis. Nicht minder ärgerlich erschien ihnen die Sonderstellung, die Frauen in der keltischen Gesellschaft einnahmen. Wenn man auch aus moderner Sicht kaum von ›Gleichberechtigung‹ sprechen kann, so waren doch die damals in Irland gültigen ›brehonischen Gesetze‹, gemessen an kontinentalen Maßstäben, von geradezu anstößiger Freizügigkeit. Frauen konnten sich zum Beispiel jederzeit von ihren Männern scheiden lassen und so oft heiraten, wie es ihnen beliebte; der geheiligte Bund der Ehe war keineswegs unauflöslich. Insbesondere diesen Mißstand hob der normannische Erzbischof von England, Lanfranc, bereits 1101 in Sendschreiben an den Papst mißbilligend hervor. Das paßte ins Bild: Die zum ›wahren Glauben‹ unbekehrbaren Iren bekehrten nicht nur andere zu einem gefährlich liberalen Christentum, sie waren obendrein sittlich verwahrlost. Was vor allem an den Frauen liegen mußte, die das mittelalterliche Weltbild für die Todsünde der Wollust anfälliger hielt als Männer. Darstellungen gerade dieser Todsünde fanden sich besonders häufig unter den steinernen Schreckgespenstern der Kirchen und Klöster an den großen Pilgerwegen, wie nach Santiago de Compostela oder Rom – mißgestaltete Kreaturen, deren Häßlichkeit warnend mit ihren sexuell aufreizenden Posen kontrastierte.

Diesen Typus von Bildnissen abstoßender Geschlechtlichkeit

brachten nun die Normannen in den romanischen Kirchenbau ein. Für sie, die ja – übrigens ebensowenig wie die Päpste – ›Kostverächter‹ waren, bedeuteten solche Darstellungen nicht mehr und nicht weniger als eine weitere Spezies in der dämonischen Menagerie, die von ihren Kirchen und Kathedralen prangten wie die Wasserspeier von Notre-Dame. Ganz im Gegensatz zur ursprünglichen Intention fanden die Iren jedoch anscheinend mehr und mehr Gefallen an den kruden Pin-ups.

Schon im erhalten gebliebenen Torbogen des Nonnenklosters von Clonmacnoise (1167) verbirgt sich eine Frauenkarikatur, die dem Betrachter in einer akrobatischen Pose selbstbewußt grinsend den Hintern zeigt. Sheela-na-gigs verbreiteten sich in den nachfolgenden Generationen auf der gesamten Insel, als Schutzzauber, Drohung oder Verhöhnung, Fruchtbarkeitssymbole, als etwas verstörend Anti-Britisches, Anti-Puritanisches oder Anti-Viktorianisches. Auch jenseits dieser politischen Dimension geht noch heute etwas Unfaßbares, Subversives von ihnen aus, etwas, was sich in kein Schema, keine Schublade pressen läßt. Leider gibt es immer wieder Diebe und/oder Privatsammler, die mit verbrecherischer Energie Sheelas aus ihrer Bausubstanz herauszubrechen, so als gelte es, einen Leonardo oder Pisanello aus dem Rahmen zu schneiden – u.a. im Januar 1990 in der Kirchenruine von Kiltinan. Für alle, die je etwas Ähnliches vorhaben, ein Fluch im voraus – und ich kann Sie versichern, es handelt sich um einen äußerst wirksamen Fluch.

Take your Joyce

Irreführenderweise wechselt die Nassau Street an der Ecke Kildare Street ihren Namen in Leinster Street South, und an der nächsten Gabelung – einem vor allem für Touristen höchst gefährlichen Fußgängerübergang – gleich noch einmal in eine Clare Street (geradeaus) und einen Lincoln Place (nach links). Achten Sie mal darauf, ob Sie beim ersten Gebäude nach der langen Umzäunung von Trinitys College Park in der Leinster Street South an der Giebelwand die verblichenen Lettern Finn's Hotel entdecken können. Um die Jahrhundertwende war Finn's Hotel ein schäbiges, aber respektables und zentral gelegenes Gasthaus mit nur zwölf Zimmern, in dem im Sommer 1904 ein junges Mädchen aus Galway eine Anstellung als Zimmermädchen fand, für ein bis zwei Schil-

ling pro Woche: Nora Barnacle. »Die Stelle ist nicht sehr gut, doch das Beste daran ist, daß ich hier sämtliche Mahlzeiten bekomme, Frühstück, Mittagessen und Tee, und bei jeder Mahlzeit bekommen wir vom Feinsten.« Die wilde Nora war trotzig aus der Provinz nach Dublin geflohen, weil ihr Onkel Michael Healy ihr eine Tracht Prügel verabreicht hatte, nur wegen einer ganz unschuldigen Affäre... na ja, der Junge war außerdem noch Protestant gewesen. Daß ihr Entschluß die Weltliteratur nicht unwesentlich beeinflussen würde, konnte sie natürlich nicht ahnen. Bald darauf lief ihr ein schlaksiger junger Habenichts namens James Joyce über den Weg, der sich sofort in sie verliebte. Nach ihrem ersten Stelldichein schrieb er ihr: »Ich bin vielleicht blind. Ich betrachtete lange Zeit einen Kopf mit rötlich-braunem Haar und stellte fest, daß es der Ihre nicht war. Ich ging recht niedergeschlagen nach Hause. Ich würde gern ein neues Treffen vorschlagen, aber vielleicht paßt es Ihnen nicht. Ich hoffe, Sie sind so freundlich, mir eines vorzuschlagen – falls Sie mich nicht vergessen haben!« Doch, Nora paßte es. Bei einem Spaziergang am 16. Juni 1904 knöpfte sie ihm, mit Verlaub, zum erstenmal die Hose auf, für Joyce ein so wichtiges Datum, daß er später seinen ganzen Roman *Ulysses* an diesem einen Tag spielen ließ – ein Tag, der als ›Bloomsday‹ in Irland fast zu einer Art Nationalfeiertag geworden ist. Nora wurde seine Geliebte, seine

Muse, erst sehr viel später seine Frau, durch sie erschloß sich ihm, der sonst nur mit Prostituierten verkehrt hatte, die weibliche Psyche, sie wurde zum Vorbild für die archetypischen Frauengestalten in seinem Werk, für Gretta Conroy in *The Dead*, Molly Bloom in *Ulysses* und die mythische Anna Livia Plurabelle in *Finnegans Wake*. Im Rückblick sollte man Mr. Michael Healy ewig dankbar für seine rüden Erziehungsmethoden sein.

Am Ende des Lotusesser-Kapitels des *Ulysses* betritt Leopold Bloom Sweny's Chemist Shop, 1 Lincoln Place. »Der Drogist blätterte Seite um Seite zurück. Sandgelb verschrumpelt, so riecht er scheint's auch. Schrumpfkopf. Und alt. Suche nach dem Stein der Weisen. Die Alchimisten. Drogen regen zwar geistig an, machen einen aber alt. Lethargie dann... So ein Leben, den ganzen Tag zwischen Kräutern, Salben, Desinfektionsmitteln. All seine alabasternen Lillipöttchen. Mörser und Stößel, Aq. Dest. Fol. Laur. Te Virid. Brauchts bloß zu riechen, dann ist man schon geheilt, wie wenn man beim Zahnarzt klingelt. Doktor quack. salb. ... Genug Zeug hier, um einen zu chloroformieren... und dann möchte ich noch eine von diesen Seifen mitnehmen. Was kosten sie? – Vier Pence, Sir. – Mr. Bloom hob ein Stück an seine Nüstern. Süßes zitroniges Wachs. – Ich nehme dies hier, sagte er. Das macht dann drei und einen Penny.«

Nun, Sweny's Chemist Shop heißt jetzt Sweny's Pharmacy, aber die Adresse ist die gleiche geblieben, nur eine Gehminute von Finn's Hotel entfernt. Sogar die Einrichtung ähnelt der von 1904, und Blooms Zitronenseife kann man dort nach alter Tradition ebenfalls kaufen. Der Preis ist allerdings erheblich gestiegen, das heißt, er hat sich der Nachfrage der Joyceaner angeglichen. Sicher mit ein Grund dafür, warum der Laden immer noch existiert.

Über die Clare Street, vorbei an der Bar des Mont Clare Hotels (links) und der, ähem, höchst einladenden Auslage von Greene's Buchgeschäft und Antiquariat (rechts), das, 1843 eröffnet, schon William Butler Yeats, Frank O'Connor und Patrick Kavanagh zum Stöbern einlud und kurioserweise im Erdgeschoß einen Postschalter hat, gelangt man auf den Merrion Square.

Merrion Square

Dieser um einen kleinen Park herum angelegte, wie der Name schon sagt quadratische Platz wurde durch den Act of Union

(1801) gewissermaßen in seiner Blüte dahingerafft. Die vom Earl of Kildare und seinem schmucken Town-Country-House ausgelöste Bauwut der vermögenden protestantischen Oberschicht setzte hier in den Fünfziger, Sechziger Jahren des 18. Jahrhunderts ein. Der Boden gehörte dem 6. Viscount Fitzwilliam of Merrion, der ein Vermögen daran verdiente. Da die charmanten, eleganten, georgianischen Edelmenschen unter sich bleiben wollten, gab es strikte Auflagen – genehmigt wurden nur Privathäuser, keine Läden und schon gar keine ›soap boilers‹ (Seidensieder) und ›ale-houses‹. Eine Mrs. Verschoyle beklagte sich in einem Brief sogar über die gewöhnliche Ausdrucksweise ihres Architekten: »the unpleasant language I am forced to listen to!«

Wer auf sich hielt und es sich leisten konnte – ein Haus kostete die damals exorbitante Summe von 4000 Pfund, »und das ohne Verputz!« wie Mrs. Verschoyle zähneknirschend vermerkte, zog aus der nicht mehr ganz so exklusiven Sackville (heute: O'Connell) Street an den Merrion Square. Denn dort residierten der Adel, die Peers, die ›baronets‹, die ›gentry‹.

Wie sah das Innere dieser Häuser aus? Im Souterrain befanden sich die Küche, die Speisekammern, Dienstbotenquartiere sowie der Weinkeller. Brennholz und Kohle lagerten in Hohlräumen unter dem Straßenpflaster. Von der Eingangstür führte ein schmaler Flur oder ›vestibule‹ in den Speisesaal im Erdgeschoß. Über die Haupttreppe, oft mit einem Bogenfenster am Treppenabsatz, gelangte man in den geräumigen Empfangsraum, der auf die Straße ausging und fast das gesamte erste Stockwerk einnahm; ihm schloß sich ein häufig gerundeter ›drawing room‹ mit Blick auf die Gärten und Stallungen an der Rückseite des Hauses an. Darüber lagen, wiederum durch eine Treppe erreichbar, die Schlaf- und Kinderzimmer. Das vierte war eigentlich nur ein halbes Stockwerk, wie schon von außen an den kürzeren Fenstern zu ersehen; es wurde hauptsächlich als Speicher genutzt, daneben gab es aber auch kleine Unterkünfte für die Dienerschaft, etwa den Mohrenknaben, der, livriert und mit einer Straußenfeder am Turban, in vielen vornehmen Haushalten die Schokolade ans Bett brachte.

Der irische Mob, die Bettler, die in Dublin »geradezu zur Landplage geworden waren«, blieben am Merrion Square außen vor; dafür sorgten Gendarmerie und Militär, die Kavallerie, die ab und zu über das Kopfsteinpflaster preschte, die feschen Offiziere, die ihre Miederwarenhändlerinnen durch einen Spaziergang auf die ›vornehme Seite‹ beeindruckten. Am sanft plätschernden Memorial Fountain (1791) zum Angedenken an den jüngst an einem Fieber gestorbenen britischen Vizekönig Charles Manners, fourth Duke of Rutland (das zierurnengekrönte, freskengeschmückte, halbkreisförmige Bauwerk gegenüber der jetzigen Nationalgalerie) kam man sich näher. Tja, diese immer häufigeren epidemischen Fieber. Üble Sache, das. Hatten wohl mit den Slums zu tun.

Nach Einbruch der Dunkelheit war, auch mangels ›ale-houses‹, am Merrion Square nicht mehr viel los. »Gelegentlich sieht man einen Gentleman, der an der Haustür seinen Schlüssel zückt und sie sorgsam hinter sich abschließt, als betrete er seinen Weinkeller.« Für einen Gentleman freilich, der bereits etwas angetrunken heimkehrte, war sein Eingangsportal – die Form des Oberlichts, der Türklopfer, die Rahmung, die flankierenden Säulen – eine wichtige Orientierungshilfe bei all den gleichförmigen Häuserfassaden. Der unschätzbare Vorteil dieser von Architekten wie John Ensor entworfenen ›terraces‹ bestand ja eben darin, daß sie die Reichen vor mißgünstigen Blicken schützten; erst drinnen entfalteten sich ›splendour‹ und ›luxury‹. Kein Wunder, daß Mrs. Verschoyle der Preis für die Verpackung zu hoch vorkam. Die Interieurs, die kostbaren Stukkaturen an Decken und Kaminen, das Mobiliar, die Wandgemälde, die Teppiche, das ganze bric-à-brac: Das war es, was erst richtig ins Geld ging. Der aufgeklärte Arzt Whitley Stokes schrieb 1799, »die Bewohner des Merrion Square dürften überrascht sein zu erfahren, daß im Winkel zwischen Mount und Holles Street eine zehnköpfige Familie zusammen in einem winzigen Raum lebt, von der im letzten Monat acht Personen an Fieber erkrankt sind.« Mein lieber Dr. Stokes, Sie wurden eingeladen, um Entzückensschreie über meine neue Canova-Büste auszustoßen, oder zumindest über diese, wie Sie zugeben müssen, exquisite Studie von John Flaxman. Sollten Ihnen im Lauf des Abends keine besseren Gesprächsthemen einfallen, sehe ich mich leider genötigt, Sie vom Dienstpersonal vor die Tür setzen zu lassen.

Jeden Sonnabend erschien der *Dublin Intelligencer*, den die feine Gesellschaft beim Tee studierte, und in dem James Carson sich in seinen Leitartikeln darüber verbreitete, wo man den besten Klatsch aufsog: »Ich muß auf Bälle gehen, auf Maskeraden, in die Oper, ins Theater, ich muß die Börse besuchen, mal bei Luca's, mal bei Templeoques vorbeischneien, und darf natürlich Stephen's Green nicht vergessen, um Neuigkeiten aufzuschnappen, welche die Damen interessieren könnten.«

Der Lebens- und Einrichtungsstil dieser Spaß-… nein, eher Lustbarkeits- und Geschmacksgesellschaft hatte schon etwas Verführerisches. Es war auch keineswegs so, daß sie keinerlei soziale Verantwortung kannte. Ihre Sprößlinge in Trinity, die begabteren jedenfalls, schmiedeten Pläne für Reformen und Revolutionen, und es gab durchaus Familien der land- und häuserbesitzenden Ascendancy, denen das Wohlergehen ihrer irischen ›tenants‹ oder Mitbürger am Herzen lag. Der Earl of Kildare zum Beispiel, der Erbauer des Leinster House, der die ›gentry‹ erst in diesen vordem ländlichen Vorort Dublins lockte, war durch seine Gerechtigkeit und seinen politischen Einfluß im Parlament eine Art Volksheld, und einer seiner Söhne, Lord Edward Fitzgerald, gehörte während der Revolution von 1798 zu den militärischen Anführern der United Irishmen gegen die Besatzungsmacht; er starb in einem englischen Gefängnis an seinen Verwundungen. Der anglikanische Dekan von St. Patrick, Jonathan Swift, wurde zum Patron der Armen und Entrechteten – es gab schon jede Menge Altruisten innerhalb der protestantischen Oberschicht, auch viele längst zu Unrecht vergessene. Die simple Schablone ›böse Briten – gute Iren‹ paßt schlecht auf die historische Wirklichkeit: Zu viele Ausnahmen und ›Zwischentöne‹ bestätigen die Regel nicht mehr. Und die Folgen britischer Kolonialpolitik in Irland bekam auch die leichtlebige ›gentry‹ bald zu spüren.

1754 hatte Irland eine Gesamtpopulation von ca. 2,4 Millionen. Diese Zahl wuchs in den kommenden Jahrzehnten drastisch. 1841 war sie auf 8,2 Millionen angestiegen. Dafür gab es verschiedene Ursachen, politische, wirtschaftliche und soziale. Durch den Verlust der amerikanischen Kolonien wurde England verstärkt von der einheimischen (also auch der irischen) Landwirtschaft abhängig, was zu einem größeren Bedarf an Arbeitskräften führte. Der Kartoffelanbau – die einzige Existenzgrundlage der irischen Bauern – paßte sich der Bevölkerungsexplosion an (1725: 180 000 Hektar – 1845: 850 000 Hektar). Die ausschließliche Ernährung mit Kartoffeln war zwar karg, aber relativ gesund. Die hygienischen Bedingungen verbesserten sich. Der – heute noch obligatorische – Kinderreichtum der Katholiken galt als sichere Altersversorgung: Da sich der Staat nicht um sie kümmerte, konnten die Alten und Gebrechlichen nur durch ihren Nachwuchs erhalten werden.

Mit der Bevölkerung wuchsen notgedrungen die Probleme. Die durch die ›penal laws‹ faktisch rechtlosen Iren, die ohne Entlohnung jenes Land bestellten, das ihren Groß- oder Urgroßvätern schlicht weggenommen worden war – und die sogar noch hohe Pachtzinsen dafür zahlen mußten, daß sie sich selbst versorgen durften und man sie nicht aus ihren menschenunwürdigen Hütten verjagte – wurden mehr und mehr als ›ökonomische Altlast‹ angesehen. Die unzähligen Kartoffelacker, die diese hungrigen Mäuler fütterten, brachten sonst kaum nennenswerte Erträge. Viehzucht versprach in manchen Gegenden, besonders in den Midlands, eine weitaus bessere Rendite. Viele ›absentees‹, die ihre Ländereien vererbt bekommen hatten, frönten im Frühjahr und Herbst in den wildromantischen Wäldern und Tälern, wie rings um Killarney, ihren Leidenschaften, der Hirsch- und Fuchsjagd; verhärmte Einheimische, die die Ladies womöglich zu Tränen rührten, standen da einfach im Weg, mitunter ganze Dörfer, wie in Goldsmiths Gedicht *The Deserted Village*. Na ja, gelegentlich gab man kräftigen jungen Bauernlümmeln die Chance, sich als ›gillies‹ zu bewähren, menschliche Adoptierhunde.

Irland galt ohnehin als ›Paradies für Arme‹, da Kartoffeläcker, die sogenannten ›lazy beds‹, zu bestellen keine sonderliche Mühsal erforderte. Die Leute hatten genug zu essen, was wollten sie mehr? »Hier, lesen Sie das, was dieser Mr. Soundso in einer der führenden Tageszeitungen Dublins über mich verbreitet: Wieder Pächter von Haus und Hof vertrieben! Ach ja? Auf meinem Grund und Boden? Entschuldigen Sie, aber wo steht was davon, daß ich diese Leute jahrelang unterhalten habe, auf eigene Kosten? Ich bin nicht reich, ich habe sogar Schulden. Und ich bin kein Wohlfahrtsinstitut; ich muß auch an mich und meine Familie denken. Ich bin es meinem Ruf schuldig, auf Bälle zu gehen, auf Maskeraden, in die Oper, ins Theater...« So ungefähr hätte ein Landbesitzer um 1800 herum argumentiert. Die Vertriebenen füllten allmählich die Slums Dublins, der einzigen Stadt, in der man nicht verhungern mußte, der Stadt, in der man es vielleicht zu etwas bringen konnte, der Stadt der Verheißung – die rasch zu einer Stadt der Bettler wurde, und der sich ausbreitenden Fieber. Doch, man verhungerte, man verhungerte mitten auf der Straße. Dean Swift wußte ein Lied davon zu singen. Aber es sollte noch schlimmer kommen.

Schon der Act of Union, die Zurückverlegung der Regierungsgewalt nach London, war eine einschneidende Zäsur. Nicht allein Merrion Square, ganz Dublin galt plötzlich nicht länger als ›fashionable‹. Es war wie an der Börse: Der Kurs sank rapide. Dabei war dieses Zentrum der High Society noch gar nicht einmal ganz fertiggestellt: Die letzten Dominosteine des geschlossenen Vierecks wurden erst um 1810 eingefügt. Allerdings fanden sich keine neuen Käufer und Mieter mehr. Und der Adel und die ›gentry‹ gaben ihre hochherrschaftlichen Wohnsitze bald der Reihe nach auf. Die Zeit der bürgerlichen Spekulanten und Miethaie brach an, und mit ihnen das 19. Jahrhundert. Aus dem Renommee der Gegend ließ sich weiterhin Kapital schlagen: In die Lücke der Mächtigen und Reichen rückten nur allzu gerne die Wohlhabenden und Gutsituierten auf. Daran hat sich nichts geändert; inzwischen gibt es außerdem noch Banker, Makler, Anwaltskanzleien, Sportvereine und Institutionen wie die Irish Georgian Society, das American College oder das Goethe-Institut. Private Alleinunterhalter der einstigen georgianischen Herrlichkeit sind selten geworden. Wenn man heute über den Merrion Square schlendert, sieht man durch die Fenster im Düster der Erdgeschosse häßliche Büroregale und Aktenordner die prachtvollen hohen Räume verschandeln und wünscht sich fast in die alten Zeiten vor der Union zurück... nein, die Verhältnisse müssen damals für einen wachen Geist doch allzu bedrückend gewesen sein, die Katastrophe schien vorhersehbar. Diese Abhängigkeit von fast 90 Prozent der Bevölkerung, die für eine kleine Elite schufteten, von *einem* Grundnahrungsmittel, der Kartoffel! In den britischen Witzblättern wurden die Iren denn auch als halbbarbarische ›Kartoffelfresser‹ dargestellt, und der Agitator Daniel O'Connell, der sich für die Emanzipation der Katholiken einsetzte, als ihr ›König Knolle‹. Was aber, wenn eine Mißernte eintrat? Was, wenn – *das* freilich konnte niemand ahnen – ein bis dahin unbekannter Sporenpilz namens Phytophtora infestans, der 1843 erstmals in den USA auftauchte, sich über Belgien bis nach Holland und Frankreich verbreitete und 1845 Irland erreichte, wo er über mehrere Jahre Ernte auf Ernte vernichtete? Dieser Pilz, leichter als Luft, gelangte durch Regen überallhin, er infizierte auch die Saatknollen, die den tödlichen Kreislauf fortsetzten, wenn sie eingepflanzt wurden. Die Folgen waren verheerend – aber das lag vor allem an der britischen Regierung, die unbekümmert fortfuhr, alle übrigen landwirtschaftlichen Erzeugnisse, Vieh und Getreide, von der Insel nach England zu exportieren. Die Engländer nahmen die sich anbahnende Katastrophe nicht ernst. Als es zu ersten verzweifelten Überfällen auf Getreidetransporte kam, schickte man zusätzliche Truppen, um den reibungslosen Ablauf sicherzustellen. Anstatt für eine angemessene Verteilung zu sorgen, wurden halbherzige ›Hilfsmaßnahmen‹

eingeleitet. Man instrumentierte sogar das Elend der Iren für politische Zwecke. 1847 verabschiedete das britische Parlament eine Poor Relief Bill, die den Hungernden mit der Vergabe öffentlicher Arbeiten – oft sogenannte ›public follies‹, völlig unnütze Bauten, etwa eine Pyramide zur Erinnerung an einen in den Indianerkriegen gefallenen englischen General – eine Möglichkeit des Überlebens versprach. Die daran geknüpfte Bedingung, daß keiner der ›Bedürftigen‹ mehr als einen Hektar Land bestellen durfte, zwang über die Hälfte der irischen Bauern, ihre winzigen Höfe zu verlassen. Weite Teile des Landes wurden von Investoren und Versicherungsgesellschaften aufgekauft und in Weideland umgewandelt. Der Aufbau der Viehzucht diente natürlich ausschließlich der Versorgung Großbritanniens.

Viele Iren mußten ihren Glauben für einen Teller Suppe verkaufen. In den schnell eingerichteten Armenküchen, von der Tagespresse als ›karitative Einrichtungen‹ gepriesen, kamen häufig nur diejenigen in den Genuß der lebensrettenden Mahlzeit, die dafür die verhaßte Religion annahmen – und die dafür im Volksmund geringschätzig ›soupers‹ genannt wurden. Solche großen, dampfenden Suppenkessel, die viele Hunderte zerlumpter, zum Skelett abgemagerter Gestalten anlockten, standen nun zum Beispiel auch im Park von Merrion Square.

Eine kleine, historische Randnotiz: Als der türkische Sultan Abd ül-Medschid I. Irland, an dessen Leiden die übrige Welt mehr Anteil nahm als das Empire, einen Hilfsfonds von 50000 Pfund anbot, ließ Queen Victoria über ihre Botschafter intervenieren: Da sie selbst nur 2000 Pfund aus ihrer Privatschatulle gespendet habe, würde sie eine solche Großzügigkeit in ein schlechtes Licht setzen. Der Sultan zog seine Offerte umgehend zurück.

›The Famine‹ wird immer noch oft mit ›die Hungersnot‹ übersetzt, aber von Not konnte keine Rede sein. Die Menschen verhungerten, weil man sie den ›Gesetzen des Marktes‹ opferte. (Dafür – d. h. für die »Versäumnisse der britischen Regierung« – hat sich Tony Blair immerhin 150 Jahre später offiziell entschuldigt – eine symbolische, aber für den Friedensprozeß in Nordirland wichtige Geste). Manche Historiker haben die Katastrophe als »Fortsetzung von Cromwells Taktik mit anderen Mitteln« charakterisiert, also als eine Art verdeckten Genozids. Es steckte jedoch wohl kaum Absicht dahinter, sondern nur völliges Desinteresse am Schicksal des Nachbarvolkes. Über die Hälfte der Einwohner Irlands starben an Hunger und hungerbedingten

Jane Elgee alias Lady
›Speranza‹ Wilde,
Kreidezeichnung von
John Hughes in der
National Gallery

Krankheiten wie Typhus, Dyphterie, Skorbut und Cholera oder wanderten auf den überfüllten ›coffin ships‹ – nomen est omen – nach Amerika oder Kanada aus. Der Schock der ›famine‹ hat sich tief ins kollektive Unterbewußtsein eingegraben und ist Grund eines bis heute anhaltendenden Traumas.

Das fürchterliche Unrecht, das ihnen zugefügt wurde, war freilich schon den Betroffenen selbst bewußt, und die seinerzeit in Dublin erscheinende Wochenzeitschrift *The Nation* – Auflage: 200 000 – nannte die Dinge unverblümt beim Namen. (Ein Gemälde von Henry McManus in der National Gallery, *Reading the ›Nation‹*, erinnert an diese Zeit.) Besondere Aufmerksamkeit erregte eine gewisse Jane Elgee, die unter dem Pseudonym ›Speranza‹ flammende antibritische Beiträge und Gedichte veröffentlichte. In einem Leitartikel von 1848, *Jacta Alea est* (Der Würfel ist gefallen), rief sie zum bewaffneten Kampf gegen die Engländer auf, was zur Beschlagnahmung dieser Ausgabe und zu einem Schauprozeß gegen Charles Gravan Duffy, den Herausgeber, führte. Als der Anklagevertreter den besagten Artikel vor Gericht laut vorlas, soll sich Speranza von ihrem Sitz im Gerichtssaal erhoben und ausgerufen haben: »Ich bin die Schuldige, falls es hier überhaupt um Schuld geht.«

Jedenfalls stand Miss Elgee, die italienische Vorfahren hatte und von Dante abzustammen glaubte – Elgee war nach ihrer Ansicht natürlich nichts anderes als eine Verballhornung von Alighieri – im Ruf einer gefährlichen Revolutionärin und anstößig emanzipierten Frau. (Wenn auch schwerlich mit Dante verwandt, war sie doch immerhin die Nichte von Charles Robert Maturin, dem von Balzac gepriesenen Dubliner Autor der epischen ›gothic novel‹ *Melmoth, the Wanderer.*) Drei Jahre später heiratete sie den nicht minder illustren Augen- und Ohrenarzt William Robert Willis Wilde, einen weitgereisten Mann, der sich in seiner Freizeit als Geschichts- und Altertumsforscher betätigte und hin und wieder an archäologischen Ausgrabungen teilnahm. 1841 war er medizinischer Berater für eine irische Volkszählung gewesen, eine Aufgabe, der er sich so akribisch widmete, daß man ihn 1851 – dem Jahr seiner Eheschließung – zum ›Assistant Commissioner‹ für eine weitere Volkszählung ernannte. Die Ergebnisse waren durch die Auswirkungen der ›famine‹ ernüchternd, wie sich denken läßt. Doch die Engländer sahen das pragmatisch. Nachdem die Bevölkerung um 50 % dezimiert worden war, begann ein neuer Boom der Grundstücksspekulation. Die britische Oberschicht und zunehmend auch Neureiche kauften sich in Irland landschaftlich reizvolle Besitztümer, auf denen sie normannische Trutzburgen oder elisabethanische Herrenhäuser im neogotischen Stil errichteten, Muckross House oder Kylemore Castle. Zugleich häuften sich in der zweiten Hälfte des 19. Jahrhunderts die ›evictions‹ (Vertreibungen; auch hierzu ein anrührendes Gemälde in der National Gallery, *An Ejected Family* von Erskine Nicol). Wenn ein Kleinbauer seine in der Regel überhöhte Pacht nicht mehr bezahlen konnte, setzte man ihm eine letzte Frist, und wenn auch die verstrich, riß man mit Unterstützung von Militär und Gendarmerie sein Haus ein und verjagte ihn und seine Familie. Doch nun schien der Bogen überspannt, und es begann sich ernsthafter Widerstand zu regen, der langfristig zur Selbstbestimmung führen sollte, wenn auch in einem geteilten Land. Es entstanden voneinander unabhängig verschiedene gemäßigte bis radikale Bewegungen, die das gemeinsame Ziel Home Rule (Selbstverwaltung) durch parlamentarischen Druck oder durch Anwendung von Gewalt durchzusetzen suchten. So gründeten irische Emigranten in Nordamerika die Fenian-Bewegung Irish Republican Brotherhood, eine geheime Vorläuferorganisation der IRA; die ›Landliga‹ vertrat in einer Art frühen Gewerkschaft die Interessen der Bauern und Landarbeiter. Letztere fand immer größeren Zulauf und setzte etwa das Mittel des Boykotts ein, so genannt nach einem Captain Boycott, einem besonders skrupellosen Verwalter einer Reihe von Bauernhöfen bei Cong, bei dem man diese Methode konsequenter Arbeitsverweigerung erstmals erfolgreich anwandte.

Kommen wir jedoch auf Dr. Wilde zurück, den Vater von Oscar Wilde, der am Merrion Square Nr. 1 lebte und praktizierte. Für seine Verdienste um die irischen Volkszählungen wurde er 1861 von Queen Victoria geadelt, was ihn fortan berechtigte, ein ›Sir‹ vor seinen Vornamen zu setzen. Nicht, daß er sonderlichen Wert darauf gelegt hätte. Zwar nicht ganz so antibritisch-revolutionär eingestellt wie seine Frau Speranza, war er ein Sozialreformer, kannte die Verhältnisse in Irland nur zu gut und behandelte die Armen Dublins kostenlos. Als er Material für sein Buch *Irish Popular Superstitions* sammelte, ließ er sich für die ärztliche Betreuung von mittellosen Bauern auf dem Lande durch das Erzählen von Märchen und Geschichten entschädigen. Das St. Mark's Ophtalmic Hospital konnte nur dank seiner großzügigen finanziellen Unterstützung gegründet werden.

Wilde gehörte zu jenen Gutsituierten, die nach dem Act of Union die Protestant Ascendancy ablösten und in ihre hochherrschaftlichen Häuser zogen. Das gesellschaftliche Leben wurde kaum mehr von der Aristokratie bestimmt, sondern vorwiegend von »den liberaleren Ständen der Juristen und Mediziner … durch das Haus der Wildes strömte eine regelrechte Prozession von Ärzten, Anwälten, Künstlern, Literaten und Akademikern vom Trinity College wie auch von renommierten Besuchern aus dem Ausland« (Merlin Holland). Jane ›Speranza‹ Wilde war die Königin dieses Salons und hielt jeden Samstag von 16.00 bis 19.00 Uhr ihre berühmten, unkonventionellen ›conversazione‹ ab. Von einer Freundin gefragt, ob sie eine »ehrbare« Dame zu einer dieser Soireen mitbringen dürfe, antwortete sie: »Dieses Wort solltest du in unserem Hause nie benutzen; nur Geschäftsleute sind ehrbar.« Und der junge Oscar (er wurde nur einen Häuserblock entfernt geboren, 21 Westland Row) lud später einen Kommilitonen mit den Worten ein: »Ich möchte dich meiner Mutter vorstellen. Wir haben eine Gesellschaft zur Bekämpfung der Tugend gegründet.« Offenbar neigte Oscar schon damals, in einem reichlich bigotten, viktorianischen Klima, zu leichtfertigen Äußerungen, die ihm später bei seinem Prozeß in London buchstäblich das Genick brechen sollten: »Gesellschaft zur Bekämpfung der Tugend!« Direkt gegenüber, jenseits der Parkumzäunung, an der

Dubliner Kunsthandwerker ihre Gemälde und Aquarelle für Touristen aufgehängt haben, räkelt sich heute lasziv Danny Osbornes knall-bunte Keramikstatue (1997) in grünem Hausmantel mit lila Revers und Ärmelaufschlägen auf einem Felsen: ›Dear queer Oscar, The fag on the crag‹. Sie hat in ihrer Nonchalance etwas Heiteres, Versöhnliches und steht auch für die Toleranz und Weltoffenheit Dublins nach Jahrzehnten der Prüderie und Verklemmung. Den ›ehrbaren‹ Leuten des Dublin um 1860 freilich, die nicht zu Speranzas Samstagabendlustbarkeiten geladen wurden, erschienen schon sie und ihr Mann verdächtig, und man zerriß sich die Mäuler über beide; um so mehr, als der angesehene Augen- und Ohrenarzt Dr. William Wilde durch eine hysterische Patientin, die behauptete, er habe sie chloroformiert und vergewaltigt, in einen üblen Skandalprozeß hineingezogen wurde, der einige Wochen das Stadtgespräch bildete. Wie sich rasch herausstellte, war an den Anschuldigungen nichts dran, aber wie üblich blieb doch genug hängen, um seinen Ruf und sein Einkommen nachhaltig zu schädigen. Eine sonderbare Parallele zum Schicksal seines Sohnes.

Die neue Sittenstrenge war auch eine Folgeerscheinung des erstarkenden Einflusses der katholischen Kirche in Irland, die sich antibritischer Ressentiments nach der großen Hungerkatastrophe bediente, um ihre Machtposition innerhalb der entrechteten Volksmassen auszubauen. Jahrhunderte lang hatten die Päpste dem irisch-englischen Konflikt untätig zugesehen und ihre gläubigen, verirrten Schäfchen im Stich gelassen. Nun plötzlich interessierten sie sich wieder für die geschundene, entvölkerte Insel, auf der es an allen Ecken und Enden brodelte, denn sie erkannten den Nutzen, der sich politisch aus der Verbindung von Nationalismus und Katholizismus ziehen ließ. Noch Ende des 18. Jahrhunderts sahen aufgeklärte Geister, oft Trinity-Absolventen, gerade in einer Aufhebung der Konfessionsschranken die einzige Möglichkeit, sich vom englischen Joch zu befreien. Die Erfahrung der ›famine‹, die britische Reaktion darauf und die nachfolgende Aufteilung der Insel unter wirtschaftlichen Gesichtspunkten verhärteten die Fronten in einer bis dahin ungeahnten Weise: Die jahrhundertealte, unselige Gleichung katholisch = irisch, protestantisch = englisch trat in ein neues, explosives Stadium. Das Massensterben, die Entvölkerung Irlands schien vielen Beweis genug, daß es nicht mehr nur um die Selbstbestimmung, sondern um das Existenzrecht der Iren ging, für die der katholische Glaube schon so lange eine identitätsstiftende Funktion gehabt hatte. Die katho-

Oscar Wilde,
›The fag on the crag‹,
am Merrion Square

lische Kirche freilich, konservativ und monarchistisch eingestellt (selbst, wenn die Monarchie der anderen Konfession anhing) erwies sich bald als das größte Hindernis für den Freiheitskampf. Sie spielte gewissermaßen ein Doppelspiel. Ihr ging es mehr um die Seelen als um die Körper. Solange der Glaube fest war, brauchte sich an den Verhältnissen nichts zu ändern. Und da die bestehenden Verhältnisse offenbar dazu beitrugen, den Glauben zu festigen, galt ihr Bestreben eher der Konsolidierung: Unberechenbare Revolutionen waren nicht nach ihrem Gusto. »Ich bin der Diener zweier Herren«, sagt Stephen Dedalus in der ersten Episode des *Ulysses* von James Joyce, »eines Engländers und einer Italienerin. – Einer Italienerin? sagte Haines. – Eine verrückte Königin, alt und eifersüchtig. Knie vor mir nieder ... – Aber – einer Italienerin? wiederholte Haines. Was haben Sie gemeint? – Den imperialen groß-britannischen Staat, antwortete Stephen, und Röte stieg ihm in das Gesicht, und die heilige römische katholische und apostolische Kirche.«

Das Katholische und das Viktorianische ergänzten sich geradezu, trotz aller historischen Gegensätze, in ihrer Neigung zu Pomp und Prachtentfaltung und in ihrer Prüderie. Doch diese spezifische Art des Katholizismus, mit dem man ihn insgesamt heute gern identifiziert, ist, zumindest in Irland, eigentlich erst ein Produkt des 19. Jahrhunderts. Freiheitskämpfer wie Daniel O'Connell, die sich für die ›katholische Emanzipation‹, also die Gleichberechtigung der Iren auf ihrer eigenen Insel einsetzten,

stärkten zugleich die Macht des Klerus, der ohne viel eigenes Zu-
tun die Früchte ihrer Erfolge erntete. Auch O'Connell wohnte,
als Bürgermeister Dublins, eine Zeit lang am Merrion Square
(Nr. 58), und man kann in seinem Fall wohl glauben, daß er auf
dem Höhepunkt der Hungerkatastrophe, 1847, an gebrochenem
Herzen starb, da er sein Lebenswerk als gescheitert ansah und die
Leiden seines Volkes nicht länger ertragen konnte. Als inniger
Katholik wollte er vor seinem Tod noch ein letztes Mal Rom sehen, der Tod ereilte ihn aber schon in Genua. Das gebrochene
Herz wurde dennoch in die Heilige Stadt geschickt, wie er in seinem Testament verfügt hatte; der Rest seiner Leiche gelangte in
die Heimat zurück und ruht nun in einer Gruft auf dem Dubliner
Glasvenin Friedhof. Die makabren Details dieser Transaktion
sind leider kaum zu recherchieren: Wer O'Connells Herz wie und
wann wohin genau... aber wie dem auch sei, die Haltung der
katholischen Kirche zum korpulenten Begründer der Catholic
Association ist bisher eher zwiespältig geblieben. Nach wie vor
kursieren Gerüchte über seinen liederlichen Lebenswandel, seine
zahlreichen Affären und daß er noch als Witwer von Anfang Sieb-
zig in heftiger Leidenschaft zu einer jungen Protestantin (!) ent-
brannte. Das irische Temperament und katholische Bigotterie:
ein Thema für sich. »Man kann keinen Stein über eine Mauer in
Irland werfen, ohne irgend ein uneheliches Kind O'Connells zu
treffen« – was heute nur mehr belustigt, war damals intrigantes
Getuschel und üble Nachrede. Am ›Great Liberator‹, der sein
Herz an Rom verloren hatte, bald der Hauptstraße Dublins seinen
Namen geben und dessen Statue die von Lord Nelson ersetzen
sollte, kam der katholische Klerus dennoch einfach nicht vorbei.
In Caherciveen an der Westküste, seinem Geburtsort, einigte man
sich daher auf einen Kompromiß. Dort wurde das wohl einzige
Gotteshaus der Welt einer weltlichen Person zu Ehren erbaut und
gewidmet, die O'Connell Memorial Church. Sie hat allerdings keinen Kirchturm, der, munkelt man, angesichts O'Connells frag-
würdiger Moral phallische Assoziationen hätte wecken können.

Moralischer Rigorismus, das darf man nicht vergessen, ist in
Irland erst eine Erscheinungsform des bürgerlichen Zeitalters.
Die vorbildliche Moral des Adels und der Protestant Ascendancy
vor 1801 schien noch über jeden Zweifel erhaben. Kein britischer
Peer, kein Baronet, kein Landlord, überhaupt niemand aus der
›gentry‹ wäre auf der Karriereleiter jemals über eine Liebschaft ge-
stolpert. Der gesellschaftliche Rang allein war sakrosankt, gebot
Diskretion – und wenn gelegentlich doch einmal ein Skandal

drohte, konnte man es sich leisten, ihn zu vertuschen. Erst der Aufstieg des Mittelstands, der ›freien Presse‹ und nicht zuletzt der wachsende gesellschaftliche Einfluß der katholischen Kirche, die, glaubte man, auf Seiten der entrechteten Iren stand, führte zu jener ›Paralyse‹, die Schriftsteller wie James Joyce ins Exil trieb.»... in der Hoffnung auf eine Erneuerung«, resümierte Joyce am Ende eines Vortrags in Triest (*Irlanda, Isola dei Santi e dei Savi*, 1907), »muß ich bekennen, daß ich nicht sehe, wozu es gut sein soll, gegen die englische Tyrannei zu wettern, solange die römische Tyrannei den Palast der Seele besetzt hält.« Sogar er selbst tat sich verdammt schwer damit, sie daraus zu vertreiben. Für ihn trug die Kirche als Institution die Hauptschuld am politischen Siechtum Irlands. Sie machte die Menschen unfrei, lähmte das Denken, zensierte Literaten, Dramatiker und Journalisten. Charles Stewart Parnell, im letzten Drittel des 19. Jahrhunderts Idol und Hoffnung einer ganzen Generation, der die so lange ersehnte Home Rule fast durchgesetzt hätte, scheiterte letztlich an seiner außerehelichen Affäre zu Kitty O'Shea – das heißt, an den Moralvorstellungen der irisch-katholischen Bourgeoisie, die alles daransetzte, den britisch-viktorianischen Imperialismus zu festigen.

Die Parkanlage in der Mitte des Merrion Square mit ihren gepflegten, ›englischen‹ Rasenflächen heißt noch nicht lange ›Bishop Ryan's Garden‹. 1930 hatte die Kirche den gesamten Platz für die damals schon bescheidene Summe von 100000 Pfund erworben, als Baugrund für eine katholische Kathedrale. Das Projekt wurde jedoch nie realisiert, u. a. weil es von Anfang an Proteste gegen den Abriß so vieler georgianischer Häuser gab. In den Sechziger und Siebziger Jahren kam es in der Innenstadt durch Spekulanten zu einem so fürchterlichen Raubbau an historischer Bausubstanz, daß die Protestbewegung starken Rückhalt in der Bevölkerung fand. In dieser durch öffentliche Diskussionen aufgeheizten Stimmung erschien es als die populärste Lösung, Merrion Square (und natürlich auch die immens hohen Kosten für seine Erhaltung) in einem feierlichen Schenkungsakt an den Staat zurückzugeben. Das geschah 1974 durch den damaligen Dubliner Erzbischof, Dermot Ryan. Nun ja, und als Dank benannte man eben den vordem namenlosen, bald darauf landschaftsgärtnerisch aufwendig umgestalteten Park nach diesem geistlichen Würdenträger... das erinnert mich an einen ziemlich blöden Witz: Ein kleines Mädchen kommt nach Hause und sagt ganz aufgeregt zu seiner Mutter:»Mami, Mami, der Erdbeerschorsch kommt morgen zu uns in die Schule und will uns alle filmen!« Die Mutter ruft bei der Schule an, wird aber vom Schulleiter gleich beruhigt: »Das hat schon seine Richtigkeit. Morgen kommt der Erzbischof und wird die Kinder firmen.«

In Bezug auf die politischen Entwicklungen in Irland lag Joyce in vielen seiner Einschätzungen daneben, besonders, was den Einfluß der von ihm so geschmähten ›literarischen Erneuerung‹ und die Rückbesinnung auf gälische Sprache und Traditionen um die Jahrhundertwende betraf. Insbesondere unterschätzte er zeitgenössische Schriftsteller und Dichter wie Padraic Pearse und William Butler Yeats. Beide kannte er persönlich. Er hatte kurze Zeit an den irischen Unterrichtsstunden von Pearse teilgenommen, dessen unverhohlener Patriotismus ihn abstieß. Pearse wurde später einer der Hauptträdelsführer des Osteraufstands von 1916, proklamierte die irische Republik und endete vor einem britischen Erschießungskommando. Zu Yeats soll Joyce einmal gönnerhaft gesagt haben: »Mr. Yeats, Sie sind zu alt, um noch von mir beeinflußt zu werden.« Joyce hätte den Nobelpreis für Literatur aus heutiger Sicht womöglich mehr verdient – wenn man die Tatsache außer acht läßt, daß sein erster Roman damals, 1923, erst vor kurzem erschienen war und bereits auf dem Index stand –, aber mit dem arrivierteren Yeats hatte das schwedische Komitee ausnahmsweise eine gute Wahl getroffen, obwohl er heute kaum mehr gelesen oder aufgeführt wird. Yeats ist leider etwas aus der Mode und fast in Vergessenheit geraten, eine Renaissance seiner Werke, die u. a. Beckett und Ionesco beeinflußten, längst überfällig. Von 1922–1928 wohnten er und seine Frau George (Hyde-Lees) am Merrion Square Nr. 82. George war medial veranlagt, und so fanden dort mitunter spiritistische Sitzungen statt.

›Arriviert‹ ist für den Yeats der Zwanziger Jahre das richtige Wort. Der Schriftsteller, Dichter und Theaterimpresario wurde mit Ämtern und Würden geradezu überhäuft: Ehrendoktor des Trinity College, Senator des kürzlich entstandenen Freistaats Irland, Vorsitzender des Komitees, das Motive für eine neue Münzwährung bestimmte (natürlich war die Harfe dabei), und dann auch noch Literaturnobelpreisträger – »A sixty year old smiling public man«, wie er sich selbst in dem Gedicht *Among School-children* bezeichnete. Und doch war dieses Arriviertsein nur ein schwacher Trost für die verlorene Jugend, das verlorene Feuer, so wie seine Gattin George nie ein Ersatz für die Liebe seines Lebens sein konnte, die ewig unerreichbare Maud Gonne. Es gibt ein Porträt von ihm, das sein Vater, der Maler John Butler Yeats, um 1900 von ihm anfertigte und das heute in der National Gallery hängt. Dieses Gemälde zeigt einen faszinierenden, faunisch schönen jungen Mann, dessen Augen hinter dem Zwicker den Betrachter noch immer anfunkeln – ›das Bildnis des Dorian Gray‹, der Yeats von einst, sprühend vor Geist und Inspiration, der Zauberlehrling, der mit Elfen vertrauten Umgang pflegte. Nun war er nur noch ein alter, angesehener, zur Fülle neigender, etwas weltfremd wirkender Herr, ehrfurchtgebietend, mit weißem Haar und entrücktem Blick hinter dem gleichen Zwicker, aber ohne den gleichen Zauber, ›a public man‹, den man an manchen Tagen den kurzen Weg von seiner Wohnung am Merrion Square zum bequem nahen Seanad Eireann im Leinster House zurücklegen sah. Dort erregte er noch einmal Aufsehen, als er eine feurige Rede gegen das in der irischen Verfassung festgelegte, erzkatholische Verbot der Ehescheidung hielt.

Zwei Häuser weiter, am Merrion Square Nr. 84, lebte sein Jugendfreund George William Russell (AE), jener Schriftsteller, Dichter, Zeitschriftenherausgeber, Maler und ›esoterische Rauschebart‹, der im Scylla und Charybdis-Kapitel von Joyce' *Ulysses* in der Dubliner Nationalbibliothek einen Auftritt hat und von dem weniger seine Schriften als seine symbolistisch-impressionistischen Gemälde eine Wiederentdeckung lohnen. Er und Yeats waren sich während ihrer Studienzeit durch ihr Interesse an Esoterik, Okkultismus und Spiritismus nähergekommen und hatten 1885 gemeinsam die Dublin Hermetic Society gegründet, welche »die Führung des mystischen Denkens in Dublin« übernehmen sollte. Russell »war für seine Studienkollegen zum Heiligen geworden, glaube ich, wie im Orient der Narr als Heiliger gilt«, schreibt Yeats in seiner Autobiographie; »man beobachtete ihn mit Ehrfurcht oder Verwirrung... Als er einmal mit einem Mann auf dessen ›Domäne‹, wie wir in Irland sagen, im Park spazierenging, sah er an einer bestimmten Stelle eine visionäre Kirche, und der Mann grub und entdeckte ihre Fundamente. Dann wiederum begegnete ihm eine Frau und klagte: ›Ach, Herr Russell, ich bin so unglücklich!‹, und er erwiderte; ›Sie werden heute Abend um sieben Uhr restlos glücklich sein‹, und überließ die Errötende sich selbst. Sie hatte um sieben Uhr eine Verabredung mit einem jungen Mann. Ich hörte ungefähr einen Tag später von der Begebenheit und fragte ihn aus, und er sagte mir, daß es ihm plötzlich eingefallen sei, diese Worte zu sprechen, aber er wisse nicht warum... es war bekannt, daß er ständig Visionen hatte, noch häufiger vielleicht als irgend ein moderner Mensch seit Swedenborg... Uns befriedigt nie die volle Entfaltung derer, die

wir in unserer Jugend bewundert habe... Wird irgendeinen phantasiebegabten Menschen im reifen Alter die Bewunderung zuteil, die seine ersten Jahre des Stammelns in einem kleinen Kreis hervorrief, und ist nicht der erste Erfolg der größte?« Inzwischen waren immerhin vierzig Jahre vergangen, und der Zufall hatte die beiden älteren Herrn als Nachbarn am Merrion Square wieder zusammengeführt. Wie Yeats und seine Frau veranstaltete Russell gelegentlich noch Séancen (sofern sich ein passendes Medium fand) und literarische Gesprächsrunden. Wie Yeats hatte er sich in den letzten Jahren auch politisch engagiert, die Anführer des Osteraufstandes von 1916 stürmisch gefeiert und im Bürgerkrieg (1921-23) auf der Seite der ›Freistaatler‹ gestanden, welche die vertraglich ausgehandelte Teilung Irlands als notwendiges Übel ansahen. Dafür bot man ihm – wie Yeats – nach Beendigung der Kämpfe einen Sitz im neugebildeten Senat an, den er jedoch ablehnte.

Eine damals in Dublin vielerzählte Anekdote, die wahrscheinlich auf Wahrheit beruht und eine berühmte Karikatur inspirierte, berichtet, daß Yeats und Russell einmal gleichzeitig den Entschluß faßten, einander zu besuchen. Sie machten sich also beide auf den Weg, Yeats von Hausnummer 82, Russell von Nr. 84, und begegneten einander in Höhe von Nr. 83. Doch jeder war so in Gedanken versunken, daß keiner den anderen bemerkte, obwohl die Straße menschenleer war: der eine den Kopf in den Wolken, der andere tiefgründelnd das Haupt gesenkt.

Georgianische Interieurs

Für diejenigen, die für Stuck- und Farborgien von exquisitem Geschmack empfänglich sind, hier, wie versprochen, ein paar Adressen, wo man in Dublin Inneneinrichtungen im georgianischen Stil besichtigen kann. Da gibt es zunächst öffentliche, jedem Touristen zugängliche Gebäude – zum Beispiel der ›drawing room‹ des Dublin Writer's Museum, 18 Parnell Square; die bereits ausführlich erwähnte Bank of Ireland, College Green – (achten Sie mal auf das Deckengewölbe im Kassenraum!); Dublin Castle, Castle Street; die Hugh Lane Municipal Gallery of Modern Art/Charlemont House, Parnell Square (sollte man sowieso nicht versäumen); das Gate Theatre, Cavendish Row; das Casino at Marino im Vorort Clontarf; City Hall/Royal Exchange, Dame Street; das James Joyce Cultural Center, North Great George's Street oder The Four Courts am Inns Quay – einmal abgesehen von den Geschichten, die sich um diese Gebäude ranken. Und in ›Number 29‹, 29 Fitzwilliam Street Lower, wurde vom Keller bis zum Dachgeschoß der Haushalt einer gutbürgerlichen Familie um 1780 rekonstruiert, mit echtem Mobiliar, Eßgeschirr, Kronleuchtern, Lampen sowie Landschaftsgemälden aus den Beständen des National Museum. Ich hoffe, einige Leser werden durch ihre ›Passion des Entdeckens‹ für die trübe Aufzählung entschädigt. Wer noch tiefer in die Materie eindringen will, muß Eigeninitiative entwickeln, sollte über Englischkenntnisse und ein gewisses Taktgefühl sowie hochstaplerisches Talent verfügen. Eine relativ leichte Übung ist es, Zutritt zu Häusern zu erlangen, die sich im Besitz öffentlicher Gesellschaften und kirchlicher Institutionen befinden. Meistens genügt ein Anruf und eine Terminvereinbarung. Reicht bloßes Interesse nicht aus, gibt man einfach vor, man schreibe an einem Buch, einem Zeitschriftenartikel oder einer Doktorarbeit. Auf diese Weise kommt man mit etwas Glück ins Iveagh House, 80 St. Stephen's Green (Ministerium für Auswärtige Angelegenheiten), Newman House, 85/86 St. Stephen's Green (Catholic University of Dublin, UCD – vor allem der Apollo Room wie überhaupt die Stukkaturen der Brüder Franchini!) Tyrone House, Marlborough Street (Department of Education), Leinster House, Kildare Street (Irisches Parlament), Ely House, 8 Ely Place (Knights of St. Columbanus), Belvedere House, 6 Great Denmark Street (Belvedere College), Provost's House (Trinity College), den Senatsraum, 49 Merrion Square (National University of Ireland) oder das Treppenhaus 9 Henrietta Street (National Youth Foundation).

Richtig schwierig wird es erst bei Privathäusern ... Gewiß, es mag befremdlich erscheinen, soviel Mühe darauf zu verwenden, sich in hallenden, verschwenderisch ausgestatteten, museal wirkenden Räumen aufzuhalten. Eine ziemlich unzeitgemäße Leidenschaft. Man braucht schon etwas Phantasie und Besessenheit, die verloschene Mentalität der Dubliner Protestant Ascendancy im 18. und frühen 19. Jahrhundert nachempfinden zu wollen und den oft verstiegenen Plänen ihrer Architekten zu folgen. Doch die Iren sehen in diesem georgianischen Erbe längst nicht mehr nur Symbole der einstigen Unterdrückung, sondern auch ihren eigenen, wesentlichen Beitrag zu einem Stil zeitloser Schönheit. »Das Kunsthandwerk war hervorragend und unverkennbar irisch: Stuckarbeiten, Möbel, Gußeisen, Steinzeug, Silbergeschirr, Glas, Töpferware und Porzellan. Die Iren bedruckten als erste Baumwollstoffe mit Kupferdruckplatten, und auch wenn es nicht allgemein anerkannt ist, erfanden sie ›toiles de Jouy‹ – Jahre bevor man das französische Dorf Jouy mit solchen Textilien assoziierte. Irisches Silbergeschirr war so exquisit, daß der Export nach England blühte, und in Dublin gab es derart viele erfolgreiche Tapetenmanufakturen, daß ein großer Teil der Produktion nach Amerika exportiert wurde. Die begehrte Kunst des Mezzotinto wurde von einer Gruppe irischer Kupferstecher – bekannt als ›Dublin Group‹ – bestimmt und zu neuen Höhen geführt.« (Herbert Ypma, *Klassisches Irland*) Zur Einstimmung empfiehlt sich die Lektüre zeitgenössischer Schriftsteller, Philosophen, Essayisten und Tagebuchschreiber, das Studieren von Gemälden, Stichen, Miniaturen und Karikaturen à la Hogarth, Rowlandson, Romney, Gillray und Cruikshank, sowie das Anhören von Musik und Liedern aus jener Epoche, zum Beispiel Thomas Augustin Arnes *The Morning*, vorgetragen von Emma Kirby (*Dr. Arne at Vauxhall Gardens*), Samuel Arnolds *Elegy* (*O tuneful voice – Songs and duets from late 18th-century London*), John Christopher Pepuschs *The Beggar's Opera* oder Thomas Moores *Irish Songs* – alles auf CD zu finden. Nicht unbedingt benötigt werden passende Kostüme von Londoner oder Pariser Schneidern, Perücken, Schnupftabakdosen oder der neueste Klatsch aus dem *Dublin Intelligencer*. Man muß vom ›Irish Georgian‹ nicht einmal so begeistert sein wie ich. Es ist schon ein lohnendes Vergnügen, unter irgend einem Vorwand in herrlichen Räumlichkeiten zu flanieren, die sonst nur dem Geldadel oder uninspirierten Politikern vorbehalten sind.

Die Porträts der National Gallery

Es war ein interessantes Erlebnis. Das letzte Mal besuchte ich die National Gallery vor knapp einem halben Jahr. Ich glaubte sie ganz gut zu kennen und erwartete mir lediglich eine Auffrischung früherer Eindrücke. Aber inzwischen hatte ich mich intensiver mit irischer Historie und Kulturgeschichte beschäftigt, so daß sich beim neuerlichen Betrachten der Gemälde viele überraschende ›déja-vus‹ einstellten – besonders, was die Porträts betraf. Die abgebildeten Personen rückten mir näher, weil ich ihre Schriften gelesen, ihre Lebenswege verfolgt hatte oder in anderen Zusammenhängen auf sie gestoßen war. Ach, dachte ich, das ist *der* oder *die?* Was für ein Unterschied, an einem wenn auch noch so ausdrucksvollen fremden Gesicht vorbeizugehen, als darin plötzlich einen Menschen zu erkennen, dessen Gedanken oder Schicksal einen beschäftigt, berührt und angeregt haben.

Die meisten Bilder – Szenen, Landschaften, Impressionen, Abstraktionen – bedürfen eigentlich keiner ausführlichen Erläuterung. Sie sprechen den Beschauer direkt an, oder eben nicht. Es mag mitunter erhellend sein, mehr über ihre historischen, allegorischen, mythologischen Hintergründe zu erfahren, über die Maler, die sie anfertigten, deren Karrieren oder Auftraggeber, über Pinselführung und Zentralperspektive; aber letztlich geht es doch um einen unwägbaren Draht zwischen Sender und Empfänger: dem Künstler und seinem willigen Opfer. Es gibt einige kaum bekannte, vielleicht unbedeutende Gemälde, die mich stundenlang gefangenhalten, ohne daß ich mir selbst genau zu erklären wüßte, warum, und ›Meisterwerke‹, die mir offenbar verschlossen bleiben, weil sie mich gänzlich kalt lassen. Doch bei den Porträts war das etwas anderes, wie mir jetzt auffiel. Eine gewisse Bekanntheit mit der oder dem Porträtierten lädt dazu ein, länger vor dem Bildnis zu verweilen, es einer Biographie zuzuordnen, von der es eine lebendige Momentaufnahme zu erhaschen scheint, oder das Stückchen eines Puzzles. Konzentrieren wir uns auf eine Auswahl und bleiben wir bei der Literatur.

Der Poet

Es ist ein Musenkuß, der Thomas Moore (1779–1852) auf dem Gemälde von Martin Archer Shee gerade innehalten, mit seinem

Leseglas spielen und die Pausbäckchen erglühen läßt. Lalalaa laaa, lala lalla... da sind sie endlich, die langgesuchten Verse zu der Musik, die ihm im Kopf herumspukt, der Gedichtanfang, den er gleich zu Papier bringen wird: »'Tis the last rose of Summer...«

Solche Volkslieder sicherten Moore eine bis heute anhaltende Popularität, *O Danny Boy, the pipes the pipes are calling...*, *She is Far From the Land...* oder *The Minstrel boy to the war has gone...* Die Melodien seiner einhundertvierundzwanzig *Irish Melodies*, die er zwischen 1808 und 1834 in zehn Folgen veröffentlichte (und die unter vielen anderen Beethoven, Berlioz, Weber, Mendelssohn, Hindemith und Ives inspirierten), stammen gar nicht von ihm, sondern nur die Texte, die er – gemeinsam mit dem Dubliner Komponisten John Andrew Stevenson – altirischen Weisen unterlegte. Puristen verübeln ihm nach wie vor, daß er die Weisen seinen Versen anpaßte, statt umgekehrt, daß er sie glättete, verkitschte, daß er ›Salonstücke‹ und ›Schmachtfetzen‹ daraus machte, »ersatz Irish music intended for an elite coterie« (James Flannery, *Dear Harp of My Country*). »Die viktorianischen Salons des 19. Jahrhunderts«, schreibt Anthony Bluett, »begrüßten die irische Musik, sofern sie die Stiefel auszog und in parkettschonende Hauspantoffeln schlüpfte«, und schon der britische Essayist William Hazlitt warf Moore vor, »die wilde Harfe Erins in eine musikalische Schnupftabakdose verwandelt zu haben.« Nichts als Gehässigkeiten – mit Brentanos *Des Knaben Wunderhorn* oder dem schottischen Nationalbarden Robert Burns ging nie ein Kritiker so streng ins Gericht. Außerdem: Wie ungerecht und undankbar, wenn man bedenkt, daß die *Irish Melodies* ohne ihren Wiederentdecker längst vergessen wären, und daß sie nicht nur in England, sondern auch in Irland überall gesungen wurden, wo sie eine musikalische Renaissance auslösten. Im übrigen ist längst nicht erwiesen, ob die Qualität der Originale wirklich unter den Bearbeitungen gelitten hat. Das gängige Vorurteil ließe sich durch einen Vergleich mit seiner Hauptquelle, Edward Buntings *General Collection of Ancient Irish Music* (1796), aus der auch Haydn und Beethoven schöpften, leicht entkräften. Wirklich grauenhaft sind nur die modernen Vulgarisierungen der Mooreschen Songs – wer *Danny Boy* einmal auf einer Hammondorgel mit Rhythmusmaschine vorgetragen anhören mußte, weiß, wie weh das tut.

Ebensowenig war Moore der ›Salonpatriot‹ und Speichellecker des britischen Adels, als der er oft dargestellt wird. Einer der ersten Katholiken, die 1794 am Trinity College immatrikulieren durften, geriet der junge, romantische Wirrkopf bald in die revolutionären Kreise der United Irishmen und selbst in Gefahr, im Gefängnis zu landen oder gar, wie später sein bester Freund Robert Emmet, am Galgen. Um ihn aus der Schußlinie zu bringen, ließ ihn daher sein Vater, ein wohlhabender Dubliner Kaufmann und Weinhändler, sein Studium in London fortsetzen, bis sich die Wogen nach der Rebellion von 1798 etwas geglättet hatten. Der kleinwüchsige, angehende Poet – angehende Jurist, hätte sich die Familie eher gewünscht –, der Gewalt verabscheute, machte keinen Hehl aus seiner Überzeugung, daß diese Rebellion nur eine Folge englischer Unterdrückung war.

Auch in den kommenden Jahren und Jahrzehnten scheute er nie das Risiko, sich um Kopf und Kragen zu dichten, etwa, als er die Auflösung des irischen Parlaments durch den Act of Union auf *Corruption and Intolerance* (1808) zurückführte. 1824 prangerte er in *Memoirs of Captain Rock, the Celebrated Irish Chieftain* die verbrecherische Agrarpolitik der Briten auf der Insel an und heroisierte einen Widerstandskämpfer, auf den damals ein hoher Kopfpreis ausgesetzt war. Noch 1834, auf der Höhe seines Ruhms, setzte er sich mit Liedern und Streitschriften wie *Travels of an Irish Gentleman in Search of a Religion* für die katholische

Emanzipation ein, beklagte, auch in den *Irish Melodies*, die Leiden seines Volkes oder nahm in gereimten Satiren die Spitzen der Gesellschaft und Politik aufs Korn. Aber er war nun mal kein Freiheitsheld à la Scarlet Pimpernel, sondern ein romantischer Dichter, und da er außerdem noch Erfolg hatte, fand er sich in der gleichen Zwickmühle wie ein halbes Jahrhundert zuvor sein Landsmann Oliver Goldsmith. Neben Byron und Scott zählte man ihn bald, auch in Amerika, zu den drei größten Poeten der Epoche. Edgar Allan Poe beschrieb ihn in einer Rezension:»Rege Phantasie, epigrammatischer Geist, edler Geschmack, feuriger Sinn, große Gewandtheit und ein musikalisches Ohr haben ihn ohne sonderliche Mühe zu Dem gemacht, was er heute ist – nämlich zum populärsten unter den lebenden Dichtern, wenn nicht sogar zum populärsten überhaupt.« Die Nachwelt bringt Moore nicht halb so viel Achtung entgegen wie zu seinen Lebens- und Glanzzeiten, als man ihn eher überschätzte. Er wurde als Genius gefeiert, mehr als Shelley oder Coleridge, die ihn erst später überstrahlten. Auch Goethe lobte ihn enthusiastisch. Trotz alledem war der Hut ›Nationaldichter Irlands‹ Moore um mehrere Nummern zu groß, und er wußte das. In Wahrheit schlawinerte er sich so durch. Wer erinnert sich schon noch an das exotistisch-orientalische Versepos *Lalla Rookh* (1817), dessen Haschischvisionen die Zeitgenossen entzückte und Robert Schumann zu *Das Paradies und die Peri* (op. 50) anregte oder gar an die zum Teil pornographischen Gedichte, die er unter dem Pseudonym ›Thomas Little, esq.‹ herausbrachte? Sein Ruhm ist zerpufft wie eine schöne Seifenblase – nur die *Irish Melodies* sind geblieben und werden immer noch fleißig mitgesummt.

Daß er »ohne sonderliche Mühe« so rasch den Olymp erklomm, hatte er vor allem seiner enormen Ausstrahlung zu verdanken. Er »besaß ein ganz besonderes Talent«, schwärmte sein Freund Lord Byron, »oder vielmehr eine Vielzahl von Talenten, ein poetisches, musikalisches, stimmliches… Jede dieser Gaben war unverwechselbar, und in jeder erreichte er einen Ausdruck, wie er vor oder nach ihm nie wieder erreicht werden kann.« »Kalt heute, was?« fragte ihn einmal ein Bekannter, der ihn um mehrere Haupteslängen überragte während eines Spaziergangs, und er antwortete: »Kann nicht klagen. Und wie steht's bei Ihnen da oben?« Der schlagfertige, trinkfeste Knirps sprühte vor Witz und geistreichen Einfällen, er glänzte in jeder Konversation, »he was the guest of princes and the friend of peers«, der damalige Prinzregent und spätere König George IV. zählte zu seinen Gönnern,

er konnte mit einer improvisierten Satire die ganze Tafel zum Lachen bringen (außer den, auf den sie sich bezog), aber auch zum
Weinen, wenn er anschließend mit seiner raumfüllenden Tenor-
stimme eine Ballade zum Besten gab, zu der er sich auf der Harfe, dem Klavier oder dem Spinett begleitete – Instrumente, die er
virtuos beherrschte. »Er wurde bejubelt wie ein moderner Rock-
Star; wo immer er hinreiste, säumten Menschenmassen die
Straßen.« (Elizabeth Healy) Schön, er behauptete nie, daß die
herrlichen Noten zu seinen Texten von ihm komponiert worden
seien, aber man nahm es an, und er beließ die Leute gern in
ihrem Glauben. Und dann diese ungute Geschichte mit Byrons
Memoiren! Das amoralische, echte Genie, das einen solchen Narren an ihm gefressen hatte (»My boat is on the shore,/And my
bark is on the sea;/But before I go, Tom Moore,/Here's a double
health to thee!«), übergab sie ihm 1819 in Venedig zu treuen Händen, mit der Bitte, sie nach seinem Tod zu veröffentlichen. Doch
das wurde verhindert. Moore befand sich, trotz seiner zeitweise
immensen Einkünfte, ständig in Geldverlegenheit. Er war ebenso
verschwenderisch wie freigebig, und bei seiner Rückkehr nach
London wieder einmal knapp bei Kasse. Also verkaufte er den
Schatz an Byrons Verleger John Murray, mit der Option, später
als Herausgeber zu fungieren. Als der Poet, der sich dem griechischen Freiheitskampf angeschlossen hatte, dann 1824 in Mis-
solunghi an einem Fieber starb, sein Heldentod überall auf der
Welt Schlagzeilen machte und mit den Memoiren ein Vermögen
zu verdienen war, versuchte sie Moore zu einem erheblichen Auf-
preis zurückzukaufen. Inzwischen hatten sich jedoch Byrons Wit-
we, seine Halbschwester, sein Nachlaßverwalter John Hobshouse
und noch einige andere Personen eingeschaltet, die das Erscheinen der nach ihrer Ansicht kompromittierenden Papiere unbedingt verhindern wollten. Der sexuell höchst freizügige Inhalt, so
hieß es, würde die ohnehin angekratzte Reputation des Dichters
endgültig zerstören. Am Montag, dem 17. Mai 1824 wurde nach
langer Diskussion beschlossen, die Memoiren in Murrays Kamin
zu verbrennen, im Salon des Verlegers (»the most timid of God's
booksellers«, wie ihn Byron selbst einmal bezeichnete), Aber-
marle Street Nr. 50 am Londoner Piccadilly. Moore, die einzige
Gegenstimme, war bei diesem pervers festlichen Autodafé zugegen, hatte bis zuletzt heftig dagegen protestiert und versucht, die
Teilnehmer daran zu hindern. Zeugen berichten, daß er sich sogar wütend auf Hobshouse stürzte, die treibende Kraft des Un-
ternehmens, und ihn in eine Schlägerei verwickelte, so daß sie ge-

waltsam getrennt werden mußten. »Es blieb zuletzt bei der Entscheidung des Gastgebers. Nachdem die Ruhe wiederhergestellt war, bat Murray seinen sechzehnjährigen Sohn, sich zu ihnen zu gesellen. Jener wurde als Erbe des Verlags seines Vaters vorgestellt – und kurz darauf Zeuge eines bedeutsamen Ereignisses. Ein Dienstbote kam mit zwei gebundenen Manuskriptbänden herein. Und während sich die Gruppe näher um das Feuer scharte, das im Kamin loderte, ergriffen zwei andere, Wilmot Horton und Colonel Doyle, die beiden Bücher, rissen sie auseinander und fütterten die Flammen mit den Seiten, die mit einer allen Anwesenden bekannten Handschrift beschrieben waren. In wenigen Minuten hatten sich die Memoiren von George Gordon, dem sechsten Lord Byron, in ein Häufchen Asche verwandelt.« (Benita Eisler, *Byron – Child of Passion, Fool of Fame*) Dieser Tag dürfte einer der schlimmsten in Moores Lebens gewesen sein. Dennoch wird nach wie vor in Lexika und literaturwissenschaftlichen Studien behauptet, er habe das Manuskript persönlich ins Feuer geworfen und sei dafür von Lady Byron gut bezahlt worden. Man muß den alten Tom nicht unbedingt verehren, um ihn gegen solche Verleumdungen in Schutz zu nehmen. Als wolle er dem Freund einen Teil seiner Schuld abtragen, schrieb er einige Jahre später Byrons Biographie, immer noch eine der besten. Er zog sich danach mit seiner Frau, einer irischen Schauspielerin aus Kilkenny, auf seinen Landsitz Sloperton Cottage in Wiltshire zurück und widmete sich dem Schreiben von Büchern, u. a. einer Geschichte Irlands. Sein weiteres Schicksal war tragisch: er hatte bereits drei seiner fünf Kinder zu Grabe getragen, und besonders der Tod der letzten beiden Söhne überschattete sein Alter. Aber es heißt, er sei lachend gestorben, vielleicht in Erinnerung an einen jener Abende, an denen er, wie Hamlets Hofnarr Yorick, »ein Bursche von unendlichem Witz, voll prachtvollster Verrücktheiten« mit seinen »Spöttereien, Hoppfalleras, Liedern und Heiterkeitsblitzen... ganze Tischrunden zum Brüllen brachte«. (Wer Moores *Irish Melodies* in ihrer schönsten, weil ursprünglichen Form lauschen möchte, sollte sich auf die schwierige Suche nach Schallplattenaufnahmen – womöglich gibt es die eine oder andere auch auf CD – der irischen Sängerin Mary O'Hara aus den 1960er Jahren begeben, die sich, wie einst der Dichter, selbst auf der Harfe begleitet: *Mary O'Hara's Ireland*, *Songs of Ireland* oder *Songs of Erin*. Lohnt sich sehr.)

Ein schillerndes Gewebe

Die irische Literatur – und welcher Ort, über Literatur zu sprechen, eignet sich besser als eine Gemäldegalerie? – läßt sich grob in drei Phasen einteilen: eine genuin irische bis etwa 1700, eine anglo-irische bis ungefähr 1878, und eine ›Irish Renaissance‹ verklärter Rückbesinnung sowie deren Gegenbewegung (Joyce und die Moderne), die sich gleichwohl, bis auf wenige Ausnahmen, in englischer Sprache artikulierte. Ein grobes Raster, wie gesagt, das lediglich den Überblick erleichtern soll.

Von der ersten (und wie manche meinen, eigentlichen) Phase, einem über viele Jahrhunderte kraftvoll und zugleich zart gewebten, in allen Farben des Book of Kells schillernden Gobelin sind nur ein paar Fetzen übriggeblieben: Er wurde von Wikingern beschädigt, von normannischen Schwertern durchlöchert und schließlich, in den elisabethanischen Kriegen (›Hang all the Harpers!‹), zusammen mit dem alten Clansystem, auseinandergerissen.

Der Rest an kostbaren (Wort)-Stickereien verbrannte während des Cromwell-Feldzugs im 17. Jahrhundert. Auch die Tradition mündlicher Überlieferung konnte da nur wenig ausgleichen oder aufhalten. Denn ohne Schrift ist jede Zivilisation vom Untergang bedroht. ›Nichts währet ewiglich‹, und selbst die schönsten Geschichten, Märchen und Melodien geraten in Vergessenheit, wenn der Sohn, der sie vom Vater übernommen hat, in irgendeinem idiotischen Krieg von einer verirrten Kugel getroffen wird. Oder er fällt unglücklich von der Leiter, und schon ist eine Vielzahl herzzerreißender oder Frohsinn verbreitender Lieder dahin. Man könnte verrückt werden bei dem Gedanken, wieviel Köstliches, Wesentliches, Erheiterndes, nachdenklich Stimmendes, Anrührendes auf Nimmerwiedersehen im Strudel schlimmer Zeiten oder böser Zufälle versank. Das gilt besonders für eine von Kriegswirren, Hungersnöten und anderen Katastrophen so heimgesuchte Insel wie Irland, deren Kultur die englischen Kolonialherren generationenlang bewußt unterdrückten und zerstörten.

Die zweite, die anglo-irische Phase, brachte eine sprachlich entwurzelte Literatur hervor, von Schriftstellern, die englisch schrieben, oft selbst in England lebten oder der Dubliner Protestant Ascendancy angehörten, wie zum Beispiel William Congreve (*The Way of the World*), Jonathan Swift (*Gullivers Reisen*), Richard Brinsley Sheridan (*Die Lästerschule*), Oliver Goldsmith (*Der Vikar von Wakefield*), Laurence Sterne (*Tristram Shandy*) und Thomas Moore, um nur jene bekanntesten zu nennen, deren Porträts oder Büsten in der National Gallery versammelt sind (von Sterne leider nur Robert Wests fürchterlich mißlungene Kopie von Joshua Reynolds berühmtem Gemälde). Nicht, daß diese ›Entwurzelung‹ ihren Werken – etwa den Komödien Congreves und Sheridans – sonderlich anzumerken gewesen wäre, außer in Zwischentönen, die jeder Ire, jeder mit irischer Geschichte Vertraute heraushören konnte/kann – etwa in Goldsmiths *The Deserted Village*, Swifts grausamen Satiren oder Moores melancholisch-patriotischen *Irish Melodies*. Der Publikumsgeschmack Großbritanniens war, bis auf Nuancen, identisch mit dem der Protestant Ascendancy Irlands, und wenn sich mitunter eine gewisse Wehmut über die fast untergegangene Kultur oder Polemik über die bestehenden politischen Verhältnisse in die Texte einschlichen, so mißverstand man das oft als nostalgische Innerlichkeit oder ›erfrischend-respektlosen‹ Witz. Um Erfolg zu haben, ja um überhaupt gedruckt zu werden, mußten sich irische Autoren wohl oder übel mit dem Publikumsgeschmack (insbesondere der protestantischen Gentry) arrangieren. Der einzige, der immer wieder gegen diese Regel verstieß, war der unbestechliche Swift, dessen Bücher denn auch in England nie eine große Leserschaft gewannen.

Unabhängig von der anglo-irischen Literatur gab es weiterhin eine gälisch-katholische Volkskultur, die sich in Überlieferungen, Liedern, Märchen, Sagen, Legenden sowie einer Poesie spiegelte und entfaltete, die u. a. der Dubliner Dichter Thomas Kinsella (geb. 1928) durch seine Übersetzungen (*Poems of the Dispossessed*) der Vergessenheit entriß, mit vielen unbekannten, fremdklingenden Namen wie Séamas Dall Mac Cuarta, Aogán Ó Rathaille, Eoghan Rua Ó Súilleabháin, Eibhlín Dhubh Ní Chonaill, oder Antoine Ó Reachtabhra/Raifteiri. Hier muß der Hinweis genügen, daß, wundersam genug, ein jahrhundertelang unterdrücktes, armes, von Hungersnöten gepeinigtes Land eine so hohe, eigenständige und facettenreiche ›Gegen‹-Kultur überhaupt schaffen und bewahren konnte – als eine Art Prisma, in dem sich die bedrohte Identität der Iren immer wieder strahlend selbst bewies. Sie staunend wiederzuentdecken, ist der interessierte Leser leider auf einige wenige Anthologien (wie George Sigersons *Bards of the Gael and Gall*, 1897) und akademische Fachbücher angewiesen; auf Sigersons Tochter Dora komme ich gleich zurück.

Keltendämmerung

Das erste ›Keltenfieber‹ war in Europa 1760 durch die Veröffentlichung der *Bruchstücke alter Dichtung* von einem jungen schottischen Lehrer namens James Macpherson ausgebrochen – seinerzeit eine literarische Sensation, enthielten sie doch die selbst von Goethe für echt gehaltenen *Ossian-Lieder*. In ihnen wurde Ossian, ein aus mythischen Nebeln aufsteigender blinder Barde heraufbeschworen, der im Mondschein auf einem Bergesgipfel den Untergang der keltischen Helden der Vorzeit besingt, zur Harfe, versteht sich. Alle Welt fiel auf den Schwindel herein. Die lyrische Prosa dieser Gesänge kam dem empfindsamen Naturgefühl der Zeit des Sturm und Drang entgegen und löste, zumal in Deutschland, enthusiastisches Interesse aus. Im *Ossian* setzte sich, endlich, eine ›wahre‹, noch dazu durch ihr ehrwürdiges Alter sanktionierte Gefühlsströmung gegen die herrschende Langeweile durch, gegen die Gestelztheit verstandesbetonter, antikisierender, toter Verse à la Klopstock. Die Geburtsstunde der Romantik? »Ossian hat in meinem Herzen den Homer verdrängt«, bekannte Goethe in einem seiner Briefe. England und Deutschland (weniger das Frankreich Voltaires, obwohl der Maler Ingres das Thema in einem giftgrünen Gemälde verewigte) besannen sich nach über einem Jahrtausend römisch-griechischer Denkart kurzfristig auf ihre eigentlichen Wurzeln, die verschüttete keltische Kultur, die auch im Zuge Aufsehen erregender archäologischer Funde allmählich Gestalt annahm. Und obwohl das öffentliche Interesse nach der Entlarvung von Macphersons Fälschung rasch abflaute, hatte dieser geniale Lehrer doch den Anstoß zu einer Entwicklung gegeben, die Archäologen, Historiker und Philologen, vor allem aber Dichter, Schriftsteller und Literaturwissenschaftler beflügelte. Gewiß, dieses Heldenepos war eine geschickte Fälschung, aber die Mosaiksteine, aus denen es sich zusammensetzte, waren zumindest teilweise echt. Und wer die bunten Splitter näher untersuchte, sich die Mühe machte, in alten Archiven nachzugraben, Gälisch zu lernen oder gar mit den Nachfahren der Kelten in Kontakt zu treten, stieß auf Wunder, von denen sich selbst Macphersons Schulweisheit nichts träumen ließ.

Die zweite Phase irischer Literatur zwischen, sagen wir, Congreve (1670–1729) und Moore (1779–1852) – auch Oscar Wilde könnte man noch dazurechnen – oszillierte in drei Strömungen: einer anglo-irischen, die durch Witz, Phantasie und Frische das englische (Theater)-Publikum begeisterte und dabei oft subversiv war; den Überresten gälisch-bardischer Tradition und Volkskultur, die durch die gleichen Eigenschaften den Widerstandswillen der katholischen, entrechteten Urbevölkerung lebendig erhielt, und zuletzt die Sammelwut der (Privat-)Gelehrten, die Macphersons *Ossian* auf die richtige Spur gebracht hatte. Der Romantiker Thomas Moore war gewissermaßen der erfolgreiche Repräsentant all dieser Strömungen – weil er in London Karriere machte; sein Zeitgenosse James Clarence Mangan (1803–1849), den Joyce weit höher schätzte, der erfolglose, weil er in Irland blieb: »eine schauerliche und gespenstische Erscheinung in einem braunen Gewand: allem Anschein nach demselben, das bis zu seiner Todesstunde aushielt; das gebleichte Haar war völlig zerzaust, die leichenähnlichen Gesichtszüge reglos wie Marmor; in seinen Armen ruhte ein großer Foliant, und seine ganze Seele in diesem Folianten« (Mangans späterer Herausgeber John Mitchel). Überhaupt war Mangan das genaue Gegenteil von Moore, ein melancholischer, ungeselliger, dem Suff und dem Opium verfallener Bücherwurm, der in der Dubliner Chancery Lane in einem zugigen Loch hauste, durch das »Wind und Regen von allen Seiten hereinwehten... und durch den Winter heulten und pfiffen wie die Stimmen ruheloser Geister.«

Er starb an einer der Choleraepidemien, die im Gefolge der Hungerkatastrophe Ende der Vierziger Jahre ausbrachen, und wurde erst Jahrzehnte nach seinem Tod wiederentdeckt. Moore und Mangan: Dr. Jekyll und Mr. Hyde, mit überraschenden Gemeinsamkeiten. Mangan, der viele Sprachen außer seiner eigenen, der irischen, beherrschte, war rastlos auf der Suche nach dem verlorenen Paradies, das er aus alten Folianten zurückgewann, in die er »seine ganze Seele« legte. Freunde fertigten für ihn Rohübersetzungen gälischer Poesie an, die er dann auf Englisch neu erschuf, wie *Dark Rosaleen* oder *The Woman of Three Cows*. Das konnte keinem Schreibstubengelehrten, sondern nur einem Dichter gelingen, so wie es Moore in den *Irish Melodies* gelang, Buntings Notensammlung in ›Gassenhauer‹ zurückzuverwandeln, die alle Welt trällerte. Die deutsche Romantik schöpfte aus ähnlichen Quellen: Eine innige Verbindung aus Gelehrsamkeit und schöpferischer Kraft, Philologie und Freiheitsliebe, Tradition und Revolution, Nationalgefühl und Sagen, Märchen, Überlieferungen und Volksliedern beseelte zur gleichen Zeit Goethe, Herder, Brentano, Heine oder die Brüder Grimm (die 1825, nach ihren berühmten *Kinder- und Hausmärchen* in Kassel auch die – kongenial übersetzten – *Irischen Elfenmärchen* veröffentlichten).

Im gleichen Jahr erschienen die *Fairy Legends and Traditions of the South of Ireland* des Londoner Buchhändlers Thomas Crofton Crocker, Geschichten, die er auf ausgedehnten Wanderungen an der Westküste Irlands zusammengelauscht hatte. Oscars Vater Sir William Robert Willis Wilde ließ sich in seiner Arztpraxis am Merrion Square oder von mittellosen Patienten, die er in ihren Häusern aufsuchte, für seine Behandlungen oftmals mit Märchen und Märlein bezahlen, die er 1853 in dem Bändchen *Irish Popular Superstitions* zusammenfaßte; Lady ›Speranza‹ Wilde teilte die Leidenschaft ihres Mannes und edierte 1887 ein weiteres Standardwerk, *Ancient Legends, Mystic Charms and Superstitions of Ireland*. (Eine Einführung in irische Elfenkunde steht später auf dem Programm, falls Sie auf der Insel tatsächlich mal solchen Geschöpfen begegnen sollten – vorläufig geht es um Literatur.)

Zu den schriftstellernden Traditionalisten jener Zeit gehörte, neben Samuel Ferguson oder Samuel Lover, William Carleton (1794–1869), der hier keineswegs nur der Vollständigkeit halber erwähnt wird oder weil sein Porträt in der National Gallery hängt, sondern weil seine Bücher wirklich lesenswert sind und ich selbst zwei seiner Schilderungen des irischen, bäuerlichen Lebens zu Beginn des 19. Jahrhunderts übersetzt habe, *Weihnachten auf dem Lande* und *Die Mitternachtsmesse*. Carleton ist interessant, weil er das jüngste von vierzehn Kindern eines armen irischen Bauern war, im Gegensatz zu Moore oder Mangan Gälisch sprach und seine erste Schulbildung in einer der verbotenen ›Heckenschulen‹ erhielt.

Ein gesunder Ausgleich etwa zu Anna Maria Hall (1800–1881), jener selbstverliebten Vielschreiberin, die sogar ihren Verleger heiratete, um sich bis an ihr Lebensende gedruckt zu sehen und die mit ihrem Gatten viele Tausend Meilen in einer Kutsche zurücklegte, um *Sketches of Irish Character* wie Blüten vom Wegrand aufzuklauben. »Her rather awesome energies«, beschreibt sie das ansonsten ausgewogene *Dictionary of Irish Literature* von Robert Hogan, »were also utilized in a good deal of philantrophic work, as well as in antialcoholic campaigns, proselytization for women's rights, and spiritualism.« Bei der Betrachtung ihres Porträts des Salonmalers de Latre beschleicht den Betrachter noch immer ein Gefühl viktorianischer Beklemmung.

Auch Julia Kavanagh (1824–1877) verfügte über keinerlei Talente, die sie der Nachwelt weiterhin empfehlen würden. In Thurles (Co. Tipperary) geboren, hielt sie sich die meiste Zeit ihres Lebens in Frankreich auf, wo sie das Kinderbuch *The Three*

Natts, hochmoralischen Plunder wie *Women of Christianity Exemplifying Acts of Piety and Charity* und eine Reihe von – bei englischen Leserinnen sehr erfolgreichen – Romanen (*Madeleine, Nathalie, Daisy Burns, Adele, Bessie* und *Two Lilies*) häkelte, deren Heldinnen das Kunststück gelang, sowohl strengkatholisch wie – für damalige Verhältnisse – freigeistig und unabhängig zu sein, allerdings ohne jeden Charme und Esprit. Dem Dubliner Herausgeber Gavan Duffy bot sie sogar unentgeltlich Beiträge für seine politische Zeitschrift *The Nation* an: Sie sei von Abstammung, Geburt und Empfindung her Irin und fühle sich, wenngleich in der Fremde weilend, dem Glauben und der Religion ihrer Heimat verpflichtet et cetera; schon der Tonfall ihres Begleitschreibens veranlaßte Duffy, die freundliche Offerte auszuschlagen.

Miss Kavanagh hätte sich bis ans Ende ihres Lebens für ihre pflegebedürftige Mutter aufgeopfert, wäre sie nicht im Alter von 53 Jahren in Nizza aus dem Bett gefallen und an den Folgen dieses Sturzes verschieden. Ihr Porträt, das Henri Chanet in Paris anfertigte, wurde von der Mutter, die offenbar bestens ohne Pflege auskam, mit einer gewissen Aufdringlichkeit an Ausstellungen verliehen, zuletzt 1883 der Royal Academy in London, und schließlich der National Gallery vermacht, was nichts daran ändert, daß ihre Tochter heute, tja, ziemlich aus der Mode ist.

Das Gleiche gilt für die oben erwähnte Dora Sigerson Shorter (1866–1918), welche in sicherer Entfernung, in England, den Heldentod starb: Die Schriftstellerin und Journalistin Katherine Tynan – die im Gegensatz zu Dora aktiv am Osteraufstand von 1916 teilgenommen hatte – behauptete jedenfalls, das Scheitern der Rebellion hätte ihrer Freundin das Herz gebrochen. Eines der letzten, häufig in Anthologien auftauchenden Gedichte von Mrs. Shorter beklagte das Schicksal von Pearse, Connolly und der übrigen hingerichteten Anführer: »Sixteen dead men! What on their sword?/›A nation's honour proved do they bear.‹/What on their bent heads? God's holy word:/All of their nation's heart blended in prayer.« Doch nicht alle ihrer zahlreichen (in einem runden Dutzend Gedichtbänden publizierten) Verse sind so schwülstig. Zugegeben, sie besaß einen Hang zu patriotischem Kitsch, aber nicht selten gelangen ihr auch Verse, die Märchen und Volkslegenden in unvergeßlichen Bildern und Stimmungen heraufbeschworen, wie in *The White Witch, The Wind on the Hills, The Banshee, All-Soul's Night* oder *The Fair Little Maiden*... »For the good-folk whirl within it, And they pull you by the hand, And they push you by the shoulder, Till you move to their command...«

Dora gehörte bereits zu jener dritten Phase irischer Literatur, die ›Irish Renaissance‹ oder ›Literary Revival‹ genannt wurde.

Wer oder was hatte die Irish Renaissance ausgelöst? Schilderungen des ländlichen Lebens, das Sammeln und Bewahren alter Überlieferungen, Melodien, von Bruchstücken gälischer Geschichte und Literatur waren bereits, vor allem im 19. Jahrhundert, ein wesentlicher Aspekt der ›anglo-irischen Phase‹ geworden; man könnte sogar sagen, daß dieser Aspekt mehr und mehr in den Vordergrund getreten war, oder, daß die ›eigentliche‹ Literatur seit Thomas Moore von ›Folklore‹ verdrängt wurde. Das wäre allerdings, vor dem historischen Hintergrund Irlands zu jener Zeit, eine reichlich snobistische Bewertung. ›Anglo-irisch‹ bedeutet ja, daß Autoren, die überhaupt Gehör finden oder von ihrem Beruf leben wollten, gezwungen waren, sich in der Sprache der Besatzer auszudrücken, eine Möglichkeit, die für 90% der Iren gar nicht in Betracht kam, da die ›penal laws‹ Katholiken jegliche Schulbildung untersagten. Bei den anglo-irischen Schriftstellern und ›Folkloristen‹ handelte es sich fast ausschließlich um Protestanten, d. h. die Nachkommen britischer Siedler und Angehörige der Oberschicht: Anders hätten kaum so viele von ihnen in Trinity studieren dürfen. Gemessen an der Zahl derer, die auf Irisch fabulierten und dichteten, waren sie eine ›quantité négligeable‹, aber ihre Texte wurden nun einmal gedruckt und blieben erhalten, während eine gälische Literaturgeschichte erst noch geschrieben werden muß.

Abgesehen davon lebte das Gros der irischen Katholiken in so unvorstellbarer Armut, daß Carlyle, der 1846 die Westküste Irlands bereiste, allen Ernstes vorschlug, »die Arbeiter lieber zu erschießen, um ihnen ein menschenunwürdiges Dasein zu ersparen.« Diese Aufgabe erledigte damals bereits ›der große Hunger‹, ›Gorta Mór‹, der die Bevölkerung 1848 von 8,5 Millionen auf 4 Millionen hatte schrumpfen lassen, während der Lebensmittelexport von der Insel nach England und sogar zu den indischen Kolonien unvermindert weiterlief. »Eine amerikanische Armeeregel sagt: Man darf nicht mehr als 10% eines Volkes töten, weil sonst bleibende psychologische Schäden entstehen«, heißt es in einem bitteren irischen Pop-Song. »Während der sogenannten ›Hungersnot‹ verloren wir weit mehr als 10% unseres Volkes. Nicht das Verhungern zwang uns nieder, sondern wie sie uns in den Schulen belügen. Das Problem: Unsere Geschichtsbücher lügen. Die Iren haben sich selbst ins Gesicht geschlagen. Wenn es je Heilung gibt, muß man sich erinnern und trauern. Damit man vergeben kann, muß man wissen und begreifen.«

Von den verbliebenen vier Millionen wurden zwischen 1849 und 1853 316 000 aus ihren Katen vertrieben, weil sie die von den Landlords geforderte Pacht nicht mehr bezahlen konnten. Manche überlebten – als ›Höhlenmenschen‹ in Löchern, die sie ins Torfmoor gegraben hatten. Diesen Realitäten war längst nicht mehr in literarischen Kategorien beizukommen, und wenn britische Leser ein Irland als ›ländliches Idyll‹ erwarteten, mußte es ihnen von Mrs. Anna Maria Hall eben schöngeschrieben werden. Für die einen ging es um Folklore, für die anderen ums nackte Überleben. ›A Lost Generation‹, keineswegs im übertragenen Sinne.

Die Katastrophe der ›famine‹ und ihrer Auswirkungen hatte sogar die Mehrheit der Protestanten davon überzeugt, daß die britische Regierungsgewalt über die Insel im besten Falle ineffektiv war. In der zweiten Hälfte des 19. Jahrhunderts wurde daher, auch aus protestantischen Kreisen, die Forderung nach Selbstverwaltung (home rule) immer lauter.

Man kann sich in der National Gallery die politischen und sozialen Spannungen jener Zeit durch die Betrachtung zweier Gemälde veranschaulichen, Erskine Nicols *An Ejected Family* (1853) und William Orpens *The Vere Foster Family* (1907) – obwohl gerade die Vere Fosters eine löbliche Ausnahme der Ascendancy darstellten. Und der Vergleich eines der vielen verlassenen ›Hungerhäuschen‹ – winzigen Steinhütten, deren fensterlose Ruinen heute noch zu Hunderten zu besichtigen sind – mit dem Herrenhaus eines Landlords sagt mehr über die Ungerechtigkeit des Systems aus als jede Statistik. Es ist durchaus kein Widerspruch, daß viele der führenden Köpfe, die sich gegen dieses System engagierten, selbst protestantische Landlords waren: Charles Stewart Parnell, der ›ungekrönte König‹ Irlands und Führer der Landliga oder die Literaten Standish O'Grady, Lady Gregory und Douglas Hyde. Die Schriftsteller des Literary Revival, wie William Butler Yeats, John Millington Synge oder Padraic Colum stammten aus der protestantischen Mittel- und Oberschicht und schrieben auf Englisch. In der National Gallery vermitteln ihre Porträts, gemalt oder gezeichnet von Yeats' Vater John Butler Yeats, einen so lebendigen Eindruck, als würden sie sich in unbeobachteten Momenten miteinander unterhalten.

Am Merrion Square sind wir ihm schon begegnet, dem gesetzten, in die Jahre gekommenen Dichter, Literaturnobelpreisträger und ›smiling public man‹ William Butler Yeats (1865–1939), und hier ist nun auch das erwähnte ›Dorian Gray‹-Gemälde, das einst im Abbey Theatre hing und das träumerische Genie im Alter von

fünfunddreißig Jahren verewigt. Yeats steht seinem Vater etwas ungeduldig Modell für dieses Porträt, denn draußen scharrt Pegasus mit den Hufen, um ihn wieder ins Feenland zu entführen, over the hills and far away. »Ich fühle mich nicht ganz wohl; ich kann heute nur Prosa schreiben«, war einer seiner Aussprüche jener Tage. So entrückt er in seinen Schriften oft erscheint, ohne ›Willie‹ hätte sich die irische Kultur anders entwickelt: Ohne ihn gäbe es kein Abbey Theatre, ohne seinen Einfluß wären die meisten Schriftsteller des Literary Revival heute wahrscheinlich obsolet und nie ins Bewußtsein der Nachwelt vorgedrungen, ohne ihn hätte sich die nachfolgende Generation, Joyce, Flann O'Brien, Samuel Beckett und all die anderen, nicht ständig an ihm reiben müssen. Grund genug, ihn lesend wieder zu entdecken; er selbst offerierte 1901 in einem Essay über Magie den Regenbogenschlüssel zum Verständnis seines Werks: 1) daß die Grenzen unseres Geistes ewig schwankend und durchlässig sind, daß daher viele Mentalitäten ineinanderfließen können, aus denen ein einziger (Zeit-)Geist, eine zusammengefaßte Energie entsteht; 2) daß auch die Grenzen unserer Erinnerung wie Nebel scheinen, aber doch nur Partikel einer einzigen großen Erinnerung darstellen, der Erinnerung der Natur selbst; 3) daß dieser große Geist, diese große Erinnerung durch Symbole wachgerufen werden kann.

Über Yeats wird gleich ausführlicher zu berichten sein, darum erst noch ein Rundumblick auf einige der anderen Hauptprotagonisten. Da ist sein Jugendfreund, der Visionär George William Russell (AE) (1867–1935) – erinnern Sie sich an die beiden zerstreuten Herren am Merrion Square? Das merkwürdige Pseudonym leitet sich von ›Aeon‹ ab, wie er sich zunächst nannte, denn eines seiner Hauptthemen war die alle Zeitalter (Aeonen) durchdringende, geheimnisvolle Suche der Menschheit nach ihrer Bestimmung. Als ein verwirrter Korrekturleser ihn nach dem Sinn dieses Wortes fragte – AE? – beließ er es bei der Abkürzung, die ihm passender schien, weil ihn ohnehin kaum jemand verstand. Joyce mochte den esoterischen, gutmütigen und durchaus scharfsinnigen ›heiligen Narren‹, vor allem, weil der seine ersten schriftstellerischen Arbeiten lobte und ihm manchmal kleinere Geldsummen lieh – das mystifizierende A.E.I.O.U. im *Ulysses* ergibt, laut gelesen, »AE, I owe you« – AE, ich schulde dir was.

Russell besaß, außer seinen vielfältigen Talenten als Poet, Schriftsteller, Dramatiker, Maler, Journalist und ›Gewissen Irlands‹ zwei Eigenschaften, die man bei Mystikern nur äußerst selten findet: Humor und den Mut zur Selbstpersiflage. »Kind, Nebel wabern mir durchs Hirn«, beginnt eines seiner satirischen Gedichte, in dem er sowohl sich als das von Yeats propagierte ›keltische Zwielicht‹ auf die Schippe nahm, und eine literarische Bewegung definierte er als »fünf oder sechs Leute, die in der gleichen Stadt wohnen und sich gegenseitig hassen.« Einmal lehnte er einen Drink mit den Worten ab: »No, thank you, I was born intoxicated.«

Da ist Lady Augusta Gregory (1852–1932), geboren als Isabella Augusta Persse, die auf Porträts (wie auch auf dem von William Orpen, ebenfalls in der National Gallery) immer ernst schaut und schwarz trägt. Sie entstammte der kinderreichen Familie eines Landlords in Roxborough, Co. Galway. Ihre Mutter, anti-papistisch bis ins Mark, scheint eine rechte Plage gewesen sein, auch für die Pächter auf den ausgedehnten Ländereien der Persses, die sie mit allen Mitteln zum wahren Glauben bekehren wollte: Solange sie katholisch blieben, sah sie in Iren Menschen zweiter Klasse.

Die kleine Augusta wurde streng erzogen, mit allabendlichen Gewissensprüfungen – »Welche Sünde habe ich heute in Gedanken, Worten oder Taten begangen?« Einsam und introvertiert, zog sie sich mit Leidenschaft in die Welt ihrer Phantasie und der wenigen Bücher zurück, die zu lesen man ihr gestattete; ›anrüchige Autoren‹ wie Shakespeare oder Walter Scott blieben verboten, bis sie volljährig war. Der Puritanismus und der beschränkte Horizont der Eltern führten natürlich zu Trotzreaktionen.

Sie schloß sich mehr und mehr ihrem katholischen Kindermädchen Mary Sheridan an, das ihr die herrlichsten Einschlafmärchen und Elfengeschichten erzählte und sie dann auch für iri-

sche Geschichte begeisterte, vor allem durch ihre Jugend-
erinnerungen an das Revolutionsjahr 1798, damals, als Mary mit
ihren Eltern im Theater war und die Nachricht verkündet wurde,
die Franzosen seien in Killalla gelandet, und wie das ganze Publikum aufsprang und applaudierte! Man sah ›Miss Augusta‹, die
Tochter des Landlords, bald regelmäßig bei einem Buchhändler
in Gort, wo sie sich – nein, längst nicht mehr nach Shakespeare,
den sie sowieso schon halb auswendig kannte – sondern nach
›Fenierbüchern‹ erkundigte, Rebellenliteratur und verbotener
Agitation der schlimmsten Sorte. Mit der Bevormundung war
jetzt ein für allemal Schluß. Sie suchte nun auch die Pächter in
ihren ärmlichen, oft fensterlosen Katen auf, da Fenster den Pachtzins erhöhten. In einem dieser dunklen Löcher stieß sie auf eine
sterbende junge Frau, kaum älter als sie selbst, und lief gleich
zum Zimmermann des Landguts, dem sie auftrug, dem Häu-
schen ein Fenster einzusetzen: »Es ist immer gut, Licht herein-
zulassen.«

Augusta hatte ausdrucksvolle, leuchtend braune Augen, aber
sie war nicht besonders attraktiv und lispelte ein bißchen. Statt
›this and that‹ sagte sie ›dis and dat‹. Die heiratswilligen Söhnen
anderer Landlords und deren Hobbys und Gespräche – was sonst

als Landwirtschaft, Pferdezucht und Fuchsjagden? – fand sie sterbenslangweilig, und die waren ihrerseits über ihre Bildung und politischen Ansichten entsetzt. Auf einem dieser öden Cricket-Matches lernte sie Sir William Gregory, den Ex-Gouverneur von Ceylon, kennen. Trotz des Altersunterschieds – sie war 28, er 62 – fanden der welterfahrene Gentleman und die vor Belesenheit und Lebensgier sprühende Landpomeranze Gefallen aneinander. Als sie 1880 tatsächlich heirateten, waren die Persses überrascht und erleichtert, das unscheinbare, schwierige Töchterchen endlich unter die Haube gebracht zu haben – und noch dazu mit einer so glänzenden Partie! Augusta fühlte sich ebenso erleichtert, dieser Familie von Dumpfbacken zu entkommen.

Sir William wohnte, wenn er sich in Irland aufhielt, im Stammsitz der Gregorys, einem verschwenderisch mit Kunstwerken und Gemälden ausgestatteten georgianischen Herrenhaus in Coole, das von einem verwunschenen Park umgeben war, aber die meiste Zeit befand sich das Paar auf Reisen, nach Spanien, Indien, Ägypten, die Türkei, Ceylon und und und. Ihr Leben glich nun einem der Abenteuerromane, wie sie Augusta früher heimlich verschlungen hatte. In Konstantinopel schlenderten sie über Basare und durchquerten in einem Segelboot den Bosporus; in Rom wurden sie auf einer Botschaftsgala der Kronprinzessin von Rußland vorgestellt; in Kairo setzte Sir William alle diplomatischen Hebel in Bewegung, um den Widerstandskämpfer Ahmed Arabi zu retten, der einen Aufstand gegen die türkischen Paschas angeführt hatte, die damals Ägypten beherrschten; sie rauchten Wasserpfeifen in den prunkvollen Zelten arabischer Scheichs und genossen als Gäste in Konsulaten und Gouverneurspalästen den Luxus britischer Kolonialherrlichkeit, einschließlich Elefantenritten und Tigerjagden. Augusta hatte eine kurze, stürmische Liebesaffäre mit dem adeligen Militärattaché, Dichter und Frauenhelden Wilfrid Blunt, den sie in Madrid während eines Stierkampfs erlebte, wo er in der Arena als Torero eine gute Figur machte – Sir William, tolerant wie immer, sah darüber hinweg. Ein Abenteuerroman? Nein, viel, viel besser. Selbst eine Tania Blixen hätte es sich nicht schöner erträumen können.

In London, wo ihr Mann für die Nationalgalerie und das Britische Museum arbeitete und ein Stadthaus am exklusiven St. George's Place besaß, empfingen sie viele bedeutende Politiker, Künstler und Schriftsteller, etwa den späteren Premierminister Gladstone, die Maler John Everett Millais und James McNeill Whistler, den Schriftsteller Henry James oder den Dichter Lord

Tennyson. Hier entwickelte Augusta ihre Talente als Gastgeberin und kluge Vermittlerin bei Streitgesprächen, und wohl auch zum erstenmal die Neigung, sich selbst literarisch zu betätigen. Sie nahm regen Anteil an der politischen Situation ihrer Heimat, obwohl sie, die Tochter und nun auch die Ehefrau eines Landlords, dem ›land war‹ und Parnells Home-Rule-Bewegung eher zwiespältig gegenüberstand. Der Haß der besitzlosen Pächter auf die selbstherrlichen und brutalen Landlords und deren Praxis der ›evictions‹ (Vertreibungen) entlud sich ja nicht nur in feurigen Reden auf Massenkundgebungen, sondern immer öfter auch in Gewalt, Mord und Totschlag. Als die Gregorys sich 1881 wieder einmal für längere Zeit auf ihrem Anwesen in Coole bei Galway aufhielten, einer Gegend, die besonders vom Aufruhr betroffen war, fielen mehrere Nachbarn und Bekannte Attentaten zum Opfer, Walter J. Bourke und John Henry Blake zum Beispiel, die auf offener Straße erschossen wurden. Augustas eigene Familie, die Persses, befanden sich zeitweise in einem regelrechten Belagerungszustand und mußten von britischen Soldaten beschützt werden. Ihr Bruder Algernon wagte sich nur noch mit einem geladenen Revolver aus dem Haus. »Die Jagdsaison auf Landlords hat begonnen«, schrieb Sir William damals nervös in einem Brief. Doch nun zahlte sich aus, daß seine Familie ihre Pächter stets anständig und gerecht behandelt hatte, und daß auch Augustas Feniersympathien und ihre gute Tat, das Fenster für das sterbende Mädchen, nicht vergessen waren. Obwohl man im allgemeinen wenig Unterschiede zwischen Schuldigen und Unschuldigen machte, galten die beiden als unantastbar, und Coole blieb von allen Übergriffen verschont.

Sir William starb 1892, nach einer letzten Reise nach Ceylon. Augusta war 40 Jahre alt; wie Queen Victoria trug sie bis an ihr Lebensende nur noch schwarz (die Strenge meist etwas aufgelockert durch eine farbige Stola). Doch nach dem Tod ihres Gatten begann für sie – und ihren elfjährigen Sohn Robert – ein neues, nicht minder aufregendes Leben. Schon seit einiger Zeit wohnten sie wieder in Coole. Sie war nicht reich, da Sir William alles andere als ein sparsamer Mensch gewesen war und ihre ausgedehnten Reisen das Vermögen hatten zusammenschrumpfen lassen. Das Haus in London mußte sie verkaufen. Um den stattlichen Landsitz und den Park unterhalten zu können, versuchte sie nun ernsthaft durch Schreiben eine zusätzliche Einnahmequelle zu finden. Zunächst überarbeitete sie Sir William Gregorys Memoiren, die sich überraschend gut verkauften. Sie begann

Irisch zu lernen und sich erstmals richtig mit ›einfachen Leuten‹ zu verständigen, die sie aufsuchte, um Geschichten zu sammeln, Elfenmärchen wie jene, die ihr Kindermädchen Mary einst erzählt hatte. Da saß sie, an einer Pfeife schmauchend, in ihren Wollschal gehüllt, oft stundenlang in zugigen Behausungen und Dorfkneipen und hörte einfach nur zu, machte Notizen. Man wußte, daß sie nicht kleinlich war und für eine gute Story oft ein paar Münzen springen ließ, was dazu führte, daß man in ihrer Gegenwart drauflosfabulierte, was das Zeug hielt. Das schadete aber nichts.

Es ging nicht allein um den Inhalt, sondern auch um die Form: das Idiom der Westküste, der Satzbau, Rede und Gegenrede, kurz die Art, sich auszudrücken, die sie in ihren Übersetzungen ins Englische zu bewahren suchte. Dieses neue, urwüchsigere Anglo-Irisch, das die Dramatiker des Literary Revival, besonders J.M. Synge beeinflussen sollte, nannte sie ›Kiltartan‹, erlauscht »durch das Hörrohr einer alten Dame«. (Die Ergebnisse ihrer Feldforschungen veröffentlichte sie später in *Visions and Beliefs in the West of Ireland*, das erste Buch von ihr, das mir in die Hände fiel und mich gleich verzauberte.)

Die Werke von William Butler Yeats kannte und schätzte sie schon lange, bevor sie sich 1896 zum erstenmal begegneten. Ein für Yeats, Lady Gregory wie für die irische Literatur höchst bedeutsames Zusammentreffen: »Sie ist mir Mutter, Freundin, Schwester und Bruder gewesen. Ich kann die Welt ohne sie nicht erkennen – sie hat meinen wankelmütigen Gedanken dauerhaften Adel verliehen«, schrieb Yeats, der sich in Coole bald wie Zuhause fühlte und den Park in Gedichten besang – *In the Seven Woods*, *The Wild Swans at Coole* oder, noch über dreißig Jahre danach, in *Coole Park, 1929*: »They came like swallows and like swallows went,/And yet a woman's powerful character/Could keep a swallow to its first intent«.

Doch auch seine magisch-elektrische Ausstrahlung setzte ungeahnte kreative Energien in ihr frei. Sie, die sich nie sonderlich für das Theater interessiert hatte, gründete zusammen mit Yeats und Edward Martyn die Vereinigung Irish Literary Theatre, aus der sich das Abbey Theatre kristallisierte, und begann selbst, Theaterstücke zu schreiben, fast 40 sind es geworden, vom burlesken Bauerndrama über keltische Heldensagas bis zum fein gesponnenen, ›realistisch-fantastischen‹ Zaubermärchen. Ihr Haus wurde eine Zeit lang zum Zentrum der Irish Renaissance und zog auch Schriftsteller und Künstler an, die nicht dazu gehörten, etwa George Bernhard Shaw oder John Masefield; sie alle schnitzten ihre Initialen in den Stamm einer alten Blutbuche wie in ein Gästebuch ein: Douglas Hyde, J.M. Synge, George W. Russell (AE), William Butler Yeats und sein Bruder, der Maler Jack B. Yeats, Sean O'Casey und andere. O'Casey ließ meist kein gutes Haar an seinen Zeitgenossen, aber über sie äußerte er sich bewundernd: »Sie verbrachte ihre Jugendtage und wuchs auf in dem roten Rips- und gelben Plüschleben der Zeit: plüschüberzogene Photorahmen, plüschüberzogene Körper und Möbel, plüschüberzogene Seelen voll plüschüberzogenen Glaubens an Gott. Daß ihr all diese Dinge fragwürdig erschienen, ist sicher, und daß sie ein anderes, weiteres, härteres und kräftigeres Leben um sich herum spürte, ist ebenfalls sicher. Ungeachtet all derer, die sie umgaben, als ihr geschäftiges literarisches und dramatisches Leben begann, brachte sie allein es fertig, unbeschwert und ihrer selbst sicher mitten unter den einfachen Leuten zu sitzen, und auch die fühlten sich in ihrer Gesellschaft wohl.« Lady Gregorys diplomatisches Geschick und imposantes Auftreten wirkte als eine Art Bindemittel, denn die ganze Bewegung wie das Ensemble des Abbey drohten, bei einer solchen Ansammlung von Individualisten, immer wieder durch Meinungsverschiedenheiten auseinanderzubrechen. Symbolisten kämpften gegen Naturalisten, Home-Ruler gegen Unionisten, Ästheten gegen Nationalisten, das Theater gegen das Publikum, und die Kritiker sowohl als auch. Aber sie und Yeats blieben ein unschlagbares Team, sie tanzten auf den stürmischen Wogen des Zeitgeistes, und es gelang ihnen nicht nur, ein rein irisches Theater aus dem Boden zu stampfen, sondern es auch jahrzehntelang erfolgreich zu leiten. Der Dramatiker Denis Johnston, der ihr 1928 ein Stück für das Abbey anbot, das sie ablehnte, benannte es um in *The Old Lady Says No* – und schon wurde es am Gate Theatre aufgeführt. Schade, daß Lady Gregory heute selbst so gut wie vergessen ist, und ihre eigenen Stücke kaum mehr auf der Bühne zu erleben sind, nicht einmal *The Rising of the Moon*, *The Jester* oder *The Golden Apple*... vielleicht war das Abbey für eine Generation bestimmt, die inzwischen ausgestorben ist. Das jetzige Abbey schwankt ziemlich unschlüssig zwischen Tradition und Moderne und hat sich seit dem Tod seines letzten großen Intendanten und Schauspielers Cyril Cusack, von wenigen Sternstunden wie Brian Friels *Dancing Lughnasa* (1990) abgesehen, nie wieder so recht von seiner Lethargie erholt.

In John Hustons letztem, großartigen Spielfilm, *The Dead*

nach einer Geschichte aus James Joyce' Erzählungsband *Dubliners* rezitiert ein Bourgeois während einer Abendgesellschaft ein geheimnisvolles Gedicht, das bei den Anwesenden wegen seiner fremdartigen Schönheit und dunklen Symbolkraft für einen Moment Betroffenheit auslöst, bevor man sich wieder in belanglosen Konversationen und halbherzigen Lustbarkeiten ergeht. Es handelt sich um Verse, die Lady Gregory aus dem Gälischen übersetzte; vielleicht erinnern Sie sich daran, wenn *The Dead* mal im Spätprogramm gezeigt wird.

Nun zu Douglas Hyde (1860–1949), dem Gentleman mit dem Walroßschnurrbart, dem Gelehrten, Dichter, Übersetzer und ersten Präsidenten der Republik Irland. (In der National Gallery ist er sehr lebendig auf zwei Gemälden von J. B. Yeats und Sarah Purser dargestellt). In Castlerea, Co. Sligo geboren, wuchs er in einem besonders geschichtsträchtigen und legendenreichen Teil des Landes auf, in dem große Teile der Landbevölkerung noch das alte Irisch sprachen; nur wenige Kilometer von seinem Elternhaus entfernt erhob sich auf dem Hügel Rathcrogan einst die Festung der Könige von Connacht, wo die Könige von Tara gekrönt wurden und Königin Maeve, neidisch auf den Stier ihres Gatten Ailill, den *Rinderraub von Cooley* plante.

Hydes Liebe zur irischen Sprache, die er, eher ungewöhnlich für den Sohn eines anglikanischen Geistlichen, schon als Kind zu erlernen begann, wurde zu seiner Bestimmung. Im Alter von vierzehn Jahren führte er ein Tagebuch in Irisch und Englisch und begann zum erstenmal Lieder und Geschichten aus der Umgebung zu sammeln. Als er 1880 die Aufnahmeprüfung am Trinity College bestand – damals »einer Bastion des Vorurteils gegen irische Sprache und Kultur« – besaß er bereits eine der am besten sortierten gälischen Bibliotheken, insbesondere fast alle Gedichtbände, die es damals im Druck gab. Er studierte zunächst Theologie, wechselte dann zu den Rechtswissenschaften, aber die Preise für Poesie und Prosa, die er während seiner Universitätszeit gewann, deuteten eher auf literarische Interessen und Talente hin. Unter dem Pseudonym ›An Craoibhin Aoibhinn‹ (›das liebe Zweiglein‹) veröffentlichte er seine ersten Gedichte in der Zeitschrift *The Irishman and the Shamrock*, natürlich auf Irisch. Wie der junge Yeats gehörte er zu Charles Oldhams ›Zeitgenossenclub‹, der Geburtsstätte des Irish Literary Revival, und wie jener stammte er von der Westküste, doch sonst hatten der ätherische Genius und der eher bodenständige Folklorist wenig gemeinsam. »Ich hatte Dr. Douglas Hyde kennengelernt, als ich in Dublin lebte und er noch Student war. Ich erinnere mich, wie mir in Räumen des College ein sehr dunkler junger Mann begegnete, der mich überraschte, teils weil er mir eine Dose Schnupftabak zuschob, teils weil etwas in seinen unbestimmten, ernsten Augen und in seinen hohen Backenknochen lag, was an eine andere Zivilisation, eine andere Rasse gemahnte. Ich hielt ihn für einen Bauern und fragte mich im Stillen, was er wohl in einem College, noch dazu in einem protestantischen, zu suchen hatte… Er hatte viel mit alten Landleuten verkehrt und sich so die irische Sprache angeeignet samt einer Vorliebe für Schnupftabak und mäßige Mengen einer schauderhaften Sorte von illegalem Whiskey, der von einigen seiner Nachbarn aus Kartoffeln gebrannt wurde. Er war bereits – das intellektuelle Dublin wußte zwar nichts davon – ziemlich beliebt als gälischer Dichter, denn die Mäher und Schnitter sangen seine Lieder von Donegal bis Kerry. Jahre später stand ich an seiner Seite und hörte Mäher in Galway seine gälischen Worte singen, ohne daß sie wußten, von wem sie stammten.«

Yeats hatte trotz seines elfischen Charmes auch manchmal etwas Altjüngferliches, und seine Weltfremdheit trug oft arrogante und maskenhafte Züge. Über einen Freund, den Dichter F. R. Higgins notierte er: »Higgins kommt mich besuchen; er schwitzt noch von den Huren, die er vor mir besucht hat.« Nach einer in Irland berühmten Anekdote bat er Higgins einmal, ihn in einen Pub mitzunehmen; er habe noch nie ein solches Etablissement von innen gesehen. Der tat ihm den Gefallen, bestellte am Tresen zwei Drinks für sie beide, als ihm Yeats zuzischte: »Nein, das hier ist nichts für mich. Laß uns wieder gehen.«

Hyde roch ihm zu sehr nach Scholle, manchmal sogar nach schwarzgebranntem ›Poteen‹ und hatte so gar nichts Mystisches an sich. Und dann war es natürlich frustrierend, den Mann zuerst als Bauerntölpel einzuschätzen, um dann irgendwann, bei einem gemeinsamen Ausflug aufs Land, die Bauern auf den Feldern seine Lieder singen zu hören, auf Irisch, einer Sprache, die der Kopf des Irish Literary Revival gar nicht verstand. Hyde erlag auch keineswegs Yeats' elektrisierendem Zauber, geschweige denn, daß er einer seiner vielen Jünger wurde, sondern ging seine eigenen Wege. Obwohl beide Protestanten waren, wirkte Yeats außerhalb Dublins neben ihm als Städter, Intellektueller, ja fast wie ein Tourist, während Hyde unbefangen mit den Leuten plauderte. Er beherrschte außerdem noch Latein, Griechisch, Hebräisch, Deutsch, Französisch und Italienisch, aber vom Irischen schien er regelrecht besessen, so daß er sogar auf Irisch träumte, wie er später einem Journalisten anvertraute. Er war eigentlich alles das, was Yeats nicht war: bescheiden, unauffällig, jovial, volkstümlich, witzig und trinkfest. Sie lebten in verschiedenen Welten, und Yeats hätte ihn gern zu seiner bekehrt, der Welt der Metaphysik, des Traums, der Symbole; er verstand sich weit besser auf das Zähmen und Zügeln des Pegasus, aber Hyde suchte den Stein der Weisen eben nicht nur in der Poesie, sondern in der Sprache selbst, die es zurückzugewinnen galt. »Er sollte eine große Volksbewegung ins Leben rufen, deren praktische Ergebnisse weit bedeutender waren als irgendeine Bewegung, die ich hätte gründen können, und wäre mir das Glück noch so günstig gewesen, aber weil er weder streitsüchtig noch eitel war, wird er mir nicht zürnen, wenn ich um der Nachwelt willen sage, daß ich um den ›größten Folkloristen aller Zeiten‹ trauere und um den größten Dichter, der in seiner Jugend starb.« Sei's drum, aber ohne Hydes Ausstrahlung und Energie wäre Irisch heute wahrscheinlich weitgehend vergessen, ein fast erloschener Hinterwäldler-Dialekt irgendwo am äußersten westlichen Ende Europas. Er überzeugte die Iren durch seine Übersetzungen, das Original jeweils der englischen Version gegenüberstellend, von der Kraft und Bedeutung ihrer Kultur, wie in *Beside the Fire, a Collection of Irish Gaelic Folk Stories*, den *Love Songs of Connacht* und den *Religious Songs of Connacht*, die auch in England das Interesse am Irischen weckten. Anders als Standish O'Grady und die früheren Folkloristen des 19. Jahrhunderts mogelte er nie, ließ nichts aus, fügte oder erfand nichts hinzu und lieferte exakte Quellenangaben. So inspirierten seine Bücher nicht allein durch ihre Sprache und Poesie, sie setzten auch einen neuen wissenschaftlichen Standard. Er war der eigentliche Entdecker des großen irischen Dichters Anthony Raftery (1784–1835), schrieb Einakter wie *Casadh an tSúgan* (nach einem Szenario von Yeats, in Lady Gregorys Übertragung *The Twisting of the Rope*), das erste gälische Drama, das je auf einer professionellen Theaterbühne aufgeführt wurde, und spielte bei der Premiere am Gaiety Theatre 1901 sogar die Hauptrolle des Red Hanrahan.

Hyde war zwar nicht der Gründer der Gälischen Liga, wie oft behauptet wird (sondern Eoin MacNeill und Thomas O'Neill Russell), als Vorsitzender dieser Organisation aber ihr ›spiritus rector‹, und die Antrittsrede, die er als Präsident der National Literary Society 1891 hielt, (*The Necessity for De-Anglicising Ireland*) galt als ihr Manifest. Die ›Gaelic League‹ organisierte seit 1893 Sprachkurse, förderte die alten Volkstänze, -bräuche und aussterbenden Handwerkerberufe sowie die Veröffentlichung zeitgenössischer gälischer Poesie und Prosa, sie gab eine eigene, rein irische Zeitschrift, *An Claidheamh Soluis*, heraus und veranstaltete ab 1897 ein nationales Festival, An tOireachtas. 1905 besaß sie bereits 550 Dependancen überall auf der Insel. Im gleichen Jahr reiste Hyde in die USA, um insbesondere bei den irischen Emigranten Sponsoren zu gewinnen, mit überwältigendem Erfolg. Man sieht schon, worauf Yeats' Vorwurf abzielte: Zum Dichten blieb Hyde bei seinen vielfältigen Aktivitäten nicht mehr allzuviel Muße. 1909 wurde er der erste Professor für Irische Sprache und Literatur am University College Dublin (UCD) und hatte auch sonst noch viele Posten und Ehrenämter inne.

Seine Hauptsorge war, daß sich die Gälische Liga von einer ursprünglich kulturellen Institution mit dem Ziel der ›Rückgewinnung und Wiederbelebung der Sprache‹ mehr und mehr radikalisierte und zur Partei der nationalen Erhebung entwickelte. Vielen erschien diese Entwicklung nur logisch, doch Hyde trat weiterhin vehement für die strikte Abgrenzung zur Tagespolitik ein. Er führte schließlich einen ähnlich aussichtslosen Kampf wie jemand, der während der russischen Revolution oder auf dem Höhepunkt der 68er-Bewegung für die Neutralität der Kunst plädierte; man warf ihm vor, ein ›Formalist‹ zu sein und im Elfenbeinturm zu sitzen. Kurz vor Ausbruch des 1. Weltkrieges hatte die Irish Republican Brotherhood (IRB), die aus der terroristischen Fenier-Geheimgesellschaft hervorgegangen war, die Gaelic League bereits völlig unterwandert und unter Kontrolle. Aus den Reihen der IRB – der Vorläuferorganisation der IRA und verbunden mit der 1905 von Arthur Griffith gegründeten Partei Sinn Féin (gälisch für ›Wir selbst‹ oder ›Wir ganz allein‹) – sollten sich bald darauf die Helden des Osteraufstandes rekrutieren. Als 1915 auf einer Sitzung in Dundalk die Statuten der Liga nach langen, heftigen Debatten durch Mehrheitsbeschluß um den Passus ergänzt wurden, ihr Hauptziel sei fortan ein (von Großbritannien) befreites, gälischsprechendes Irland, wurde es Hyde zu heiß, und er erklärte seinen Rücktritt vom Amt des Vorsitzenden. Charakteristisch für ihn war, daß er den Nachfolgern sein Lebenswerk ohne jeden Groll anvertraute, sich aus der Verantwortung für zukünftiges Blutvergießen zurückzog und einfach seine akademische Laufbahn fortsetzte, als sei gar nichts gewesen. Er widmete sich weiterhin Sprach- und Volkskundestudien, schrieb hin und wieder ein Gedicht, eine Übersetzung, ein Theaterstück, arbeitete an einer *Literarischen Geschichte Irlands*, die nach Erscheinen zu Recht wiederum ein Riesenerfolg wurde, und begnügte sich mit dem Part des Beobachters – eines Beobachters freilich, der den Stein erst mit ins Rollen gebracht hatte. Nach dem Bürgerkrieg, als alles wieder zur Ruhe gekommen war, ernannte man ihn wie Yeats zum Senator des Freistaates (1925– 26), 1938 dann einstimmig zum ersten Präsidenten der (zumindest bereits nominellen) Republik. »Als der Achtundsiebzigjährige mit seinem ebenfalls schon etwas ältlichen Fahrzeug in die Hauptstadt eilte, um dem Ruf Folge zu leisten, verursachte er in seiner Aufregung einen Verkehrsstau und wurde von einem uniformierten Friedenshüter angeherrscht: ›Immer diese alten Deppen vom Lande, die den ganzen Straßenverkehr lahmlegen!‹« (H.C. Oeser) Die irischen Altertumsforscher und Märchensammler erhielten im höchsten Würdenträger des Staates einen einflußreichen Gönner und Mäzen, und die 1935 gegründete Irish Folklore Commission, eines der bedeutendsten volkskundlichen Institute der Welt, die nach wie vor Traditionen des mündlichen Erzählens fördert und durch Aufzeichnungen und Tonbandaufnahmen sammelt und katalogisiert, gehört mit zu seinen Vermächtnissen.

Und dann ist da noch der geheimnisvolle John Millington Synge (1871–1909), schon die richtige Aussprache seines Namens den meisten ein Rätsel (nicht ›Sindsch‹, sondern ›Sing‹), verewigt auf einem von John Butler Yeats' Gemälden und einer seiner flirrenden, doch genauen Bleistiftzeichnungen. »Ein Datum weiß ich mit Sicherheit, denn ich habe es mit viel Mühe herausbekommen«, schreibt W.B. Yeats in seiner Autobiographie. »Ich lernte John Synge im Herbst 1896 kennen, als ich einunddreißig und er vierundzwanzig Jahre alt war. Ich stieg im Hotel Corneille ab statt in meinem sonstigen Logis, und ich weiß nicht mehr warum, denn es war teuer. Synges Biograph sagt, daß Kost und Quartier ein Pfund pro Woche kostete, aber ich war gewöhnt, mir mein eigenes Frühstück zu kochen und in einem Gasthaus auf dem Boulevard St. Jacques, wo Anarchisten verkehrten, für wenig mehr als einen Schilling zu essen. Jemand, sein Name ist mir entfallen, erzählte mir, daß im obersten Stockwerk ein armer Ire wohne, und machte uns bald darauf bekannt. Synge war vor kurzem aus Italien gekommen und hatte den Bauern im Schwarzwald auf seiner Geige vorgespielt – sechs Monate auf Reisen mit fünfzig Pfund – und las jetzt französische Literatur und schrieb morbide, schwermütige Gedichte. Er sagte mir, daß er am Trinity College Gälisch gelernt hatte, und ich redete ihm zu, daß er auf die

John Millington Synge

Aran-Inseln fahren und ein Leben entdecken sollte, das in der Literatur noch nie zum Ausdruck gekommen war, statt eines Lebens, in dem schon alles ausgedrückt war. Vielleicht hätte ich jedem jungen irischen Schriftsteller, der Gälisch konnte, denselben Rat gegeben, denn ich war in diesem Sommer auf Inishmaan und Inishmore gewesen und war von dem Thema erfüllt... Über ein Jahr sollte vergehen, bevor er meinem Rat folgte und eine Zeitlang in einer Kate in Aran lebte und glücklich wurde, da er endlich, so schrieb er, ›dem Elend der Armen und der Nichtigkeit der Reichen‹ entkommen war... Er sagte einmal zu mir: ›Ein Mann soll eine Familie ernähren und so tugendhaft sein, wie er damit vereinbaren kann, und wenn er mehr tut, ist er ein Puritaner; ein Dramatiker muß seinen Gegenstand ausdrücken und so viel Schönheit erfinden, wie er damit vereinbaren kann, und wenn er mehr tut, ist er ein Ästhet‹, das heißt, er war bewußt objektiv. Sobald er versuchte, ein Drama ohne Dialekt zu schreiben, wurde es schlecht, und er versuchte es einige Male, denn nur durch den Dialekt konnte er vermeiden, sich selbst auszudrücken und sein ganzes Schaffen von außen betrachten, seinen Intellekt über die Bilder seines Geistes urteilen lassen, als wären sie von einem anderen Geist geschaffen. Seine Objektivität war aber nur eine formale, denn in diesen Bildern zog alles vorüber, was sein Herz ersehnte. Er war schüchtern, zu scheu, um sich an einer Unterhaltung zu beteiligen, kränklich und voll moralischer Skrupel und schuf doch einmal einen lärmenden Maulhelden, dann eine beschwipste Vettel, die poetische Reden schwingt, und dann wieder einen Jüngling und ein Mädchen von strotzender Gesundheit. Er sagte nie ein unfreundliches Wort, hatte wunderbare Manieren, und doch füllte seine Kunst die Straßen mit Krawallmachern und trug seinen besten Freunden Feindschaften, vielleicht auf Lebenszeit, ein... Indem ich von Synge schreibe, habe ich jedoch weit vorgegriffen, denn im Jahre 1896 war er bloß eine Gestalt von vielen. Oft staune ich, wenn ich denke, daß wir ohne Ergriffenheit einem Menschen begegnen oder an einem Haus vorübergehen können, das in späteren Jahren eine bedeutsame Rolle in unserem Leben spielt.« Aus dem unscheinbaren Hungerleider, den Yeats in Paris traf, sollte einer der größten und umstrittensten irische Dramatiker des neuen Jahrhunderts werden.

Synge kam in Rathfarnham zur Welt, einem kleinen Nest, das inzwischen längst von den südlichen Vorstädten Dublins verschlungen worden ist. Der Vater starb ein Jahr nach seiner Geburt und ließ die Familie fast mittellos zurück. Mrs. Synge zog mit ihren fünf Kindern zu ihrer Mutter ins nahegelegene Rathgar, wo John, ein kränkliches, asthmatisches Kind, in einem von Frauen geführten Haushalt aufwuchs. Außer gelegentlichen Reisen verbrachte er fast sein ganzes Leben in Irland (während einer seiner drei Brüder später nach Argentinien, ein anderer nach China auswanderte) und in den alle Widrigkeiten des Schicksals erduldenden doch unbeugsamen Frauengestalten seiner Stücke finden sich Wesenszüge seiner Mutter, Großmutter und Tanten wieder. Mrs. Synges Vorfahren waren seit Cromwells Zeiten protestantische Geistliche gewesen, deren Strenggläubigkeit sich auf sie vererbt hatte; sie quälte John oft mit Bußpredigten und Höllenvisionen, der so frühzeitig eine Aversion gegen alles Religiöse entwickelte. Aus der erstickenden häuslichen Enge floh er in die wilde und unberührte Einsamkeit Irlands, in der sich für ihn Gott offenbarte, statt irgendwo im Himmel zu thronen, und die Menschen, die in und mit der Natur lebten, wurden seine Heiligen.

Jemand brachte ihm das Geigenspiel bei, und er beherrschte das Instrument bald so gut, daß er von 1889–1892 auf der Royal Irish Academy of Music am Trinity College Violinkurse belegte. Seine Erfolge – er gewann mehrere Stipendien in Kontrapunkt und Harmonielehre und spielte im Symphonieorchester der Universität – bestätigten ihn in seinem Entschluß, Berufsmusiker zu werden. Mary Synge, eine Cousine seiner Mutter und Pianistin, bewog ihn dazu, seine Ausbildung in Deutschland fortzusetzen, wo er 1894 in Würzburg Klavier und Violine studierte und auch anfing, zu komponieren, aber nach seiner Rückkehr nach Irland kam der Umschwung, und er interessierte sich plötzlich nur noch fürs Schreiben. »Ich wollte«, beschrieb er seine erste Lebenskrise, »Shakespeare, Beethoven und Darwin auf einmal sein; mein Ehrgeiz war grenzenlos und wuchs zu einer wahren Folter meines Lebens... Wenn ich fiedelte, sann ich den Büchern nach, die ich wünschte zu lesen; wenn ich las, sehnte ich mich nach allen nur erdenklichen Abenteuern.« Aus dem orientierungslosen Dreiundzwanzigjährigen schien nichts so Rechtes werden zu wollen. Er besuchte am Trinity College Vorlesungen in Irisch und Hebräisch, veröffentlichte im Studentenmagazin *Kottabos* ein unbedeutendes Gedicht à la Wordsworth, begann auf Deutsch ein Theaterstück und schrieb ansonsten morbide symbolistische Verse voll welkem Laub und abgeschlagenen Häuptern. 1895 brach er nach Paris auf, studierte ein paar Semester Sprache und Literatur an der Sorbonne, las viel, hielt sich mit Englischunterricht und Geigenspiel über Wasser, verliebte sich, verbrachte vier Monate in Italien, kehrte wieder nach Paris zurück, und so wäre das Bohèmienleben wohl lange noch weitergegangen, hätte er nicht durch einen Zufall, oder eher eine günstige Fügung des Schicksals, den Dichter William Butler Yeats getroffen – zu dessen Erinnerung an ihre erste Begegnung sich hier der Kreis wieder schließt.

Ja, natürlich, die Aran-Inseln – warum war er nicht selbst darauf gekommen? Am 10. Mai 1898 kam er, ausgerüstet mit einer Fotokamera, ein von den Inselbewohnern mißtrauisch beäugter Tourist, dort an und schrieb in jugendlicher Welterfahrenheit in sein Tagebuch: »Dans le batteau a Arranmore a l'Hotel.« Doch jetzt halfen ihm keine Posen mehr, denn auf den Arans gab es weder Arm noch Reich, nur Menschen, die, wie Yeats es ausdrückte, ›unter dem Gewicht der Unumgänglichkeiten lebten‹ und ihre kargen Felder bestellten, so wie der wahre Künstler nichts besitzt als sein Talent, das er zur Entfaltung bringen muß.

Kaum ein anderer hätte sich freiwillig für längere Zeit – und wie Synge in den folgenden Jahren weitere fünf Sommer – in diesen abgelegensten Teil der westlichen Hemisphäre zurückgezogen, aber es war genau das, was er immer gesucht hatte. Er erkundete die Inseln eine nach der anderen, lag stundenlang ausgestreckt am Gipfel gigantischer Klippenformationen, wo die Gischt der unter ihm gegen die Felsen donnernden Wogen sein winziges, in eine Hand passendes »Tagebuch mit Salzkristallen besprühte«, er lernte die irische Sprache besser verstehen und die Gespräche der Einheimischen belauschen, er nahm (außer an ihren sonntäglichen Kirchgängen) an ihrem Leben und an Seemannsbeerdigungen teil, spielte zu Festen und Geselligkeiten auf seiner Geige, ließ sich von den Fischern zeigen, wie man einen ›currach‹ ruderte, schloß Freundschaften, fotografierte und schrieb alles auf, was er sah, hörte und an Melodien, Liedertexten und Geschichten aufschnappte. ›Ecrit‹ ist in seinen Notizen das immer wiederkehrende, französische Stichwort, das einzige, das noch an seine Vergangenheit erinnerte. Er übernahm in seine englischen Texte sogar die Eigentümlichkeiten der irischen Sprache, die beispielsweise jedes ›ja‹ umschreibt: »Is it Bartley it is? It is, surely, God rest his soul.«

Dieses ›einfache Leben‹ war keine Idylle, kein Urlaub für einen zivilisationsmüden Décadent, und es hatte auch so gar nichts von der Vorstellung einer heilen Welt irischer Folklore. Synge wurde Zeuge erschütternder Armut, von Typhusepidemien ohne jegliche medizinische Hilfe oder Versorgung vom Festland, von Niedertracht, Prahlerei, Langeweile, Trunksucht, Streitereien und zerrütteten Ehen. Die Leute waren nicht besser und nicht schlechter als anderswo, nur konnte er sie hier, auf drei kleinen, vom sogenannten Fortschritt abgeschnittenen Inseln und stets im Kampf gegen die schicksalhaften Mächte der Natur, genauer beobachten, die ›condition humaine‹ ohne die Filter bürgerlicher Verstellungen und Selbstidealisierungen erleben, wie sie in den großen Städten so oft den Blick vernebelten. Er suchte nach Wahrheiten, die nicht angenehm oder gefällig sein mußten, nur wahr, und als eine der wichtigsten Tugenden, den Widrigkeiten des Daseins zu trotzen, erschien ihm der Humor, den er »den Prüfstein der Moral« nannte, da alles Rohe, Gemeine, Lasterhafte und Fanatische in seiner Essenz humorlos sei. Wie humorlos große Teile des Dubliner Publikums auf solche Wahrheiten reagieren würden, konnte er nicht voraussahnen.

Zunächst flossen Synges Notizen und Beobachtungen in sein Buch *The Aran Islands*, für das sich jedoch trotz Yeats' und Lady Gregorys Vermittlung kein Verleger, dem er es anbot, interessierte – das heißt solange nicht, bis seine Theaterstücke Skandale ausgelöst hatten. Schon das erste, *The Shadow of the Glen* (uraufgeführt im Oktober 1903 von einer kleinen Gruppe von Schauspielern, die sich hochtrabend ›The Irish National Theatre Society‹ nannten und ein Jahr darauf zum Ensemble des neugegründeten Abbey Theatre gehörten) wurde ein Fiasko. Publikum und Presse verstanden es ganz und gar nicht. Lange bevor der Vorhang fiel, erhob sich ein wüstes Konzert aus Gezische, Gepfeife und Buhrufen. Die »Ehre der Frauen Irlands« war aufs schändlichste beschmutzt worden. Eine Frau, die ihren Ehemann betrügt, das gab es nicht, hatte es nie gegeben und sollte es auch nicht geben, nicht mal auf der Bühne. In einer Zeitung stand zu lesen, Synge habe Handlung und Charaktere von einem »unanständigen Schriftsteller der römischen Dekadenz« übernommen. Und Arthur Griffith, der Gründer von Sinn Féin, schäumte im *United Irishman*: »In keinem Land der Welt sind die Frauen ihrem ehelichen Band so treu wie in Irland«. Die Anständigen Dublins, nicht nur die Prüden, sondern auch viele Patrioten und Nationalisten besuchten nun jede Vorstellung, um Randale zu machen; ein mit Synge befreundeter junger Arzt meinte dazu, er hätte sich kaum zurückhalten können, auf einen der Sitze zu springen und in dem vor sittlicher Entrüstung »heulenden Mob« auf all jene zu deuten, die er gerade wegen einer Geschlechtskrankheit behandelte. Der berüchtigte Rotlichtbezirk Dublins, ›the Monto‹, lag zwar nur ein paar Häuserblöcke vom Abbey Theatre entfernt, aber den besuchten ›offiziell‹ natürlich nur die in der Stadt stationierten englischen Soldaten. Das ›Leitmotiv‹ von James Joyce' *Ulysses* ist, nebenbei bemerkt, der Ehebruch; kein Wunder also, daß der Roman in Irland noch zu den schmutzigen Büchern zählte, lange nachdem der Zensurbann in Amerika (1933) und England (1936) aufgehoben wurde.

Diese hysterischen Reaktionen waren gewiß auch auf den tiefen Minderwertigkeitskomplex der Iren zurückzuführen, der nach Heroen und Lichtgestalten dürstete statt nach Synges düster-poetischem Fatalismus. Sie gaben jedoch nur einen Vorgeschmack darauf, zu welcher Verblendung die Mélange aus viktorianischer Prüderie, Eskapismus und nationalem Erweckungseifer führen konnte – eine Entwicklung, die Douglas Hyde, den Vorsitzenden der ›Gaelic League‹, schlaflose Nächte bereitete und den jungen James Joyce in all seinen Vorurteilen bestätigte. Nach dem Eklat um sein Stück reiste Synge 1903 noch einmal nach Paris, um freiere Luft zu atmen (er litt unter der Hodgkinschen Krankheit, einer Erkrankung der Lymphknoten, die ihm nur noch sechs Jahre zu leben übrig ließ).

Dort traf er den einundzwanzigjährigen Joyce, der ihn »den

analphabetischen Dichter der rauhen Schluchten« nannte und, ständig auf Geldanweisungen seiner Eltern wartend, unter noch ärmlicheren Verhältnissen lebte. »Mein Bruder«, schreibt Stanislaus Joyce in *My Brother's Keeper*, »hatte viele zänkische Diskussionen mit ihm, über Sprache, Stil, Dichtung, Drama und Literatur im allgemeinen.... In allem was Ansichten und Lebensweise angeht, war Synge der Antipode meines Bruders; und trotzdem zeigte er ihm das Manuskript der *Reiter an die See*, das er eben vollendet hatte. Mein Bruder kann der Erste gewesen sein, der es überhaupt gesehen hat. Er wandte ein, daß man es, ob des Mangels an Handlung, nicht als Tragödie bezeichnen könne... und nannte die *Reiter an die See* ein tragisches Gedicht. Synge war nicht einverstanden, hörte ihn aber an, und begegnete den Argumenten meines Bruders ruhig«. Trotz ihrer weltanschaulichen Kontroversen war das Sprachgenie Joyce tief beeindruckt von diesem Einakter, konnte ganze Passagen daraus auswendig rezitieren und übersetzte es sogar ins Italienische. Es handelt von der Gewalt des Meeres, das wie ein rächender Gott immer neue Opfer fordert, und vom stoischen Gleichmut der Fischersfrauen der Aran Inseln, die stets aufs Neue ihren Tribut an Männern, Brüdern und Söhnen bezahlen müssen – »Is it Bartley it is? It is surely, God rest his soul... No man can be living for ever, and we must be satisfied.« *Riders to the Sea* ist Synges anrührendstes, vielleicht bedeutendstes Werk und inspirierte den englischen Komponisten Vaughan Williams 1925 zu seinem gleichnamigen Musikdrama, das die Stimmung kongenial einfängt, sowie Brecht 1937 zu dem Schauspiel *Die Gewehre der Frau Carrar*, aber bei der Uraufführung 1904 in Dublin, mit der zugleich das Abbey Theatre zum erstenmal seine Pforten öffnete, war ihm nur ein Achtungserfolg vor einem kleinen Publikum aus Kunstliebhabern beschieden; »höchst ungeeignet für eine Darstellung auf der Bühne«, mäkelte die *Irish Times*.

Theater-Skandale

Das neue Irish National Theatre besaß viele begabte Schauspieler, die unter den Regisseuren William George Fay und seinem Bruder Frank eine hervorragende Sprechausbildung genossen hatten – was Synges und Yeats' Stücken sehr zugute kam, die ja vor allem aus ihrer Sprache leben; an begabten Autoren mangelte es jedoch noch. Feigheit kann man Yeats, dem Mann mit den vielen Masken, gewiß nicht vorwerfen, denn er förderte und verteidigte Synges Talent gegen alle Widerstände und machte ihn 1905 sogar, neben ihm selbst und Lady Gregory, zum Co-Direktor des Abbey, und das, obwohl ihre künstlerischen Ansichten keineswegs übereinstimmten. Aber für seinen Feldzug gegen den seichten und sentimentalen Geschmack der Dubliner Bourgeoisie war Synge der geeignete Mitstreiter:»Der ganzen selbstverliebten, abenddämmerigen, kleeblatternkranken Bühnenirländerei sollte ein für allemal der Garaus gemacht werden.« (Micheál Ó hAodha) Dafür zahlte er allerdings einen hohen Preis. Synges nächste Tragikomödie *The Well of the Saints* war ein kompletter Reinfall, weil ihrer Zeit weit, zu weit voraus. Es erinnert an Samuel Becketts Theater der komischen Verzweiflung: Ein blindes Bettlerehepaar, Martin und Mary Doul, durch ein Wunder sehend geworden, wünscht sich angesichts der Häßlichkeit und Dürftigkeit dieser Welt in seinen früheren Zustand zurück, in dem es wenigstens noch Illusionen gab.

Doch dies alles waren nur harmlose Geplänkel gegen die Tumulte bei der Premiere von Synges *The Playboy of the Western World* am 26. Januar 1907. Yeats befand sich gerade auf einer Vortragsreise im schottischen Aberdeen. In sein Hotel zurückgekehrt, erhielt er ein Telegramm von Lady Gregory:»Play great success.« Angenehm überrascht legte er sich zu Bett, als ihn gegen ein Uhr nachts ein zweites Telegramm aus dem Schlaf riß:»Audience broke up in disorder at the word shift« (»Nach dem Wort ›Frauenunterhemd‹ verließ das Publikum tobend den Saal«). Das klang weniger beruhigend. Er kannte ja das Stück, war bei den Proben dabei gewesen und hatte nicht erwartet, daß alles so glimpflich abgehen würde. Aber ein solcher Eklat, ein so geballter Haß übertraf seine schlimmsten Befürchtungen. Es kam zu Handgreiflichkeiten und wüsten Schlägereien, die Leute standen im Begriff, das Theater zu zerlegen. Von einer ›spontanen Reaktion des Publikums‹ konnte, wie sich im nachhinein herausstellte, nicht die Rede sein, sondern von einer gezielten Provokation, zu der das Wort ›shift‹ nur das Stichwort gegeben hatte. Der Skandal war vorbereitet. Vierzig junge Männer, ausgerüstet mit Tröten und anderen lärmerzeugenden Gegenständen, saßen von Anfang an in den Rängen und störten die Vorstellung. Da dem Rest des Publikums auch nicht sehr gefiel, was es da mit ansehen mußte – einen Maulhelden, der vorgab, seinen Vater ermordet zu haben und deshalb als großer Held gefeiert wurde, ›sittenlose Frauenzimmer‹ oder einen Priester, den man in einen Sack steckte – ließ es sich rasch von den Mißfallensbekundungen anstecken. Der Skandal war perfekt, so perfekt, daß er in die Theatergeschichte einging, und das Dubliner Presseecho natürlich verheerend: ›Ungeheuerliche Beleidigung West-Irlands und seiner Menschen!‹ Yeats dachte nicht daran, das Stück vom Spielplan abzusetzen. Nun erst recht. Bei den nächsten Vorführungen kam es zu solchen Ausschreitungen, daß um Polizeischutz ersucht werden mußte, The Royal Irish Constabulary, für die Nationalisten der Arm britischer Unterdrückung. Die Nachricht vom ›Pulverfaß Abbey Theatre‹ ging um die Welt. Am 4. Februar berief Yeats eine öffentlich Versammlung im Abbey ein und trat unerschrocken, mit Zwicker und wallendem Haar, vor eine wütende Menge: »Jeder hat das Recht, ein Stück zu sehen und es zu verdammen, wenn es ihm gefällt. Aber niemand hat das Recht, andere durch Störungen daran zu hindern, sich ein eigenes Urteil zu bilden!« Es sollte nicht das einzige Mal gewesen sein, daß der Impresario auf die Bühne kam, das rasende Publikum zu beschwichtigen und manchmal auch zu beschimpfen; Shaw und O'Casey gaben ihm dazu noch reichlich Gelegenheit.

Der bereits vom Tod gezeichnete Synge, unglücklich verliebt in die Schauspielerin Maire (›Molly‹) O'Neill, für die er die Rolle der Pegeen Mike in *The Playboy of the Western World* geschrieben hatte, verbittert über den nie erfolgten ›großen Durchbruch‹ – so wie es aussah, erkannten einzig Yeats, Lady Gregory und Molly sein Genie –, arbeitete fiebernd an seinem letzten, nie ganz vollendeten Werk, *Deirdre of the Sorrows*. Der Stoff nach einer berühmten keltischen Legende kam dem Abbey Theatre Yeats'-scher Prägung sehr entgegen. Die Premiere am 13. Januar 1910, knapp ein Jahr nach Synges Tod, fand zum ersten Mal einhellige Zustimmung. Alle früheren Animositäten schienen vergessen, auch die Tatsache, daß bei seiner Beerdigung zwei verfeindete Schauspielerfraktionen getrennt dem Sarg gefolgt waren. Die Hauptrolle spielte Maire O'Neill, die auch die Regie übernommen hatte, und wie sie sich im 3. Akt über dem Grab des Geliebten einen Dolch ins Herz stieß, muß zumindest dem gesamten Ensemble, das über ihre tragische Affäre mit dem Dichter Bescheid wußte, ein echter Stich ins Herz gewesen sein. Tragisch war allerdings auch, daß das gerührt applaudierende Publikum auch diesmal die Intentionen des Autors völlig mißverstand. Über der Illusion mythischer Verbrämung übersah man, daß er wieder nur seine Grundthemen behandelte, den Verlust der Illusion, die Ausgeliefertheit der Menschen gegenüber der Natur, der Zeit und dem Schicksal, ihr närrischer Kampf und ihr verzweifelt-heroisches Aufbegehren gegen das Unumgängliche. In *Deirdre of the Sorrows* entzog er ihnen sogar den einzigen Rettungsanker, ihren ›Prüfstein der Moral‹, den Humor.

»Diese neue Gruppe von irischen Schriftstellern«, so faßt es Giuseppe Tomasi di Lampedusa, der Autor des *Leopard* zusammen, »… setzte sich das politische Ziel, Geschichte und Literatur ihres Landes wiederzubeleben und im Lichte der irischen Tradition moderne Werke zu schreiben, die vom Geist, und wenn möglich, auch der Sprache ihres Volkes durchdrungen sein sollten. Für die politischen Ziele wäre es ohne Belang, aber die künstlerische Bedeutung wäre wohl auf den bescheidenen Rahmen der Folklore beschränkt geblieben, hätten nicht große Dichter wie Yeats und Synge, und bemerkenswerte Schriftsteller wie ›AE‹, Lady Gregory und Douglas Hyde an der Bewegung teilgenommen. So bildete ›Celtic Twilight‹ nicht nur das notwendige intellektuelle Rückgrat der irischen Freiheitsbewegung, sondern brachte zugleich etwas zauberhaft Vages und eine nostalgische Melancholie in die Literatur des feindlichen England… Die Mitglieder der literarischen Gesellschaft Irlands waren von der Mission durchdrungen, was noch an spezifisch Irischem in den Erinnerungen an die Vergangenheit, im Leben und im Denken der noch nicht anglisierten Bevölkerung vorhanden war, wiederzubeleben und für die Dichtung nutzbar zu machen. Sie wollten in den Volksglauben und die tiefen Geheimnisse eindringen, die in der Seele der Kinder Erins verborgen liegen; sie wollten diese Legenden mit dem modernen, strengen Realismus versöhnen und alles in einer Sprache ausdrücken, in der sich das Englische mit der typisch irischen Satzbildung verbindet. Der Größe dieser Aufgabe erwiesen sich die Protagonisten gewachsen…«

Yeats vor allem, der die treibende Kraft der Bewegung war. Der Unterschied zwischen ihm und den früheren ›Folklore‹-Sammlern und -Bewahrern bestand eben darin, daß er Poesie als eine in die Überlieferungen früherer Generationen gleichsam eingeschlossene Energie ansah; der Dichter, nicht der Altertumsforscher, besaß ›als Stimme des Volkes‹ den Schlüssel, diese Energie wieder freizusetzen. Yeats Haltung, damals wie heute von vielen als Träumerei und versponnener Romantizismus abgetan, sollte eine enorme kulturelle und politische Sprengkraft entwickeln. Er tauchte in unruhigen Zeiten auf der literarischen Bühne auf, als der sogenannte ›land war‹, der organisierte Widerstand der besitzlosen Pächter gegen die selbstherrlichen Landlords die ›Abenddämmerung der protestantischen Vorherrschaft‹ (›Dawn of the Ascendancy‹) einleitete. Die britische Regierung schien unter dem Druck von Massenkundgebungen erstmals zu Konzessionen bereit. Charles Stewart Parnell, der Präsident der 1870 gegründeten Home Rule Party, besaß als Protestant, Angehöriger der Oberschicht und Parlamentsabgeordneter im Londoner Unterhaus den Einfluß, die berechtigten Ansprüche der Iren wirkungsvoll zu vertreten. Irland begann sich nach Jahrhunderten der Unterdrückung zaghaft als Nation zu verstehen; woran es noch mangelte, war das dazu notwendige Selbstvertrauen. Und nun trat ›Willie‹ Yeats aus den Kulissen, ein jugendlicher Zauberer mit Sturmfrisur und elfischem Blick, aus dem das Genie sprühte, und verhieß eine neue kulturelle Identität. Nein, es ging nicht mehr nur darum, die Reste der fast verlorenen Kultur zu retten, sondern aus den Trümmern eine Kultur wiederaufzubauen, befreit von der Schlacke englischer Einflüsse, erhaben über Konfessionsschranken und würdig, neben den Kulturen aller anderen Völker zu bestehen. In Schillers *Briefen über die ästhetische Erziehung des Menschen* heißt es: »Die Menschheit hat ihre Würde verloren, aber die Kunst hat sie gerettet und aufbewahrt in bedeutenden Steinen; die Wahrheit lebt in der Täuschung fort, und aus dem Nachbilde wird das Urbild wiederhergestellt werden.« Yeats schwebte etwas Ähnliches vor. Er war eigentlich ein unpolitischer Mensch (wenn ihn seine angebetete, ewig unerreichbare Muse Maud Gonne auch zum Pseudorevolutionär machte – »sie könnte behaupten, daß die Erde eine Scheibe sei, und ich würde trotzdem ihrer Partei angehören«), aber seine Botschaft kam an: die Helden der keltischen Mythologie waren nicht tot, sie hatten die ganze Zeit nur geschlummert. Ein Poet, Patrick Pearse, verfaßte 1916 im General Post Office die Proklamation der ›provisorischen Regierung der irischen Republik‹. Gab es da wirklich eine Verbindung zum Irish Literary Revival, zwischen ›keltischer Morgenröte‹ und der ›Abenddämmerung protestantischer Vorherrschaft‹, zwischen Yeats und den Ereignissen des Osteraufstandes? Yeats glaubte es – »I lie awake night after night/And never get the answers right/Did that play of mine send out/Certain men the English shot?« – und daß man den eher Widerstrebenden 1923 zum Senator des Freistaats Irland machte, spricht dafür, daß auch viele andere es glaubten.

Poesie wird Politik

Wie war das damals, als alles anfing, so um 1885? Noch ziemlich provinziell. Der gerade zwanzigjährige ›Willie‹ Yeats schulte seine Rhetorik im Debattierclub von Charles Hubert Oldham, wo jeden Samstagabend einige politisch, literarisch und philosophisch Interessierte zusammenkamen (»Ich wollte selbstsicher werden, mit feindlichen Gemütern spielen können wie Hamlet, gleichsam dem Löwen ins Auge blicken, ohne mit der Wimper zu zucken«); er lernte den knasterfahrenen Widerstandskämpfer John O'Leary kennen, »den Fenier und schönsten alten Mann, den ich je gesehen hatte... diesen Diskussionen, den Gesprächen mit O'Leary und den irischen Büchern, die er mir lieh oder schenkte, ist alles entsprungen, was ich seither unternommen habe«; und bald darauf auch Maud Gonne, für die er sofort Feuer und Flamme war, der er auf politische Versammlungen hinterher dackelte, auf die er sich sonst nie getraut hätte.

»Maud, Tochter aus gutem englischen Hause, eine Herkunft, die sie nach Kräften verleugnete, ohne sich jemals ihrer Privilegien zu entledigen, war wie ein Komet, ein seltenes und dramatisches Schauspiel, sehr groß, sehr zielstrebig und sehr berückend: eine Romantikerin der Revolution und als solche nicht immer ganz gescheit und nicht immer ganz leicht zu ertragen; ihre 1,80 Meter von enormen Hüten gekrönt, mit kastanienbrauner Lockenmähne und goldgesprenkelten Augen... In Irland erfuhr Maud zum erstenmal von der Vertreibung der Pachtbauern, denen die Landjunker die Habseligkeiten vor die Tür warfen und das Dach anzünden ließen und die zu Hunderten auf den Straßen erfroren und verhungerten. Ihre Empörung war tief empfunden und sollte sich nie wieder legen. ›Bis Irland frei ist...‹

Maud Gonne zuliebe trat Yeats revolutionären Komitees und der Irischen Republikanischen Bruderschaft bei, obwohl ihm Massenaufläufe zuwider waren und er Gewalt fürchtete und ablehnte. Sie hingegen genoß den Auftrieb und die Provokation. ›Im Gehen warf sie den Kopf lachend in den Nacken‹, schreibt er über eine gemeinsam durchgestandene antibritische Demonstration in Dublin, bei der zweihundert Menschen verletzt wurden und eine alte Frau zu Tode geknüppelt.

Für sie war er einfach ›Willie Yeats‹, der ›große, schlaksige Junge‹ mit der genialischen Geste, in wallendem schwarzem Umhang und flatternder Krawatte, der ihr die Bücher hinterher trug und Hutschachteln, Kanarienkäfige und die restliche Menagerie im Zugabteil verstaute (ein Seidenäffchen gehörte zeitweilig dazu und immer Dagda, die dänische Dogge), wenn sie wieder einmal in revolutionärer Absicht nach Paris, St. Petersburg oder New York rauschte; den Revolver im Muff, die konspirativen Papiere im Saum eingenäht. Sein ›Oh, Maud, warum heiratest du mich nicht und gibst diesen tragischen Kampf auf?‹ beschied sie kurz mit ›Willie, wann wirst du es endlich leid sein, mir diese Frage zu stellen? Wie oft habe ich dir geraten, den Göttern zu danken, daß ich dich nicht heiraten will. Du würdest mit mir nicht glücklich werden.‹

Aber natürlich wurde er ohne sie auch nicht glücklich... Was wäre aus seinem Werk geworden, wenn sie ihn erhört hätte? ›Ich hätte die armen Worte weggeworfen und wär zufrieden gewesen‹, schreibt Yeats.« (Elsemarie Maletzke, *Willie und Maud*)

Insgesamt drängt sich bei der Betrachtung des Literary Revival der Eindruck auf, als sei seine politische Aufladung und Funktion als ›intellektuelles Rückgrat der Freiheitsbewegung‹ eher ein unbeabsichtigter Nebeneffekt gewesen. Yeats, der in London Oscar Wilde und in Paris Stephane Mallarmé kennengelernt hatte, die – neben Walter Pater, dem Apostel des englischen Ästhetizismus – sein Frühwerk beeinflußten, war Symbolist, kein Realist. Er zog die ›Anderswelt‹, das Elfenreich der keltischen Mythologie, entschieden der traurig ›deformierten‹ Menschenwelt vor:

Come away! O human child!
To the waters and the wild
With a faery, hand in hand,
For the world's more full of weeping
than you can understand.

Die Bibel seines (in London lebenden) Zeitgenossen George Bernhard Shaw war Marx' *Kapital*. Yeats vertiefte sich lieber in die Werke der Mystiker Swedenborg, Böhme und Blake oder die Dichter der englischen Romantik. Shaw selbst erschien ihm in einem Alptraum als »rasselnde, metallisch blitzende und dabei ständig lächelnde Nähmaschine«. Es läßt sich kaum ein größerer Gegensatz vorstellen als der zwischen den beiden Dubliner Schriftstellern und Literaturnobelpreisträgern, dem Verfasser des *Guide to Socialism and Capitalism* und dem Autor von *A Vision*. Die Bedeutung von Yeats' Dichtungen wird dadurch nicht geschmälert, daß sie sich schwerlich nach Kriterien wie ›sozialer Relevanz‹ oder ›politischem Engagement‹ beurteilen lassen. Seine lyrischen, komplexen, symbolgeladenen Spiegelkabinette (die in seiner zweiten Lebenshälfte zwar etwas ›erdverbundener‹, jedoch niemals ›volkstümlich‹ wirken) gaben der irischen Literatur dafür etwas Vitales, dem keltischen Temperament vielleicht sehr viel Näherliegendes zurück: die Kraft der Imagination. Die Celtic Renaissance erschöpfte sich ja eben nicht in der bloßen Konservierung alter Themen und Stoffe; sie erfüllte sie mit neuem Leben – so wie Diaghilevs *Ballets Russes* Tradition und Moderne versöhnten und Generationen bedeutender Künstler inspirierten.

In Dublin wurde mit der 1898 von Yeats, Lady Gregory und Edward Martyn gegründeten Vereinigung Irish Literary Theatre die Bühne zum eigentlichen Zentrum aller literarischen Energien. Anfangs schien es so, als würden zu viele Köche den Brei verderben: Martyn, ein reicher Landbesitzer und angehender Dramatiker, war ein Bewunderer und Epigone Ibsens, dessen Naturalismus und Gesellschaftskritik sich nur schwer mit Yeats' Kunstanspruch vertrug; bald gab es auch gravierende Meinungsverschiedenheiten mit Maud Gonne und ihren Gesinnungsgenossen, die ein Forum für republikanische Agitation, ein antibritisches ›Agitprop‹-Theater forderten (was schon deshalb nicht funktionieren konnte, weil man aus Mangel an einheimischen Kräften englische Schauspieler verpflichten mußte). Maud stimmte auch in den hysterischen Chor der Spießer ein, die aus Synges *The Shadow of the Glen* eine ›Verunglimpfung der tugendhaften irischen Frau‹ herauslasen. Das Dubliner Publikum, vorwiegend das auf italienische Opern abonnierte, von Joyce so treffend beschriebene protestantische Großbürgertum, das die Zerstreuung in einem ›Nationaltheater‹ der von Varietés und Halls vorgezogen hätte, war im Großen und Ganzen erzkonservativ, verklemmt und Experimenten nicht gerade aufgeschlossen; es erwartete das gewohnte, verlogene ›Stage Irish‹, sentimentale Rührstücke, rosengeschmückte Cottages, vor denen pfeifeschmauchende Großväter, stramme Bauernsöhne und hübsche ›Colleens‹ in ihren Trachten tanzten und Geschichten erzählten, ab und zu unterbrochen von einer komischen Einlage des Dorftrottels – also genau das, was Touristen heute auf irischen Folklorebühnen vorgesetzt bekommen.

»Wir erhoffen uns«, hieß es dagegen in einem von Yeats formulierten, um Geldgeber werbenden Manifest, »ein aufgeschlossenes, unbestechliches und phantasievolles Publikum, das durch seine Leidenschaft für die Kunst der Rede gewohnt ist, zuzuhören, und glauben fest daran, daß unser Wunsch, die tieferen

Gedanken und Gefühle Irlands auf die Bühne zu bringen, diesem Vorhaben das verdiente Interesse sichert – wie auch jene Freiheit zu experimentieren, die man bei britischen Theatern vergeblich sucht und ohne die keine neue Bewegung in der Kunst oder Literatur erfolgreich bestehen kann.« Hört, hört! Das klang vielversprechend. Die ausbedungene ›Freiheit zu experimentieren‹ ließ sogar wieder Skandale erwarten, immerhin etwas, wo doch das politische Experiment ›Home Rule‹ mit dem skandalösen Sturz Charles Stewart Parnell längst gescheitert war. Parnell stolperte 1890 über seine außereheliche Affäre mit der ebenfalls verheirateten Kitty O'Shea, ein willkommener Vorwand, den unbequemen Staatsmann nach zahllosen gescheiterten Intrigen zu erledigen. Viktorianisch-protestantische und katholische Prüderie trieben den ›Retter Irlands‹ in den Tod und setzten der Hoffnung auf Selbstverwaltung auf lange Zeit ein Ende.

In *Efeutag im Sitzungszimmer* aus dem Erzählungsband *Dubliners* (die Anhänger Parnells trugen zum Gedenken an seinen Todestag Efeuzweige am Jackenrevers) schildert Joyce unbarmherzig realistisch, in welche provinziellen Niederungen die irische Politik seit dem Sturz ihres Anführers gesunken war: »wenig mehr als das Geschwätz, das in einem freudlos-kahlen Raum das Gespräch bestimmt.« Das ›aufgeschlossene, unbestechliche, phantasievolle Publikum‹, das Yeats erreichen wollte, war de facto ein reichlich desillusioniertes, das nach Ablenkung verlangte, Ablenkung von der Gegenwart, außer in Boulevardstücken wohl auch in einer verklärten Vergangenheit mit keltischen Helden à la Cú Chulainn, keuschen Jungfrauen, Hexen, Feen und Druiden, – ein ähnliches Phänomen, wie wir es zur Zeit mit Harry Potter und dem Herrn der Ringe erleben. Hier drohte ein noch viel fürchterlicherer Kompromiß: die Weisheit und Tiefe, die echte Mystik irischer Überlieferungen zu kommerzialisieren, Märchen in Zuckerwatte zu verwandeln, um sie dem bürgerlichen Eskapismus ins Maul zu stopfen. Da stand ›Willie‹ Yeats nun auf verlorenem Posten zwischen allen Fronten, eine Handvoll zerstrittener Enthusiasten hinter oder eher gegen sich, die allesamt von Theaterpraxis kaum eine Ahnung hatten, mit ein paar englischen arbeitslosen Schauspielern und irischen Laiendarstellern, Maud Gonnes ›Daughters of Erin‹ (›Inghinidhe na hÉireann‹, einer Gruppe militanter junger Republikanerinnen, die Statisten- und Nebenrollen spielten in der Hoffnung, irgendwann die Heldin des Stücks zu sein – immerhin, aus dieser Gruppe konnte auch eine große Schauspielerin wie Máire Nic Shiublaigh hervorgehen, deren praeraffaelitische Schönheit John B. Yeats auf einem weiteren Gemälde einfing), ohne feste Bühne, ohne erfahrene Regisseure und vor allem ohne finanzielle Grundlage. Aber da gab es ja noch die charismatische, diplomatische, dominante Lady Gregory, die ›Gräfin‹ des Abbey, die eine Mutterrolle für alle übernahm, Streitigkeiten schlichtete und, wenn es sein mußte, mit einem Machtwort beendete; die Brüder Fay, die einzigen, die echte Bühnenerfahrung hatten und für Schauspielunterricht und Sprechausbildung zuständig waren (dem ›Newcomer‹ Yeats aber von Anfang an mißtrauisch gegenüberstanden, da er in ihre Pfründe eingedrungen war); dann Synge, der blasse, scheue ›Genius des irischen Theaters‹ (der freilich Stücke schrieb, die beim Publikum fast allesamt durchfielen oder zu Skandalen führten und das Ensemble immer wieder vor Zerreißproben stellten).

Zu Yeats' Entsetzen hatte Maud Gonne in Paris inzwischen einen Major John McBride geheiratet, der später am Osteraufstand teilnehmen und vor einem britischen Erschießungskommando enden sollte. Trotzdem spielte sie noch immer die Hauptrolle in seinem Leben – und in seinem Drama *Cathleen Ni Houlihan* (Gräfin Cathleen), in dem sie das um seine Freiheit kämpfende Irland verkörperte, das zum Schluß die Maske der alten Bettlerin abwirft und sich zu seiner wahren Größe aufrichtet. So war sie ihm immer erschienen, als Personifikation Irlands. Dieses Gleichnis, das in national gesinnten Kreisen ungeheuer Furore machte, hatte er ihr gewidmet, ihr auf den Leib geschrieben, und dieses Theaterstück war es auch, das ihn nach dem Osteraufstand darüber nachgrübeln ließ, ob er irgend einen Einfluß auf die Ereignisse von 1916 genommen habe.

Fünf Jahre voller Querelen, Machtkämpfe, Publikumspöbeleien, Behörden- und Finanzierungsprobleme, peinlicher Mißerfolge, der Abspaltung verfeindeter Schauspielerparteien vergingen, bis der unbeirrbare Yeats sein Ziel erreicht hatte. Ein Wunder geschah, in Gestalt der exzentrischen Kunstmäzenin und englischen Tee-Erbin Annie Fredericka Horniman, deren Großzügigkeit das Abbey Theatre mitbegründen half (wie bald darauf auch das Old Vic in London.) Sie hatte Synges *Riders to the Sea* bei einem Gastspiel in London gesehen, Yeats' Gedichte gelesen und gehörte wie er zum ›Hermetischen Orden der Goldenen Morgenröte‹ (Golden Dawn), einer englischen Geheimgesellschaft, die sich dem Studium der okkulten Magie widmete. Es heißt, es seien ihre Tarotkarten gewesen, die ihr eingaben, ein irisches Theater zu bauen und zu subventionieren; sie erwarb also in der Abbey Street Ecke Marlborough Street (von der O'Connell Bridge nicht weit entfernt) ein geeignetes Gebäude, ließ es entsprechend herrichten und stellte es 1904 dem Verein Irish Literary Theatre kostenlos zur Verfügung – verbunden mit einer regelmäßigen Alimentierung, bis man auf eigenen Füßen stehen könne. Da war er, der Funke, geschlagen aus der zufälligen Verbindung einer spinnerten englischen Millionärin mit einer enthusiastischen irischen Künstlergruppe, der zur Apotheose des Irish Literary Revival führte.

Im gleichen Jahr, am 16. Juni 1904, spielt Joyce' Roman *Ulysses*, die moderne Odyssee des Annoncenacquisiteurs Leopold Bloom durch ein politisch und kulturell ›paralysiertes‹ Dublin – ein Buch, »epochemachend und endgültig…, das Werk eines der größten Schriftsteller, eines der größten nicht nur unserer Zeit, sondern aller europäischen Literatur« (T. S. Eliot). In der Erzählung *Die Toten* aus *Dubliners* wird Joyce' literarisches alter ego Gabriel Conroy von der nervtötenden Republikanerin Miss Ivors während einer Abendgesellschaft ins Kreuzverhör genommen:

»– Und warum fahren Sie nach Frankreich…, sagte Miss Ivors, statt Ihre Heimat kennenzulernen?

– Nun, sagte Gabriel, teils um mit den Sprachen in Berührung zu bleiben und teils wegen der Abwechslung.

– Und haben Sie nicht Ihre eigene Sprache, mit der Sie in Berührung bleiben sollten – Irisch? fragte Miss Ivors.

– Nun, sagte Gabriel, wenn Sie darauf hinauswollen, wissen Sie, Irisch ist nicht meine Sprache.

… – Und sollten Sie nicht besser Ihre Heimat kennenlernen, fuhr Miss Ivors fort, von der Sie nichts wissen, Ihr eigenes Volk und Ihr eigenes Land?

– Ach was, wenn Sie die Wahrheit hören wollen, erwiderte Gabriel plötzlich, ich habe mein eigenes Land satt, satt hab ich's!«

Joyce war Pionier einer neuen irischen Literatur, die sich aus Yeats' Schatten zu lösen begann, einer bewußten Gegenströmung, zum Irish Literary Revival – einer Literatur der Einzelgänger und Emigranten. Ja, er hatte das alles satt, das ewige Gerangel zwischen Ästheten und Nationalisten, das Kulturphilistertum, die Prüderie, die Heroenverehrung, die Efeuzweiglein am Jackenrevers, die Herrschaft der Kirche über die Seelen und Englands über die Körper, eine Vergangenheit, die so omnipräsent schien, daß sie lähmend auf die Gegenwart wirkte, all die hektische Betriebsamkeit, hinter der sich für ihn nur Stillstand verbarg. 1904 war das Jahr, als er zusammen mit Nora Barnacle auswanderte, der Anfang ihrer eigenen Odyssee quer durch Europa. Auf die später von Reportern häufig gestellte Frage, ob er je nach Irland zurückkehren wolle, antwortete er allerdings jedesmal: »Habe ich es je verlassen?« und was den Stillstand betraf, täuschte ihn seine Menschenkenntnis. Es brodelte unter dem noch still ruhenden Kochtopfdeckel und auf der Bühne des Abbey, wo sich Yeats' *Cathleen Ni Houlihan* Abend für Abend von einer zerlumpten Vettel in eine strahlende Schönheit verwandelte wie der Schmetterling aus der Raupe; Cú Chullain war erwacht und rieb sich die Augen; Feen und Geister verunsicherten die Landlords und Kobolde raubten ihre Weinkeller aus. Die alten Ammenmärchen verbündeten sich, um die Briten das Fürchten zu lehren: Yeats hatte schon Recht mit seiner Überzeugung von der Kraft der Symbole.

Lassen wir die Kunstliebhaber noch etwas in der National Gallery verweilen, wo, im Obergeschoß, außer Porträts noch etliche andere Meisterwerke ihrer begehrlichen Blicke harren, Caravaggios, Ruisdaels, Mantegnas, Uccellos, was das Herz begehrt. Yeats' Bruder Jack ist sicher eine Entdeckung wert, meine Lieblingsbilder von ihm sind *For the Road* und *About to write a Letter*. Wir treffen uns sattgesehen wieder an der Statue von Molly Malone.

Kapitel 3

*So ungeheuer wichtig nimmt sich ein jeder selbst und denkt nur
zu gern, daß er es auch für andere ist, ohne auch nur einmal
die leichte und naheliegende Überlegung anzustellen, daß
seine Angelegenheiten für andere nicht mehr Bedeutung haben
können als ihre für ihn, und wie wenig das ist, das weiß er
schließlich nur allzu gut.*

Jonathan Swift

O'Connell Street und -Bridge auf dem
Bildschirm einer Zeitmaschine

Gehen wir ein Stückchen. Zu Molly Malone finden wir leicht über
die Nassau Street zurück, oder wir nehmen den kleinen Umweg
über Stephen's Green und Grafton Street, und natürlich könnte
man über fast jedes Haus irgend eine spannende oder amüsante
Anekdote erzählen... ein Mord, ein Abenteuer oder ein Liebesnest
hier, ein Rebellenschlupfwinkel, der Wohnsitz einer Berühmtheit
oder der Schauplatz eines Romans da, und ach, wirklich, dort hat
sich Lord Marlborough die Haare grün färben lassen?

Vielleicht haben Sie ja inzwischen Appetit auf eigene Ent-
deckungstouren und Recherchen bekommen; was gibt es Schö-
neres, als sich in Nebenstraßen bis in die Randbezirke der Stadt
zu verlieren und dabei auf eine interessante Kirche oder ein geheimnisvolles Gebäude zu stoßen, nach denen man vergeblich
im Reiseführer blättert... Wir spazieren die Verlängerung der
Grafton Street hinunter, vorbei am Haupteingang von Trinity College, auf die Bank of Ireland am College Green zu, um die wir,
uns links haltend, einen kleinen Bogen machen müssen, und
dann immer die Westmoreland Street entlang, die zur O'Connell
Bridge führt. Für diejenigen, die einen Narren an Dublin gefressen haben, ist es etwas ganz Besonderes, nach ihrer Ankunft
abends zum erstenmal wieder auf der O'Connell Bridge zu ste-

hen und die in der Liffey spiegelnden Lichter zu betrachten. Das hat fast was Weihevolles, so als sei man jetzt erst wirklich angekommen und werde vom ›genius loci‹ persönlich empfangen – es läßt sich nicht so einfach erklären, man muß es einmal zur richtigen Stunde erlebt haben. Aus unserer Richtung kommend sieht man zur Linken die schlanke Metallkonstruktion der Ha'penny Bridge, so genannt, weil es einst einen halben Penny Weggebühr kostete, sie zu überschreiten, zur Rechten die illuminierte Fassade des Custom House über die Quays leuchten, und geradeaus, auf der anderen Seite der Brücke, die so breit ist wie lang, die Statue des dicken Daniel O'Connell. Wenn Sie gerade nicht in Dublin sind und trotzdem diesen Blick genießen möchten, können Sie ihn sich im Internet über die Website der *Irish Times* auf den Bildschirm holen (http: www.ireland.com/dublin/visitor/life_ view/); das Bild wird jede Minute aktualisiert und vor allem von heimwehkranken Dublinern im Ausland aufgerufen.

Stellen wir uns vor, wir besäßen einen Bildschirm, auf dem wir die Szenerie nicht nur Minute für Minute in der Gegenwart betrachten, sondern beliebig lange in der Zeit zurücklaufen lassen könnten. Wir drücken also auf ›rewind‹ – sssssssss, das dauert ein bißchen, und warten so lange, bis wir bei der Erbauung der O'Connell Bridge angelangt sind – die damals noch ›Carlisle Bridge‹ hieß, nach dem englischen Vizekönig Frederick, 5th Earl of Carlisle (ein Freund von Lord Byron und selbst ein mäßig talentierter Poet) – sssssssss – im Jahre 1794. Ah, das war jetzt ein wenig zu weit, 1793, macht nichts, die Brücke ist bereits so gut wie fertig. Sieht ganz anders aus als heute, viel schmaler, und dann wölbt sie sich mit anmutigem Schwung über den Fluß, anstatt wie heute breit asphaltiert und geradlinig auf die andere Seite zu führen. Wenn wir den Bildausschnitt vergrößern, erhalten wir einen Panoramablick auf die Sackville Street – nach Lionel Sackville, einem weiteren Vizekönig –, im Volksmund immer noch als Gardiner's Mall bekannt, flankiert von zwei Reihen prachtvoller georgianischer Herrenhäuser. Nur ein einziges dieser Gebäude wird bis in unsere Zeit überdauern, Nr. 42, im 19. Jahrhundert Sitz des Catholic Commercial Club.

Die Straße ist bereits – durch eine ulmengesäumte Grünfläche (›Mall‹), die man eher als langgestreckte Parkanlage bezeichnen könnte – in zwei Fahrtrichtungen unterteilt, auf denen reger Kutschenverkehr herrscht. Die O'Connell Statue gibt es noch nicht, aber dafür einen Springbrunnen, mehrere Obelisken und kiesbestreute Spazierwege über die Mall, auf denen in den

Abendstunden die High Society flaniert. Geschäfte und Kneipen sucht man vergebens, außer vielleicht hier und da einen Schneider oder Hutmacher; die Protestant Ascendancy hat ihre eigenen Weinkeller, feiert Bälle und Gesellschaften, besucht Clubs und Coffee Houses, und was man zum Leben so braucht, bringen Dienstboten ins Haus. Die Gegend gilt noch immer als ›highly fashionable‹, wenn ihr auch die Merrion Street inzwischen den Rang streitig gemacht hat. Mit der feierlichen Eröffnung der Carlisle Bridge im nächsten Jahr wird die Sackville Street den Anfang einer hochherrschaftlichen Nordsüdachse durch Dublin bilden und das Stadtbild nachhaltig verändern. Aber dieser neuen Brücke kommt noch eine weitere, wichtigere Funktion zu: Sie blockiert Segelschiffen die Weiterfahrt auf der Liffey.

Zuvor mußte jedes Handelsschiff, das vom Meer durch die Hafeneinfahrt steuerte, eine Strecke über den Fluß und seine Waren weiter oberhalb, am alten Custom House, deklarieren. Steuern auf importierte Güter waren eine wesentliche Einnahmequelle sowohl des irischen Staatshaushalts wie der englischen Krone; das wirtschaftliche Zentrum Dublins befand sich dort, wo die Schiffsladungen ankamen, gelöscht wurden und von den Lagerhallen auf die Märkte gelangten.

Dieses Zentrum wird nun durch den Bau der Carlisle Bridge und des neuen Custom House einfach vorverlegt, was bedeutet, daß einige Reiche sich eine goldene Nase dazuverdienen, während die Stadtviertel jenseits der Brücke vom Warenstrom abgeschnitten sind und in Armut und Bedeutungslosigkeit versinken. Kaufleute werden in den Ruin getrieben, unzählige Arbeiter verlieren ihre Stellung, aber so ist das nun einmal, wenn der Rt. Hon. John Beresford, seit 1780 Chief Commissioner der Zollbehörde und sein Schwager Luke Gardiner ›eine Vision‹ haben, die sich für sie und ihre Spezln bezahlt macht.

Kehren wir zu dem kleineren Bildausschnitt zurück, zur fast vollendeten Carlisle Bridge und ihrem hölzernen Gerüst. Erkennen Sie den kleinen Mann ganz links unten, mit dem Dreispitz, der auf einem Stuhl an der vorderen Seite des Ufers sitzt, an einem Glas Portwein nippt und die Bauarbeiten beaufsichtigt? Das ist der Architekt, James Gandon, 51 Jahre alt, von Gicht geplagt, – das rechte Bein ruht auf einem Hocker – und da liegt ja auch die Krücke griffbereit neben ihm auf dem Rasen. Sein Vater war ein exzentrischer Franzose, der in London lebte, ein Rosenkreuzer, der sein ganzes Vermögen mit alchemistischen Experimenten durchbrachte. James, schon als Kind begabt in Mathematik und Zeichnen, zog die Ideale der Aufklärung und klare, klassische Linien vor. In Shipley's Academy fiel der Fünfzehnjährige dem berühmten Baumeister und Gartenkünstler Sir William Chambers auf, der ihn zu sich in die Lehre nahm und ihm acht Jahre später soviel beigebracht hatte, daß er sich selbstständig machen konnte. Für einen aufstrebenden englischen Architekten bedeutete Dublin Eldorado, und so bewarb er sich 1769 bei einem Wettbewerb um den besten Bauplan für die Königliche Börse (City Hall), den leider ein gewisser Thomas Cooley gewann. James fiel immerhin der zweite Preis und damit 60 Pfund zu, was auf ihn aufmerksam machte und seiner Karriere nützte. Ende der Siebziger Jahre lud ihn die russische Prinzessin Dashkov im Auftrag Katharinas der Großen nach St. Petersburg ein, stellte ihm unbeschränkte Mittel sowie einen Staatsposten verbunden mit militärischem Rang in Aussicht, aber dann kam ein für ihn lockenderes Angebot: Zwei sehr mächtige Gentlemen der Dubliner Oberschicht, der erwähnte Sir John Beresford und ein Lord Carlow, bewogen ihn mit viel Überredungskunst und noch mehr Geld dazu, Pläne für das neue Custom House zu entwerfen. Die Sache hatte allerdings gleich zwei Haken.

Der Baugrund am Ufer der Liffey war sumpfig, und das Projekt unterlag strengster Geheimhaltung. James Gandon fand sich plötzlich im Mittelpunkt einer Intrige, deren politische Bedeutung er wohl kaum überriß. Freilich mußte ihm zu denken geben, daß er im April 1781, zur Tarnung mit einem Postschiff aus Liverpool angereist, inkognito zu bleiben hatte und man ihn auf den Landgütern der reichen Gentry abschirmte wie einen Spion, bis er seine ›klaren, klassischen Linien‹ zu Papier brachte. Die Grundsteinlegung fand »ohne Zeremoniell in aller Stille statt, da wir damit rechneten, daß es sonst in der Stadt zu Aufständen kommen würde« (Beresford). Nachdem Gandon das Problem mit dem sumpfigen Untergrund durch Baumstämme als Träger des Fundaments gelöst hatte, dauerte der Bau, von Militär und Stadtmiliz bewacht, zehn bange Jahre und verschlang die damals ungeheuerliche Summe von 200 000 Pfund. Einmal durchbrachen wütende Menschenmassen, angeführt von Napper Tandy, einem Revolutionär der United Irishmen, die Absperrungen, naja, da mußte man eben Feuerbefehl geben, um sie wieder zu vertreiben. Allen Widerständen zum Trotz wurde das Gebäude, wie Dublin Castle ein Symbol der Unterdrückung, 1791 fertiggestellt – ein Meisterwerk georgianischer Architektur, das muß man Gandon schon lassen: 114 Meter lang, gekrönt von einer kupfergedeckten Kuppel und mit Symbolfiguren des Handels und Verkehrs geschmückt, Merkur, Überfluß, Fleiß und Neptun, im dreieckigen Tympanum über dem Haupteingang ein Steinrelief nach Entwürfen von Agostino Carlini. Die allegorische Darstellung zeigt Britannica (England) und Hibernia (Irland, mit Harfe) als schöne Frauengestalten, die sich umarmt halten und einander innig zugetan sind, während Neptun Hunger und Verzweiflung mit seinem Dreizack von ihnen fernhält – da brauchte man sich also keine Sorgen mehr zu machen. Am allerwenigsten Mr. Gandon, der danach noch weitere lukrative Aufträge erhielt, wie etwa die Carlisle Bridge, vor der er gerade an seinem Portwein nippt.

Lassen wir ihn dort sitzen und spulen auf unserer Wundermaschine wieder ein paar Jährchen vor, 1795, 96, 97, 98… halt, das ist interessant, schauen Sie mal, das muß kurz nach der niedergeschlagenen Rebellion sein, als man die Brücke zur Richtstätte umfunktioniert hat, zu einer Art Riesengalgen für Aufrührer, die abschreckend zur Schau gestellt werden. Da hängen sie an beiden Seiten wie die Trauben, sogar an den Laternen, und die Passanten und Fuhrwerke, die hinübermüssen, streben irgendwie geduckt vorbei. Soviel zu Britannica und Hibernia, den liebenden Schwestern.

1799, 1800, 1801... still ruht der Fluß, es ist wieder Ruhe eingekehrt, alles scheint in Ordnung. Viele Menschen unterwegs, sie strömen in Richtung College Green, zum Parlament... ach ja, das hat sich eben selbst aufgelöst, der Act of Union, die Rückverlegung der Regierungsgewalt nach London, das Ende der georgianischen Epoche dämmert herauf. Damit ist auch das Custom House, gerade erst zehn Jahre in Betrieb, bereits vom Verfall bedroht. Beresfords Plan scheint nicht aufgegangen zu sein, die Protestant Ascendancy verabschiedet sich nach und nach aus Dublin.

1802, 03, sss... sss... 1840 schreibt Anna Maria Hall, der wir schon in der National Gallery begegnet sind, über Gandons architektonische Glanzleistung: »Dieser großzügige, meisterhafte Bau wirkt nun unsagbar einsam und verloren, da die Zeit Veränderungen mit sich gebracht hat, die ihn fast überflüssig werden ließen, und leider ist es um Dublins Handel so schlecht bestellt, daß er statt in einem Palast auch in einem Cottage abgewickelt werden könnte.« Wenn wir abermals den Panoramablick über die Sackville Street schweifen lassen, wo die Häuser mittlerweile ziemlich verwahrlost aussehen, es jetzt sogar einige Hotels (wie das Gresham), Banken (wie die Royal Bank), ein Hauptpostamt (GPO) im Greek Revival-Stil, eine neoklassizistische katholische (!) Kirche (Pro Cathedral), Geschäfte und Kneipen gibt und die ehemalige Grünanlage auf ein dünnes Rinnsal geschrumpft ist, fällt besonders Nelson's Pillar auf, seit 1808 weithin sichtbares Wahrzeichen der Stadt und seit ca. 1885 Achse des Trambahnverkehrs:

»Vor der Nelson-Säule verlangsamten die Trambahnen ihre Geschwindigkeit, liefen auf Weiche, legten die Stromnehmerstange um und setzten sich wieder in Bewegung, nach Blackrock, Kingstown und Dalkey, Clonskea, Rathgar und Terenure... Der heisere Inspektor der Dublin United Tramway Company rief laut die Stationen ab:

– Rathgar und Terenure!

– Beeilung, Sandymount Green!

Rechts und links parallel fuhren klirrend klingelnd ein Doppeldecker und ein Einfachdeck aus ihren Schienköpfen, schwenkten auf die Linie stadtauswärts ein, glitten parallel dahin.

– Abfahrt, Palmerston Park!« (James Joyce, ›Im Herzen der hibernischen Metropole‹, aus *Ulysses*)

Man konnte im Inneren der dorischen Säule einst 166 Stufen emporklettern und oben auf der Brüstung, unterhalb der Statue von Lord Horatio Nelson, verschnaufen und die Aussicht genießen – eher atemlos vor Anstrengung als sprachlos vor Entzücken. Joyce nannte den Admiral und Sieger von Abu Quir und Trafalgar respektlos den »einhenkligen Ehebrecher«, auf dessen Einarmigkeit und seine Affäre mit Lady Hamilton anspielend. (Nelsons Leiche wurde übrigens nach der Schlacht von Trafalgar in einem Faß Cognac in die Heimat überführt, möglicherweise irischer Cognac der Marke Hennessy.) Das Monument des britischen Seehelden gemahnte schon damals viele Iren schmerzlich an die britische Vorherrschaft auf der Insel. Gegen Ende des Jahrhunderts entspann sich eine jahrzehntelange Kontroverse zwischen Denkmalschützern und Nationalisten, die erst in der Nacht zum 8. März 1966 beendet wurde, um genau 1 Uhr 32, als eine Sprengladung der IRA Nelson's Pillar einfach wegpustete.

Suchvorlauf: ...1878, 79, 80. Stop. Nanu, Carlisle Bridge hat auf einmal keinen Buckel mehr. Sie ist vom Dublin Port and Docks Board begradigt und verbreitert worden, wobei man sich bemühte, den früheren Eindruck wenigstens annähernd beizubehalten; die Dubliner sind nun einmal konservativ. Es regnet und man sieht auf lauter aufgespannte Schirme. Die neue Brücke wird wie bei einer Schiffstaufe mit einer Flasche Champagner eingeweiht, die gerade an einem Pfeiler zerschellt, und auf den Namen O'Connell Bridge umgetauft. Hurrah. Der nicht sichtbare Herr unter dem vierzehnten Schirm von rechts ist John Joyce, ein glühender Anhänger Parnells. Joyce' Sohn James kommt zwei Jahre später zur Welt.

Ssst, zwei Jahre später. Es regnet schon wieder. Endlich die lange erwartete Enthüllung des O'Connell-Monuments, ein Werk des Bildhauers John Foley (der auch die Statuen von Edmund Burke, Oliver Goldsmith und Henry Grattan schuf), anläßlich der Hundertjahrfeier der Volunteer-Bewegung. Tausende von Menschen sind aus allen Teilen des Landes angereist. Militärkapellen spielen, Fahnen flattern, der Bürgermeister hält eine Ansprache, Hüte fliegen in die Luft. Der korpulente ›Liberator‹ verdeckt jetzt den Ausblick auf Nelson's Pillar. Die britische Regierung wertet dies wie die Umbenennung der Carlisle Bridge als politisches Zeichen und ist alarmiert. Zu Recht, aber es passiert lange Zeit nichts. Es brodelt nur. 1885 stößt ein Antrag der Dublin Corporation, nun auch die Sackville Street in O'Connell Street umzutaufen, auf erbitterten Widerstand der Ladenbesitzer: Der Name Sackville sei in ganz Europa zum Qualitätsbegriff geworden, jeder andere würde sich geschäftsschädigend auswirken. Die Sache kommt vor Gericht, das unter dem Einfluß des britischen Vizekanzlers Rt. Hon. Hedges Eyre Chatterton ein Machtwort für die

Ladenbesitzer spricht. Qualität geht über
alles, und Sackville Street bleibt Sackville
Street bis 1924. »Jeden Abend... sagte ich leise das Wort Paralyse vor mich hin. Es hatte immer seltsam in
meinen Ohren geklungen, wie das Wort ›Gnomon‹ im Euklid
und das Wort ›Simonie‹ im Katechismus. Doch jetzt klang es mir
wie der Name eines übeltäterischen und sündigen Wesens. Es erfüllte mich mit Furcht, und doch verlangte es mich, ihm näher zu
sein und sein tödliches Werk zu betrachten.« (James Joyce, *Die
Schwestern*, aus *Dubliners*)

... 1904, 05, 06, 07... In der Sackville Street gehören Protest-
demonstrationen und politische Versammlungen fast schon zum
Straßenbild, sowie die Pompes funèbres für große Persönlichkeiten oder Märtyrer der Freiheitsbewegung, deren Beerdigungs-
prozessionen Festzügen gleichen. Wir sind nun nicht länger auf
den imaginären Bildschirm angewiesen; ›bewegte Bilder‹, die ersten Wochenschauaufnahmen, wie sie der Regisseur George
Morrison in seiner berühmten Dokumentation *Mise Éire* anein-
andergereiht hat, ziehen den Betrachter direkt ins Geschehen.
Menschenscharen laufen in ameisenhafter Hast umher, jubeln
lautlos dem Redner auf einer Tribüne zu, einzelne Gruppen mit
Melonen, Kreissägen, Schirmkappen und Zylindern schauen
ernst oder neugierig in die Kamera, Trambahnen mit Rekla-
meaufschriften kurven um Nelson's Pillar, konservierte Momente in Schwarzweiß, von Laufstrichen und Schäden im Filmmate-
rial überkrisselt.

Nationalismus und Sozialismus beherrschen die öffentliche

Diskussion, freilich in ganz anderer Konnotation wie die spätere, unselige Verbindung dieser beiden Begriffe in Deutschland: Der katholische Nationalismus in Irland war, wie wir gesehen haben, eine Reaktion auf viele Jahrhunderte britischer Kolonialpolitik, und die Ausbeutung und soziale Benachteiligung der irischen Arbeiter führte zur Bildung von Interessensverbänden und Gewerkschaften, die diese Mißstände bekämpften. Dublin zählte um 1900 ca. 300000 Einwohner; davon lebte fast ein Drittel in Elendsquartieren. Daniel O'Connell hatte 1829 nach langem Ringen den Catholic Relief Act durchgesetzt, d. h. die Wiederherstellung der meisten bürgerlichen Grundrechte für die irischen Katholiken, die ihnen bisher durch die ›penal laws‹ entzogen waren. Der Schock der Hungerkatastrophe von 1845–52 setzte eine weitere Initialzündung in Gang: Es bildeten sich politische Organisationen, die das Ziel der Selbstverwaltung (Home Rule) Irlands durch Terror oder auf parlamentarischem Wege zu erreichen suchten. Insbesondere Parnells National Land League kam diesem Ziel schon sehr nahe. Erreicht wurden immerhin ein allgemeines Wahlrecht und die Abschaffung des Pachtsystems. Zu Beginn des 20. Jahrhunderts waren die meisten Landlords vertrieben, die meisten katholischen Pächter freie Bauern geworden. Auch das protestantische Bildungsmonopol konnte durch die Gründung katholischer Volksschulen und des University College Dublin (UCD) – als Gegengewicht zu Trinity – durchbrochen werden.

All diese Schritte auf dem Weg zur Republik drängten die protestantische Bevölkerungsminderheit, die bisher in Irland das Sagen gehabt und nun fast sämtliche Privilegien verloren hatte, mehr und mehr in die Defensive. Die ›Old English‹, die ihre Ahnen stolz bis zu den Normannen zurückverfolgten und die ›New English‹, Nachfahren britischer Siedler (vor allem schottischer Presbyterianer) seit den Elizabethanischen Kriegen, lebten ja seit vielen Generationen auf der Insel; waren sie etwa keine Iren mit dem gleichen Recht auf Selbstverwaltung? Was sollte mit ihnen geschehen, wenn sich die Home Rule-Bewegung durchsetzte? Der irische Nationalismus war durch und durch katholisch, das heißt anti-protestantisch geprägt: Home Rule, so der unionistische Slogan, bedeutete ›Rome Rule‹. Um keinen Preis wollte man von diesen rückständigen, voreingenommenen, rachsüchtigen und noch dazu religiös verblendeten ›Papisten‹ regiert werden. Insbesondere in der nördlichen Provinz Ulster mit ihren reichen Städten Belfast und Derry führte die Entwicklung zu einer ›Belagerungsmentalität‹: »We will never, no never forsake the old cause, that gave us our freedom, religion and laws.« Die industrielle Revolution hatte sich in Irland nur im Norden ausgebreitet, und da Großbritannien nach wie vor der wichtigste Absatzmarkt war, befand sich Ulster in größerer ökonomischer Abhängigkeit zum Mutterland als der fast ausschließlich von der Landwirtschaft lebende Süden. Im Norden konzentrierte sich das Kapital, und es galt somit auch den relativen Wohlstand der Protestanten vor den begehrlichen ›Kartoffelfressern‹ zu verteidigen.

»... Schottische Banken versorgten die Industrien in Ulster mit Krediten, schottische Gruben versorgten sie mit Kohle. Die britische Industrie versorgte sie mit Rekruten für die Unternehmenskader, am meisten für die Harland Schiffswerften. Das britische Empire gab Ulster Märkte, der Union Jack beschützte sie.« (T. A. Jackson, *Ireland Her Own*)

England hatte die Pflicht, seine loyalen Untertanen vor dem Ansturm des katholischen Mobs zu bewahren, und jedes neue Zugeständnis des Londoner Parlaments an die Nationalisten wurde als Verrat empfunden. Die Saat vieler Jahrhunderte britischer Hegemonie und Siedlungspolitik ging nun auf. Es kam erstmals zu der paradoxen Situation, daß sich die irischen Protestanten politisch und bald auch militärisch zu organisieren begannen und dadurch Druck auf eben jene Regierung ausübten, der sie nach eigenem Bekunden treu ergeben waren: »wir bleiben britisch, zur Not auch gegen die Briten.« Als der liberale Premierminister William Gladstone 1886 und 1893 eine eingeschränkte Home Rule Bill in Westminster durchzusetzen versuchte, scheiterten seine Reformen vor allem am Widerstand der Unionisten, die immer unverhohlener mit Bürgerkrieg drohten. Daß es sich dabei um keine leeren Drohungen handelte, wurde durch die Bildung paramilitärischer Truppen und einer aggressiven Aufrüstung unterstrichen, am spektakulärsten im sogenannten ›Larne-gun-running‹ (April 1914), als man im Deutschen Kaiserreich 25000 Gewehre und 3 Millionen Schuß Munition kaufte und auf zwei Schiffen nach Nordirland brachte, um die Ulster Volunteer Force zu bewaffnen. (Ironischerweise bewilligte der deutsche Generalstab zwei Jahre später dem Nationalisten Roger Casement ungefähr die gleiche Menge Gewehre und Munition für den geplanten Osteraufstand; die Lieferung scheiterte jedoch an der Wachsamkeit des Secret Service und der britischen Kriegsmarine.)

Das irische Problem spaltete die englische Gesellschaft – und spaltet sie bis heute. Konservative Kreise, besonders Tory-Politiker und die oberen Schichten des Militärs, unterstützten die Gegner der Home Rule sowohl im Parlament wie in der Presse, logistisch und finanziell, während die Liberalen mit den Republikanern zusammenarbeiteten. Die Regierung in London sah fortan ihre Hauptaufgabe in einer Befriedung des Konflikts und in der Vermeidung jeder Eskalation. Egal, was sie in diesem heiklen Spiel unternahm, sie hatte immer den Schwarzen Peter. Die einzige Trumpfkarte, eine überkonfessionelle Lösung, war zum letztenmal Ende des 18. Jahrhunderts ausgespielt worden, – und Sozialistenführer wie James Larkin und James Connolly versuchten es durch die Mobilisierung der Arbeitermassen in beiden Teilen des Landes erneut – aber inzwischen hatten sich Katholiken und Protestanten zu weit auseinanderentwickelt.

Auch in Dublin gab es Bastionen des (hier allerdings gemäßigteren) Unionismus, Trinity College zum Beispiel, oder die *Irish Times*. Als Reaktion auf das Säbelrasseln in Ulster gründeten irische Nationalisten 1913 eine Freiwilligenarmee, die Irish Volunteers, um den ›Proddy waddies‹ (Protestantenärschen) Paroli zu bieten, und der sich junge Republikaner begeistert anschlossen. Ihre Zahl wuchs innerhalb weniger Monate auf 160000 an, aber nur ein winziger Bruchteil dieser Retter des Vaterlandes verfügte über brauchbare Gewehre. Auf ihren Übungsmärschen exerzierten viele mit Hurling-Schlägern, und ihre Devise lautete ›Defence, not Defiance‹, Verteidigung, nicht Herausforderung; außer der Verteidigung der Selbstbestimmung hatte diese Armee kein genau definiertes Ziel. In Filmaufnahmen aus jener Zeit tragen ernst blickende Männer rostige Vorderlader, Banner und Transparente mit martialischen Aufschriften durchs Bild, etwa bei einer ihrer Paraden über die Sackville Street, oder sie feuern Salutschüsse bei der Beerdigung eines an Altersschwäche gestorbenen Feniers ab. Es war die Geste, die zählte, aber so richtig gefährlich oder gar nach Bürgerkrieg sieht das alles noch nicht aus.

Man würde sich durch nichts mehr vom eingeschlagenen Weg abbringen lassen, von der eingeschränkten zur endgültigen Home Rule gelangen, eine unabhängige Nation gründen und eine neue Ordnung schaffen, soviel stand fest; nur über die Mittel, diese Ziele zu verwirklichen, hatte man unterschiedliche Auffassungen. Woran es mangelte, waren politische Erfahrung, Einfluß im englischen Parlament, Diplomatie, Gelassenheit, Pragmatismus, alles Eigenschaften, die Parnell vor seinem Sturz vereinte – kurz, der Bewegung fehlte der Kopf. Oder sie hatte zu viele Köpfe. Da war Arthur Griffith, in dessen Sinn Féin (›Wir selbst allein‹) Partei sich die Bauern und das Kleinbürgertum organisierten. Sinn Fein stand unter dem Einfluß der Irish Republican Brotherhood (IRB) und »verband ihr populistisches Programm sozialer Reformen mit dem eines militanten Nationalismus« (Georg Krämer). Dann gab es Douglas Hydes ›Gaelic League‹, die anfangs nur die irische Sprache wiederbeleben wollte, aber immer politischer wurde und sich, ebenfalls von der IRB unterwandert, zunehmend radikalisierte; die ›Gaelic Athletic Association‹ (GAA), ein nationalistischer, sehr einflußreicher Sportverein, der die traditionellen Spiele Hurling und Gaelic Football förderte (und britische Sportarten wie Kricket aus Irland zu verbannen suchte); und schließlich die Gewerkschaften (Trade Unions), allen voran die 1909 von James (›Jim‹) Larkin und James Connolly gegründete Irish Transport and General Workers Union, die bei einem Generalstreik den gesamten Trambahnverkehr Dublins lahmlegen konnte. Anders als im Deutschen Kaiserreich galten irische Sozialisten nicht als ›vaterlandslose Gesellen‹, ganz im Gegenteil, sie zogen oft genug mit den Nationalisten am gleichen Strang. Die von England unabhängige Republik mußte, so ihre Forderung, sozialistisch und antikapitalistisch sein, denn die neuen Landlords waren die ausbeuterischen Unternehmer, die ihre Arbeiter zu Hungerlöhnen schuften und in dreckigen Slums vegetieren ließen. Solche Ideen waren den erzkonservativen Dubliner Arbeitern zunächst nicht leicht zu vermitteln; viele hielten den Sozialismus für etwas Verdächtiges, Ausländisches, vor allem Unmoralisches, Unpatriotisches und Religionsfeindliches. Connolly mußte eine Menge Überzeugungsarbeit leisten: »›Laßt uns Irland befreien‹, sagt der Patriot, der den Sozialismus verabscheut, ›zerrrmalmen wirrr alle gemeinsam den brrrutalen Unterrdrrrückerr...!‹ – ›Und‹, sagt der einfache Arbeiter, ›wenn wir den Unterdrücker zermalmt und Irland befreit haben, was tun wir dann?‹ – ›Na, dann könnt ihr wieder in eure Slums zurückkehren, wo ihr hergekommen seid...‹ Wenn Irland erst frei ist, sagt der Patriot, der den Sozialismus verabscheut, werden wir für alle Gesellschaftsschichten da sein, und falls ihr eure Miete nicht zahlen könnt, fliegt ihr eben raus, so wie immer. Aber die euch rausschmeißen, werden grüne Uniformen tragen, und die Harfe ohne die Krone, und das Kündigungsschreiben, das euch auf die Straße setzt, wird mit dem Wappen der Irischen Republik gestempelt sein. Na, lohnt es sich dafür nicht zu kämpfen?«

Sackville Street, 1913. Offiziell trägt sie noch diesen Namen, aber die Dubliner nennen sie längst O'Connell Street. Aus den zaghaften Kundgebungen der Trade Unions hat sich in wenigen Jahren eine Massenbewegung entwickelt, der Gewerkschaftsfunktionär ›Jim‹ Larkin ist zum Volkshelden geworden, zu einer Art Robin Hood der kleinen Leute. In Belfast ist es ihm sogar gelungen, katholische und protestantische Dockarbeiter zu gemeinsamen Streiks aufzurufen. Doch in Dublin sind die Lebens- und Arbeitsverhältnisse ungleich schlechter als in Belfast. Familien hausen in engen, stickigen Ein-Zimmer-Wohnungen. In den Slums gibt es keine Beleuchtung und kein fließendes Wasser. In verfallenden Abrißhäusern drängen sich nachts die Obdachlosen; »der Gestank aus diesen Löchern verpestet die Luft in den Straßen«. Immer wieder breitet sich Tuberkulose aus, die Sterblichkeitsrate liegt höher als in jeder anderen europäischen Stadt, sogar höher als in Kalkutta. Wer überhaupt einen Job findet, muß sich mit einem Hungerlohn begnügen. Für viele ist Larkin – wenn er nicht gerade wieder im Gefängnis sitzt – und seine Gewerkschaft für Transport- und Fabrikarbeiter die letzte Hoffnung.

Unter dem Druck von Kundgebungen, Demonstrationen und Streiks schließen sich nun auch die Arbeitgeber zusammen. Die britischen Behörden in Dublin Castle und die Polizeikräfte stehen im Kampf gegen die ständigen Unruhen auf ihrer Seite. Anfang August werden alle gewerkschaftlich organisierten Arbeiter ausgesperrt und erhalten keine Beschäftigung mehr. Nach Sympathiestreiks kommt es zu Verhaftungen und brutalen Polizeieinsätzen in den Elendsvierteln. Die Lage spitzt sich zu. Der Schriftsteller George Russell (AE) verdammt in einem *Offenen Brief an die Dubliner Arbeitgeber* ihre »Insolenz, Dummheit und Unmenschlichkeit«, und der noch unbekannte, dreiunddreißigjährige Dramatiker Sean O'Casey wird Augenzeuge des Bloody Sunday am 31. August. Bevor wir uns von seiner Schilderung in die Sackville/O'Connell Street von 1913 mitreißen lassen, noch zwei Anmerkungen: O'Casey spricht in seiner Autobiographie von sich selbst in der dritten Person, und der erwähnte Martin Murphy, von dessen Hotel aus Larkin zur Menge spricht, war ›ausgerechnet‹ der Führer des Arbeitgeberverbandes.

»... Von der Uhr an, die außen am Gebäude der *Irish Times* bedächtig ihren Perpendikel schwingen ließ, über die Brücke und über den Fluß hinweg bis über die Säule hinaus, auf deren Spitze Nelson stand, wimmelte die breite Straße von Menschen. Alle warteten darauf, daß Jim irgendwo auftauchen würde, wenn die Uhr zum ersten Schlag der zwölften Stunde ausholte. ... Sean bekam eine Gänsehaut, denn er war kein Held und merkte, daß es eine Dummheit gewesen war, hierherzukommen. Er fühlte in seiner Tasche nach: Ja, der Fetzen, sein einziges Taschentuch, war da sicher verstaut. Es war doch gut, etwas zum Verbinden bei sich zu haben, denn niemand konnte wissen, ob er nicht irgendwie und irgendwo plötzlich eine Wunde erwischte. Obwohl die Polizisten Anweisung hatten, die Leute auf die Schultern zu treffen, schlugen sie doch immer oben auf den Kopf oder in den Nacken. Er blickte zurück, um sich zu vergewissern, daß er nicht zu weit in die Menge hineingeraten war. Nein, mit einer schnellen Körperwendung und ein paar raschen Armbewegungen könnte er herauskommen, und außerdem war er nur wenige Schritte von den Seitenstraßen entfernt, die gegenüber der Nelsonsäule abzweigen – soweit schien alles in Ordnung zu sein.

... ›Da ist er!‹ riefen plötzlich ein Dutzend Stimmen in Seans Nachbarschaft. ›Er will ausgerechnet aus einem Fenster des Hotels sprechen, das dem Martin Murphy selber gehört!‹ Und richtig, im Rahmen eines der oberen Fenster war ein großer Mann in geistlicher Tracht zu sehen, und als er den Bart vom Kinn riß, erkannte die Menge ihren geliebten Gewerkschaftsführer Jim Larkin.

Ungeheurer Jubel erfüllte die breite Straße, und Sean erhob den rechten Arm und öffnete den Mund, um mitzumachen. Aber sein Mund schloß sich wieder, als die Menge vor ihm wie eine schreckliche Flutwelle zurückdrängte, während die Menschen von außen vorwärts drängten, um besser zu sehen, obgleich die Jubelrufe inzwischen vor nicht allzu fernem, anhaltendem Schreien, vor dem panikartigen Gescharr und Geschlurfe vieler Füße und den lauten Flüchen angsterfüllter Menschen verstummt waren. Ungefähr zwölf Reihen vor sich sah Sean ein verschwollenes Gesicht mit heraustretenden Augen, und ein weit offener Mund rief immer wieder:

›Die Polizei – sie greift an, zurück, zurück dort! Laßt mich raus, laßt mich raus; macht doch ein klein wenig Bahn für einen Herzkranken! Die prügeln ja jeden zu Tode – gebt doch den Weg frei, daß ein armer kranker Mann hier raus kann, bitte!‹

Sean versuchte verzweifelt, sich umzudrehen, aber der Druck wurde so stark, daß er dicht an seinen sich ebenfalls windenden Nachbarn gedrückt wurde. Er fühlte, wie er emporgehoben wurde, und bemühte sich krampfhaft, die Füße auf dem Boden zu behalten. Trotz aller Anstrengungen gelang es ihm nicht, seinen erhobenen Arm herunterzunehmen, um den Druck gegen seine Brust abzustemmen, der ihm fast den Atem raubte... Er konnte sich nur von den Wogen der Menge nach vorn und zurück mitnehmen lassen... Und als er sich zu befreien suchte, hörte er über alles hinweg die Stimmen der Polizisten schreien: ›Gebt's den Lumpen! Treibt die Ratten wieder in ihre Löcher! Ordentlich drauf auf die Larkinschen Schnapssäufer!‹

›Jesus, Maria und Joseph, steh uns jetzt bei!‹ stieß die Stimme neben Sean aus, als nicht weit von ihnen zwei ekelhaft dumpfknirschende Geräusche davon zeugten, daß wieder zwei Schädel getroffen waren. Sean schloß die Augen und wartete auf den Schlag. Der Schmerz in seiner Magengrube wurde unerträglich, und die Hitze des Gedränges ringsum ließ ihn den Schweiß in kleinen Bächen über Brust und Rücken rinnen.

... Er wurde von der hin- und herwogenden Masse mitgenommen und sah deutlich, daß sie schon über die Nelsonsäule hinaus waren. Wenn er über die Menge hinwegblickte, konnte er sehen, wie Polizeihelme hierhin und dorthin flitzten. Und es fluchte und drohte, und Polizeiknüppel sausten und schlugen ein, schlugen ein auf jeden. Eine Minute später stieß er mit den Zehen an etwas Weiches, und einen Augenblick später trampelten seine Füße über einen reglosen Körper. Jetzt brachte er die Füße nicht mehr auf den Boden. Mit seinen krampfhaften Anstrengungen erreichte er nur, daß er noch höher gehoben wurde und mit Kopf und Schultern die zuckende Menschenmasse überragte. Frauen konnte er nicht erblicken, obwohl er mehrmals eine Frau schreien gehört hatte. Ja, da war eine, und gar noch ein gutgekleidetes Mädchen; sie lag einsam vor der Apotheke an der Ecke der Henry Street. Der Teil der Menge, in den Sean eingekeilt war, machte jetzt eine halbe Wendung, und er sah, daß die Leute sich verzweifelt drängelten, um die ersten in der engen Gasse zu sein, die zur Pro-Kathedrale führte. Während Sean darauf wartete, durch die enge Gnadenpforte gezwängt zu werden, sah er, wie Jim Larkin von vier Polizisten vorwärts geschoben, gezogen und geschleppt wurde, wobei eine Schar anderer Polizisten ihre Kameraden mit dem Knüppel in der Hand deckte, bereit, auf jeden Kopf einzuhauen, der in ihre Reichweite kam.

Und ein Stück dahinter, ja, bei Gott, das war doch sein Freund mit der gespaltenen Wange! Ein Ärmel war aus seiner Jacke gerissen, die Bandagen hingen ihm wüst um den Hals. Drei Polizisten schleppten ihn fort, und er machte sie noch wütender, indem er rief: ›Hoch die Dubliner Arbeiter! Hoch Jim Larkin!‹ Sean überrieselte es kalt, wenn er daran dachte, wie sie ihn in der Zelle unter Ausschluß der Öffentlichkeit zurichten würden.

Jetzt kam die wütende Menge in schnelleren Fluß, und mit einem Ruck und Druck, der ihm fast die Rippen brach, wurde Sean auf den schmalen Weg gespült, der ins Leben führte... Da stand er nun, ein bleicher Vorkämpfer für die Volksrechte, und seine Kampfgefährten flohen neben ihm dahin und drängten sich in die Kirche, um dort Frieden und Sicherheit zu finden. Sein ganzes Innere drückte jetzt plötzlich nach außen, der Atem kam mit dem wahnsinnigen Herzklopfen kaum noch mit, der Kopf tat weh, und das Kirchengeländer schien vor ihm herzutanzen... Als er endlich hinkam, lehnte er sich an das Geländer und ließ sich daran langsam auf das Pflaster gleiten, damit Herz und Atem sich beruhigen könnten...«

Den ungleichen Kampf gewannen diesmal noch die Unternehmer und Fabrikbesitzer, deren Bedingungen sich die ausgehungerten Arbeiter nach achtmonatigem Streik bedingungslos fügen mußten. Die Gewerkschaftsunion blieb trotzdem weiterhin aktiv und wirksam, und das rücksichtslose Vorgehen der Dublin Metropolitan Police führte zur Gründung der Irish Citizen Army (ICA), einer Miliz, die Demonstranten künftig vor solchen Ausschreitungen der Staatsgewalt schützen sollte. James Connolly wurde Kommandant dieser Kampfgruppe aus 350 ›sozialistischen Patrioten‹ – und drei Jahre später spielte die ICA eine wichtige Rolle beim Osteraufstand.

4 Freiheitshelden, 1 Zeitungsmann, 1 Temperenzler, 1 Schriftsteller und 1 Flußgöttin

Hier unterbrechen wir die Chronologie, bis wir am Hauptpostamt angelangt sind, und setzen unseren Bummel über O'Connell Street fort. Am Anfang steht John Henry Foleys Statue von Daniel O'Connell (1775–1847). Nach der Beisetzung des ›Befreiers‹ auf dem Glasvenin Friedhof riefen einige Dubliner Zeitungen zu Spenden für ein Denkmal auf, aber 1847 war das erste Jahr der Hungerkatastrophe, und die Iren hatten ganz andere Sorgen. Es dauerte fünfunddreißig Jahre, bis das Monument endlich enthüllt wurde, umringt von vier geflügelten Siegesgöttinnen, die O'Connells Haupttugenden verkörpern: ›Mut‹ erwürgt eine Schlange (und bekam in den Wirren zwischen 1916 und 1922 eine Kugel ab, man sieht deutlich noch das Einschußloch über

der rechten Brust); ›Treue‹ streichelt einen Hund und hat einen
Seefahrerkompaß, der sie nicht vom rechten Wege abkommen
läßt; ›Beredsamkeit‹ hält einen stummen Vortrag und wirft hin
und wieder einen Blick auf ihre Notizen, damit sie nicht ins
Stocken gerät; und ›Patriotismus‹ hält standesgemäß Schwert
und Schild.

Mut mußte er schon haben, um sich an die Spitze einer Volksbewegung zu stellen, die englische Regierung herauszufordern
und ihr die katholische Emanzipation abzuringen, die man 1829
aus Furcht vor einer weiteren Rebellion – und den Kosten, die ihre Niederschlagung verursacht hätte – zähneknirschend gewährte. Treue? Zu Irland, gewiß, aber weniger zu seiner Frau Mary,
die ihm acht Kinder gebar, beileibe nicht seine einzigen; es hieß,
das einzige Städtchen auf der gesamten Insel, in dem er keine Geliebte hatte, sei Rathkeale im Co. Limerick gewesen. Auf einer seiner Vortragstouren begegnete er einem kleinen Jungen, dessen
kluge Fragen zur Lage Irlands ihn erstaunten, reichte ihm ein
Sixpence-Stück und versprach, ihm bei ihrem nächsten Zusammentreffen eine halbe Krone zu geben. Als er weiterging, sprang
der Junge über ein Mäuerchen, lief auf der anderen Seite voraus,
überholte ihn und forderte seine halbe Krone ein. O'Connell frag-

te ihn amüsiert, wie er heiße. »Sie sagen, ich sei der Sohn von Daniel O'Connell«, war die Antwort. »Das möcht' schon sein«, lachte der ›Liberator‹ (so nannte man ihn wirklich schon zu Lebzeiten: »Hey, Liberator, meinste, das haut hin mit der Gleichstellung der Katholiken?« – »Klar doch, Mann, aber du wirst trotzdem weiter Steine klopfen.«) Beredsamkeit? Sicher, schließlich war er zu Beginn seiner Karriere Rechtsanwalt. »Mr. Peels Lächeln erinnert mich an die Silberbeschläge an einem Sarg.« Zu seinen Tugenden gehörte auch eine gewisse Bauernschläue. Ein Landlord schlug ihm einmal eine Wette auf seine beiden Katzen vor: Er hätte sie so gut dressiert, daß sie während eines gemeinsamen Abendessens als Kerzenhalter fungieren würden. O'Connell wettete dagegen, mußte aber zuletzt doch die Mäuse aus der Tasche ziehen, die er zur Sicherheit eingesteckt hatte. (Witz mit Bart. Sollte er Ihnen in einem Pub erzählt werden, lachen Sie höflich über die Pointe.) Patriotismus? Jein. Jedenfalls war er kein Separatist und der britischen Monarchie gegenüber stets loyal eingestellt. Nachdem er die – zumindest formelle – Gleichberechtigung der Katholiken durchgesetzt hatte, wandte er sich wieder seinem nie verwirklichten politischen Hauptziel zu, der Aufhebung des Act of Union, also der Wiedereinsetzung des irischen Parlaments. Daß Irland weiterhin Teil des Commonwealth blieb, stand für ihn nie in Frage. James Joyce haßte es, ›Diener zweier Herren‹ zu sein, dem »imperialen groß-britannischem Staat« und der »heiligen römischen katholischen und apostolischen Kirche.« Für O'Connell, der sein Herz testamentarisch Rom vermachte, bedeuteten sie die unverrückbaren Konstanten seiner Weltordnung. Dennoch, zu Füßen seiner Statue ist Irland, Erin, als schönes Mädchen dargestellt, das auf seine zerbrochenen Ketten tritt und, den Act of Emancipation von 1829 haltend, triumphierend zu ihrem Befreier hinaufdeutet. Und die vielen anderen Figuren, denen sie voranschreitet, symbolisieren die irische Gesellschaft, die Kirche, die Künste, die Bauern, Handel und Gewerbe – alle in dem Maße frei, wie es ihnen England gestattete.

Der nächste Herr, dem wir auf unserem Spaziergang begegnen, diesmal aus Carrara-Marmor, ist ein gewisser William Smith O'Brien (1803–1864) – der mit dem Backenbart und den trotzig vor der Brust verschränkten Armen. Welcher O'Brien? Es gibt so viele in Irland. Die meisten Dubliner wissen es selbst nicht mehr so genau. Sein Denkmal stand bis 1929 auf der anderen Seite des Flusses und wurde hierhergebracht, damit auch er einen würdigen Platz in der Parade der Helden des irischen Freiheitskampfes einnehme – in dem er allerdings nur eine bescheidene Rolle spielte. Er gehörte zu einer Gruppe romantischer Schwärmer, meist Trinity-Absolventen, die sich Young Ireland nannte. Diese Gruppe hatte zwar viele vernünftige Ideen, wie die Einführung überkonfessioneller Schulen oder die Förderung einer irischen Nationalliteratur, aber keinerlei praktisches Geschick, sie zu verwirklichen. Ihr Engagement erschöpfte sich in glühenden Aufrufen in der Zeitung *The Nation* gegen die britische Regierung, die sogar noch von der Hungersnot profitierte, und gegen O'Connells Prinzip der Gewaltlosigkeit. Die Februarrevolution von 1848, der Aufstand französischer Arbeiter und Studenten gegen das Bürgerkönigtum, der in ganz Europa Erhebungen auslöste, schien auch für sie das Zeichen zum Losschlagen. O'Brien forderte öffentlich die Aufstellung einer Nationalgarde nach dem Pariser Vorbild, mit dem Ergebnis, daß die meisten seiner Gesinnungsgenossen verhaftet wurden. Sein Versuch, auf dem Land, das er als Städter kaum kannte, die Bauern zum bewaffneten Widerstand aufzurufen, scheiterte kläglich. Er sprach nur gebrochen Irisch und konnte sich den Verhungernden kaum verständlich machen. Mit einer Handvoll ›Rebellen‹ lieferte er sich in Ballingary, Co. Tipperary ein kurzes Scharmützel mit 46 Polizisten, die zu ihrer Ergreifung ausgesandt waren – das unrühmliche Ende des ›rising of 1848‹. O'Brien wurde leicht verwundet, vor Gericht gestellt und zuerst zum Tode, dann, nach der Intervention einflußreicher Freunde, nur zur Deportation nach Tansania und lebenslänglicher Zwangsarbeit verurteilt. Sechs Jahre später kam er wieder frei, durfte sogar nach Irland zurückkehren und mischte sich nie wieder in die Politik ein. Was, das reicht für ein Denkmal? Offensichtlich.

Auch der Journalist und Politiker Sir John Gray (1816–1875), Herausgeber des *Freeman's Journal* (für das später ein gewisser Leopold Bloom als Annoncenakquisiteur arbeiten sollte), Advokat der Rechte der irischen Pächter und verantwortlich für die Einführung des Dubliner Wassersystems ist von nur geringem historischen Interesse. Sein Marmorbildnis befindet sich vor dem Stammhaus von Eason & Son, der größten Buchhandelskette in Irland, in deren Filialen man deutsche Zeitungen kaufen kann, falls man das Bedürfnis hat.

Die nächste, moderne Statue (die letzte, die in der O'Connell Street aufgestellt wurde) stammt von dem Künstler Oisin Kelly und löste bei ihrer Enthüllung am 15. Juni 1979 heftige Kontroversen aus. So was Häßliches! Der zerknitterte Anzug! Diese viel

zu großen Hände! Doch inzwischen hat man sich an die expressive Darstellung des Riesen der Irischen Arbeiterbewegung, ›Big Jim‹ Larkin (1876–1947) gewöhnt. Er steht direkt vor Clerys Warenhaus, dem ehemaligen Imperial Hotel, von dessen Balkonfenster aus er im August 1913 zu den Volksmassen sprach, bis es durch die Dublin Metropolitan Police zu jenen Ausschreitungen kam, die Sean O'Casey miterlebte. Das brutale Niederknüppeln der verbotenen Kundgebung hatte (offiziell) zwei Todesopfer und Hunderte von Schwerverletzten zur Folge, als Gegenreaktion aber auch ein Erstarken der Gewerkschaften – und die Gründung einer Schutztruppe gegen Polizeiwillkür, die Irish Citizen Army, aus der sich viele Teilnehmer am Osteraufstand rekrutierten. Auf dem Sockel des Standbildes sind Zitate aus den Werken O'Caseys und des Dichters Patrick Kavanagh eingemeißelt, die Vorderseite ziert ein Ausspruch Larkins, der zu seiner beschwörenden Haltung paßt: »Die Großen erscheinen groß, weil wir vor ihnen auf den Knien liegen; laßt uns aufstehen! Erhebt euch!«

Der Unterschied zwischen einer irischen Hochzeit und einer irischen Beerdigung besteht darin, daß bei der Beerdigung eine Person nicht besoffen ist, und um eine Glühbirne einzuschrauben, braucht es vier Iren: einen, der sie ins Gehäuse hält und drei, die ihn hochheben und danach so lange einen zwitschern, bis sich der Raum dreht. Ein Ire, heißt es, sei eine Vorrichtung, Guinness in Urin zu verwandeln, ein anonymer Alkoholiker ist in Irland jemand, der inkognito trinkt, und der Schauspieler Richard Harris brüstete sich damit, nicht im Guinnessbuch der Rekorde zu stehen, aber dafür im Rekordbuch der Guinnesse. Im Land der ›drinking songs‹ stößt man an öffentlichen Plätzen – und so auch in der O'Connell Street – doch überraschend oft auf Statuen von Father Theobald Matthew (1790–1856), dem ›Apostel der Abstinenzler‹, einem Kapuzinermönch, der – in seiner Jugend selbst einem guten Schluck nicht abgeneigt – in den dreißiger und vierziger Jahren des 19. Jahrhunderts viele Tausende dazu bekehrte, dem Laster der Trunksucht zu entsagen. Damit tat er ein gutes Werk, denn ›poteen‹, der schwarzgebrannte ›Trost der Armen‹, vergrößerte damals das Elend der Bevölkerung noch, statt es zu lindern. »To get enough to eat was an achievement, to get drunk was a victory.« (Brendan Behan) Seine Ausstrahlung und Erfolge waren so überwältigend, daß man ihn wie einen Heiligen verehrte; noch heute ist sein schlichtes Grab in Cobh bei Cork ein Wallfahrtsort. Der Whiskeybrenner Roe übersandte ihm einen Scheck für den Bau einer Kirche, für die er gerade Spenden sammelte, mit dem Vermerk, keiner habe seinem Geschäft so geschadet, aber kaum einer habe jemals so viel guten Einfluß auf die Iren ausgeübt.

Father Matthew setzte seine Missionstätigkeit einige Jahre lang in Schottland und England fort, mußte jedoch bei seiner Rückkehr in die Heimat feststellen, daß die meisten ihr Gelübde, keinen Tropfen mehr anzurühren, inzwischen wieder gebrochen hatten. Es war sogar noch schlimmer geworden als zuvor, denn das Massensterben und die Hoffnungslosigkeit während der Hungerkatastrophe ließ die Bauern nun gerade Vergessen in der Flasche suchen. Das Spendengeld für die Kapuzinerkirche gab Father Matthew für den Ankauf von Lebensmittelvorräten aus, die keine zwei Wochen vorhielten. Im Frühjahr 1848 erlitt er unter den Entbehrungen und unermüdlichen Anstrengungen für die Notleidenden einen Schlaganfall, reiste aber trotzdem später noch in die USA und besuchte 25 Staaten, wo sein Wirken nicht ohne Folgen auf die spätere Prohibition blieb. Wenn ich an seiner Statue in der O'Connell Street vorbeikomme – ein Werk der Bildhauerin Mary Redmond (1890) – frage ich mich immer, ob er etwas dagegen hätte, wenn man auf sein Wohl anstößt.

>*O*
sag mir alles von
Anna Livia! Ich muß alles hören
von Anna Livia. Na, ihr kennt Anna Livia? Aber ja, wir alle kennen
Anna Livia. Sag mir alles. Sag es mir gleich. Du kugelst dich, wenn
du's hörst ...«

So lautet der Anfang des ›meistzitiertesten Kapitels des unübersetzbarsten aller Bücher‹, *Finnegans Wake* von James Joyce: Anna Livia Plurabelle (in der Übertragung von Wolfgang Hildesheimer). »Schließlich geht es darin nur um Flüsse und Waschfrauen«, schrieb der Autor an einen Bekannten und gab Anna Livia ihren Namen nach Anna Liffey (gälisch ›Abhann Liffe‹), wie der Fluß zu seiner Zeit noch in amtlichen Dokumenten hieß. *Die Liffey* wurde wie alle irischen Flüsse von den Kelten für weiblich gehalten, und die nur gelegentlich wasserumschäumte, dafür aber oft von Burger King-Schachteln und anderem Abfall verunzierte Bronzeskulptur des Bildhauers und Architekten Eamonn O'Doherty, der Anna Livia Millenium Fountain, ist eine merkwürdige Mischung aus Keltenkitsch, Kunst am Bau und Hommage an Joyce. Er steht etwa an der Stelle der von der IRA gesprengten Nelson-Säule. Wie Molly Malone (›the tart with the cart‹) entstand dieser Brunnen anläßlich der schildbürgerhaften Tausendjahrfeier Dublins von 1988, und bei den Dublinern kursierten schon bald respektlose Bezeichnungen für das sprudelnde Ungetüm: ›Biddy in the Bidet‹, ›Anna Rexia‹ (klingt wie Anorexie, Magersucht) oder ›The Hoor in the Sewer‹ (Die Hure in der Gosse). Mittlerweile hat man sich auf ›The Floozie in the Jacuzzi‹ (Das Flittchen im Whirlpool) geeinigt.

Abseits von der Reihe der übrigen Statuen, am Anfang der Earl Street North, stützt sich ein Herr mit Hut und Brille, die rechte Hand in der Hosentasche, die Beine übereinandergeschlagen, auf sein Stöckchen: ›the prick with the stick‹, James Joyce (1882–1941) höchstpersönlich. Joyce fand ein diebisches Vergnügen daran, Akademiker an der Nase herumzuführen; zu einem Freund sagte er einmal, er habe so viele Rätsel, Anspielungen und vertrackte Denksportaufgaben in den *Ulysses* eingebaut, daß die Professoren Jahrhunderte brauchen würden, um herauszufinden, was er nun genau damit gemeint habe: »Scheint mir der einzige Weg, sich die Unsterblichkeit zu sichern.« Das Bronzebildnis der Künstlerin Marjorie Fitzgibbon (1990) fängt sehr lebendig eine seiner typischen Haltungen ein, in denen er selbst aussah wie ein Fragezeichen.

James Joyce, ›The prick with the stick‹, Earl Street North

Joyceaner wissen natürlich, daß an dieser Straßenecke, in der Nähe von Grahams Bonbon- und Konfektladen (49 Lower O'Connell Street), das Laistrygonen-Kapitel des *Ulysses* beginnt, wie weit es von hier bis zu Leopold und Molly Blooms Wohnhaus in der Eccles Street Nr. 7 ist (nur eine knappe Viertelstunde in Richtung Parnell Square – Frederick/Blessington/Berkeley Street) und wo sich das James Joyce Cultural Center befindet (35 North Great George's Street, auch nur zehn Minuten Fußweg entfernt). Ein Besuch lohnt, schon wegen dem sehenswerten georgianischen Gebäude, den Stukkaturen von Michael Stapleton – und weil man dort an die 50 Charaktere aus Joyce' Roman näher kennenlernt, die allesamt wirklichen Dubliner Zeitgenossen der Jahrhundertwende entsprechen. Der Held (oder vielmehr eine der drei Zentralgestalten des Buches), Leopold Bloom, tritt am 16. Juni 1904 seine Odyssee durch Dublin an – seit 1988 markieren vierzehn Bronzetafeln die Stationen seines Weges – und dieser Tag ist als ›Bloomsday‹ in Irland zu einem regelrechten Nationalfeiertag geworden. An jedem 16. Juni begeben sich Hunderte von Fans aus aller Welt auf eine Pilgerreise zu den beschriebenen Orten, vor allem zu den Pubs. Manche gehen sogar so weit, sich das passende edwardische Outfit zu besorgen, was nicht sonderlich schwer fällt, da der zeitlose Charme irischer Herrenbekleidung, bis auf ein paar Nuancen, allen Modetorheiten der letzten hundert Jahre widerstand. Zum Frühstück ißt man Blooms Leibgericht, gegrillte Hammelnieren, zum Lunch ein Gorgonzola-Sandwich mit Senf und trinkt dazu ein Glas Burgunder im Davy Byrne's (21 Duke Street), und in Sweny's Pharmacy, 1 Lincoln Place wird mehr Zitronenseife verkauft als sonst im ganzen Jahr. Wer an diesem herrlichen Unfug teilnehmen möchte, kann sich vertrauensvoll an das James Joyce Cultural Center (Tel.: 00353-1-878 8547) wenden, das solche Touren organisiert.

Die heutige O'Connell Street würde Joyce allerdings kaum wiedererkennen. Was die britische Artillerie während des Osteraufstands von 1916 nicht zusammenschoß, brannte größtenteils im Bürgerkrieg 1922-23 bis auf die Grundmauern nieder. Man kann die damals einigermaßen intakt gebliebenen Häuser an einer Hand abzählen: Nummer 42, Nummer 62 (in dem sich jetzt ein McDonald's befindet; einige der nicht restaurierten Säulen tragen immer noch die alten Schußnarben), das Hauptpostamt (sofern man die Replik gelten läßt), das Royal Dublin Hotel und das Gresham Hotel. Die übrigen Gebäude sind allesamt neueren Datums und stammen vorwiegend aus den Dreißiger und Vierziger Jahren des 20. Jahrhunderts. Daß sie sich das nicht anmerken lassen, hat wiederum mit dem angenehm konservativen Geschmack der Dubliner zu tun.

Die Bronzestatue von Charles Stewart Parnell (1846–1891), der, wie es bei widrigem Wetter seine Gewohnheit war, zwei Mäntel übereinander trägt, stand zuerst allein am Ende der Straße; der Obelisk, gekrönt von einem Dreifuß, aus dem eine ebenfalls bronzene Flamme lodert, kam erst 1911, zwölf Jahre später, hinzu. Neben der Harfe über ihm sind seine Worte zu lesen: »Niemand hat das Recht, dem Gang einer Nation Grenzen zu setzen.« Ein sonderbarer Widerspruch zu den Bezeichnungen zweier Grafschaften auf den von Ochsenschädeln eingefaßten Girlanden und Plaketten auf dem Sockel, die hier statt Laois und Offaly immer noch Queen's und King's (County) heißen. Aber wer achtet schon so genau darauf? Nachdem die Rebellen des Osteraufstandes sich der britischen Übermacht ergeben hatten, legten viele von ihnen ihre Waffen am Fuß dieses Obelisken ab.

Parnell war der Sohn eines protestantischen Landlords aus Wicklow und einer amerikanischen Mutter mit antibritischen Ressentiments: »Mein Großvater hat im Unabhängigkeitskrieg, mein Vater im Krieg von 1812 gegen die Engländer gekämpft«,

Charles Stewart Parnell, der ›ungekrönte König Irlands‹, O'Connell Street

teilte sie einem Journalisten mit, »ich glaube, die Parnells mögen sie einfach nicht besonders.« Ihr Sohn ging dennoch standesgemäß in England zur Schule und studierte in Cambridge. 1875 wurde er als Anhänger der Home Rule irischer Abgeordneter im House of Commons in London, wo er schnell alle Schliche und Winkelzüge der Obstruktion lernte, etwa das Dauerreden, die Häufung aussichtsloser Anträge oder den Auszug aus der Sitzung zur Herbeiführung der Beschlußunfähigkeit, womit er die englischen Parlamentsmitglieder oft zur Weißglut trieb. Er besaß das Talent, die Briten mit ihren eigenen Waffen zu schlagen. Einmal sprach ein englischer Adeliger unangemeldet bei ihm vor, und er sagte nur »Nehmen Sie Platz«, ohne sich in seiner Lektüre stören zu lassen. »Sie wissen wohl nicht, wen Sie vor sich haben«, brauste der Besucher auf, »ich bin Lord Buff-Orpington vom Oberhaus!« – »Schön«, erwiderte Parnell ungerührt, »dann nehmen Sie eben zwei Plätze.«

Das Auftreten dieses hochgewachsenen, ernsten, blassen Mannes mit dem Vollbart wirkte so britisch-aristokratisch, daß ihn niemand herablassend zu behandeln wagte, wie man es mit den irischen MPs gern zu tun pflegte; außerdem war er Protestant und ein glänzender und überzeugender Redner (wenn auch ohne »dichterischen Schwung und Humor«). Nachdem er die Führung der Home Rule-Partei übernommen hatte, trug ihm der Fenier Michael Davitt 1879 den Vorsitz einer ganz Irland umfassenden Agrar-Organisation an, der National Land League, welche die rechtlosen katholischen Bauern zunächst wie eine Gewerkschaft in ihrem Kampf gegen die ständigen Vertreibungen (evictions) unterstützte, inzwischen aber so mächtig geworden war, daß sie generell die Abschaffung des Landlordsystems forderte. Dieses Ziel sollte nun ausgerechnet ein Landlord verwirklichen.

In den Siebziger und Achtziger Jahren kam es jährlich zu Tausenden solcher ›evictions‹ (1880: 2600), als Reaktion darauf jedoch auch zur Bildung von Geheimbünden, die als unheimlicher

›Captain Moonlight‹ im Gegenzug Furcht und Schrecken unter den Landlordfamilien verbreiteten. Das ging von harmlosem Gespenstermummenschanz und nachts auflodernden Heustapeln über brennende Scheunen und Viehverstümmelungen bis zum Mord – Lady Gregory erschien der Sommer 1881 in Coole Park bei Galway wie ein Alptraum – und Parnell zögerte lange, sich an die Spitze einer Bewegung zu stellen, die von Fenians bzw. der IRB (Irish Republican Brotherhood) gegründet worden und in solche Umtriebe verstrickt war. Der politische Realist und Pragmatiker begab sich auf ein vermintes Feld. In England galt die National Land League als eine Art terroristischer Vereinigung, und ihre Mitglieder waren, so konnte er bald selbst feststellen, abgesehen vom einarmigen Veteranen Davitt vorwiegend romantische Wirrköpfe, rachsüchtige Pächter oder radikale Nationalisten. In den letzten Monaten hatte ›Captain Moonlight‹ sogar britische Gendarmen und Beamte in den Städten ins Visier genommen, so daß man mit militärischen Maßnahmen der Regierung rechnen mußte. Parnell verhinderte die Eskalation des ›land war‹, in dem er die Liga auf gewaltlose Formen des Widerstands einschwor. »Eine wahrhaft nationale Bewegung in Irland muß sowohl eine konstitutionelle wie eine revolutionäre Seite haben«, verkündete er auf Massenveranstaltungen; sie mußte einerseits im Parlament vertreten sein, andererseits im Rahmen der Legalität Mittel einsetzen, ihren Forderungen Nachdruck zu verschaffen. Und er erklärte detailliert, an welche Mittel er dachte: Streik, konsequente Arbeits- und Dienstleistungsverweigerung auf den Gutshöfen ausbeuterischer Landlords, denen, ebenso wie ihren Familien und Verwaltern, kein Händler etwas verkaufen, ja mit denen man nicht einmal mehr sprechen durfte; völlige Isolierung auch jener Pächter, die in ein Haus zogen, in dem eine ›eviction‹ stattgefunden hatte: »Wenn ein Mann einen Hof übernimmt, von dem ein anderer zwangsverwiesen wurde, müßt ihr euch, wo immer ihr ihm begegnet – sei es auf einem Landweg, auf einer Straße in der Stadt, auf einem Platz auf dem Markt, ja auch in Gottes Haus –, von ihm fernhalten und ihn meiden wie einst die Aussätzigen, und ihm auf diese Weise euren Abscheu zeigen über das Verbrechen, das er begangen hat.«

Parnells Methode war äußerst wirkungsvoll. Die erste und bekannteste Strafaktion richtete sich gegen Captain Boycott, den skrupellosen Verwalter von Lough Mask House in der Nähe des Städtchens Cong an der Westküste. Nachdem ihn die Liga geächtet hatte, zahlte man ihm keinen Pachtzins mehr, legte die Arbeit nieder und versagte ihm und seiner Familie jeden menschlichen Kontakt. Der Streik konnte schließlich nur durch den Einsatz von 50 protestantischen Landarbeitern aus Ulster gebrochen werden, die unter dem Schutz eines Armeekorps die inzwischen halb verrottete Ernte einbrachten. »Ich bin das Opfer einer Machtprobe der National Land League«, schrieb Boycott in einem Brief, gab entnervt seinen Posten auf und verließ die Insel. Er hätte sich nicht träumen lassen, daß sein Name in den englischen Sprachgebrauch eingehen würde. »Was haben wir mit ihm gemacht?« fragte Parnell triumphierend auf einer Kundgebung, »wir haben ihn boykottiert!«

Die Waffe des Boykotts – bald genügte schon die bloße Drohung – machte Parnell zum ›ungekrönten König‹ Irlands. Wenn die Engländer ihn ins Gefängnis sperrten, traten sie eine Lawine der Gewalt los, und wenn sie ihn gewähren ließen, setzte er mit Zuckerbrot und Peitsche, durch eine geschickte Schaukeltaktik zwischen Whigs und Tories und seinen Einfluß auf den liberalen Premierminister Gladstone eine Reform nach der anderen durch. Das Bodengesetz von 1881 vereinheitlichte den Pachtzins und bot den Pächtern Schutz vor willkürlicher Kündigung, doch das war längst nicht mehr genug. Das Land sollte an die Bauern zurückgegeben werden. Und wie, bitte, stellen Sie sich das vor, Mr. Parnell? Viele Gutbesitzer wären bereit zu verkaufen. Ach ja? Interessant. Und woher sollen die Bauern das nötige Kapital nehmen? Ganz einfach, der Staat stellt es ihnen zur Verfügung. Glänzende Idee. An welche Summe hatten Sie denn so gedacht? Fünf Millionen Pfund dürften für den Anfang reichen.

Das Gespräch ist natürlich frei erfunden, aber genau so sah das Ergebnis von Parnells Politik aus – diese Summe, 1885 durch den Ashbourne Land Act bewilligt, wurde in den kommenden Jahren sogar noch aufgestockt und war 1903 auf 100 Millionen Pfund angewachsen. Daran hatte vor ihm niemand auch nur zu denken gewagt: ein neuer Stand staatlich geförderter, landbesitzender katholischer Bauern in Irland. Und es folgten weitere Schritte auf dem Weg zur Unabhängigkeit. Die erste Home Rule Bill wurde 1886 von Gladstone zur Lesung in Westminster eingebracht, scheiterte jedoch am Widerstand der Ulster-Unionisten. Parnell mußte unbedingt ausgeschaltet werden, bevor es zur nächsten Gesetzesvorlage kam. Seine Gegner scheuten nicht davor zurück, einen Brief zu fälschen, der ihn mit den Morden an zwei hohen Parlamentariern im Dubliner Phoenix Park in Verbindung brachte (die auf das Konto der Invincibles, einer Splittergruppe der Fenians gingen), und die Londoner *Times* wartete in der Artikelserie ›Parnellism and Crime‹ mit ›Sensationellen Enthüllungen‹ auf. Als die Fälschung entlarvt wurde, ging man dazu über, in seinem Privatleben herumzuschnüffeln.

Parnells einziger wunder Punkt war seine außereheliche Beziehung zu der ebenfalls verheirateten Katharine (›Kitty‹) O'Shea, deren Mann die Liaison über Jahre hinweg geduldet und daraus Vorteile für seine politische Karriere gezogen hatte. Es bedurfte nur einer kleinen Bestechungssumme, Captain O'Shea zu bewegen, die Scheidung wegen Ehebruchs einzureichen und tatkräftig dabei mitzuhelfen, die Sache in die Schlagzeilen zu bringen. Damit war Parnells Ruf ruiniert, für die meisten Katholiken wurde er ›moralisch untragbar‹. Irische Bischöfe riefen dazu auf, ihn abzusetzen. An der beispiellosen Hetzkampagne scheint auch der Vatikan nicht ganz unbeteiligt gewesen zu sein. Viktorianische und katholische Prüderie erledigten den unbequemen Staatsmann im Handumdrehen, und Home Rule war fürs erste kein Thema mehr.

»Parnells Fall schlug wie ein Blitz aus heiterem Himmel ein... die Minister Gladstone und Morley lehnten es offen ab, Gesetze zugunsten Irlands zu verabschieden, wenn der Sünder weiterhin Führer der Irischen Nationalpartei bleibe... Von seinen 83 Abgeordneten blieben nur 8 ihm treu. Der hohe und niedere Klerus warfen sich ins Gefecht, um ihm den Rest zu geben. Die irische Presse goß über ihn und die Frau, die er liebte, die Phiolen ihres Neids aus. Die Bewohner von Castlecomer warfen ihm ungelöschten Kalk in die Augen. Er floh von Grafschaft zu Grafschaft, von Stadt zu Stadt, ›wie ein gehetztes Wild‹, eine geisterhafte Gestalt mit dem Zeichen des Todes auf der Stirn. Innerhalb eines Jahres starb er an gebrochenem Herzen, 45 Jahre alt... In dem letzten verzweifelten Appell an seine Landsleute flehte er sie an, ihn nicht zur Beschwichtigung den englischen Wölfen, die ringsum heulten, vorzuwerfen. Es gereicht ihnen zur Ehre, daß sie sich diesem Appell nicht verschlossen. Sie warfen ihn nicht den englischen Wölfen vor, sie rissen ihn selber in Stücke.«

So endet ein von James Joyce 1912 im Exil, auf Italienisch geschriebener Zeitungsartikel, *L'Ombra di Parnell*. Der fast melodramatische Stil ist für den Autor der *Dubliners* höchst ungewöhnlich und verrät die Erschütterung und die Wut, die Parnells Schicksal noch einundzwanzig Jahre später in ihm auslösten. Für ihn und viele Iren beendete ›der ungekrönte König‹ sein Leben als Märtyrer, gestürzt durch Verrat, und es gibt kein einziges Prosawerk von Joyce, in dem Parnell keinen Auftritt hätte. Parnells Bruder John Howard erscheint zum Beispiel als Randfigur im *Ulysses*, wie ein Gespenst, ein Untoter – »verfolgt einen direkt, das Gesicht.« Er spielt in einem Restaurant Schach gegen sich selbst, während sein Bruder »Menschen wie Bauern rumgeschoben hat« und erregt die Aufmerksamkeit der Dubliner – aber nur als ›Schatten Parnells‹, als jemand, »dessen Anwesenheit ständig an Parnells Abwesenheit erinnert« (David Pierce). Es war der ›tragikomische Stillstand‹, die große Paralyse, welche seit Parnells Sturz von Irland Besitz ergriffen hatte, die Joyce letztendlich ins Exil trieb.

Was sonst noch hinter Parnell steckt

Von dem Obelisken in der O'Connell Street sind es nur ein paar Schritte zum Gate Theatre, wo der junge Orson Welles (wie auch James Mason und andere berühmte Schauspieler) zum ersten Mal auf der Bühne stand. Es ist sicher kein Zufall, daß die Hauptfigur in seinem Film *Citizen Kane*, Charles Foster Kane, über eine Liebesaffäre stolpert, die, als sie publik gemacht wird, seine Ehe und seine politische Laufbahn zerstört. Gegründet wurde das Theater – als Konkurrenzbühne zum Abbey Theatre – 1928 von dem schwulen Schauspielerpaar Hilton Edwards und Michael MacLiammóir. MacLiammóir, der viele Jahre später, diesmal unter Welles‹ Regie, einen wunderbar natternhaften Jago in der Verfilmung von *Othello* gab, war ein exzentrisches Naturtalent, das sich, wie erst nach seinem Tod herauskam, seine abenteuerliche Lebensgeschichte schlicht ausgedacht hatte. Eigentlich hieß er Alfred Wilmore und stammte nicht aus Cork, sondern aus London. Er trug meist ein gelbliches Make-up, wenn er Gäste empfing seidene Kimonos und konnte sich nie von seinem Toupet trennen: Als er einmal einen Glatzköpfigen in einer Fernsehserie spielen sollte, bestand er darauf, daß man ihm eine künstliche Glatze über dem Toupet befestigte. 1960 hatte er ein sensationelles Comeback als Oscar Wilde in dem Ein-Personen-Stück *The Importance of Being Oscar*.

Hier endet unser Spaziergang in nördlicher Richtung, aber ich empfehle Ihnen noch einige Sehenswürdigkeiten jenseits der Parnell Statue: Das Dublin Writer's Museum (18 Parnell Square North) befindet sich in einem Stadthaus aus dem 18. Jahrhundert und ist schon wegen seiner Georgianischen Interieurs (die Gallery of Writers!) einen Besuch wert. Leben und Werk vieler bedeutender Dubliner Literaten – in Raum 1 von den frühesten Anfängen über die anglo-irische Phase bis zur Literary Renaissance, in Raum 2 von der Entwicklung des Abbey Theaters bis zur Gegenwart – werden hier anhand von Porträts, Erstausgaben, Briefen und persönlichen Erinnerungsstücken ausgebreitet – wie etwa die völlig ›zerhackte‹ Schreibmaschine von Brendan Behan, die er in einem Wutanfall einmal durch das Fenster eines Pubs auf die Straße schleuderte. Es finden häufig Sonderausstellungen und Lesungen statt, und ein Raum ist schönen alten Kinderbüchern gewidmet.

Das Rotunda Hospital (Parnell Square West, direkt neben dem Gate Theatre) war das erste nur zu diesem Zweck erbaute Entbindungsheim Europas. 1745 von Dr. Bartholomew Fosse gegründet, ähnelt es dem Leinster House; kein Wunder, es stammt vom gleichen Architekten, dem Deutschen Richard Castle. In der Rotunda am östlichen Ende, etwas später für Gesellschaften, Versammlungen und Konzerte erbaut, gab Franz Liszt 1843 ein Konzert. Werfen Sie ruhig mal einen Blick hinein: Im ersten Stock ist eine Kapelle mit bunten Glasfenstern aus dem 19. Jahrhundert und herrlichen Stuckarbeiten des Rokoko-Künstlers Cramillion zu besichtigen.

In der Hugh Lane Municipal Gallery of Modern Art (Charlemont House, Parnell Square North) ist die Kunstsammlung von Sir Hugh Lane ausgestellt, vornehmlich Gemälde und Skulpturen des späten 19. und frühen 20. Jahrhunderts, u.a. von Monet, Manet, Degas, Renoir, Corot, Rodin und einigen modernen irischen Künstlern. Sir Hugh Lane hatte das Pech, eine Passage auf der *Lusitania* zu buchen, einem Passagierdampfer, der bekanntlich am 7.5.1915 wegen seiner Munitionsladung von einem deutschen U-Boot südlich von Irland torpediert und versenkt wurde, wobei 1198 Menschen ertranken. Da sich zunächst in Dublin kein geeigneter Platz für die Sammlung fand, hatte Lane sie testamentarisch der Londoner Nationalgalerie vermacht, ließ sich dann aber doch vom Dubliner Stadtrat umstimmen, sie im Charlemont House unterzubringen. Es blieb ihm keine Gelegenheit mehr, das Testament zu ändern, und so entspann sich ein jahrzehntelanger Streit mit London, der erst 1965 in einem Kompromiß beigelegt wurde: Die Ausstellung wird nun alle fünf Jahre an die Nationalgalerie verliehen, hoffentlich nicht gerade dann, wenn Sie sich gerade zu einem Besuch entschlossen haben.

Das meiste, was man im National Wax Museum (Granby Row, Parnell Square) zu sehen bekommt, ist ein Tritt in die Harfe des guten Geschmacks, am allerschlimmsten die ›Kinderabteilung‹ mit lebensgroßen Märchen- und Comicfiguren, die selbst ungeratenen Sprößlingen erspart bleiben sollte. Trotzdem, es hat schon was, einige zu Wachs erstarrte ›große Iren‹ vor sich stehen zu sehen, Keltenkönige, Freiheitshelden, Politiker (auch Parnell, wenn ich mich recht erinnere) und Pop-Stars, oder in der ›Schreckenskammer‹ zu erleben, wie schön sich's einst in Dublin foltern ließ, in der guten alten Zeit. An die Qualität von Madame Tussaud's reicht diese Jahrmarktattraktion allerdings nicht heran.

Direkt am Parnell Square liegt auch der Garden of Remembrance, eine kleine Parkanlage zum Gedenken an all die Männer und Frauen, die ihr Leben für die Freiheit Irlands opferten. Er wurde 1966 zum 50. Jahrestag des Osteraufstandes eröffnet, von Präsident Éamon de Valera, der selbst noch daran teilgenommen hatte und nur deshalb nicht vor einem britischen Erschießungskommando gelandet war, weil er einen amerikanischen Paß besaß. Die meisten Anführer der Rebellion kamen nicht so glimpflich davon. Sie mußten eine Nacht an diesem Platz verbringen, bevor man sie ins Kilmainham Gefängnis brachte, wo 14 von insgesamt 16 Todesurteilen vollstreckt wurden… über die Einzelheiten und Zusammenhänge gleich mehr, wenn wir die O'Connell Street zurückgehen und vor dem General Post Office angelangt sind. Werfen Sie im Garten der Erinnerung noch einen Blick auf die Bronzeskulptur von Oisin Kelly, eine Darstellung der in Schwäne verwandelten ›Kinder des Lir‹.

Ein kurzer Abstecher noch zum berühmten Abbey Theatre in der Lower Abbey Street, der ersten Nebenstraße nach der O'Connell Statue. Viel gibt es von außen nicht zu sehen. Das ursprüngliche Gebäude wurde nach einem Brand 1951 abgerissen und durch ein ungeheuer scheußliches ersetzt, das auf das Konto des Architekten Michael Scott geht. Man sollte einmal dortgewesen sein, damit man es rasch wiederfindet, wenn man sich, wie das die meisten Iren tun, kurzentschlossen zum Besuch einer Vorstellung aufrafft. Die Theaterbar mit Porträts von Dramatikern und Schauspielern ist recht gemütlich, außer in den Pausen eines Stückes. Eigentlich habe ich Sie nur hergeschleppt, um Folgendes loszuwerden:

1926, bei der Uraufführung von Sean O'Caseys *Der Pflug und die Sterne* kam es zu einem Skandal, und zwar bei einer Szene, die in einem Pub spielte und in der gleichzeitig eine Prostituier-

te – die es in Irland ja gar nicht gibt, nie gegeben hat – und die
Fahne des irischen Freistaats zu sehen war. Theaterdirektor Yeats
stürmte mit wirrer Mähne und Zwicker auf die Bühne, um das
tobende Publikum zu beschimpfen:»Wieder habt ihr Schande
über euch gebracht! Soll das die immer wiederkehrende Feier zur
Ankunft eines irischen Genies sein? Erst Synge, dann O'Casey?
Die Nachricht von den Vorfällen der letzten paar Minuten wird
von Land zu Land eilen. Erneut hat Dublin an der Wiege eines
Genies gestanden. Von einer solchen Szene in diesem Theater ist
Synges Ruhm ausgegangen. Ebenso wurde heute der Ruhm
O'Caseys hier geboren. Dies ist seine Apotheose.« O'Casey, der
hinter dem Vorhang stand, wußte nicht, was ›Apotheose‹ bedeu-
tete und war über Yeats Tirade ziemlich verunsichert, bis er nach
Hause kam und im Wörterbuch nachschlug.

Der Schriftsteller Flann O'Brien (1911–1966) hieß eigentlich
Brian O'Nolan und schrieb ab 1940 unter dem Pseudonym Myles
na gCopaleen (›Myles von den Pferdchen‹) in der *Irish Times*
sechsundzwanzig Jahre lang die Kolumne *Cruiskeen Lawn* (›Ge-
füllter Krug‹). Hier eine Kostprobe in der kongenialen Übersetzung von Harry Rowohlt:

Das waren noch Zeiten oder: Damals, im Abbey Theater

»Worauf man auch gar nicht oft genug hinweisen kann, ist, daß
die einzelnen Figuren zwischen ihren Auftritten genug Zeit haben, sich – wenn nötig – umzuziehen.« (*Mr. Lennox Robinson in
seiner Vorlesung ›Wie man ein Theaterstück schreibt‹*)

Das kann ich nur unterschreiben. Ich erinnere mich, diesen
wichtigen Punkt in einem meiner Stücke, welches in den frühen
Jahren des Abbey Theaters zur Aufführung gelangte, völlig außer
acht gelassen zu haben. Der Held, ein schmächtiger Büro-Ange-
stellter, der in dem Maße immer mehr Löwenmut an den Tag legen sollte, in dem seine Körperkraft abnahm, mußte, so wollte es
die Handlung, in acht verschiedenen Anzügen auftreten. Das
überstürzte Tempo meines Stoffs jedoch gestattete ihm für jede
Kostümpause nur wenige Sekunden. Der Unglückliche (der sich
wie wohl kaum ein anderer ins Zeug legte) hatte keine andere
Wahl, als den zweiten Anzug über den ersten zu ziehen, den dritten über die ersten beiden und so weiter. Das Ergebnis kann man
sich vorstellen. Anstatt wie vorgesehen zu verkümmern, gewann

er bei jedem Auftritt beträchtlich an Umfang und wuchs im Verlauf einer Stunde zu einem fetten, verquollenen Koloß von einem Mann heran, schweißtriefend und reizbar wie ein Sack voll Katzen. An sein Erscheinen im Schlafanzug im letzten Akt erinnern sich die älteren Abbey-Abonnenten immer noch. Die Polsterung von acht Hosen machte es ihm unmöglich, sich zu setzen oder die Knie zu beugen, und er mußte auf der Bühne herumstaksen wie ein riesiger steifbeiniger Boris Karloff, der vergeblich versucht, seine verschwitzten Hände aus den achtschichtigen Ärmeln hervorlugen zu lassen. Er sah so zart und so ästhetisch aus wie ein Elefantenbulle nach dem Vertilgen eines ganzen Krals voller Eingeborener. Die Anhäufung von Weste und Überrock auf der schmalen Brust des Schauspielers belasteten sein Herz, und er starb (übrigens völlig verarmt) zwei Jahre später. Das Stück fiel durch, und Willie Fay* war außer sich. (*_William Fay, 1872–1947, gründete, zusammen mit W.B. Yeats, Lady Gregory, Edward Martyn und anderen, das Abbey Theater._)

In Samuel Becketts Roman _Murphy_ verfügt der gleichnamige Held in seinem Testament: »Was meinen Körper, meinen Geist und meine Seele betrifft, so wünsche ich, daß man sie verbrennt, die Asche in einen Papiersack tut, denselben zum Abbey Theatre, Lower Abbey Street schafft, wo er umgehend an jenen Ort gebracht werden soll, den Lord Chesterfield ›das Örtchen‹ nennt – wo sie ihre glücklichsten Stunden verbrachten –, auf der rechten Seite vor dem Orchestergraben, und ich wünsche, daß man sie dort hineinschüttet und die Kette darüber zieht, möglichst während der Vorführung eines Stücks, und das Ganze soll ohne Zeremoniell und Anzeichen von Trauer geschehen.« Eine interessante Bestattungsform, fast origineller als der Grabspruch eines anderen irischen Dramatikers, Dion Boucicault: »Mein erster Urlaub.«

Heute keine Schalterstunden

So, nun also, vor dem Hauptpostamt, eine kurze Zusammenfassung der Ereignisse des Easter Rising, jener fehlgeschlagenen Revolte, die – auf allerlei Umwegen – zur Teilung Irlands führte. Phhht! Keine leichte Aufgabe. Darum habe ich sie mir auch so lange aufgespart. Möchte jemand noch rasch Briefmarken kaufen? Man sollte wenigstens einmal in seinem Leben Briefmarken im Dubliner GPO gekauft haben. Im Schalterraum hängen

Das General Post Office (GPO) mit Joyce Statue im Vordergrund

Gemälde, die alles wunderschön illustrieren. Und dann gibt es so viele, viele Bücher über das Thema. In jedem größeren Buchgeschäft findet man unter ›Irish Interest‹ mindestens ein halbes Regalbrett voll, sogar von echten Augenzeugen, und schön, ich fang' ja schon an. Aber wo? Am besten mittendrin, am 24. April 1916, zwölf Uhr Mittags.

Die Dubliner fielen aus allen Wolken. Aus den Morgenblättern hatte man noch, bevor man zum Lokalteil überging, von den neuesten, weit entfernten Fronten des Weltkrieges erfahren: In Verdun schien es ja jetzt richtig loszugehen. Unsere armen Jungs da draußen! Über 100 000 Söhne irischer Eltern kämpften für England und die gerechte Sache gegen die deutschen ›Hunnen‹. Von draußen hörte man in manchen Stadtvierteln vereinzelt Schüsse hallen, und dann einen dumpfen Knall, wie eine entfernte Explosion – sicher wieder irgend so ›ne Übung dieser Freiwilligen, die gekniffen hatten und daheim geblieben waren. Dann kam vielleicht ein Nachbar herein und erzählte wirres Zeug von einem Polizisten, der vor Dublin Castle erschossen worden sei, und daß ein paar Verrückte das Hauptpostamt gestürmt hätten, und das Gerichtsgebäude The Four Courts an der Liffey, und außerdem die Bäckerei Boland's Mill und die Keksfabrik Jacob...

In *Henry, der Held* versetzt sich der moderne Autor Roddy Doyle (*The Commitments*, sein Roman über den Aufstieg einer irischen Popgruppe, wurde als Film auch in Deutschland ein großer Erfolg) einfühlsam und historisch präzise in die dramatischen Szenen hinein, die sich im GPO abspielten:

»Ich hielt mir den linken Arm vor die Augen und schlug die Scheibe ein, die draußen auf dem Gehsteig scheppernd in Scherben ging... Draußen, jenseits der eingeschlagenen Fenster und der Säulen, tat sich nichts, da waren nur die Straße und die üblichen Straßengeräusche – quietschende Trambahnen, Kindergeschrei, Nagelschuhe auf Kopfsteinpflaster und Fahrbahn, die Stimmen der Frauen von dem Stand an der Nelsonsäule, die Namen und Preise ihrer Blumen ausriefen. Nur das Erschrecken und die Flüche der Passanten, die sich draußen vor dem herumfliegenden Glas duckten, gaben diesem Vormittag einen Anstrich von Bedeutsamkeit. Bei uns im Haus sah das anders aus. Kommandeur Connollys Stimme setzte sich gegen den allgemeinen Lärm durch.

– Die Fenster verbarrikadieren. Mit Postsäcken, Schreibmaschinen, allem, was ihr findet.

Die Haupthalle verwandelte sich. Männer in den Uniformen der Volunteers und der Citizen Army, die meisten aber unvollständig oder gar nicht uniformiert, schleppten Tische, Stühle, Aktenberge, Sandsäcke, Postsäcke, Kohlensäcke auf den Schultern und bauten sie am Haupteingang, den Seiteneingängen und vor allen Fenstern zu Schutzwällen auf... Befehle wurden geblafft, blaffend wiederholt, ausgeführt. Junge Burschen rannten zwischen den Offizieren hin und her, holten und brachten Meldungen. Sie bewegten sich hektisch, waren hibbelig vor Aufregung, während die Älteren, die schon Männer oder doch fast Männer waren, eher ruhig blieben in dem Bewußtsein, daß dies die wichtigsten Momente in ihrem Leben waren. Ein Schuß schickte uns zu Boden. Stücke der Stuckdecke lösten sich, ein Brocken prallte an meinem Rücken ab.

– Wer hat da geschossen?

– Ich, sagte jemand auf der anderen Seite der Haupthalle. – Ich hab bloß mein Gewehr losgelassen, da ist es losgegangen.

– Paß gefälligst auf. Nicht, daß ihr hier einen umbringt!

Ein riesiger Kerl demolierte einen Postschalter; die Axt ging durch das rote Teak wie durch Kuchenteig. Das Holz brauchte er für den großen Kessel, der vor ihm auf den Fliesen stand. Kommandant Clarke wünschte Tee. Ein Mann in Zivil wickelte

Kupferdraht um Tisch- und Stuhlbeine und um mehrere übereinandergestapelte Schreibmaschinen, als Verstärkung für seine Barrikade. Postbeamte sprinteten zum Haupteingang. Ich hörte das Hallen der eiligen Schritte, mit denen die letzten die Treppe runterrannten, um noch rauszukommen, ehe die Tür abgeschlossen und verrammelt wurde.

– Ihr könnt gern hierbleiben, Genossen, sagte Paddy Swanzy zu ihnen, während er sich den weißen Kalkstaub von der Uniform der Citizen Army klopfte. – Jesses, seht euch das an. Total eingesaut, dabei haben wir noch gar nicht angefangen...«

Über dem Postamt flatterten, immer mehr Neugierige anlockend, die darauf deuteten, die Flaggen der irischen Republik, eine ganz in Grün mit den goldenen Lettern ›Irish Republic‹, eine in den Farben Grün, Weiß und Orange. Grün stand für die Katholiken, Orange für die ›Oranier‹, die Protestanten, und das Weiß dazwischen verhieß Frieden und Einigkeit. Weit gefehlt.

Auf der Treppe hatte sich ein blasser, schmächtiger Herr postiert, der nicht in diese schlecht sitzende, viel zu groß wirkende, grüne Uniform eines Kommandanten der Irish Volunteers zu passen schien. Er verlas laut eine Proklamation der ›Provisorischen Regierung der Irischen Republik‹, wieder und immer wieder, bis sich in der O'Connell Street, die eigentlich noch Sackville Street hieß, die Volksmassen um ihn drängten, naja, ziemlich lichte Volksmassen, denn viele trauten sich nach den Neuigkeiten gar nicht mehr aus dem Haus. »Männer und Frauen Irlands!« rief er, »im Namen Gottes und der Generationen vor uns, aus deren Händen es seine alten nationalen Traditionen entgegengenommen hat, sammelt Irland durch uns seine Kinder um seine Flagge und kämpft für seine Freiheit.« (›Was will er? Was soll das hier? Wer is'n das überhaupt?‹) »Wir behaupten das Eigentumsrecht des irischen Volkes an seinem Land und sein Recht, frei über sein Schicksal bestimmen zu können.« (›Hört, hört!‹) »Hiermit proklamieren wir die Irische Republik als souveränen, unabhängigen Staat und verpfänden unser Leben für ihre Freiheit, ihr Wohlergehen und ihre Anerkennung als Nation unter den Nationen...« Die Erklärung war, wie noch heute für jedermann lesbar, in den Fenstern des General Post Office ausgehängt, schwarz auf weiß, unterzeichnet von Eamonn Ceannt, Thomas James Clarke, James Connolly, Seán MacDiarmada, Thomas MacDonagh, Pádraic Henry Pearse und Joseph Mary Plunkett. Von wem, bitte? Die wenigsten kannten diese Leute... bis auf Connolly vielleicht, war das nicht dieser sozialistische Arbeiterführer, oder Pearse, der kürzlich in der O'Connell Street die Grabrede für O'Donovan Rossa, einen Veteranen des Freiheitskampfes gehalten hatte – »in einem unfreien Irland soll niemals Frieden herrschen«. Klar, der Mann in der schlecht sitzenden Uniform auf der Treppe war Pearse, ein Schullehrer, der Gälisch unterrichtete. Aber all die anderen... was hatten die vor? Wer steckte dahinter? Eine Revolution, mitten im Weltkrieg? Na, wenn das mal gut ging! Die Stimmung schwankte noch zwischen Neugierde und Besorgnis, während die Trambahnen wie gewöhnlich »klirrend klingelnd« um die Nelson-Säule kurvten.

Die Hintermänner

Wer steckte dahinter? In erster Linie die Irisch-Republikanische Bruderschaft (Irish Republican Brotherhood, IRB), eine mächtige Untergrundbewegung, die aus den ›Feniern‹ der 1850er Jahre hervorgegangen war und, gemeinsam mit dem amerikanisch-irischen revolutionären Bund Clan-na-Gael (Die Irische Familie), um die Jahrhundertwende von den USA aus operierte. Ihre Anführer glaubten nicht (mehr) an eine ›gütliche‹, politisch-parlamentarische Lösung des Konflikts zwischen Irland und Großbritannien, wie sie etwa Parnell und der Home Rule-Bewegung vorschwebte: »Unsere Pflicht ist es, uns selbst den Mut und die Kraft zu geben, den Engländern unsere politischen Rechte mit dem Schwert zu entreißen.«

Es gab Tausende Sympathisanten der IRB in Irland und Amerika, aber niemand wußte so genau, wer wirklich zum ›inneren Kreis‹ ihrer 1912 ca. 2000 Mitglieder gehörte. Geheimhaltung war oberstes Gebot, denn die britische Regierung hatte nach dem Aufstand von 1867 und vielen Terroranschlägen – zum Beispiel 1882 den Morden im Phoenix Park – ein Netz von Spionen und Informanten über die ganze Insel geknüpft, und Militär- und Polizeikräfte gingen jedem ›sachdienlichen Hinweis‹ nach. Man mußte schon verdammt gerissen sein, um durch dieses Netz zu schlüpfen. Die Karteikästen in Dublin Castle quollen über von Namen, Adressen und Personenbeschreibungen aller Individuen, die nur irgend verdächtig erschienen, und die Stadt wimmelte von Spitzeln – so wie der Sargbauer Corny Kelleher in *Ulysses*, eine Figur, zu der Joyce wieder mal ein ›typischer‹ Dubliner Modell gestanden hatte. Als Hauptbasis kam für die IRB nur die

USA in Frage, nicht nur, weil man dort vor Verrätern und nächtlichen Razzien sicher sein, sondern weil man mit Hilfe von Clanna-Gael durch Geldspenden irischer Emigranten, eines gewaltigen Bevölkerungsanteils also, eine solide Finanzierung aller geplanten Aktivitäten auf die Beine stellen konnte. Schließlich brauchte man dazu Waffen und Sprengstoff, und die mußten gekauft werden.

Die IRB war keine Vereinigung schwärmerischer Nationalisten, an denen ja damals kein Mangel herrschte, sondern nach militärischem Muster straff organisiert. Man hatte aus den Erfahrungen der vergangenen Jahrzehnte gelernt. Ziel war nicht ein weiteres ›Revolutiönchen‹, sondern *der* konzertierte, bewaffnete Befreiungsschlag, der Irland endgültig vom britischen Joch befreien würde. Dabei galt es drei in ihrer ›Verfassung‹ festgelegte Prinzipien zu beachten:

1. Die IRB, die sich auf einen Krieg vorbereitet, beschränkt sich in Friedenszeiten darauf, ›moralischen Einfluß‹ auszuüben;

2. Die IRB wird diesen Krieg nicht eher beginnen, als bis sie die Mehrheit der irischen Nation geschlossen hinter sich weiß;

3. Die IRB wird, soweit es sich mit ihrer Integrität vereinbaren läßt, jede Bewegung unterstützen, die sich der Sache der irischen Unabhängigkeit verschrieben hat.

Von Punkt zwei nahm man bald Abstand, wie der Ablauf des Osteraufstandes zeigt; die Nation mußte offenbar zu ihrem Glück gezwungen werden. Punkt eins und drei ließen sich gemeinsam abhaken, indem man nationalistische Bewegungen, etwa Douglas Hydes ›Gälische Liga‹, die eine Wiederbelebung der irischen Sprache anstrebte oder den ›Gälischen Turn- und Sportverein‹ (GAA) – na, ›unterstützte‹ ist nicht ganz das richtige Wort, sagen wir lieber gezielt unterwanderte. In jeden dieser Vereine, natürlich auch in Maud Gonnes republikanische Frauentruppe ›Töchter Erins‹, wurden IRB-Aktivisten eingeschleust, die nach einer Anfangsphase der Indoktrination (bzw. der Stärkung bereits vorhandener Tendenzen) in Führungspositionen aufstiegen. Douglas Hyde beobachtete diese Entwicklung mit großer Sorge und trat in letzter Konsequenz 1915 vom Amt des Vorsitzenden der ›Gaelic League‹ zurück.

Thomas James Clarke (1857–1916) – »Kommandant Clarke wünschte Tee«, wie es bei Roddy Doyle heißt – war eine Schlüsselfigur des Osteraufstands, Spitzenfunktionär der IRB und Mitglied ihres Militärrates. In England hatte man ihn 1883 mit einem Köfferchen flüssigen Sprengstoffs verhaftet und zu lebenslangem Zuchthaus verurteilt. Nach 15 Jahren kam er wieder frei, emigrierte 1899 nach Amerika und kehrte 1907 mit dem Auftrag nach Dublin zurück, die Republikanische Bruderschaft in Irland neu zu organisieren. Zur Tarnung eröffnete er einen Zeitungs- und Tabakwarenladen in der Great Britain Street (heute Parnell Street), von dem aus er ein Netzwerk von Kontakten knüpfte. »Die alte Organisation gab es zwar noch, aber ihre Führung lag in den Händen einiger älterer Herren, die von Zeit zu Zeit zusammenkamen, um in Kneipen ihre revolutionären Lieder zu singen. Clarke... hielt nicht viel von diesen alten Herren. Er warb junge aktive Mitglieder an und ließ sie einen Treueid auf die kommende irische Republik schwören... Dank seiner früheren Verdienste und der finanziellen Unterstützung durch Clan-na-gael gelang es Clarke, sich den Weg zur Spitze der Republikanischen Bruderschaft zu erkämpfen. Er gab der Bewegung einen rein militärischen Charakter und bildete ihre Mitglieder für die kommenden revolutionären Aktionen aus.« (Alf Åberg) Dabei wirkte er mit seinem schmächtigen Körperbau, der Nickelbrille und dem buschigen Schnurrbart völlig harmlos, eher wie ein Bücherwurm, ein weltfremder Intellektueller.

Seán MacDiarmada (1884–1916), zuerst Gärtner, dann Trambahnfahrer, kam 1908 nach Dublin, wie Clarke im Auftrag der IRB, um die Organisation ›wiederzubeleben‹. Sie wurden enge Freunde und arbeiteten bei der Rekrutierung neuer Mitglieder zusammen. 1914 hielt er eine feurige Rede gegen die Teilnahme irischer Freiwilliger am 1. Weltkrieg und ihre ›sklavische pro-britische Haltung‹, die ihm eine dreimonatige Gefängnisstrafe einbrachte.

Joseph Mary Plunkett (1887–1916) war Dichter, Gelehrter, Co-Direktor des *Irish Theatre* und Mitherausgeber der *Irish Review*. In seinem Haus in einem Vorort von Dublin befand sich ein geheimes Waffenlager. Er litt unter Drüsentuberkulose im Endstadium und hatte sich von seinem Krankenlager aufgerafft, um am Aufstand teilzunehmen.

Thomas MacDonagh (1878–1916), ein weiterer Rebellenliterat, leitete gemeinsam mit Plunkett das Irish Theatre in der Hardwicke Street; sein Drama *When Dawn is Come* wurde 1908 am Abbey Theatre uraufgeführt. Bei einem Aufenthalt auf den Aran-Inseln lernte er den Dichter Pádraic Pearse kennen, der ihn davon überzeugte, der IRB beizutreten.

Eamonn Ceannt (1881–1916), Irischlehrer der Gaelic League, Stadtkämmerer der Dublin Corporation, ein Meister auf dem irischen Dudelsack (›uilleann pipes‹), IRB-Mitglied seit 1908, 1913 Mitbegründer der Freiwilligenmiliz und Kommandant ihrer vierten Batallion; neben Clarke und Pearse einer der drei Hauptstrategen des Aufstands.

Pádraic Henry Pearse (1879–1916), Journalist, Idealist, Herausgeber der Wochenzeitschrift der Gälischen Liga, *An Claidheamh*, Leiter der zweisprachigen Schule St. Enda in Rathfarnham, IRB-Mitglied seit 1912, Verfasser von Theaterstücken, Gedichten, (sehr anrührenden und lesenswerten) Kurzgeschichten und Essays auf englisch und irisch. Die große Liebe seines Lebens war eine Studentin, die auf tragische Weise ertrank. Nach ihrem Tod leistete er mit seinem jüngeren Bruder Willie einen heiligen Eid, Irland zu befreien oder bei dem Versuch zu sterben. Diese Gelegenheit kam, als er 1916 Oberkommandierender der Freiwilligenverbände des Osteraufstands und Präsident der provisorischen Regierung der Republik wurde.

Auf den siebten Unterzeichner ihrer Proklamation, die Pearse vor dem Hauptpostamt verlas, James Connolly (1868–1916), Gewerkschaftsführer der Irish Transport and General Worker's Union und Gründer der Irish Socialist Republican Party, wird im weiteren Verlauf der Ereignisse noch zurückzukommen sein; er stieß erst relativ spät zum ›Kreis der Verschwörer‹.

Das Hauptinteresse der IRB galt den Irish Volunteers, jener Freiwilligenmiliz, die 1913 von Eoin MacNeill – als Reaktion auf die militanten Ulster Volunteers der Anti-Home-Rule-Bewegung in Nordirland – gegründet worden war. Mac Neill, ein Professor für frühe irische Geschichte am University College Dublin, war ein angesehener Gelehrter mit moderaten politischen Ansichten, jedenfalls kein Extremist; aber natürlich trug die Freiwilligenbewegung von Anfang an radikal republikanische Züge, und natürlich mischte die IRB auch von Anfang an kräftig mit. Die IRB, ob dies Mac Neill bewußt war oder nicht, war bereits maßgeblich an der Gründung der Irish Volunteers beteiligt, stellte einerseits sowohl Ausbilder als Rekruten, rekrutierte andererseits aus den Reihen dieser schnell wachsenden, 1914 ca. 160 000 Mann starken Truppe neue Mitglieder.

Daraus ließe sich folgern, Mac Neill sei nur eine Marionette gewesen, die vertrauenserweckende Galionsfigur, die dem ›wichtigsten Instrument des Umsturzes‹ den Anschein von Solidität geben sollte. Man sollte jedoch den Einfluß der IRB auf die Irish

Volunteers nicht überschätzen. Diese waren ja kein stehendes Heer, sondern setzten sich aus über das ganze Land verstreuten Reservisten zusammen, die sich verpflichtet hatten, ihr Vaterland im Ernstfall eines Bürgerkrieges gegen die protestantischen Home Rule-Gegner zu verteidigen. ›Defence, not Defiance‹ hieß die Devise, ›Verteidigung, nicht Herausforderung‹; es ging darum, auf einen Angriff der Ulster Volunteers angemessen reagieren zu können, keineswegs darum, einen bewaffneten Aufstand gegen die britische Besatzungsmacht vom Zaum zu brechen. Ganz im Gegenteil.

Wie sehr sich die IRB verrechnet hatte, zeigte sich nach Ausbruch des 1. Weltkrieges: John Redmond, der Führer der irischen Parlamentsfraktion, forderte Irland auf, auf der Seite Englands gegen Deutschland zu kämpfen, um so gewissermaßen durch ›gute Führung‹ die in Aussicht gestellte, bereits mit der Third Home Rule Bill gesetzlich verankerte Selbstverwaltung endlich Realität werden zu lassen. Von den 160000 Freiwilligen verweigerte nur ein Bruchteil von 11000 den Dienst in der britischen Armee. Und selbst von diesen 11000 gelang es den Organisatoren des Osteraufstandes schließlich nur etwa 1000 zu mobilisieren. Daran läßt sich ablesen, daß die Wirkung der IRB trotz aller Bemühungen und ›Infiltrationen‹ im Endeffekt doch nur eine sehr begrenzte war.

Die Irish Volunteers, die sich nun stolz ›National Volunteers‹ nannten und für Großbritannien in den Krieg zogen, mußten bald erkennen, daß man ihre Dienste geringer schätzte als die der Ulster-Protestanten. Katholische Iren durften nicht in geschlossenen Verbänden kämpfen, auch nicht unter eigenen Fahnen; und sie wurden im sinnlosen Stellungskrieg eher ›verheizt‹ als ihre königstreuen Kameraden aus dem Norden. Den meisten kam jetzt erst schmerzlich zu Bewußtsein, daß Irland bereits ein geteiltes Land war.

Die auf der Insel Verbliebenen galten dagegen bei einem großen Teil der Bevölkerung als ›Drückeberger‹, die sich weigerten, ihren Beitrag zur Home Rule zu leisten, indem sie sich als verläßliche Partner Englands erwiesen. Noch gingen die europäischen Nationen ja von einer raschen Beendigung des Krieges aus, und danach würde alles besser werden. Viele arbeitslose junge Iren, die kein Kanonenfutter sein wollten, sahen das allerdings anders und versuchten, in die USA zu emigrieren, da sie eine spätere Zwangsrekrutierung befürchteten. An dem Verdacht schien was dran zu sein – die britische Regierung reagierte prompt auf die Emigrationswelle und erschwerte die Ausreisebedingungen. Diese Maßnahmen hatten einen unbeabsichtigten Nebeneffekt: Sie trieben den Irish Volunteers in Irland Scharen neuer Mitglieder zu, jener Minderheit also, die wie Roger Casement der Ansicht waren: »Die Iren haben kein Blut abzugeben für irgend ein anderes Land, für irgend eine andere Sache als für Irland.«

Casements Geheimmission in Deutschland

Casement (1864–1916), in Sandycove bei Dublin geboren, stammte aus einer gutsituierten, protestantischen Familie und hatte, ehe er für die irische Sache kämpfte, ein abenteuerliches Leben geführt. Mit zwanzig ging er nach Afrika, wo er als Landvermesser tätig war, Elefanten jagte und Forschungsreisen in den tiefsten Urwald unternahm, bevor er in den Dienst der britischen Regierung eintrat.

Es folgte eine steile Karriere als Konsulatsbeamter im Kongo. Er wurde sogar wegen seiner Verdienste geadelt – was ihn befremdete, denn er hatte inzwischen die Schattenseiten englischer Kolonialpolitik kennengelernt und scheute nicht davor zurück, sie publik zu machen. Sein ›Kongo-Report‹, in dem er auf die brutale Ausbeutung afrikanischer Arbeiter in den Gummiplantagen hinwies, schlug 1903 wie eine Bombe ein, ebenso der ›Putumayo-Report‹ von 1911, in dem er ähnliche Mißstände im Dschungel des oberen Amazonas anprangerte. Zwar führte sein Engagement in Teilbereichen zu Reformen, ließ ihn aber als ›Nestbeschmutzer‹ für den Staatsdienst untragbar werden, den er ohne Bedauern quittierte. 1913 kehrte er nach Irland zurück, wo sich sein Eindruck bestätigte, daß die Engländer auch in diesem Land nicht viel mehr als eine Kolonie sahen. Er trat Douglas Hydes Gälischer Liga bei und war an der Gründung der Irish Volunteers beteiligt, deren ›recruiter-in-chief‹ und Schatzmeister er wurde. So kam er in Kontakt mit der IRB, die in ihm einen Mitstreiter mit diplomatischer Erfahrung und, durch sein Eintreten für die Menschenrechte in Afrika und Südamerika, auch von hohem internationalen Renommee fanden.

Von der bis zur Beendigung des Weltkriegs ausgesetzten Home Rule war nicht viel zu erwarten. Die hatte England immer wieder versprochen, um dann doch wieder auf Druck der Protestanten einzuknicken, wenn es ums Eingemachte ging. Bestenfalls lief es auf ein paar weitere, fadenscheinige Kompromisse hinaus. Man würde den Iren vielleicht etwas mehr Leine geben, aber sie niemals von der Leine lassen. Das ›Selbstbestimmungsrecht Irlands unter den freien Nationen der Welt‹ stellte sich die Irisch Republikanische Bruderschaft anders vor. Also beschloß sie, nach der alten Maxime, daß ›Englands Krieg Irlands Chance bedeutet‹ zu handeln und begann mit der Planung einer großangelegten, die ganze Insel umfassenden Revolution. Der Zeitpunkt hing nur noch von einer geheimen Mission ab, mit der man Roger Casement betraute: Er sollte, natürlich unter falschem Namen, von Amerika über Norwegen nach Deutschland reisen, Verbindung mit dem Generalstab, womöglich sogar mit dem Kaiser persönlich aufnehmen und um Unterstützung für den irischen Freiheitskampf werben. In der gegenwärtigen Situation erfüllte aus britischer Sicht allein der Gedanke den Tatbestand des Hochverrats.

Im nachhinein erscheint diese Vorgehensweise ziemlich naiv. Daß Deutschland Truppen von der Front abziehen würde, um Irland uneigennützig zur Unabhängigkeit zu verhelfen, darauf hofften wohl nicht einmal die schwärmerischsten Köpfe der IRB. Man war sich durchaus der Gefahr bewußt, im Falle eines deutschen Sieges nur eine Besatzungsmacht durch eine andere einzutauschen. Daher bestand Casement auch auf einer offiziellen, ›kategorischen‹ Erklärung des Auswärtigen Amtes in Berlin, des Inhalts, »daß die deutsche Regierung nur das Beste des irischen Volkes, seines Landes und seiner Institutionen wünscht. Die kaiserliche Regierung erklärt in aller Form, daß unter keinen Umständen Deutschland in Irland einfallen wird mit der Absicht, es zu erobern oder eine der angestammten Institutionen dieses Landes zu beseitigen. Sollte in diesem großen Kriege, den Deutschland nicht gewollt hat, das Glück es jemals mit sich bringen, daß deutsche Truppen an den Gestaden Irlands landen, so würden sie dort landen nicht als eine Armee von Eindringlingen, die plündern und zerstören, sondern als Streitkräfte einer Regierung, die einem Lande und einem Volke gegenüber, dem Deutschland nur nationale Entfaltung und nationale Freiheit wünscht, von nichts als von Wohlwollen geleitet ist.« Hm... ›Sollte das Glück es jemals mit sich bringen, daß deutsche Truppen an den Gestaden Irlands landen...‹ Nicht auszuschließen, daß die Formulierer dieser Note wirklich nur die besten Absichten hatten.

Casement, erfahren auf diplomatischem Parkett, suchte wohl eher ein militärisches Eingreifen Deutschlands mit allen Mitteln zu verhindern. Die Trumpfkarte, mit der er winkte, war die Ab-

Roger Casement

lenkung der Briten auf einen neuen und unerwarteten Kriegsschauplatz. Für diese Ablenkung benötigte Irland Waffen, vielleicht ein wenig logistische Betreuung, verbunden mit der Frei-
lassung irischer Kriegsgefangener, die sich dem Freiheitskampf
anschließen konnten.

Dabei hatte er alle Mühe, die Aufmerksamkeit und Nachstel-
lungen des British Secret Service, der ihm seit 1911 auf den Fer-
sen saß, von sich selbst abzulenken. Sir Roger Casements Tage-
buchaufzeichnungen *Meine Mission nach Deutschland während
des Krieges* sind eine überaus spannende Lektüre, eine Mischung
aus Sherlock Holmes und James Bond, mit allen Mordanschlä-
gen, Intrigen, Dunkelmännern, Detektiven, Tarnungen, Taxi-
verfolgungsjagden und ›Entkömmnissen um Haaresbreite‹, die
das Herz des Liebhabers von Kriminalromanen höher schlagen
lassen – allerdings mit dem Vorzug der Authentizität.

Nur wurde leider nichts daraus. Der asketisch wirkende, hoch-
gewachsene, vollbärtige Ire, jeder Zoll ein Gentleman, wurde ho-
fiert, herumgereicht, hingehalten und schließlich damit abge-
speist, daß man ihm lediglich gestattete, eine kleine Brigade aus
irischen Kriegsgefangenen zusammenzustellen. Nach so viel
Hoffnungen, nicht eingehaltenen Zusagen und über zweijähri-

gen Bemühungen war seine Mission gescheitert. Auch hatte er den Eindruck, daß er nicht länger das volle Vertrauen der ›Organisation‹ genoß, der IRB und des amerikanischen Clan-na-Gael.

»Die Deutschen lügen immerzu«, schrieb er verbittert, »halten sich an ihre Abmachungen oder auch nicht; aber ich habe keinen Grund zu der Annahme, daß sie jemals an uns oder andere denken, sondern stets nur an sich selbst. Sie haben ihr Wort mir gegenüber wiederholt gebrochen, das Schicksal Irlands ist ihnen völlig gleichgültig, und wenn sie etwas versprechen, so nur im Hinblick auf ihren eigenen Vorteil.« Zu diesem Zeitpunkt, im Oktober 1915, traf Robert Monteith in Deutschland ein, ein Ex-Offizier der Irish Volunteers, den Thomas Clarke als Ausbilder für die Irische Brigade geschickt hatte. Monteith fand Casement in einem gesundheitlich und nervlich sehr angeschlagenen Zustand vor; als sie sich begegneten, »drehte er seinen Kopf zur Wand und weinte.« Im März 1916 wurde Monteith, nicht Casement, ins Hauptquartier des Generalstabes in Berlin zitiert. Dort teilte man ihm mit, man wisse aus sicherer Quelle, daß in Irland während der Osterfeiertage ein Aufstand geplant sei; diesen wolle man mit 20 000 Gewehren, 10 Maschinengewehren und 1 Million Schuß Munition unterstützen.

Das lange Warten auf einen Erfolg Casements hatte den ›Militärrat‹ der IRB in Dublin zermürbt. Thomas Clarke, Pádraic Pearse und die anderen Köpfe der Verschwörung waren nunmehr bereit, mit oder ohne deutsche Hilfe loszuschlagen, um endlich ein Zeichen zu setzen und ein ›Blutopfer‹ zu bringen. Ohne ausreichende Bewaffnung war das natürlich der schiere Wahnsinn. Die Führung der IRB in den USA hätte einer so selbstmörderischen Aktion niemals zugestimmt, und auch Eoin Mac Neill, der Oberste Chef der Irish Volunteers, durfte natürlich nichts davon erfahren. Der britische Geheimdienst, über jeden Schritt Casements unterrichtet und dieser Tage besonders wachsam, hörte Funksprüche ab; Marineschiffe patrouillierten die irische Küste. Die Situation erforderte äußerste Geheimhaltung, was die Gefahr von Pannen und Fehlinformationen erhöhte. Trotzdem war es gelungen, die Nachricht von einem geplanten Aufstand nach Berlin durchsickern zu lassen, um Casements Forderungen Nachdruck zu verschaffen. Der war entsetzt, als Monteith ihn darüber unterrichtete. Ein wirksamer Befreiungsschlag gegen die Großmacht England ließ sich mit dem deutschen Almosen von 20 000 Gewehren nicht durchführen. Dieser wahnwitzige Plan mußte unter allen Umständen verhindert werden. Er hatte außerdem den Eindruck gewonnen, daß die Deutschen zwar daran interessiert waren, die Briten vom Kriegsschauplatz abzulenken, die irische Revolution ihnen dabei aber nur als Mittel zum Zweck diente – ja, daß sie ihr Scheitern dabei billigend in Kauf nahmen.

Ein Wettlauf mit der Zeit begann. Der Frachter Libau mit der Waffenladung war unter dem Namen ›Aud‹ und norwegischer Flagge bereits von Lübeck ausgelaufen. Casement verriet nichts von seinem Vorsatz, es gar nicht erst zu dem Aufstand kommen zu lassen. Die Gewehre konnte man immer noch zu einem späteren Zeitpunkt gebrauchen, wenn Planung, Bewaffnung und Logistik Aussicht auf eine erfolgreiche Erhebung versprachen. Die Militärs des Kaiserreiches waren allerdings mißtrauisch geworden, ob ihre Strategie aufgehen würde.

Im April 1916 brachte ein deutsches U-Boot Casement, Monteith und einen weiteren Gefährten, Daniel Bailey aus der Kriegsgefangenenbrigade, von Wilhelmshaven bis dicht vor die irische Westküste, zum Banna Strand in der Nähe von Tralee. Es hätte einen guten Vorsprung vor dem Frachter gehabt, wäre der Kommandant nicht von der Admiralität instruiert gewesen, auf keinen Fall vor dem 20. April anzukommen, also zeitgleich mit der ›Aud‹: Der Generalstab wollte offenbar auf Nummer sicher gehen, daß Casement keine Dummheiten machte. Der war während der Überfahrt die meiste Zeit seekrank und erkundigte sich nur ab und zu besorgt, warum man nur so langsam vorankam. Die Erklärungen klangen plausibel, schließlich herrschte Krieg.

Von nun an galt das Murphysche Gesetz: Was schief gehen kann, geht schief. Die Informationslage auf Seiten aller irischen Beteiligten war desaströs. Casement ging davon aus, daß Eoin MacNeill, der Führer der Irish Volunteers, über den geplanten Aufstand unterrichtet war, doch der hatte keine Ahnung – höchstens eine leise Vorahnung. Die in den Waffentransport Eingeweihten nahmen an, daß die ›Aud‹ (die über keine Funkanlage verfügte) erst am 23. April eintreffen werde, wahrscheinlich ein Mißverständnis durch mangelhafte Übermittlung. So standen auch keine Leute bereit, die Gewehre in Empfang zu nehmen. Karl Spindler, der Kapitän des Frachters, kreuzte über 24 Stunden unschlüssig vor der Küste, bis einige Kriegsschiffe der Royal Navy auf ihn aufmerksam wurden und ihn in die Zange nahmen. Er sah nun keinen anderen Ausweg mehr, als seine Mannschaft in die Rettungsboote steigen zu lassen und die ›Aud‹ durch Sprengung zu versenken. Einige viel zu spät losgeschickte Irish Volunteers fuhren in ihrem Wagen mit überhöhter Geschwindigkeit zum Banna Strand. Der Fahrer verlor in einer Kurve die Kontrolle über das Fahrzeug, das über die Klippen ins Meer stürzte. Drei der vier Insassen ertranken.

Casement, Monteith und Bailey wurden in der Nacht des 21. April von der deutschen U-19 in einem Dingi ausgesetzt, einer »Nußschale«, die sie an Land bringen sollte. Das Beiboot kenterte in der Brandung; die drei Männer konnten sich mit Mühe und Not an den Strand retten. Casement war ohnmächtig geworden; »er lag im fahlen Mondlicht da wie ein schlafendes Kind, während die Brecher über ihn hinweggingen«, erinnerte sich Monteith. Seine Gefährten schleppten ihn zu McKenna's Fort, den Resten einer alten Wikingerbefestigung, wo sie ihn gegen eine Mauer lehnten, und beschlossen, in Tralee ein Auto aufzutreiben, um ihn abzuholen. Kurz nachdem sie fort waren, wurde ein Polizist der Royal Irish Constabulary, der zufällig vorbeifuhr, auf das in den Wellen treibende Beiboot aufmerksam. Er suchte mit der Taschenlampe die Gegend ab und stieß dabei auf Casement, der inzwischen wieder bei Bewußtsein war und ihm erzählte, er sei ›ein englischer Schriftsteller, der hier nur einen Spaziergang mache‹.

›In klatschnasser Kleidung?‹ fragte der Konstabler und nahm ihn fest.

Verwirrung

Als Geheimagent war Casement nicht sonderlich begabt. Er hatte sich zwar den Bart abrasiert, aber man fand bei seiner Durchsuchung im Gefängnis von Tralee eine Schlafwagenfahrkarte Berlin-Emden und ein Tagebuch in einem leicht dechiffrierbaren Code. Bevor er zwei Tage später, am Ostersonnabend, unter strengster Bewachung nach London überstellt wurde, gelang es ihm jedoch noch, den Priester F. M. Ryan, der ihn in seiner Zelle besuchte, davon zu überzeugen, MacNeill eine Warnung zu übermitteln: er müsse den Aufstand unbedingt stoppen. Aufstand? dachte MacNeill, als er die Botschaft erhielt, was für ein Aufstand? Aber die Nachricht bestätigte nur seine Befürchtungen. Für Ostersonntag war ein großes Manöver der Irish Volunteers in Dublin geplant, und er hatte schon seit Tagen den Verdacht gehabt, daß Pearse, Clarke und die anderen Hardliner hinter seinem Rücken etwas im Schilde führten. Das Manöver war von

Pearse organisiert worden, dieser Sanftmut in Person, mit dem er gestern noch so nett geplaudert und der all seine Bedenken zerstreut hatte. Eine Katastrophe stand bevor, und die Uhr tickte. Es war Samstag Mittag. MacNeill gab im *Sunday Independant* telegraphisch eine ganzseitige Anzeige auf, in der alle Befehle zur Mobilisierung der Freiwilligen widerrufen wurden – »Die Volunteers wurden betrogen! Sämtliche Befehle für die geplante Übung sind hiermit gegenstandslos. Bis auf weiteres beteiligt sich niemand an irgendwelchen Aktionen!« – und berief für Sonntagmorgen eine Krisensitzung ein.

Was natürlich zu allgemeiner Verwirrung führte. Auch die Rädelsführer mußten schnell reagieren. Die Ereignisse überschlugen sich. Wenn alles glatt gegangen wäre, hätte man wenigstens über die sehnlichst erwarteten 20 000 Gewehre von der ›Aud‹ verfügen können, aber das schien nicht geklappt zu haben, man wußte noch nicht genau, wieso und warum, und offenbar hatte MacNeill ihre Absichten durchschaut. Das große, von den Behörden genehmigte Manöver wäre *die* Gelegenheit gewesen, einige strategisch wichtige Punkte der Stadt zu besetzen und Tausende Irish Volunteers vor die Wahl zu stellen, ob sie mitmachen wollten oder nicht. Die meisten hätten mitgemacht, davon waren Clarke und Pearse überzeugt, aber das ging nun nicht mehr, man mußte kurzfristig umdisponieren, und das Ganze auf den Ostermontag verlegen. Das hieß, daß man nicht mehr mit dem erhofften Domino-Effekt rechnen konnte, dem Flächenbrand von einem Zentrum aus, der sich, mit Ausnahme Ulsters, wohl über die gesamte Insel ausgebreitet hätte, sondern daß man von Anfang an auf verlorenem Posten stand, mit einem ›Fähnlein der Aufrechten‹, einer Schar von Idealisten, die sich für Irland opferten. Manche wußten, daß sie in den Tod gingen, viele dachten, daß es so schlimm doch nicht werden könne.

Der schnauzbärtige Gewerkschaftsführer James Connolly zum Beispiel. Eine kapitalistische Macht, glaubte er, würde niemals Privateigentum zerstören, niemals das wirtschaftliche Zentrum Dublins bombardieren, die O'Connell Street mit ihren britischen Banken und Geschäftshäusern. Da täuschte er sich aber gewaltig.

Nach dem brutalen Vorgehen der Polizei gegen die Teilnehmer der Larkin-Demonstration von 1913 hatte Connolly die Irish Citizen Army gegründet, eine Schutztruppe der Arbeiter vor behördlicher Gewalt. Sean O'Casey war zunächst einer ihrer leitenden Offiziere gewesen, schied aber aus, als er Connollys größenwahnsinnige Absichten erkannte. Der war bitter enttäuscht über das Scheitern der sozialistischen Internationale, den Weltkrieg zu verhindern, enttäuscht auch über die in seinen Augen zögerliche Haltung der IRB, den Kriegsausbruch für die irische Sache zu nutzen. Er wollte, wenn es sein mußte, an der Spitze seiner 250 Mann starken Armee selbst einen Aufstand beginnen, »um einen europäischen Brand zu entfachen, der nicht löschen wird, ehe nicht der letzte Thron und kapitalistische Schuldschein und Pfandbrief auf dem Scheiterhaufen des letzten Warlords zu einem Häufchen Asche...« blablabla. Mit solchen Sprüchen ging er in seiner Zeitung *Worker's Republic* so lautstark hausieren, daß ihn die Organisatoren des Aufstands lieber frühzeitig in ihre Pläne einweihten, statt zu riskieren, daß durch Connollys Gepoltere alles aufflog. Im übrigen konnten sie 250 entschlossene Männer gut gebrauchen.

Es geht los

24. April 1916, Ostermontag. »Wir haben keine Chance, aber wir nutzen sie«. Eigentlich war der Aufstand gut vorbereitet gewesen, wenn man ihn nicht um einen Tag hätte verschieben müssen, wenn alle 11000 Irish Volunteers nach Dublin gekommen wären, wenn der Waffentransport nicht gescheitert wäre, wenn, wenn, wenn. Als die Kommandeure am Morgen zu einer ersten Lagebesprechung und Feststellung der Truppenstärke zusammentrafen, bot sich ihnen ein ernüchterndes Bild. Die meisten Freiwilligen waren in der Konfusion widersprüchlicher Befehle gar nicht erst erschienen, selbst die nicht, mit denen man fest gerechnet hatte. Sogar von Connollys Irish Citizen Army hatten sich nur 118 Mann eingefunden, knapp die Hälfte. (Auf die bald von Patrioten gern gestellte Frage: »Wo warst Du 1916?« antworteten viele Iren schlagfertig: »Unterm Bett – genau wie Du.«) Insgesamt kam man auf nicht viel mehr als 1000 Rebellen, und die waren, milde ausgedrückt, unzureichend bewaffnet. Ein Himmelfahrtskommando, wenn auch mit kurzer Schonfrist: Von den über 3000 in Dublin stationierten britischen Soldaten und Polizisten der Royal Irish Constabulary war während der Feiertage nur ein Bruchteil in Dublin geblieben, die anderen vergnügten sich bei Pferderennen und ähnlichen Veranstaltungen. Wenigstens dieser Teil des Plans schien aufgegangen. Strategisch wich-

tige Gebäude, auch Dublin Castle, waren kaum bewacht. Eigentlich hätten Regierung und Geheimdienst durch die Verhaftung Casements und die Ereignisse am Banna Strand alarmiert sein müssen, aber offenbar glaubte man, daß da ein großer Fisch ins Netz gegangen sei und es vorerst keinen weiteren Anlaß zur Besorgnis mehr gebe.

Die Rebellen begannen Abteilungen zu bilden, um verschiedene Häuser und Plätze zu besetzen, etwa das Gerichtsgebäude The Four Courts an der Liffey. Der Park Stephen's Green sollte als Heerlager dienen und wurde von der Citizen Army abgeriegelt. Éamon de Valera, der spätere Minister- und Staatspräsident des Freistaats Irland, bezog mit seiner Abteilung Stellung in der Großbäckerei Boland's Mill, um von hier die Südostflanke Dublins gegen die Briten zu verteidigen – sobald die Armee anrückte, womit in den nächsten Tagen zu rechnen war. Dreißig Volunteers wurden zum Magazine Fort abkommandiert, einem Waffenlager am Gipfel eines Hügels im Phoenix Park. Sie taten so, als spielten sie Fußball und kickten dabei den Ball wie zufällig immer näher an den Wachtposten heran, der ihnen neugierig zusah. Als er merkte, was wirklich gespielt wurde, war es schon zu spät. Auch die Soldaten innerhalb des Forts wurden völlig überrascht und ließen sich widerstandslos entwaffnen. Nachdem das Arsenal evakuiert und geräumt war, jagte ein Sprengstoffexperte die Pulverkammer in die Luft. Die Explosion sollte der klangvolle Auftakt des Easter Rising sein, es gab aber bloß eine dumpfe Detonation, deren Schallwelle nicht sonderlich weit trug. James

Connolly hörte sie nur, weil er so angespannt gelauscht hatte. Er sah auf seine Taschenuhr und sagte: »Na, dann wollen wir mal.« Ein gewisser W. J. Brennan-Whitmore, der zu seiner Kompanie der Citizen Army gehörte, erinnerte sich:

»Als wir am Haupteingang des General Post Office in der Mitte der O'Connell Street angelangt waren, rief der Kommandeur: ›Kompanie halt. Links um!‹ Collins und ich wußten, was jetzt geschehen würde und kamen den Ereignissen ein wenig zuvor, indem wir uns bei Plunkett einhakten und mit ihm zum Eingang liefen. Dann hörten wir schon Connollys laute Rednerstimme hinter uns: ›Besetzt das Postamt!‹ Es war gut, daß wir etwas schneller gewesen waren, denn es hätte Plunkett leicht umreißen können, als die ganze Truppe mit einem wilden Siegesschrei auf das Tor zustürzte. Der große Schalterraum war voller Kunden und Bankbeamten. Als wir hereinkamen, hörten wir wieder Connolly in sehr entschlossenem Tonfall brüllen: ›Alles raus‹.

Einen Moment lang herrschte verblüffte Stille. Für Sekundenbruchteile schien es, als hätten die Anwesenden es so verstanden, daß sein Befehl an die eigenen Leute von der Citizen Army gerichtet sei. Als man begriff, daß die Aufforderung allen übrigen gegolten hatte, liefen die Leute panikartig zu den Ausgängen. Viele Schalterbeamte standen einfach auf und verdrückten sich, ohne auch nur ihre Mäntel und Hüte mitzunehmen. Sobald die Schalter verlassen waren, ließ sich erneut Connollys Stimme vernehmen: ›Fenster einschlagen und verbarrikadieren.‹

Diesem Befehl kamen wir mit großem Vergnügen nach. Von draußen übertönte eine durchdringende Frauenstimme das Getöse: ›Herr im Himmel, die Mistkerle zertöppern ja all das schöne Glas!‹« (Die Scheiben wurden zertrümmert, um die Rebellen im Inneren des Postgebäudes bei dem zu erwartenden Feuergefecht nicht zusätzlich durch herumfliegende Glassplitter zu gefährden.)

Das GPO diente den Rebellen eine Woche als Hauptquartier, während – entgegen Connollys Erwartung – die britische Armee mit schwerer Artillerie anrückte und ›das wirtschaftliche Zentrum Dublins‹ in Grund und Boden schoß: »als Sackville Street wie Troja fiel« (Francis Ledwidge). Es sind wiederum die kleinen Details und Nebensächlichkeiten des Aufstands, die ihn ungleich interessanter machen als eine bloße Bestandsaufnahme: Daß es gleich am ersten Tag zu einem Scharmützel mit den British Lancers kam, einem Kavallerieregiment, das sich nach kurzem Schußwechsel zurückzog, wobei ein Pferd getötet wurde, dessen Kadaver die ganze Zeit über auf dem Pflaster lag und – da es für

April ungewöhnlich heiß war (ältere Iren nennen schönes Wetter noch immer ›Rebellionswetter‹) – durch seinen Gestank die Luft vor dem Postamt verpestete; daß Kommandant Clarke in der zweiten Nacht seine Scharfschützen die Straßenbeleuchtung rings um das GPO ausschießen ließ, da man gehört hatte, daß das Gebäude aus der Luft bombardiert werden sollte; daß einer der Irish Volunteers zu Connolly sagte, er müsse jetzt leider gehen, da er am nächsten Tag nicht zu spät zur Arbeit kommen dürfe; daß ein gewisser John Neale Schießübungen auf die Nase der gegenüberliegenden Nelson Statue veranstaltete, bis Connolly ihn mahnte, seine Munition nicht zu vergeuden; daß derselbe Neale auf ungewöhnliche, aber irgendwie für ihn passende Weise ums Leben kam: Ein Kamerad stolperte, ein Schuß löste sich aus seinem Gewehr, traf einen Patronengurt, und nicht etwa die Kugel selbst, sondern eine der in alle Richtungen zischenden Patronen verletzte Neale tödlich; daß das britische Kanonenboot auf der Liffey, das die schlimmsten Verheerungen in der Innenstadt anrichtete und Liberty Hall zerstörte, den deutschen Namen *Helga* trug; daß die brave Dubliner Feuerwehr durch Scharfschützen auf den Dächern an den Löscharbeiten gehindert wurde, was die Auswirkungen des Bombardements potenzierte; daß das Interesse vieler braver Dubliner Bürger an der Rettung des Vaterlandes sich auf die Plünderung der Geschäfte in der O'Connell Street beschränkte; daß vom Imperial Hotel, das Martin Murphy gehörte, dem reaktionärsten und verhaßtesten Kapitalisten und Arbeitgebervorstand der Stadt kein Stein auf dem anderen blieb, weil ein Aufständischer die Fahne der Republik auf seinem Dach aufgepflanzt hatte; oder daß die Gräfin Constanze Markiewicz, die in einer maßgeschneiderten Uniform mit ihrer Mauserpistole über das Dach des Shelbourne Hotel stolzierte, ihre Frauentruppe ein Picknick für die in Stephen's Green stationierten Rebellen zubereiten ließ, mit Tee und Gurkensandwiches – die aber auch am Eingang des Parks eigenhändig einen unbewaffneten Dubliner Polizisten ins Gesicht schoß, der sich weigerte, seinen Posten zu verlassen.

Die Rolle der Frauen beim Osteraufstand ist ein Thema für sich; es nahmen unerwartet viele daran teil, die sich um Proviant kümmerten, die Verwundeten versorgten oder so taten, als seien sie ›unfreiwillig zwischen die Fronten geratene Zivilistinnen‹ und als Meldegängerinnen fungierten. Ohne ihre Hilfe hätte man der britischen Übermacht kaum sechs Tage lang standgehalten.

»… In Abständen war das scharfe Pong-pong der Gewehre zu

hören und machte die drohende Stille nach dem Getöse des Tages um so schrecklicher und eindrucksvoller«, notierte Sean O'Casey in sein Tagebuch. »... durch den Kriegslärm klang Vogelgezwitscher... Schaute man O'Connell Street hinunter, mit dem toten Pferd, das immer noch so dalag, wie es am Montag unter seinem Ulan erschossen worden war, dann meinte man, die Verwüstung habe Einzug in die Stadt gehalten, die noch vor wenigen Tagen so heiter und so normal war... Ich schreibe dies im Salon von Cavendish Row Nr. 5, von dessen Fenster ich... die Fahne der irischen Republik noch immer über der Hauptpost flattern sehe. Ich bin so niedergedrückt darüber, daß meine arme, liebe Heimatstadt in Schutt und Asche gelegt wird, daß ich jetzt nichts mehr schreiben kann.«

Eine schreckliche Schönheit

Allein schon ein Blick auf das Todesjahr der Unterzeichner der ›Proklamation der Provisorischen Regierung der Irischen Republik‹, Clarke, Pearse, Connolly, MacDiarmada, Plunkett, MacDonagh und Ceannt – und noch vieler, vieler anderer – es ist immer dasselbe, 1916 – bestätigt den unvermeidlichen Ausgang dieser seltsam realitätsfernen Revolte. Bis heute sind sich die Historiker uneinig, ob ihr Scheitern nicht bereits Teil ihrer Strategie war.

Zur Kapitulation entschloß man sich übrigens nicht, weil die Rebellen das brennende Postamt verlassen mußten und die Ausweglosigkeit ihrer Lage erkannten, wie oft behauptet wird. Clarke, Pearse, der bereits schwerverwundete Connolly und die anderen wollten sich zum nächsten Stützpunkt am Gerichtsgebäude Four Courts durchschlagen, als sie Zeugen einer erschütternden Szene wurden: Eines der umliegenden Gebäude, der Pub The Flag, war ebenfalls in Brand geschossen worden, und der Wirt, Robert Dillon, seine Frau und seine Tochter kamen auf die Straße und schwenkten eine weiße Fahne. Ein übereifriger englischer Soldat mähte die Familie mit seinem Maschinengewehr nieder. Die meisten zivilen Todesopfer waren unbeteiligte Dubliner Bürger, die das Pech hatten, in der O'Connell Street in der Nähe des GPO zu wohnen und die von vorrückenden Truppen ohne viel Federlesens in ihren Häusern erschossen wurden. Der Aufstand kostete insgesamt 132 britische Soldaten und Polizisten der Dublin

Metropolitan Police, 64 Rebellen und 254 Zivilisten das Leben; etwa 2000 Zivilisten wurden verwundet.

In einem Abschiedsbrief vom 1. Mai 1916 schrieb Pearse an seine Mutter: »... Ich weiß nicht, was Du gehört hast seit dem letzten Schreiben, das ich Dir aus der Hauptpost geschickt habe... Wir beschlossen, um ein weiteres Gemetzel unter der Bevölkerung zu verhindern und in der Hoffnung, das Leben unserer Anhänger zu retten, mit dem kommandierenden General der britischen Truppen in Verhandlungen zu treten. Er erwiderte, er würde mich nur empfangen, wenn ich bedingungslos kapitulierte, und das tat ich. Ich wurde in das Hauptquartier des britischen Oberbefehlshabers in Irland gebracht und schrieb und unterzeichnete dort einen Befehl an unsere Leute, ihre Waffen niederzulegen. All dies tat ich in Übereinstimmung mit dem Entschluß unserer provisorischen Regierung... Ich persönlich hätte lieber einen letzten verzweifelten Ausfall gewagt, ehe wir in die Verhandlungen eingetreten wären, aber ich beugte mich dem Mehrheitsbeschluß... Unsere Hoffnung und unser Glaube ist, daß die Regierung das Leben unserer Anhänger verschonen wird, aber wir erwarten nicht, daß sie das Leben der Anführer schonen wird. Wir sind bereit zu sterben, und wir werden froh und stolz sterben. Ich wünsche nicht einmal zu leben...

Du mußt darüber nicht bekümmert sein. Wir haben Irlands Ehre und unsere eigene gerettet... Die Leute sprechen jetzt hart von uns, aber die Nachwelt wird sich unserer erinnern und ungeborene Generationen werden uns segnen...«

Prophetische Worte: Wie schon so oft in der irischen Geschichte war es auch diesmal weniger das Ereignis der Rebellion selbst, als vielmehr die Reaktionen darauf, die eine weitreichende Veränderung bewirkten. Am Tag der Entwaffnung, erinnerte sich O'Casey, »hatte sich der Himmel schwarz überzogen, und Regen strömte herab... Die stille, leere Straße kommen kleine Menschengruppen dahermarschiert. Sie sind erschöpft, abgerissen und todmüde, die hungrigen Schatten der schmucken... und zuversichtlichen ›Freiwilligen‹, die vor einer Woche in die entgegengesetzte Richtung marschiert waren... Der heiße bittere Brodem von verkohltem Holz, Leder und Stoff brannte in der Nase. Auf der Straße verstreute, verkohlte Holzstücke, die in der Mitte noch rot glühten, knirschten unter ihren Tritten. Da kamen sie herab, bepackt mit Hunderten von Gewehren oder vor Maschinengewehrwagen gespannt, angestarrt von Tausenden von Soldaten, und stapelten ihre armseligen Waffen zu Haufen, und die

Tommys waren baß erstaunt, daß man mit solch einem elenden Metallhäuflein versucht haben sollte, die Macht und Herrlichkeit von Englands bewaffneten Streitkräften zu überwinden.« Die Stimmung in der Bevölkerung war fast einhellig gegen die Verlierer. In manchen Stadtvierteln ähnelte ihr von Begleitsoldaten abgeschirmter Zug einem Spießrutenlauf. Sie wurden von der Menge übel beschimpft und mit Schmutz und verrottetem Gemüse beworfen. Viele Dubliner hatten Häuser und Geschäfte verloren und ließen ihre Wut und Verzweiflung an den Gefangenen aus. Doch schon in den folgenden Tagen deutete sich ein Umschwung an. Der Kontrast zwischen der aufrechten, würdevollen Haltung der Führer des Aufstands, mit deren Ideen, Schriften und Lebensläufen man sich auseinanderzusetzen begann, und den brutalen Polizeistaatmethoden der britischen Regierung führte zu einer differenzierteren Betrachtung der Ereignisse.

Sir John Maxwell, Oberbefehlshaber der Truppen und nun *de facto* Herrscher über ganz Irland, war schon von früheren Kriegseinsätzen für sein rücksichtsloses Vorgehen bekannt. 1898 hatte er nach der Schlacht von Omdurmam im Sudan verwundete Gegner füsilieren lassen, mit der Begründung, »daß man nur mit einem toten Fanatiker Mitleid haben könne.« Eine andere Politik als die des ›Exempel Statuierens‹ und ›jeden Widerstand im Keim Erstickens‹ ging über seinen Horizont. Als besonders gravierend und strafverschärfend wurde die, wie Maxwell es nannte, »Verbindung mit deutscher Intrige und Propaganda« gewertet, wie überhaupt der Verrat, England während des Weltkrieges in den Rücken gefallen zu sein.

Bevor Pádraic Pearse zusammen mit Thomas Clarke und Thomas MacDonagh den quälenden Reigen der Exekutionen eröffnete, die vom 3. bis 12. Mai dauerten, waren seine letzten Worte vor dem Standgericht:

»Ich nehme an, ich spreche hier zu Engländern, die ihre eigene Freiheit schätzen, und die vorgeben, für die Freiheit von Belgien und Serbien zu kämpfen. Glauben Sie mir, daß auch wir die Freiheit lieben und sie herbeisehnen. Sie scheint uns erstrebenswerter als alles andere in der Welt. Diesmal haben Sie uns besiegt, aber wir werden uns erneut erheben und den Kampf wieder aufnehmen. Sie können Irland nicht erobern; Sie können die irische Freiheitsliebe nicht auslöschen; wenn unsere Tat nicht ausreichte, den Frieden zu erringen, werden unsere Kinder ihn gewinnen, auf bessere Weise.«

Es war erst die überzogene Reaktion der Briten, die Welle der dem Aufstand folgenden Hinrichtungen und willkürlichen Verhaftungen, die in den Iren ein neues Bewußtsein ihrer Situation wachrief: das tägliche bange Warten auf die Vollstreckung der Todesurteile, die unnötigen Grausamkeiten, wie daß man die Leichen der Erschossenen den Verwandten nicht zur Beerdigung überließ, sondern sie in ungelöschtem Kalk zersetzte. Der schwer verwundete Connolly wurde aus dem Militärhospital in Dublin Castle zum Kilmainham Gefängnis gebracht und, da er nicht mehr stehen konnte, auf einem Stuhl festgebunden und erschossen (er konnte sich im letzten Moment gerade noch aufrichten, um unerschrocken in die Gewehrmündungen zu blicken); Sir Roger Casement verurteilte man trotz vieler Proteste und Gnadengesuche (u. a. von W. B. Yeats, George Bernhard Shaw und Arthur Conan Doyle) in London zum Tod durch den Strang. Um zu verhindern, daß gerade er zum Märtyrer würde, scheute die Regierung nicht davor zurück, seine ›geheimen Tagebücher‹ zu veröffentlichen, die ihn als Homosexuellen auswiesen. Im prüden Klima jener Zeit brach damit, ähnlich wie im Fall Oscar Wildes, die Front seiner Verteidiger zusammen. In der Todeszelle schrieb er eine Botschaft an seine Landsleute: »Iren! Lebt selbstlos und sterbt tapfer für Irland, wie es die Männer von 1916 getan haben, und keine menschliche Gewalt, kein Empire und kein Gold kann euch die Freiheit vorenthalten. Irland ist angetreten, um das Unrecht zu bekämpfen, wie David den Goliath, allein, nur mit einem Kieselstein bewaffnet; und es hat, so bete ich zu Gott, die Macht und die Überheblichkeit und den Stolz Großbritanniens gebrochen. Das ist unsere Hinterlassenschaft; mögen die Lebenden darauf aufbauen und zu Ende führen, was wir begonnen haben.«

Bis zum 15. Mai waren im Kilmainham-Gefängnis fünfzehn Männer erschossen worden, darunter sämtliche Unterzeichner der Proklamation, und weitere fünfundsiebzig warteten auf ihre Hinrichtung. 3500 Iren wurden verhaftet und ohne Verfahren in englische Gefängnisse deportiert, die meisten in das Internierungslager Frongoch in Nordwales, das man später als ›Sinn Féin‹-Universität bezeichnete.

General Maxwell hatte in weniger als zwei Wochen aus einer paralysierten Nation eine Nation von glühenden Republikanern gemacht. »Wir kennen ihren Traum«, schrieb W. B. Yeats in seinem berühmten Gedicht *Easter 1916*, »genug,/zu wissen daß sie träumten und sind tot;/Und was, wenn allzu große Liebe/sie so verstörte bis sie starben?/... Alles hat sich verwandelt, ganz und gar/eine schreckliche Schönheit kam zur Welt.« Auch in den Versen vieler anderer zeitgenössischer Dichter kristallisierte sich das allgemein Empfundene: »... For mine are all the dead men's dreams« (Francis Ledwidge); oder, bitterer, Sir Arnold Bax (*Dermot O'Byrne*): »And when the devil made us wise/Each in his own peculiar hell,/With desert hearts and drunken eyes/We're free to sentimentalize/By corners where the martyrs fell.«

Der britische Premierminister Herbert Asquith schien die Entwicklung vorauszusehen, vielleicht hörte er auch nur auf die wiederholten Warnungen von George Bernhard Shaw, »aus Rebellen keine Heiligen zu machen«. Er kam persönlich nach Dublin, um die Exekutionen zu beenden und das Vertrauen der Bevölkerung wiederherzustellen, zu spät allerdings, um die Geburt eines Mythos zu verhindern. Nie zuvor war die Geheimorganisation IRB so populär gewesen. Die aus der Haft entlassenen Irish Volunteers wurden als Helden empfangen, und viele junge Iren, die unschuldig in englischen Gefängnissen gesessen hatten, kehrten als Widerstandskämpfer zurück.

Als die englische Regierung nach der deutschen Offensive im Sommer 1918 dringend Truppenverstärkung benötigte und die allgemeine Wehrpflicht auf Irland ausdehnte, stieß sie nur noch auf Haß und Ablehnung. Die Iren dachten nicht im Traum daran, wieder auf Seiten ihrer Unterdrücker zu kämpfen. Im Gegenteil.

Aus der ›Irisch Republikanischen Bruderschaft‹ (IRB) entwickelte sich die ›Irisch Republikanische Armee‹ (IRA). Als ihr politischer Arm galt Arthur Griffiths nationalistische Partei Sinn Féin (›Wir selbst‹), die innerhalb von zwei Jahren die Mehrheit aller irischen Mandate – 73 von insgesamt 105 – gewann und John Redmonds Home Rule Partei ablöste. Der Osteraufstand hatte in der Tat ›alles ganz und gar verwandelt‹. Der Irische Freiheitskrieg 1919–1921, der eigentlich ein Guerilla-Krieg war und aus einer Serie von Terroranschlägen gegen britische Institutionen und deren Vertreter bestand, wurde von reorganisierten Freiwilligenmilizen geführt, die sich nun stolz IRA nannten und das lateinische Wort für ›Zorn‹ assoziieren ließen. England wollte es lange Zeit nicht wahrhaben, daß Irland unregierbar geworden war. Seit Jahrhunderten war man noch jeder Rebellion dieser ›Kartoffelfresser‹ Herr geworden: »Einfach lachhaft, sage ich. Die wilden Iren! Der Schnaps muß ihnen in die Krone gestiegen sein! Kann die nicht begreifen. Man weiß nie, woran man mit ihnen ist! Die meisten gehören einfach in ein Irrenhaus!« (Sean O'Casey) Doch der 1. Weltkrieg hatte die politische Landkarte nachhaltig verändert. Das Empire bröckelte, Amerika mit seinem starken irischen

Bevölkerungsanteil begann Druck auf seine Regierung auszuüben... und die gewohnten britischen Repressalien – der Versuch der Zerschlagung von Sinn Féin durch Verhaftungen ihrer Repräsentanten, oder die Entsendung von Söldnertruppen, der gefürchteten ›Black and Tans‹, die auf Terror mit Gegenterror antworteten, verschlimmerten die Lage nur. So sah man sich zu Kompromissen genötigt. Asquiths Nachfolger Lloyd George handelte schließlich geschickt einen Vertrag aus, der am 6. Dezember 1921 ratifiziert wurde und eine Teilung Irlands in einen ›Freistaat‹ (der Begriff ›Republik‹ wurde vermieden, indem man das irische Wort dafür, ›Saorstát‹, wörtlich übersetzte) und dem nördlichen Teil der Insel als Teil des ›United Kingdom of Great Britain and Northern Ireland‹ vorsah. Ein Paradox, eine historische Ironie: Nordirland gewann dadurch die Home Rule, welche die Ulster-Unionisten stets mit allen Mitteln verhindern wollten.

All diese Ereignisse und auch der Bürgerkrieg von 1922-23, dessen Ursache eben jene Teilung war, mit der sich viele Iren nicht abfinden konnten, nahmen ihren Ausgang in der Erstürmung des Hauptpostamtes, der eine ungeheure Symbolkraft zukam. Die Teilnehmer des Osteraufstandes, insbesondere der Mystiker Pádraic Pearse, setzten auf die Wirkung von Symbolen und bezogen sie sehr bewußt in die ›Inszenierung‹ ein: Schon das ursprünglich geplante Datum, der Ostersonntag, die Auferstehung des Herrn, sollte zugleich die Auferstehung der irischen Nation erleben.

»Pearse übertrug die Vorstellung eines stellvertretenden Sühneopfers Jesu Christi für die ganze Menschheit auf die politische Situation seiner Zeit... und verlieh seinen aus katholischer Bildlichkeit gespeisten Appellen an ein katholisches irisches Volk eine ganz besondere Note... die Vorstellung eines an sich sinnlosen Blutopfers, das in einer apokalyptischen Situation (des Weltkrieges) einen universalen Sinn erhält durch die Überwindung der egoistischen Bestrebungen jedes Menschen und die Hingabe für ein umfassendes Ganzes, die eigene Nation.« (Michael Maurer) Selbst der Sozialist James Connolly, der ja mit seiner 250 Mann starken Citizen Army notfalls auch allein gegen die britische Weltmacht angetreten wäre, stellte in seinen Schriften christliche Bezüge her: »Ohne eine Spur von Blasphemie, vielmehr mit der geschuldeten Demut und Ehrfurcht, erkennen wir, daß man von uns, wie von der Menschheit vor dem Kreuzesopfer (Christi), wahrlich sagen kann: ›ohne Vergießung des Blutes gibt es keine Erlösung‹.« Roger Casement zieht in seiner letzten Botschaft den biblischen Vergleich zu David und Goliath.

Mit der christlichen Symbolik vermischt sich die der keltischen Mythologie. Hinter einem der Frontscheiben des GPO sieht man, neben der berühmten Proklamation der Provisorischen Irischen Republik, Oliver Sheppards Bronzestatue des Cú Chulainn, mit einer Krähe auf der Schulter – der Schicksalsgöttin Badh, die sich mit »drei gräßlichen Schreien« auf dem sterbenden Halbgott niederließ. In Pearse' berühmtestem Gedicht, *Mise Èire*, wird auch der berühmteste Held der irischen Sage erwähnt:

Mise Éire:	*Ich bin Irland:*
Sine mé ná an Chailleach	*Ich bin älter als die alte Frau*
Bhéarra	*von Beare.*
Mór mo ghlóir:	*Groß mein Ruhm;*
Mé a rug Cú Chulainn cróga.	*Ich, die Cú Chulainn den*
	Tapferen gebar.
Mór mo náir:	*Groß meine Schande:*
Mo chlann féin a dhiol	*Meine eigenen Kinder haben*
a máthair	*ihre Mutter verkauft.*
Mise Éire:	*Ich bin Irland:*
Uaigni mé ná an	*Ich bin einsamer als die*
Chailleach Bhéarra.	*alte Frau von Beare.**

(*Die alte Frau von Beare wird von Yeats als ›die Mutter der Götter‹ beschrieben.)

Wie Cú Chulainn trotzten die Rebellen des Osteraufstandes allein einer Übermacht; wie Cú Chulainn, der in die Schlacht von Muithemne zog, obwohl er durch böse Vorzeichen und Prophezeiungen wußte, daß er dem Tod in die Arme lief, opferten sie sich für eine aussichtslose, aber gerechte Sache. Um aufrecht im Angesicht der Feinde zu sterben, band sich Cú Chullainn mit seinem Gürtel an einen Steinpfeiler – so hat ihn auch der Künstler dargestellt – was wiederum an James Connolly erinnert, wie er sich, schwerverletzt im Hof des Kilmainham Gefängnisses an einen Stuhl gefesselt, vor den Gewehren seines Erschießungspelotons aufrichtete.

Klar, das alles ist natürlich patriotischer Kitsch. Die Iren wissen das und ›sentimentalisieren ihre Märtyrer‹ oft nicht ohne Selbstironie. Sean O'Faolain ging in der Studie *The Irish* ziemlich hart mit seinen Landsleuten ins Gericht: »Was war es, das der irische Rebell immer wieder opferte? Den besseren Teil seines Lebens? Viel schlimmer, viel anstrengender, viel schwerer zu er tragen: Er opferte den besseren Teil seines Verstandes... unsere irischen Rebellen (wie wahrscheinlich die meisten europäischen Rebellen in revolutionären Zeiten) ließen sich immer schon lieber von Gefühlen hinreißen als ihren Verstand zu benutzen. Daher geht es in der gesamten irisch-patriotischen Literatur auch stets nur um Gefühle... Das politische Bewußtsein der Iren ist bis heute kindlich geblieben.«

Zugegeben. Aber war je eine Revolution Ausdruck »politischen Bewußtseins«, ein Akt der Vernunft? Die Besetzung des Postamtes ganz sicher nicht. Die Rebellen des Osteraufstandes waren romantische Idealisten. Ihr Schicksal ging den Iren zu Herzen, nicht ins Hirn, und ihre Stilisierung zu christlich-keltischen Märtyrern kann einem sogar ganz schön auf den Geist gehen. Sentimentale Bande... an ihren Früchten sollt ihr sie erkennen! Geht's nicht ein bißchen kleiner? Aber trotzdem haben sie's doch irgendwie geschafft. Sie haben dazu beigetragen, Irland zu einer unabhängigen Republik zu machen. »Ich bin für Irland gestorben!« ruft der Pub-Patriot nach dem sechsten Pint Guinness, »und ich sag euch was, Jungs: Ich würd's, wenn's sein müßte, jederzeit wieder tun! Wo warst du 1916?« – »Nirgends. Ich bin Jahrgang 1920.« – »Immer die gleichen Ausflüchte!«

Ein Kirchenkapitel

Es soll immer wieder vorkommen, daß fanatische Ulster-Protestanten auf dem Totenbett zum Katholizismus konvertieren, nach dem Motto: »Besser, einer von *denen* kratzt ab«. Das käme umgekehrt einem Katholiken der Republik nie in den Sinn. Der Agnostiker Joyce, befragt, ob er jemals einen Konfessionswechsel erwogen habe, antwortete: »Ich habe meinen Glauben verloren, nicht meinen Verstand.« Ein alter Ire, der bei der letzten Ölung vom Priester ermahnt wurde, Satan und seinen Werken zu entsagen, sagte: »Ich werde mir doch jetzt keine Feinde mehr machen!« Und als er dann gestorben war, sich überrascht umblickte und ausrief: »Daß der Himmel aussieht wie Dublin während der Rush Hour, hätte ich mir nie träumen lassen«, meldete sich eine krächzende Stimme: »Der Himmel?«

In Irland hat man's noch nicht so mit dem bei uns zu Lande modischen Antiklerikalismus. Gotteslästerung hält man in jedem Fall für Quatsch. Wenn es keinen Gott gibt, ist sie dumm und überflüssig, und wenn es ihn gibt, verdammt gefährlich. An Sonntagen sieht man im Umkreis von Kirchen, auch in Dublin, auffällig viele parkende Autos. Ein Bekannter versuchte es mir mal zu erklären: Den sonntäglichen Gottesdienst zu versäumen käme ihm ungefähr so vor, als hätte er morgens vergessen, sich die Zähne zu putzen – nichts Besonderes oder gar Schlimmes, aber doch entfernt Schuldbeladenes, leicht Unangenehmes, das einen vorsorglich in die hohle Hand hauchen läßt, bevor man zu einem Rendezvous aufscheint. Der berühmte Ausspruch »Ich bin Atheist, gottseidank« konnte nur in Irland entstehen; das Spannungsfeld zwischen Kirche und Kneipe bleibt elektrisch geladen. Christ Church verdankt die Erhaltung seiner gotischen Pracht der Großzügigkeit des Dubliner Whiskeybrenners John Roe, und Sir Benjamin Lee Guinness steckte 1860 die damals schwindelerregende Summe von 160 000 Pfund in die Restaurierung der St. Patrick's Cathedral. Man kommt um einen der beiden Pole dieses Spannungsfeldes einfach nicht herum.

Sollten Sie in Dublin einen Kirchentag einlegen wollen, hier eine kleine Auswahl von Gotteshäusern, die – jenseits ihrer eigentlichen Funktion als Stätten der Andacht und spirituellen Tankstelle – kunst- und kulturgeschichtlich von besonderem Interesse sind: St. Audoen's Church (High Street), St. Michan's Church (Church Street), Whitefriar Street Carmelite Church (56 Aungier Street), St. Werburgh's Church (7-8 Castle Street), Church of the Most Holy Trinity (The Chapel Royal), St. Teresa's Church (Clarendon/Grafton Street), St. Mary's Pro Cathedral (Marlborough Street), St. Ann's Church (Dawson Street).

Kein nicht ausschließlich an Pubs Interessierter wird natürlich Christ Church (Christ Church Place) versäumen wollen, eine der beiden anglikanischen Kathedralen Dublins. Über Geschichte und Architektur dieses herrlichen Bauwerks weiß jeder Reiseführer ausführlich zu berichten; ich beschränke mich daher auf ein paar Details, die wahrscheinlich weniger bekannt sind. Als Dublin noch Dyflin genannt wurde, ließ an dieser Stelle ein Wikingerbischof – ja, das gab es auch – namens Dunan eine hölzerne Kirche für den zum Christentum bekehrten Dänenkönig Sithric Seidenbart errichten, im Jahre 1038. Sithric war zu jener Zeit schon weit über achtzig und hatte an vielen Schlachten teilgenommen, 988 etwa an der von Dyflin, als der irische König Máel Sechnaill II. (›Malachy‹) die Stadt belagerte und die Besatzer aushungerte oder 1014 an der von Clontarf, in der er Brian Boru unterlag. Sein Leben war ein ewiges Kommen und Gehen gewesen:

Dyflin einnehmen, wieder aus Dyflin vertrieben werden, Dyflin erneut einnehmen… er war alt und müde und sehnte sich nur noch nach Frieden. Er hatte in Irland die Münzwährung (auf der Vorderseite sein Konterfei im Profil, auf der Rückseite ein Kreuz) eingeführt, und nun gründete er die erste Dreifaltigkeitskirche. Krönung seines Lebensabends sollte eine zweite Pilgerreise nach Rom werden. Ausgerechnet auf dieser Reise wurde er 1042 ermordet.

Erzbischof von Dublin war damals Laurence O'Toole, der vormalige Abt von Glendalough, und aus Sithrics Kirche war ein Augustinerkloster geworden (offiziell blieb auch Christ Church bis zur Auflösung der Klöster unter Heinrich VIII. eine Abtei). Dann, 1170, eroberte der Normanne Richard de Clare – Spitzname ›Strongbow‹ – mit seinem Söldnerheer die Stadt. Strongbow sollte dem selten dummen Dermot MacMurrough helfen, sein Königreich in Leinster zurückzugewinnen, was dann etwas anders ausging als geplant, und zur Besiegelung ihres Bündnisses hatte er dessen Tochter, Prinzessin Aoife geheiratet – zum Glück für O'Toole, denn er war zufällig ihr Onkel. Diese beiden machtgierigen Herren nun, Strongbow & O'Toole, sind als die Gründer der gotischen Christ Church Cathedral in die Geschichte eingegangen. Keiner von ihnen erlebte die Vollendung des Bauwerks, das bis 1230 noch etliche Veränderungen erfuhr: O'Toole starb 1178 in Eu in der Normandie, wo er auch begraben liegt; sein konserviertes Herz wurde jedoch später in einer herzförmigen Metallschatulle nach Dublin geschickt, wo es heute noch in der östlichen, sogenannten ›Friedenskapelle‹ der Christ Church von einer Kette baumelt und beim Klang besonders feierlicher Chöre wieder zu schlagen beginnt. Strongbow tat 1176 den letzten Seufzer, ungewöhnlicherweise friedlich in seinem Bett, und ruht nun in einem Sarkophag, Strongbow's Tomb, leicht zu erkennen an dem steinernen Ritter, der mit übereinandergeschlagenen Beinen darauf liegt. In der Ikonographie solcher Grabmäler weisen die gekreuzten Beine darauf hin, daß der Betreffende an einem Kreuzzug ins Heilige Land teilgenommen hat. Tja, Strongbow war nie im Heiligen Land gewesen, und was als ›Strongbows Grab‹ verkauft wird, ist in Wahrheit ein ›fake‹ – kein ganzer, aber zumindest ein halber Betrug. Das Originalmonument wurde 1562 zerstört, als die Kirchendecke darauf herunterstürzte, und durch ein anderes ersetzt, das des normannischen Ritters Fitz Osbert, der tatsächlich während des 2. Kreuzzuges gegen die Muselmanen kämpfte. Neben ihm sieht man ein wesentlich kleineres ›Sarkophägchen‹, ebenfalls mit einer behelmten Figur auf dem Deckel, das Bruchstücke von Strongbows ehemaligem Behältnis aufbewahrt. Unnützes Wissen kann faszinierend sein, sollte aber nicht unbedingt dazu dienen, einen Fremdenführer coram publico zu verbessern; er wiederholt schließlich nur, was er so gelernt hat.

Die riesige Krypta, die sich unter dem gesamten Kirchenschiff entlangzieht, diente weniger der Unterbringung von Grüften, sondern hatte mehr eine statische Funktion: der Untergrund der Christ Church war zu weich, um das Gewicht des kolossalen Gebäudes zu tragen. Doch bevor ich meinem Informanten- und Anekdoten-Erzählbedürfnis weiter Raum gebe, nur noch eine letzte Randnotiz: Wenn es die Möglichkeit gäbe, nicht auf-, sondern gegen eine Person anzustoßen, würde ich Erzbischof Brown gern zu letzteren gezählt wissen. Ja, ich hoffe, er schmort in der Hölle. Um sich bei den englischen Machthabern nach der Reformation lieb Kind zu machen, entzündete er ein Freudenfeuer aus sämtlichen »Überbleibseln des alten Aberglaubens«, derer er habhaft werden konnte – insbesondere allen hölzernen Heiligenbildnissen und sonstigem brennbaren Material, das Künstler vieler Jahrhunderte zur Ehre Gottes erschaffen hatten. Man möchte lieber nicht darüber nachdenken, was dieser Wahnsinnige an unersetzlicher Schönheit zerstörte, kann jedoch den Verlust ermessen, wenn man die ›Jungfrau mit dem Kinde‹ in der genannten Whitefriar Street Carmelite Church betrachtet.

Dublins bedeutendstes Gotteshaus, auf das Sie nun sicher schon warten, ist ohne Zweifel St. Patrick's Cathedral. Jonathan Swift war hier von 1713 bis 1745 Dekan. Aber ich muß etwas ausholen. St. Patrick, der ›Apostel‹ und Nationalheilige Irlands, wurde um 390 geboren, in England, als Sohn des Calpurnius, eines hohen Staatsbeamten aus christlich-römisch-britischem Geschlecht. Im Alter von sechzehn Jahren geriet er in die Gefangenschaft irischer Piraten, die ihn in die Provinz Ulster verschleppten und dort als Sklaven verkauften, an einen reichen ›bo-aire‹ (Rinderbaron) namens Milchu, dessen Viehherden er sechs Jahre lang hüten mußte. Verzweifelt und krank vor Heimweh, betete er zu Gott, ihm einen Ausweg zu weisen, und eines Nachts vernahm er im Schlaf eine Stimme, die ihm mitteilte, ›ein Schiff läge für ihn bereit‹. Er hörte auf diese Stimme, entfloh, gelangte zur Küste und begegnete einigen Fischern, die sich seiner erbarmten und in ihrem Segelschiff zurück nach England brachten.

Durch seine Rettung geläutert, ließ er sich zum Priester ausbilden, reiste nach Frankreich, wo er in den Klöstern von Tours

und Lérins studierte, wurde eine Zeit lang Schüler des Bischofs Germanus von Auxerre und schließlich selbst zum Bischof geweiht. Jahre später vernahm er abermals in einer Vision viele durcheinander-klingende Stimmen, die ihn – auf Gälisch, eine Sprache, die er nunmehr beherrschte – nach Irland zurückriefen: »Wir bitten dich, edler Jüngling, herzukommen und wieder unter uns zu weilen.« Die Fürsprache des Germanus‹ bewog Papst Coëlestin I., ihn zum Nachfolger des Palladius zu ernennen, welcher bisher, allerdings mit wenig Erfolg, im Südosten der Grünen Insel gewirkt hatte. Patrick aber nahm sich vor, alle Iren zum Christentum zu bekehren und begann 431 unter vielen Abenteuern und Kämpfen mit Stammesfürsten und Druiden seine Mission.

Er überzeugte König Laoghaire in Tara (von dem der Vorort Dublins seinen Namen hat), danach die Könige von Munster, Connaught und Ulster und kam auf seinen Wanderungen auch zu seinem ehemaligen Herrn Milchu, der sich, so die Legende, in panischer Angst vor ihm auf einem Scheiterhaufen selbst verbrannte. Die Wundertaten St. Patricks sind Legion; zum Beispiel vertrieb er die Schlangen und diverse Dämonen von der Insel. Er rekrutierte seine Gefolgschaft vornehmlich aus Söhnen des keltischen Adels und gründete 445 den Bischofssitz Armagh in Ulster, der zum Zentrum des irischen Christentums wurde. Vor allem aber waren es seine Klostergründungen, die den Übergang in eine neue Epoche Irlands, des ›Goldenen Zeitalters‹ kennzeichneten und aus denen sich ›Proto-Städte‹ und Vorformen von Universitäten entwickelten. Der Nachwelt hinterließ er die ›Bekenntnisse‹ (*Confessio*) – »wer immer diese Schrift erhalten mag, die Patricius, ein sündiger, ungebildeter Mensch in Irland geschrieben hat...« – und einige Briefe (*Epistola*).

Auf dem Hügel von Slane nördlich von Dublin, auf dem er trotz des strengen Verbots der Druiden, die dieses Privileg für sich allein beanspruchten, ein weithin sichtbares Feuer entfachte, steht heute eine der unzähligen St. Patrick Statuen, die irgendwie an den Weihnachtsmann erinnern. Er selbst dürfte ungleich charismatischer und kriegerischer ausgesehen haben; einer seiner Anhänger berichtet, sein Bart sei blau gefärbt gewesen. Es war auch nicht sein Bekehrungswerk allein, das ihn für die Kelten und ihre Nachfahren so anziehend machte und zur Identifikation einlud, sondern seine Charaktereigenschaften: Mut, Unbeirrbarkeit, Geduld, Individualismus, Bescheidenheit, Respektlosigkeit vor falschen Autoritäten und die Liebe zur Natur.

Der St. Patrick's Day wird am 17. März – seinem Todestag 461 nach Christus – von Iren überall auf der Welt gehörig gefeiert und begossen, so wie auch die ›wakes‹, Trauerfeierlichkeiten für gewöhnliche Sterbliche, mitunter in fürchterliche Besäufnisse ausarten. (Die großen Paraden kamen 1853 in New York auf und sind Ausdruck des katholischen Nationalismus irischer Emigranten; auf dem Umweg über Amerika wurde der St. Patrick's Day in Irland erst 1903 ein öffentlicher Feiertag.) Der Vorname Patrick ist, neben den Namen der Apostel, wie John, Peter, Thomas oder Matthew oder irischer Heiliger wie Kevin und Finbar auf der Insel immer noch sehr beliebt, und das, obwohl die Engländer die Iren deshalb insgesamt abschätzig als ›Paddies‹ bezeichnen. Der Shamrock, das dreiblättrige Kleeblatt, mit dem der Heilige die Dreifaltigkeit erklärte, ist neben der Harfe zum Symbol Irlands geworden, und wenn Ihnen ein Barkeeper mit dem Zapfhahn geschickt einen Shamrock in die Schaumkrone Ihres Guinness graviert, ist das entweder ein Zeichen für Sympathie, oder er hält Sie für einen Touristen. Was kein Widerspruch sein muß.

In Baile Atha Cliath, der ›Stadt an der Hürdenfurt‹ (damals noch ein Fischerdörfchen), soll St. Patrick auf einer Missionsreise von Wicklow nach Armagh mit den Wassern einer heiligen Quelle die Heiden getauft haben. Die am gleichen Ort erbaute hölzerne Kirche galt als einer der vier bedeutendsten des keltischen Christentums. Diese Quelle, heißt es, sei noch viele Jahrhunderte weitergesprudelt und erst während der Reformation versiegt. Eine weitere Legende? Geologen und Archäologen fanden 1901 heraus, daß es dort einst tatsächlich eine unterirdische Quelle gab, verschlossen von einem Steindeckel mit zwei eingravierten Kreuzen (St. Patrick's Well Stone), heute ein Ausstellungsstück am Nordwestende der Kathedrale.

Christ Church befand sich noch im Bau, als Erzbischof Laurence O'Toole 1178 während eines Aufenthaltes in der Normandie starb. König Heinrich Plantagenet war zu jener Zeit äußerst besorgt darum, seinen Einfluß über die erst kürzlich (1170) unterworfene Insel zu festigen; er kannte das stolze und treulose Temperament der normannischen Ritter, die sich gern als unabhängige Feudalherren aufführten, und wollte sicherstellen, daß Irland von England aus kontrollierbar blieb. Dies konnte nur gelingen, indem er verläßliche Gefolgsleute in sowohl kirchliche wie weltliche Schlüsselpositionen brachte und sich ihre Loyalität auch langfristig durch besondere Privilegien erkaufte. Der neue Erzbischof, John Comyn, ein Benediktinermönch aus Evesham, besaß all die Eigenschaften, die ihn aus Heinrichs Sicht für dieses Amt prädestinierten: administrative Fähigkeiten, diplomatisches Geschick, juristische Kenntnisse, brennenden Ehrgeiz – sowie demütige Ergebenheit seinem königlichen Gönner gegenüber. Seine erste Aufgabe bestand darin, Vorbereitungen für einen besonders prunkvollen Empfang des Kronprinzen John (›ohne Land‹) zu treffen, der 1185 Dublin besuchte. John war offenbar sehr zufrieden mit dem Pomp, den Comyn auf Kosten der Stadtkasse für ihn veranstaltete, und belohnte ihn mit der großzügigen Vergabe von Ländereien, die rasch mal so eben enteignet wurden. Die Diözese Dublin sollte als Zentrum des ›Pale‹, der normannischen Hauptbesatzungszone, auch die reichste und mächtigste Irlands sein. (Johns Staatsbesuch endete allerdings in einem Fiasko: Da seiner Zeit in England ein glattrasiertes Gesicht Mode war, lachte er sich über die langen zotteligen Bärte der irischen Chieftains kaputt, die daraufhin beleidigt abzogen und ihm die Gefolgschaft verweigerten.)

Als Bischofssitz kam für Comyn eigentlich nur die noch nicht ganz vollendete Christ Church in Frage, doch dazu hätte man sie als Augustinerabtei auflösen müssen. Zudem erwartete man von einem Bischof, daß er standesgemäß in einem Bischofspalast residiere. Da sich Christ Church innerhalb der Stadtmauern befand, hätte Comyn – das wußte er als gelernter Jurist – auch der städtischen Gerichtsbarkeit unterstanden. Überhaupt, diese ganzen komplizierten mittelalterlichen Vorschriften und Gesetze! Er wollte die ihm vom König übertragene Macht mit niemand anderem teilen und ließ daher eine neue Kirche und seinen Palast, St. Sepulchre, jenseits der Stadtmauern erbauen. Am geeignetsten dafür erschien ihm die seit altersher geheiligte Stätte der St. Patrick's Quelle, obwohl der Baugrund, zwischen zwei Abzweigungen des Flüßchens Poddle gelegen, sumpfig war und den Architekten vor große Probleme stellte. Doch auf diese Weise schlug er gleich mehrere Fliegen mit einer Klappe: St. Patrick's Church, nicht Christ Church, wurde unter seiner Oberhoheit Zentrum der Diözese Dublin; er war den City Provosts, den Stadträten, keine Rechenschaft über seine Handlungen schuldig; er verpflichtete sich die Augustiner, die nun wie geplant in ihr Kloster einziehen konnten, und er nützte die Verehrung, die der Heilige Patrick genoß, klug für seine politischen Zwecke. Die Kirche wurde entsprechend am 17. März (St. Patrick's Day) 1192 feierlich »Gott, der gesegneten Jungfrau Maria und St. Patrick« geweiht – als Collegiate Church, das heißt, als »Stätte der Andacht wie der Gelehrsamkeit«. St. Sepulchre blieb – bis zu seiner Umwandlung in eine Polizeikaserne im Jahre 1806 – Residenz der Erzbischöfe von Dublin.

Comyn starb 1212, und Henry de Loundres, ein enger Freund des nun regierenden Königs John (und späterer Erbauer von Dublin Castle), trat seine Nachfolge an. Ihn ärgerte die Größe und Pracht der Christ Church, die noch immer nicht ganz fertiggestellt war und gegen die sich St. Patrick's beinahe bescheiden ausnahm. Eine Kathedrale mußte her, zu Gottes Ehre und zur Unterstreichung seiner eigenen Bischofswürde, und so ließ er das frühere Gebäude abreißen und an seiner Stelle St. Patrick's Cathedral errichten, ›Early English Gothic‹, mit 91 Metern Länge unbestreitbar die längste Kirche Irlands und damit Siegerin im Prestigewettbewerb. De Loundres Kopf und der seines Königs prangen in Stein gemeißelt triumphierend am südlichen und östlichen Chorbogen. Der nächste Erdbeerschorsch, pardon, Erzbischof, Fulk de Saundfort ist in voller Größe an der Seite des Nordchores zu besichtigen, sein Monument liegt ausgestreckt auf dem kalten Deckel des Sarkophages, der die Gebeine enthält. Er erweiterte die Kirche 1270 abermals um die Lady Chapel, wie um die Konkurrentin Christ Church ein letztes Mal zu demütigen – doch all diese normannischen Bischöfe hätten sich in ihren apokalyptischsten Träumen nicht vorstellen können, daß ihre Religion dereinst als ›papistisch‹ geschmäht und Katholiken der Zutritt zu beiden Gotteshäusern verwehrt sein würde. Nein, das war gänzlich unvorstellbar.

St. Patrick's Cathedral hat seitdem mehrere Feuersbrünste, den Bildersturm der Reformation und sogar Cromwell überstanden, dessen Parlamentstruppen sie als Pferdestall benützten und die wunderbaren mittelalterlichen Kirchenfenster zerstörten. Die Kosten für ihre umfassende Restaurierung übernahm im 19. Jahrhundert kein König oder Bischof, sondern der Brauereibesitzer Sir Benjamin Guinness (sein guinness-schwarzes Denkmal steht rechts neben dem Haupteingang); schließlich war schon der Heilige Patrick selbst auf Sponsoren angewiesen: »Seine Arbeit wurde erleichtert durch das Geld, das er bei sich führte, um Wegzoll zu entrichten und Könige zu verlocken, der Bekehrung ihrer Untertanen zuzustimmen«, berichtet ein Chronist. Von Patricks spitzbäuchiger Statue drinnen geht keine allzu große bekehrerische Gewalt mehr aus; sie hat ein ›freches G‹schau‹, wie der Bayer sagt, und sieht aus wie ein mittelalterlicher Bischof.

Was ist sonst noch im Inneren der Kirche zu sehen? Da sie sich in ein halbes Museum verwandelt hat, viel Interessantes, obwohl Herr Jesus, käme er hier herein, wohl als erstes ›die Händler aus dem Tempel werfen‹ und den Andenkenstand demolieren würde. Wendet man sich nach Entrichtung seines Obolus zuerst nach links und macht dann auf dem Absatz eine halbe Drehung, steht man vor dem sogenannten ›Boyle-Monument‹, einem großen, buntbemalten Grabmal. Es soll an Catherine erinnern, die jungverstorbene Braut des Earl Roger Boyle of Cork, der sich, umringt von ihren Kindern und anderen Familienmitgliedern, über dem Abbild der schönen Leiche verewigen ließ, auf den rechten Arm gestützt, als warte er nur noch darauf, ihr recht bald nachzufolgen: »Wart dort auf mich! Ich will nicht säumen,/Mir dir im fahlen Tal den gleichen Traum zu träumen«, schrieb der zeitgenössische Poet Henry King, der Bischof von Chichester, in ähnlicher Stimmung.

Achten Sie einmal auf die Gesichter der beiden durch den Tod getrennten Eheleute, die wie in einem Doppelbett übereinander liegen: sie, glasigen Blicks, mit einer Krone auf dem Haupt, er, versonnen ins Leere starrend; Verbundenheit und Trennung, Hoffnung und Verzweiflung... Kunst und Wirklichkeit? Roger Boyle war ein skrupelloser Abenteurer, dessen Karriere damit begann, daß er von Sir Walter Raleigh 17000 Hektar Land für den

Spottpreis von 1500 Pfund Sterling erwarb und dem schließlich das gesamte Gebiet zwischen Waterford und dem Shannon gehörte.

Catherine war seine zweite Frau, und er überlebte sie um gut zwölf Jahre. Er bestand darauf, daß das von Edmond Tingham angefertigte Grabmal direkt neben dem Hochaltar von St. Patrick's Cathedral plaziert werden sollte; der damalige Vizekönig Charles I., Earl Thomas Wentworth of Strafford protestierte gegen diese Anmaßung, und Boyle sah sich gezwungen, mit einem weniger herausragenden Standort Vorlieb zu nehmen. Er schwor Rache und bekam sie auch, als Charles I. vom englischen Parlament entmachtet und enthauptet wurde und sein Vizekönig in Irland, der Earl of Stafford, dadurch ebenfalls in Bedrängnis geriet. Boyle brauchte ihn nur noch des Hochverrats anzuklagen und erwirkte, zehn Jahre nach dem Affront, seine Hinrichtung. Der neue ›Lord Protector‹ Cromwell hielt große Stücke auf den Opportunisten Boyle: »Wenn es in jeder irischen Provinz einen Earl of Cork gäbe, würden es die Iren nicht länger wagen, sich zu erheben.« Das ist wahrlich keine Empfehlung und deutet nur an, daß Boyle sich glänzend aufs Massakrieren verstand, wenn er darin einen Vorteil für sich sah. Er starb 1643 und liegt in der Kirche von St. Mary in Youghal, Co. Cork begraben, wo er vorsorglich ein ähnlich pompöses Monument für sich selbst errichten ließ – diesmal neben dem Hochaltar.

Auf dem Grabmal in St. Patrick's ist seine gesamte Familie dargestellt, aber eine der Personen nimmt offenbar eine Sonderstellung ein: Sie steht in der Nische im Zentrum. Es handelt sich dabei um Robert Boyle (1627–1691), den hochbegabten Lieblingssohn des Grafen, der einer der bedeutendsten Naturwissenschaftler des Abendlandes und Begründer der ›analytischen Chemie‹ wurde. Ein Genie, gezeugt von einem fürchterlichen Vater, der immerhin sein Talent erkannte.

Hinter den vielen Ausstellungsstücken, Gräbern, Denkmälern und Inschriften dieser Kirche liegen noch eine Menge interessanter und eigenartiger Schicksale verborgen, genauso wie eitle, törichte und belanglose; in Stein verewigt werden ja in der Regel entweder nur selbstgefällige Reiche, die dafür bezahlen, oder Künstler, Retter des Vaterlandes und sonstige Berühmtheiten, die sich dafür nichts mehr kaufen können. Konzentrieren wir uns daher auf einige wesentliche: Die runde Steintafel auf der gegenüberliegenden Seite zum Beispiel mit dem Bildnis des ›letzten Barden‹ Irlands, des berühmten blinden Harfenspielers, Sängers und Whiskeytrinkers Turlough O'Carolan (1670–1738), der den englischen Landadel wie die irischen Bauern gleichermaßen entzückte und in allen Gesellschaftsschichten Freunde und Bewunderer fand. Für Gastfreundschaft und Honorar revanchierte er sich mit ›von göttlichem Wahnsinn‹ inspirierten Stegreifkompositionen, wie *Planxty Kelly* oder *Receipt for Drinking*, und er beendete sein Leben reich und geachtet auf eigenem Gutshof in Co. Leitrim im Kreis einer vielköpfigen Familie. Noch auf dem Totenbett komponierte er sein herzergreifendes Stück *Farewell to Music*. ›Durch Blindheit sehend gewordene‹ Musiker wie der mythische Ossian sind in der irischen Geschichte durchaus keine Seltenheit; das weibliche Gegenstück zu O'Carolan war im 18. Jahrhundert Maire Dhall (Blind Mary), und von den Teilnehmern des von Edward Bunting mitstenographierten Festivals in Belfast im Jahre 1792 »hatten drei ihr Augenlicht verloren«, ein Umstand, der zur Einführung des Harfenunterrichts an Blindenschulen beitrug. Doch die Unterdrückung der musikalischen Traditionen durch die Engländer war leider so erfolgreich, daß von einem wichtigen Teil des kulturellen Erbes Irlands nur wenige Bruchstücke erhalten sind. Auch die Rekonstruktion durch die Musikwissenschaft kann nur einen höchst flüchtigen und unvollständigen Eindruck von etwas Verlorengegangenem vermitteln. Der letzte Harfenspieler im altgälischen Stil starb Mitte des 19. Jahrhunderts, bevor es Aufnahmegeräte gab.

Der gespreizte, feiste, selbstherrliche Popanz, der sich unübersehbar rechts neben O'Carolan in den Vordergrund drängt, ist Grenville, George Nugent Temple, 1st marquess of Buckingham (1753–1813), zweimaliger Vizekönig Irlands und Erster Großmeister des 1783 von George III. gegründeten ›Most Illustrious Order of St. Patrick‹. Dieser entsprach im Rang dem englischen Hosenband- oder dem schottischen Distel-Orden und wurde zum Zeichen königlicher Gunst ausschließlich an Peers verliehen, Angehörige des britisch-irischen Hochadels. Ursprünglich gab es nur 15 Knights of St. Patrick; ihre Zahl wuchs bis 1833 auf 22 an und blieb dann etwa auf diesem Level. Sie trugen Mäntel aus himmelblauem, weiß ausgeschlagenem Satin mit einem silbernen Stern auf der rechten Brust, deren Kapuzen mit blau-goldenen, in zwei Quasten endenden Seidenbändern in Blau und Gold befestigt waren; schwarze Hüte mit Pfauenfedern in den Farben des Union Jack, rot, blau und weiß; Schuhe aus weißem Leder mit goldenen Sporen; breite Goldketten aus zusammengeschmiedeten Rosen und Harfen mit jeweils einer juwelenbesetzten Krone in der Mit-

te; goldbestickte Hosen aus weißer Seide und Gürtel und Schwert-
scheiden aus blutrotem Samt. Wow! Das mußten schon bedeutende Leute sein, die solche Operettenkostüme tragen durften.
Lord Buckingham zum Beispiel, den ein Zeitgenosse als »kalt und
steif« beschrieb. Der Bildhauer Edward Smyth hat ihn mit der
Marmorstatue gut getroffen.

Was taten die Knights of St. Patrick den lieben langen Tag?
Rumsitzen, an ihren Troddeln nesteln, Däumchen drehen, Kartenspielen, Brandy trinken… nein, sie kamen natürlich nur zu
besonderen Anlässen zusammen, etwa, wenn ein Mitglied der
Königsfamilie in Dublin eintraf, oder gar der König selbst; wenn
der Vizekönig ein festliches Bankett gab, wenn in der St. Patrick's
Hall in Dublin Castle ein neuer Peer in den Orden aufgenommen
wurde (zum Beispiel 1868 der Prince of Wales und spätere Edward VII.) und natürlich an jedem St. Patrick's Day. Ihre ›Kapelle‹ war St. Patrick's Cathedral, aber sie mischten sich nie unters
gewöhnliche Volk und nahmen auch nicht an den sonntäglichen
Gottesdiensten teil.

Das imposante Chorgestühl mit ihren Bannern und Wappen
vor dem Altar erinnert an die freimaurerhaften Versammlungen
des Ordens, der erst 1974 mit dem Tod des letzten überlebenden
Mitglieds, Prince Henry, dem Duke of Gloucester, erlosch. Heute singt dort ein gemischter Chor aus Männern und Knaben regelmäßig zu den Messen. Die Chorschule der Kathedrale hat eine über fünfhundertjährige Tradition; für die Uraufführung des
Messias lieh sich Georg Friedrich Händel 1742 vom damaligen
Dekan Jonathan Swift die besten Sänger aus, deren reine Intona-
tion ihn entzückte.

Das berühmteste und wertvollste Rangabzeichen der Knights
of St. Patrick war ein Schmuckstück, das man die ›Kronjuwelen
Irlands‹ nannte. Es wurde 1830 von den königlichen Juwelieren
Rundell & Bridge angefertigt und enthielt insgesamt 394 Diamanten, Smaragde, Rubine und andere Edelsteine aus dem Besitz von Königin Charlotte, der Frau George III., darunter auch
der Rosendiamant, den ihr der türkische Sultan geschenkt hatte.
Im Zentrum befand sich ein rubinrotes Kreuz auf blauem Email-
legrund, umgeben von einem Shamrock aus Smaragden, der
wiederum vom Motto des Ordens, Quis Separabit? (Wer kann uns
trennen?), und der Jahreszahl 1783 in lateinischen Lettern um-
kreist wurde, in einer Schrift aus Diamanten. Diesen Schmuck
durfte einzig der Vizekönig anlegen, und wenn, was selten geschah, der König oder die Königin in Dublin weilten, trugen sie

ihn – um zu zeigen, wie unzertrennlich sie mit Irland verbunden waren. Queen Victoria konnte sich bei jedem ihrer Staatsbesuche, 1849, 1861 und 1900, kaum von der Brosche trennen und hätte sie wohl am liebsten mit nach London genommen.

1907 verschwand das unschätzbare Stück zusammen mit weiteren Kleinoden spurlos und ist seither nicht wieder aufgetaucht. Der Skandal wirbelte damals ähnlichen Staub auf wie der Raub der Mona Lisa. König Edward, der sich mit Königin Alexandra gerade in Dublin aufhielt, bekam vor Wut fast einen Schlaganfall. Ein Heer von Detektiven schwärmte aus, aber alle Nachforschungen verliefen im Sande. Dafür stießen sie auf ein paar weitere, höchst peinliche Skandale, etwa daß ein gewisser Frank Shackleton, der zum Bewachungspersonal der ›irischen Kronjuwelen‹ gehörte, ein Verhältnis mit dem Duke of Argyll hatte, dem Schwager des Königs, und daß auch Lord Aberdeen, der Sohn des Vizekönigs, ein gerngesehener Gast bei nächtlichen homosexuellen Orgien in Dublin Castle gewesen war. Der Verdacht, daß die IRB, die Vorläuferorganisation der IRA, für den Diebstahl verantwortlich war, um das britische Königshaus zu kompromittieren, ließ sich nicht erhärten. Um weiteren Enthüllungen vorzubeugen, wurde die Akte geschlossen. Sollte Ihnen der Schmuck zufällig einmal angeboten werden, setzen Sie sich umgehend mit dem Buckingham Palace in Verbindung; rechtmäßige Eigentümerin ist immer noch die Krone Englands.

Wo waren wir stehengeblieben? Ah ja, in St. Patrick's Cathedral. Die Sonne dringt durch das bunte Glas viktorianischer Kirchenfenster mit Darstellungen der drei wichtigsten Heiligen Irlands, St. Patrick, St. Columba und St. Brigid… Auffällig ist diese altersgeschwärzte Tür mit dem rechteckigen Loch, die in der Mitte der Kirche wie eine Reliquie von einem freistehenden Metallgerüst gehalten wird. Sie verweist auf eins der dramatischsten Ereignisse in der Geschichte der Kathedrale. Die Zusammenhänge sind recht kompliziert – stellen Sie sich eine ähnliche Situation vor wie in Shakespeares *Romeo und Julia*: Zwei mächtige anglonormannische Familien, die Fitzgeralds of Kildare (Schlachtruf: ›Crom-a-Boo‹) und die Butlers of Ormonde (Schlachruf ›Butler-a-Boo‹), die gegen Ende des 15. Jahrhunderts die Geschicke Irlands bestimmen und sich mit unversöhnlichem Haß gegenüberstehen. Die englischen Könige, bedacht darauf, nicht eine der beiden Dynastien zu mächtig werden zu lassen, schenken manchmal der einen, dann wieder der anderen Familie ihre Gunst und halten so die Dauerfehde am Köcheln. Dublins Bürger sind in zwei Fraktionen gespalten, Parteigänger der Fitzgeralds oder Ormonds, und liefern sich beim geringsten Anlaß blutige Straßenschlachten.

1492 besucht Gerald Fitzgerald (Gearóid Mór), der 8. Graf von Kildare mit seinem Troß die Stadt und nimmt an einem Gottesdienst in St. Patrick's Cathedral teil. Da reitet auch sein Erzfeind James Butler (›Black James‹) an der Spitze eines schwer bewaffneten Trupps in Dublin ein. Nach wüsten Beschimpfungen wird man rasch handgemein, und die lange aufgestaute Wut entlädt sich in einer Orgie der Gewalt. Soldaten und aufgebrachte Bürger dringen sogar in die Kirche vor, wo sie mit Armbrüsten wild um sich schießen: »... The citizens in their rage, imagining that every post in the churche had been one of the souldyers, shot habbe or nabbe at random uppe to the rood lofte and to the chancell leaving some of theyr arrows sticking in the images«, schreibt der Chronist des *Book of Howth*. Die Mehrheit der Dubliner, auch der Bürgermeister und die Stadträte, stehen auf Seiten der Fitzgeralds, zu deren Gunsten sich das Blatt wendet: Black James und ein Teil seiner Gefolgsleute müssen sich in das angrenzende Kapitelhaus zurückziehen und die Tür – die bewußte Tür – verbarrikadieren. Nun sitzen sie in der Falle. Gearóid Mórs Reisige und der Mob schicken sich an, das Gebäude zu stürmen, doch er gebietet ihnen Einhalt. Er weiß, daß die Butler-Dynastie gegenwärtig die Gunst des frommen und listigen Tudorkönigs Henry VII. genießt, und daß die Ermordung seines Rivalen – noch dazu auf geheiligtem Grund – unabsehbare Folgen nach sich ziehen würde. Also läßt er Gnade walten, mehr aus Kalkül als aus Barmherzigkeit, und gewährt Black James freien Abzug. Der wittert Verrat und ist durch keine guten Worte zu bewegen, herauszukommen. Da ergreift Gearóid eine Axt und schlägt ein Loch in die Tür. James glaubt, sein letztes Stündlein sei gekommen, aber Gearóid streckt ihm durch die Öffnung den Arm entgegen, die Hand zum Frieden (der Ursprung des Sprichwortes ›Ich würde meinen Arm verwetten‹). Bange Sekunden verstreichen. Ein Schmerzensschrei – James hat sein Schwert gezogen und den Arm mit einem Hieb vom Rumpf abge... nein, stimmt gar nicht, er ergreift die dargebotene Hand, und alles löst sich in Wohlgefallen auf.

So ist die Tür in St. Patrick's Cathedral zum Symbol der Versöhnung geworden. Die nicht lange anhalten sollte, aber das ist schon wieder eine andere Geschichte.

Die Sache hatte noch ein Nachspiel. Der Dubliner Erzbischof war nicht gerade angetan davon, daß ausgerechnet die Kathedrale zum Schauplatz solcher Ausschreitungen geworden war, und verdonnerte den Bürgermeister, die Stadträte und viele andere Beteiligten dazu, zur Buße für dieses Sakrileg auf Lebenszeit einmal jährlich an der Corpus Christi-Prozession teilzunehmen. Unter verschärften Bedingungen: Jeder mußte, nur mit einem Büßerhemd bekleidet, eine kiloschwere Kerze tragen. Wird ihnen nicht geschadet haben, den Hallodris, den hundsmiserabligen.

Der Blick des Besuchers von St. Patrick's Cathedral schweift ziellos an Büsten, Standbildern und Erinnerungsplaketten längst vergessener Honoratioren der Stadt oder ehemaliger Dekane entlang (may God be merciful to the souls of Lady Doneraile, Dean Fyche, Erzbischof Jones und Henry Wallop, dem Vize-Schatzmeister von Irland...), den Marmorsteinen, die das Gedenken irischer Söldner in englischen Kriegen feiern, und den von den Mauern herabhängenden, pulvergeschwärzten, durchlöcherten Fahnen irischer Regimenter, Kanonenfutter im Dienst des Imperialismus und Kolonialismus.

Besonders anrührend finde ich den Gedenkstein des Grafen Schomberg an der Seite des Nordchores, gegenüber dem Steinsarkophag des normannischen Erzbischofs Fulk de Saundfort. Geboren wurde er 1615 als Friedrich Herrmann von Schönburg in Heidelberg. Er war ein Glücksritter, nahm unter Bernhard von Sachsen-Weimar am Dreißigjährigen Krieg teil, kämpfte auf allen Schlachtfeldern Europas, trat der niederländischen, dann der französischen, dann der preußischen Armee bei, organisierte ein portugiesisches Heer gegen Spanien, kurz, er war ein rechter Haudegen, der durch seine Verdienste im Felde und als militärischer Berater zum Marschall von Frankreich und schließlich Peer von England aufstieg, wo er auch den für die Briten leichter auszusprechenden Namen Schomberg annahm. Wilhelm von Oranien vertraute dem 74-jährigen Veteranen die Führung seiner Truppen im Krieg gegen James II. an, seinen eigenen Schwiegervater und letzten, vom Parlament abgesetzten Stuartkönig, der mit einem Söldnerheer und irischer Hilfe den Thron Englands zurückzugewinnen hoffte. Schomberg brachte auch diesen Feldzug erfolgreich zu Ende, fiel aber in der Schicksalsschlacht am Boyne – worauf er schlicht in Vergessenheit geriet. Die lateinische Inschrift auf der Gedenktafel, verfaßt von keinem Geringeren als Dekan Jonathan Swift, lautet in der Übersetzung: »Unter diesem Stein ruhen die sterblichen Überreste von Friedrich Graf von Schomberg, welcher anno domini 1690 in der Schlacht am Boyne getötet wurde. Der Dekan und das Kapitel haben die Erben des Grafen inständig und wiederholt ersucht, ihrem Vater ein

Denkmal errichten zu lassen. Immer wieder haben sie diese Bitte in Briefen und durch Freunde in Deutschland an sie herangetragen, ohne je eine Antwort zu erhalten. Schließlich haben sie diesen Stein aufgestellt, auf daß Du, Fremder, wissen mögest, wo die Asche Schombergs begraben liegt. Sein Wert wird in der Fremde mehr geschätzt als unter seinen Blutsverwandten.«

Womit wir endlich beim großen Swift angelangt wären, dessen »ernstes, düsteres Gesicht« schon Walter Scott bei einem Besuch von St. Patrick's in jeder Ecke der Kirche vor sich zu sehen glaubte.

Als Swift am 23. April 1713 im Alter von sechsundvierzig Jahren sein Amt als Dekan antrat, fand er am Tor der baufälligen, heruntergekommenen Kathedrale einen Zettel angeheftet: »St. Patrick, schau auf uns herab, wir stehen hier und beten,/laß unsren neuen Herrn Dekan zum Glauben übertreten,/denn wenn er anglikanisch heult mit all den andren Wölfen,/dann sind wir Ärmsten ganz verratzt, kann nur noch Gott uns helfen.« Ein netter Empfang. Offenbar befürchtete die katholische Bevölkerung des Elendsviertels, das St. Patrick's umgab und die nun Swifts Gerichtsbarkeit unterstand, in ihm wieder mal einen tyrannischen, geldgierigen Briten vor die Nase gesetzt zu bekommen, der sie wie sein Vorgänger Dr. Sterne schikanieren und die Straßen ›von Bettlern‹ säubern würde. Dabei stammte Swift aus Dublin. Die Dekanstelle war lange vakant gewesen, und er wurde anglikanischer ›Dechant der Krone Englands‹ im ehrwürdigen Hause des Heiligen Patrick, in dem vor nicht allzu langer Zeit noch katholische Gottesdienste stattgefunden hatten. Kein Wunder, daß man ihm mit Mißtrauen und Haß begegnete. Die Protestant Ascendancy Dublins wiederum, die mächtigen Perückenträger in den wichtigsten Ämtern, bestand in aller Regel aus Whigs, aus Opportunisten, die ihr Mäntelchen stets nach dem Wind hängten und königs- bzw. regierungstreu bis zur Selbstaufgabe waren – von denen man also nicht erwarten konnte, daß sie einen in London recht unbequemen Agitator und Tory-Pamphletisten, einer Partei, die sich gerade auf dem absteigenden Ast befand, mit offenen Armen begrüßen würden. Swifts zwiespältiger Ruhm war ihm vorausgeeilt. Er saß zwischen allen Stühlen. Die Literaten, Freigeister und Intellektuellen, mit denen er in London verkehrt hatte und mit denen er immer noch korrespondierte, waren in weite Ferne gerückt. Schuld an der Misere war in nicht geringem Maße seine Satire *A Tale of a Tub*, die bei der Veröffentlichung 1704 wegen religiöser Ausfälligkeiten den Unmut Queen Annes erregt hatte. In diesem Buch stellte er die drei damals wichtigsten christlichen Religionen – Katholizismus, Anglikanismus und Calvinismus – allegorisch als die drei Söhne eines »sterbenden Vaters« dar, wobei er die anglikanisch-englische Staatskirche ›das kleinste Übel‹ nannte. Das war unerhört und trug nicht dazu bei, seine geistliche Karriere zu fördern. Erzbischof Sharpe aus York schäumte: »das Tonnenmärchen ist eine Verunglimpfung der Religion im allgemeinen, und sein Verfasser wenig besser als ein Heide.« Und der Dubliner Erzbischof äußerte später in einem Brief, »als Dekan von St. Patrick kann Swift nicht allzuviel Schaden anrichten.«

Swift war immer unbequem gewesen, schon als Student in Trinity College. Er verabscheute Ungerechtigkeit, politische Winkelzüge und seichtes Geschwätz, hatte vor niemandem Respekt, kroch niemanden in den Hintern und konnte vor allem sein Maul nicht halten (»... Die Mitglieder der besseren Stände beginnen einander gegen sieben Uhr abends voller Boshaftigkeit Besuche zu machen... Schwachköpfe und gepuderte Gecken in den Kaffeehäusern bewundern sich selbst...«) Seine Laufbahn gestaltete sich entsprechend bescheiden: Sekretär bei Sir William Temple, einem gelehrten Whig-Parlamentarier im Ruhestand; Gelegenheitsdichter (»Gerechter Himmel gab mir eine Geißel, und die Kraft zu hassen;/Sie werden einst die Sünde und die Dummheit bluten lassen«); Kaffeehausliterat in London; dann Pfarrhelfer in Kilroot bei Carrickfergus im Norden Irlands, zu einem Salär von 100 Pfund per annum; 1695 Priesterweihe in der Dubliner Christ Church; 1700 Vikar von Laracor in der Grafschaft Meath nordwestlich von Dublin; Doktor der Theologie; Verfasser gesellschaftskritischer Traktate, Essays, Satiren und politischer Pamphlete; hin- und hergerissen zwischen väterlicher und leidenschaftlicher Liebe zu Esther Johnson (›Stella‹), seiner »treuesten, tugendhaftesten und teuersten Freundin«, deren Hauslehrer er einst gewesen war; hin- und hergerissen auch zwischen ›Stella‹

und ›Vanessa‹, Esther Van Homright, einer leicht schafgesichtigen, holländischen Kaufmannstochter, und stets besorgt, daß die eine nichts von der anderen erfuhr, und schließlich, Endstation, Dekan von St. Patrick's Cathedral, einer zugigen Ruine inmitten eines Armenghettos. Na bestens. Er pflückte den Zettel vom Kirchtor, trat ein, und als er es hinter sich zuschlug, löste sich ein Stein aus der Mauer und verfehlte ihn nur knapp.

Das sogenannte Domkapitel, die Hilfsgeistlichen, Diakone, der Kirchenchor und der Organist, ließen sich anfangs nur unregelmäßig blicken. Sie mußten erst wieder an ihre Pflichten gewöhnt werden. »Mr. Fox, der Vikar und Chorleiter, erschien zu den Messen ungewaschen, in schmutziger, sehr unordentlicher Kleidung und oft völlig betrunken«, beschwerte er sich in einem Brief, und das Betragen von Mr. Church, dem Kirchdiener, »ließ sehr zu wünschen übrig; manchmal lachte er laut während des Gottesdienstes und unterhielt sich mit Mr. Fox ständig über die Einstudierung der Hymnen und Choräle.« Mindestens einmal in der Woche fand er weitere Zettel oder Kreideinschriften an Toren, Türen und Mauern, die ihn und ›seine Religion‹ verspotteten, sein Verschwinden forderten, ihn lächerlich machten, seinen Tod wünschten. Rings um St. Patrick's herrschten fürchterliche Zustände, enge Slums umdrängten klaustrophobisch die Kathedrale mit Dreck und Gestank, der Pöbel bewarf Nacht für Nacht die Mauern mit Unrat, Frauen boten sich für ein Stück Brot an, und immer wieder stieß man in den Gassen auf Verhungerte oder Erfrorene. Swift fühlte sich gefangen wie eine Ratte in der Falle, schlimmer als Don Camillo im Exil. »Als ich zum erstenmal hierherkam«, schrieb er an Stella, »dachte ich, ich müsse vor Kummer sterben, aber dieses Gefühl schwindet allmählich und weicht dem des Stumpfsinns und der Langeweile«, und, an Alexander Pope in London: »Ich bin jetzt Vorsteher von 150 Häusern im Umkreis und absoluter Herr der größten Kathedrale im ganzen Königreich... wie's zur Zeit aussieht, lebe ich in der Ecke eines weiträumigen, unmöblierten Hauses, und meine neue Familie besteht aus einem Koch, einem Reitknecht, einem Stallburschen, einem Bediensteten und einer alten Putzfrau... Wenn ich nicht auswärts esse, nehme ich täglich meist einen Hammelkuchen und ein Viertel Wein zu mir; und meine täglichen Vergnügungen sehen so aus, diese enormen Vorrechte gegenüber dem Erzbischof zu verteidigen und die Unverschämtesten in meinem insgesamt rebellischen Kirchenchor zu entlassen«, und, an John Gay, den Dichter der *Bettleroper*: »Drei Jahre hat es gedauert, bis ich hier einigermaßen zurechtkam.« Anfangs kümmerte er sich um die notwendigsten Reparaturen innerhalb St. Patrick's; die Kathedrale war zwar nach den Verwüstungen durch Cromwells Truppen in den Jahren zwischen 1670–80 mehr schlecht als recht instandgesetzt worden, befand sich aber nach wie vor in einem Zustand fortschreitenden Zerfalls. Er bekämpfte seinen Stolz, um bei der arroganten ›gentry‹ Spenden für die nicht mehr funktionierende Orgel zu sammeln, die er zur größten und wohlklingendsten Orgel in ganz Irland machen wollte; er bot, zum Teil aus eigenen Mitteln, den besten Sängern von nah und fern an, in seinem Chor mitzuwirken und sah sich bald in der Lage, die höchst einflußreiche Lady Carteret, die ihren unbegabten Neffen dort unterbringen wollte, abschlägig zu bescheiden: »Ich hätte Ihre Anfrage gern berücksichtigt, wenn es sich um den Posten eines Diakons oder Vikars handelte – aber hier geht es um Musik. Ein Sänger muß nun einmal singen können. Tut mir leid.« Das war der Chor, der sich später, nach Aussage von Maestro Händel, »vorzüglich machte«. Nachdem er das Gebäude, das Zentrum, in Ordnung gebracht hatte, begann er sich mit dem Drumherum zu beschäftigen und allmählich vom Repräsentanten der verhaßten Obrigkeit und Religion zum umjubelten Volkshelden aufzusteigen. Er half den Armen seiner Gemeinde durch Zuwendungen aus eigener Tasche, wo er nur konnte. In seinem *Proposal for the Universal Use of Irish Manifecture* (1720) rief er alle Iren zur wirtschaftlichen Selbstversorgung und zum Boykott britischer Importwaren auf. Er stellte als Erster englische Gesetze und die restriktiven Handelszölle in Frage, formulierte die ›irische Sache‹ als Freiheitskampf von englischer Tyrannei, er erweckte, wie Yeats fast zweihundert Jahre nach Swifts Tod bewundernd feststellte, lange vor der Home Rule-Bewegung das politische Bewußtsein Irlands.

»Vernünftigerweise ist jede Regierung ohne die Zustimmung der Regierten die wahre Definition der Sklaverei... Bin ich ein freier Mann in England und werde ich, indem ich den Kanal überquere, in sechs Stunden zum Sklaven?« Natürlich unterschrieb Dublins ›Scarlet Pimpernel‹ solche Aufrufe nie mit seinem wirklichen Namen, Jonathan Swift, Dekan von St. Patrick, sondern stets nur mit Initialen, Kürzeln und Pseudonymen, wie Isaac Bickerstaff oder M.B. Drapier. Die Behörden in Dublin Castle setzten einen Kopfpreis von dreihundert Pfund auf ihn aus, eine verlockende Summe, aber keiner verriet ihn. Unter einen seiner Steckbriefe kritzelte jemand einen Vers aus dem Alten

Testament (1. Samuel 14/45): »Aber das Volk sprach zu Saul: Sollte Jonathan sterben, der dies große Heil vollbracht hat? Das sei ferne! So wahr der Herr lebt: es soll ihm kein Haar gekrümmt werden, denn Gott hat heute durch ihn geholfen.« Nicht unriskant, Swifts Vornamen Jonathan zu erwähnen.

Es verhielt sich wohl so, daß jeder in der Stadt einschließlich des Vizekönigs Lord Carteret genau Bescheid wußte, aber niemand bereit war, gegen ihn auszusagen oder gar gerichtlich vorzugehen, was Tumulte heraufbeschworen hätte. Einstweilen verhaftete man die Drucker.

Swift rüttelte nicht nur eine versklavte Nation aus ihrer Lethargie wach, er machte auch, durch ätzende Satiren wie *Modest Proposal*, in der er zur Lösung der Probleme der Insel Kannibalismus vorschlug, bei den gebildeten Lesern in England auf die Situation Irlands aufmerksam. Die Weber rings um St. Patrick arbeiteten für Hungerlöhne – das darf man ausnahmsweise wörtlich nehmen – und waren zum Überleben gezwungen, ihren armseligen Hausrat, dann ihre Werkzeuge und zuletzt ihre Webstühle zu verkaufen, um zuletzt wirklich zu verhungern. Auf unzählige Eingaben hin erklärte sich das Irische Parlament bereit, sie mit insgesamt 100 Pfund zu unterstützen. Swift steuerte 500 Pfund aus eigenem Vermögen bei und beschämte damit die Regierung. Und das war längst nicht alles. Jeden Monat spendete er ein Drittel seines bescheidenen Einkommens für wohltätige Zwecke; ein weiteres Drittel floß in den Bau des St. Patrick's Hospitals für Schwachsinnige, die im ›Zeitalter der Vernunft‹ bis dahin keine Bleibe gefunden hatten. Während seiner Londoner Jahre hatte er sich intensiv mit den rigiden Behandlungsmethoden für Geisteskranke befaßt und besichtigte dort mehrmals das berüchtigte ›Bedlam‹ (Verkürzung für das ›Hospital of St. Bethlehem‹), dessen alptraumhafte Atmosphäre sein Zeitgenosse William Hogarth in einem Gemälde und mehreren Stichen einfing. In einem seiner späten Gedichte, *Verses on the Death of Dr. Swift*, dichtete er, wie gewohnt zartbitter: »Sein bißchen Reichtum gab er aus/Zu bau'n ein großes Irrenhaus;/dadurch beweist er uns doch glatt,/daß die Nation es nötig hat.«

Heute ist ›Swift's Hospital‹ zwischen Bow Lane West und Steevens Lane (Heuston Station) eine moderne psychiatrische Klinik und bietet eine reizvolle Sammlung von ›Swiftiana‹, beispielsweise seine berühmte silberne Schnupftabakdose und einige Gemälde von Swift, Stella und Vanessa. (Wer sich dafür interessiert, sollte sich vorher telefonisch anmelden: 6775423.)

Zwischen all diesen Aktivitäten las Dean Swift seinen Schäfchen noch jeden Sonntag die Leviten und schrieb an seinem großen Roman, seiner Abrechnung mit der Welt und menschlicher Unvernunft, *Gullivers Reisen*, ewig mißverstanden und inzwischen zurechtgestutzt und -gekürzt zu einem ›Klassiker der Jugendliteratur‹. Und mehrmals verfilmt. Man hat wirklich keine Ahnung mehr, was er uns eigentlich damit sagen wollte. Am besten wäre es, das Original wieder mal zur Hand zu nehmen. Eine witzige und erhellende Lektüre.

Swifts Beliebtheit wuchs immer mehr und hatte sich inzwischen weit über die Stadtgrenzen Dublins hinaus verbreitet, so daß seine Verhaftung mit Sicherheit einen Volksaufstand ausgelöst hätte. Daher hielt er es gegen Ende seines Lebens auch nicht mehr für nötig, unter Pseudonym zu schreiben. Dies zeigt ein Brief des erwähnten Vizekönigs Lord Carteret an die britische Regierung, die sich besorgt erkundigt hatte, warum er nichts gegen den ›Staatsfeind‹ unternehme: »... Ich gebe zu bedenken, daß es einer Truppenstärke von mindestens 10 000 Mann bedürfen würde, den Dean zu arretieren.« Lord und Lady Carteret standen übrigens in freundschaftlicher Beziehung zu Swift, zu dem Carteret einmal sagte:»An Ihren Namen wird man sich erinnern, wenn die Namen von Vizekönigen, Prälaten und Staatsoberhäuptern längst vergessen sind.« Als der Dean 1727 von einer Reise nach London zurückkehrte, bereitete man ihm zu seiner Überraschung einen regelrechten Staatsempfang. Alle Kirchenglocken läuteten, Feuerwerke wurden abgebrannt, und eine Ehrendelegation prominenter Bürger begrüßte ihn am Pier. Er schien darüber eher peinlich berührt und fragte, warum man um Himmelswillen solch ein Gedöhns um ihn mache.

Nach Feiern war ihm gerade nicht zumute. Seine geliebte Freundin Stella lag im Sterben, und ihr früher Tod verdüsterte sein weiteres Leben. Er brachte es nicht über sich, zu ihrem Begräbnis zu erscheinen, verkroch sich wochenlang im seinem Zimmer, wurde mürrisch und jähzornig, »seinen Freunden unerträglich wie sich selbst.«

Der Erfolg seines Romans *Gullivers Reisen* kümmerte ihn wenig. Voltaire war so begeistert, daß er das Buch ins Französische übersetzen ließ. Gulliver hätte Swift zum reichen Mann machen können, aber er gab die Urheberrechte an seinen Freund, den Dichter und Philosophen Alexander Pope ab. Auch die Politik interessierte ihn nicht mehr. »Was dieses Land betrifft«, schrieb er 1729 an Pope, »so sind wiederum drei schreckliche Jahre der

Kornknappheit und der Hungersnöte vergangen. Es wimmelt überall von Bettlern. Stellen Sie sich eine Nation vor, deren Revenuen zu zwei Dritteln in England ausgegeben werden und der nicht gestattet wird, mit dem verbliebenen Drittel Handel zu treiben, und wo der Stolz der Frauen, die es sich leisten können [gemeint sind die Damen der protestantischen Oberschicht, Anm. d. Übers.], es nicht zuläßt, andere Kleider als aus britischen Stoffen und von britischen Schneidern zu tragen, ganz gleich, ob die einheimischen Produkte um vieles besser sind oder nicht, da haben Sie, in wenigen Worten, die wahre Situation Irlands. Und es wird von Tag zu Tag schlimmer. Das Königreich ist völlig am Ende, wie ich es der Öffentlichkeit seit nunmehr zehn Jahren in unzähligen Schriften immer wieder einzutrichtern versucht habe. Ich bin's allmählich leid.«

Die letzten Jahre des mürrischen, desillusionierten alten Mannes waren von schwerem Leiden, und, was wohl noch unerträglicher war, von einem schrecklichen Mißverständnis geprägt. Er litt, wie erst kürzlich diagnostiziert, an der Menièrschen Krankheit, die sich durch Ohrensausen, Schwerhörigkeit und Drehschwindel äußert.

Seit Stellas Tod hatte er sich mehr und mehr von der Welt abgekapselt, hielt jedoch noch bis 1739 seine sonntäglichen Predigten, die immer gut besucht waren. Die Situation erinnerte an die Beethovens, der irgendwann seine eigene Musik nicht mehr vernahm und als schwierig, eigenbrötlerisch und exzentrisch galt. Der nun über siebzigjährige Dekan, den seine körperlichen Kräfte mehr und mehr im Stich ließen, wirkte auf seine Gemeinde zunehmend eigenartig und verschroben. Er verlor häufig den Faden, verirrte sich von einem Gegenstand zum nächsten, fing an zu murmeln und zu faseln. Swift neigte ohnehin dazu, mit seinem tieftönenden Baß etwas schnell und undeutlich zu sprechen, wie Dr. Johnson Silben zu verschlucken und die Zuhörer durch seine raschen Gedankengänge zu überfordern. Das eigentlich Entsetzliche daran war, daß er selbst merkte, wie seine Altersschwäche seine Kommunikation einschränkte, daß ein eigentümliches Sirren im Ohr ihn vom Thema ablenkte, daß er sich am Rand der Kanzel stützen mußte, daß die Leute über sein seltsames Gebaren die Köpfe schüttelten. Er blieb ja nach wie vor bei wachem Verstand, doch verwechselte man seinen krankheitsbedingten körperlichen Verfall mit Anzeichen von Wahnsinn. 1742 wurde er für geisteskrank erklärt und entmündigt. Sein bis auf das Sterbedatum selbstverfaßter Grabspruch in Latein zeugt jedoch davon, daß er bis zuletzt Herr seiner Sinne war: »Hier liegt der Leib des Jonathan Swift, Doktor der Theologie, Dekan dieser Kathedrale, dort, wo wilde Empörung sein Herz nicht weiter zerreißen kann. Gehe hin, Wanderer, und tue es, so du es vermagst, dem ewigen Kämpfer für Freiheit nach Kräften gleich. Er starb am 19. des Monats Oktober im Jahre 1745 nach Christi Geburt im Alter von 78 Jahren.«

Hier, in St. Patrick's Cathedral, trat Gulliver seine letzte Reise an. Ein Zeitgenosse berichtet: »Als an diesem 19. Oktober 1745 im alten Turm die Sterbeglocke erklang, senkte sich Trauer über die ganze Stadt. Sogar Bierkutscher und Metzger dämpften ihre Stimmen, die Armen im Umkreis von St. Patrick's dachten verzweifelt daran, daß er stets eine offene und helfende Hand für sie gehabt hatte, und selbst kleine Kinder weinten in den Straßen.«

»Swifts Geist verfolgt mich«, schrieb Yeats, »er scheint immer um die nächste Ecke.« Obwohl sich die Kathedrale durch die Guinness-Restauration und ihren nun reichlich musealen Charakter seit der Zeit des Dean sehr verändert hat, ist er immer noch gegenwärtig. Man kann die bewegliche Kanzel sehen, auf der er einst predigte, grummelig, mit Perücke und Böffchen, die Nase schwarz von Schnupftabak, und seine Büste, die entfernt an Pfarrer Kneipp erinnert und schon zu Swifts Lebzeiten über der Ladentür des Dubliner Buchhändlers und Verlegers T. Faulkner stand, der sich durch *Gullivers Reisen* eine goldene Nase verdiente. Da ist der Stuhl, auf dem er saß, der Tisch aus seiner Kirche in Laracor; hinter den Glasscheiben einer Vitrine seine Totenmaske, sogar sein schwärzlicher, winzig wirkender Schädel, ein paar Erstausgaben und Erinnerungsstücke. Last but not least das von einer Messingplatte bezeichnete Grab von Stella, deren Tod ihm das Herz brach.

Aber es sind nicht diese Dinge, die ihn so nahe wirken lassen, sondern seine fast spürbare Anwesenheit. Natürlich gibt es Geschichten über den Geist des Dean, der nicht so oft in der Kirche selbst, sondern in den langen, dunklen Korridoren von Swift's Hospital spuken soll. David Wilson, von 1935–1950 Dekan von St. Patrick's, schloß eine Abhandlung über seinen illustren Vorgänger mit dem frommen Wunsch, dem Gespenst irgendwann einmal zu begegnen, um sich mit ihm über die heutige Situation Irlands zu unterhalten.

Schade, daß Swifts Leben nie verfilmt wurde – das wäre eine grandiose Rolle für Charles Laughton gewesen.

Kapitel 4

Es ist mir verdammt gleichgültig,
was du über mich erzählst,
solange es Literatur ist.

Oliver St. John Gogarty zu James Joyce

Er ist kein Gentleman.

Oliver St. John Gogarty über James Joyce,
nachdem dieser ihn im Ulysses porträtiert hatte

Der Joyce Tower in Sandycove

Etwa dreizehn Kilometer vom Zentrum Dublins entfernt liegt das
Städtchen Dun Laoghaire (gesprochen ›Dann Liri‹), das frühere
Kingstown, und knapp einen Kilometer weiter stößt man auf Sandycove, ›die kleine sandige Bucht‹. Um die Jahrhundertwende
standen dort nur wenige Häuser, darunter das Geburtshaus des
Freiheitshelden Roger Casement. Heute ist die Gegend mit
ihrem mediterranen Flair ein bevorzugtes Wohngebiet wohlhabender Dubliner; man sieht schmucke Villen mit Seeblick in
parkartigen Gärten, bei schönem Wetter erinnert die Küste an die
Riviera, und da es in Irland so gut wie keinen Bodenfrost gibt, gedeihen subtropische Pflanzen: Drachenbäume aus Neuseeland,
Rhododendron aus Nordindien – ein Import des British Empire
–, Eukalyptus, Zypressen und Immergrün. Man kann Seeluft atmen, Möwen kreischen hören und wie Joyce' Held Stephen Dedalus »kritsch, krack, krick, krick über das Münzgeld des wilden
Meeres« schreiten.

Weithin sichtbares Wahrzeichen Sandycoves ist ein gedrungener, runder Wehrturm, ein sogenannter ›Martello‹. »Im Winter
ziemlich öde, möchte ich meinen«, sagt der Brite Haines zu Buck
Mulligan im Anfangskapitel des *Ulysses*. Es kommt nicht oft vor,
daß der erste Schauplatz eines Romans in ein Museum verwan-

delt wird, aber in diesem Fall passierte es eben: 1962 eröffnete die Buchhändlerin und Verlegerin Sylvia Beach den James Joyce Tower als Gedenkstätte für den 1941 verstorbenen Schriftsteller, dem sie »die besten zehn Jahre ihres Lebens geopfert« und der sie recht unfair behandelt hatte (Mrs. Beach war offenbar nicht nachtragend; der gehässige Arthur Power behauptete, sie hätte sich für ›ihren‹ Joyce sogar kreuzigen lassen – wenn auch nur in Anwesenheit von Publikum und Presse).

Die Innenräume wurden der Beschreibung des Autors gemäß rekonstruiert, und man kann dort, neben einer blaugebundenen Erstausgabe des *Ulysses* aus dem Jahre 1922, einer weiteren Luxusausgabe mit den Illustrationen von Matisse, einer Originalseite des Manuskripts zu *Finnegans Wake*, vielen Zeichnungen und Fotos, einer Gipsbüste und der Totenmaske des Meisters auch einige persönliche Erinnerungsstücke besichtigen, wie etwa eine getragene Weste, eine Gitarre und die Krawatte, die Joyce Samuel Beckett schenkte. Manche Besucher behaupten sogar, sie hätten Joyce' homerisches Gelächter vernommen.

Martello Towers sind in Irland keine Seltenheit: An den Rändern der Insel verstreut finden sich insgesamt 74 dieser ›steinernen Sahnetörtchen‹. Sie dienten der britischen Besatzungsmacht als Küstenwachstationen und wurden meist in einem Abstand errichtet, der Sichtkontakt von einem Turm zum anderen ermöglichte. Die Verständigung erfolgte durch Blendlaternen oder Signalgeber, weißbespannte, tennisschlägerartige Gebilde. Der Eingang einer solchen Befestigung befand sich nicht zu ebener Erde, sondern in Höhe des 1. Stockwerks und konnte nur über eine (Strick-)Leiter erreicht werden. Zur Verteidigung reichten drei Männer aus. Auf dem flachen Dach der Martellos installierte man jeweils ein Geschütz mit großer Reichweite, das sich auf einer Drehbasse um 360° schwenken ließ.

Irland bildete seit jeher einen strategisch günstigen Brückenkopf für eine Invasion Großbritanniens. Die Spanier hatten es im 16. Jahrhundert versucht, dann, während des englisch-französischen Krieges 1793–1802 – »als der Franzmann fuhr zur See« (*Ulysses*) – Flottengeschwader der Revolutionsregierung, und auch in den beiden Weltkriegen gab es entsprechende Planspiele der deutschen Admiralität, die jedoch nie zur Ausführung gelangten. Immer wieder waren es Iren, die im Kampf um ihre Unabhängigkeit mit den Feinden Englands paktierten. »Ich verstehe einfach nicht«, klagte einmal ein britischer Militär, »warum gerade die Länder, die wir besetzt halten, so rebellisch sein müssen.«

Vor dem Martello Tower in Sandycove, Bloomsday 1954, in der Mitte Flann O'Brien

Die Entstehungsgeschichte des Martello Tower von Sandycove ist amüsant und gewährt einen indirekten Einblick in die irische Mentalität. Schon die Bezeichnung ›Martello‹ beruht auf der Verwechslung zweier Vokale: Die Briten kopierten nämlich die Bauweise der Genueser Türme, die sich 1794 bei dem Versuch, Korsika zu erobern, als unbezwingbar erwiesen hatten, und benannten sie nach dem Kap Mortella, wonach es – man weiß nicht wie – zu dieser Lautverschiebung kam. In den gängigen Nachschlagewerken und Reiseführern werden die Martellos von Sandycove und auf Dalkey Island als »Teile des Bollwerks gegen eine napoleonische Invasion« aus dem Jahre 1804 bezeichnet; in Wirklichkeit wurden sie bereits 1796/97 erbaut, und zwar auf Grund eines Scherzes. Damals erregten die Nachrichten vom Kontinent über die Revolution in Frankreich die Gemüter, und nach der Kriegserklärung Englands (1793) rechneten die Briten fest mit einem Angriff. In Dublin Castle grenzte die Stimmung bald an Hysterie. Die meisten Iren sahen das alles sehr viel gelassener und sympathisierten eher mit dem Freiheitskampf des französischen Volkes als mit der verhaßten englischen Regierung.

Die Gerüchteküche brodelte, und fast täglich trafen Nachrichten ein, die Franzosen seien bereits an einer der irischen Küsten gelandet. Tatsächlich kreuzten im Winter 1796 dreiundvierzig Schiffe mit 15 000 Soldaten vor Bantry Bay im Westen, mußten aber wegen des stürmischen Wetters wieder umkehren. Für besonders gefährdet hielt man die nähere Umgebung der Hauptstadt Dublin, und eine Gruppe Oppositioneller, die eine eigene

Zeitung herausgaben, machten sich einen Spaß daraus, die Behörden durch die Veröffentlichung möglicher Angriffspunkte in Angst und Schrecken zu versetzen. In diesen Listen tauchten auch die strategisch völlig unbedeutenden Gegenden Sandycove und Dalkey Island auf. Man kann sich die Schadenfreude der Herausgeber dieser Gazette vorstellen, als die Engländer den Teufel, den sie an die Wand malten, leibhaftig zu sehen glaubten und fieberhaft mit der Errichtung kostspieliger Wachtürme begannen – exakt an den bezeichneten Orten. Die dorthin abkommandierten Artilleristen dürften sich zu Tode gelangweilt und ihre Zeit mit Kartenspielen, Angeln und Whiskeytrinken totgeschlagen haben.

Hier, an der Ostküste, kam nie ein französisches Segel in Sicht, und so erfüllte der trutzige Martello Tower von Sandycove denn auch nie einen besseren Zweck, als von seinem Dach einen fantastischen Rundumblick zu bieten: Scotsmans Bay, Dun Laoghaire, das Kap von Howth, im Süden die Muglins und Dalkey Island mit dem nächsten, nutzlosen Martello, noch weiter hinaus bis Bray Head – »warmer Sonnenschein, heiternd über der See... Eine Wolke begann langsam die Sonne zu bedecken, die Bucht verschattend in tieferem Grün.« (*Ulysses*) Doch die herrliche Aussicht rechtfertigte nicht die Instandhaltung des Turms, der allmählich verfiel, nachdem man das Geschütz abmontiert hatte. Für das Militär eignete er sich allenfalls noch als Beobachtungsposten zur Bekämpfung eines irischen Volkssports – des Schmuggelns.

Im Sommer 1904 schloß ein gewisser Oliver St. John Gogarty, ein sechsundzwanzigjähriger Medizinstudent am Trinity College und Doktorand in Oxford, mit dem Staatssekretär für Kriegsangelegenheiten einen Vertrag ab, die Ruine für acht Pfund im Jahr zu mieten. Gogarty stammte aus einer angesehenen, wohlhabenden Familie mit weitreichenden Beziehungen; schon sein Vater und Großvater hatten als Ärzte in Dublin praktiziert. Deshalb wurden bei dem Handel wohl auch nicht viele Fragen gestellt. Der Turm sollte ihm und Freunden gelegentlich als Feriendomizil dienen, so seine Erklärung.

Joyce hatte Gogarty in der Dubliner National Library kennengelernt, wo er wahrscheinlich durch dessen leuchtend gelbe Weste und das polternde, unkonventionelle Gehabe auf ihn aufmerksam geworden war. Als sie auf die Idee kamen, sich die Miete für den Martello Tower zu teilen und den Schlüssel untereinander auszutauschen (was wegen Joyce' ständiger Geldverlegenheit nie so recht klappte), waren sie noch gute Freunde gewesen. Das alte, geschichtsträchtige Gemäuer sollte ihr ›omphalos‹

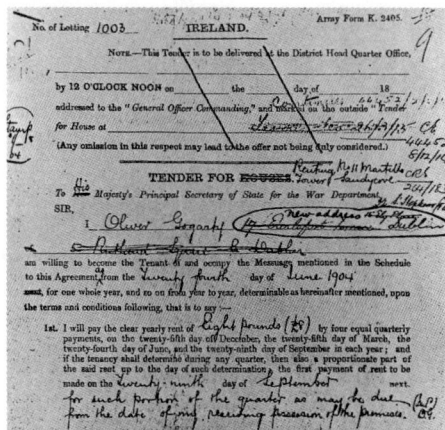

werden, der Nabel der Welt oder doch zumindest des genialischen Irland, das nach Gogartys Auffassung dringend einer ›Hellenisierung‹ einschließlich freier Liebe bedurfte, um dem Muff des lähmenden Katholizismus zu entkommen. Dazu wollte man die schriftstellernde Bohème Dublins zu gelegentlichem geistigem Austausch laden, möglicherweise auch zu Orgien, wenn es sich machen ließ.

Doch ihre Freundschaft hatte sich inzwischen merklich abgekühlt. Joyce kompensierte seine Armut mit einem trotzigen Selbstverständnis als Künstler, das auf Außenstehende wie blanker Hochmut wirkte. Gogarty gab ihm, um ihn aufzuziehen, immer neue Spitznamen: Er nannte ihn den ›Dante von Dublin‹, seines prätentiösen Anspruchs wegen, aber auch, weil Joyce Dante verehrte und dem Dichter der *Commedia* glich; er nannte ihn einen ›feigen Jesuiten‹, weil Joyce eine Jesuitenschule besucht hatte, seinen Glauben verleugnete und sich dennoch bei Gewitter bekreuzigte, und ›Kinch‹, da ihn der Klang dieses Wortes an das Geräusch eines schneidenden Messers erinnerte. Joyce revanchierte sich, indem er Gogarty in *Ulysses* als Buck Mulligan (›buck‹: Rammler, Geck, Stutzer, Prahlhans, Angeber, Wüstling), als Freundesverräter und gehässigen Opportunisten darstellte: »Flott und sonnig wie Buck, der Bock und Lebemann höchstselbst.«

Nun, da wir über den Martello Tower und die schwierige Beziehung zwischen Joyce und Gogarty etwas besser Bescheid wissen, wirkt der Anfang des Romans gar nicht mehr so mystifizierend:

»Stattlich und feist erschien Buck Mulligan am Treppenaustritt, ein Seifenbecken in Händen, auf dem gekreuzt ein Spiegel und ein Rasiermesser lagen. Ein gelber Schlafrock mit offenem Gürtel bauschte sich leicht hinter ihm in der milden Morgenluft. Er hielt das Becken in die Höhe und intonierte:

– Introibo ad altare Dei.

Innehaltend spähte er die dunkle Wendeltreppe hinunter und kommandierte grob:

– Komm rauf, Kinch! Komm rauf, du feiger Jesuit!

Feierlich schritt er weiter und erstieg das runde Geschützlager. Dort machte er kehrt und segnete würdevoll dreimal den Turm, das umliegende Land und die erwachenden Berge ...«

In Gogartys Memoiren heißt es, verblüffend ähnlich: »Eines Morgens damals in Sandycove rasierte ich mich gerade auf dem Dach des Turmes, weil dort das Licht besser war – außerdem ist es eine gute Idee, sich zu rasieren, bevor man im Salzwasser badet – als Joyce nach oben kam. ›Schöner Morgen, Dante. Fühlst du dich transzendental heute?‹ fragte ich ihn. ›Wärst du so fröhlich und strahlend, wenn du um diese Tageszeit wegmüßtest, um eine Bande dürrhalsiger Bälger zu unterrichten?‹«

Als Joyce am Abend des 9. September 1904 vor dem Martello Tower erschien, weil er wußte, daß Gogarty sich gerade dort aufhielt, kam er eher ungelegen, denn jener hatte bereits Logierbesuch: Samuel Chevenix Trench, einen Kommilitonen, den er von Oxford her kannte. Dieser Trench wurde von Gogarty sichtlich hoffiert. Im *Ulysses* heißt er Haines – ein englischer Name, der das französische Wort ›haine‹, Haß, assoziieren läßt – und ist ein besonders abstoßendes Beispiel des britischen Kolonialismus, gewissermaßen sein Endprodukt. Die Inbesitznahme der Insel wird dadurch besiegelt, daß man sie als Tourist bereist, der für alles ›volles Verständnis‹ aufbringt und Land und Leute wie durch die Lupe eines Insektenforschers betrachtet. Englische und angloirische Vorfahren haben die schmutzige Arbeit der Landnahme und Unterdrückung der Einheimischen geleistet; das Interesse ist nur mehr folkloristisch. Als echter Sportsmann unternimmt man Kanutouren auf dem Shannon, als Hobby-Etymologe lernt man die irische Sprache, bevor die Iren sie verlernen.

In jenem ›omphalos‹ also, in dem er und Gogarty eine Renaissance der geistigen Kräfte Irlands anstrebten, begegnet Joyce alias Stephen Dedalus einem Prototyp der Reaktion, *dem* Usurpator schlechthin. Dies bestätigt seinen Eindruck von Buck Mulligan als ›heiterem Verräter Irlands‹ – und an ihm selbst. Gogarty stellte ihn Trench mit den Worten vor: »Das ist der Mann, der in fünfzehn Jahren einen Roman zu schreiben gedenkt.« – »Kein

Zeichen mehr und auch kein Wort/Macht's ungeschehn –/Er ist ein Fremder mir, den ich/Als Freund gesehn«, schrieb Joyce zu jener Zeit in einem Gedicht.

Was sich damals wirklich im Martello Tower von Sandycove abspielte, wird im Roman nur angedeutet, verständlicherweise, denn Joyce erlebte dort ein hochnotpeinliches Abenteuer. Der Neurotiker Trench, mit dem er sich eine Kammer teilen mußte, litt unter Schlafstörungen und Angstträumen. Er schien oft unberechenbar und trug stets einen geladenen Revolver in der Tasche (mit dem er sich fünf Jahre später eine Kugel durch den Kopf jagte). In der Nacht des 14. September wachte er schreiend auf, ›faselte‹ etwas von einem schwarzen Panther, der ihn verfolge, griff nach seiner Waffe und feuerte auf den Kamin, neben dem Joyce sein Lager aufgeschlagen hatte.

Gogarty kam hereingestürzt, sah Joyce blaß und zitternd auf Trench starren, der wieder eingeschlafen war, »nachdem er seine Beute erlegt hatte«, und nahm den Revolver an sich. Kurz darauf erwachte Trench erneut, kreischend, nach der Waffe fuchtelnd. »Überlaß ihn mir!« schrie Gogarty und ballerte nun seinerseits drauflos – »auf ein paar Pfannen, die über Joyce' Bett hingen und dann auf den dort liegenden Poeten herunterstürzten. Der erschreckte Joyce betrachtete diesen Geschoßhagel als seine Entlassung, kleidete sich an und ging wortlos«, wie sein Biograph Richard Ellmann berichtet.

Diese Erfahrung im Martello Tower bestätigte ihn offenbar in dem Entschluß, Irland zu verlassen: »Ich habe mein eigenes Land satt, satt hab ich's!« Vor kurzem hatte er sich in Nora Barnacle verliebt, eine Bäckerstochter aus Galway, die – wie Sie sich vielleicht erinnern – in einem Dubliner Hotel als Zimmermädchen arbeitete. Mit ihr ging er noch im gleichen Jahr ins Exil, das sie zunächst nach Zürich führte... aber das ist eine andere Geschichte.

Unterhalb des Turms gibt es eine ›Forty Foot‹ genannte Stelle an der steinigen Küste, von der aus schon Buck Mulligan gerne einige Runden im eiskalten Salzwasser schwamm. Das durch Felsen und einige Mauern diskret abgeschirmte Gelände ist eine irische Kuriosität: ein bis vor kurzem einzig Männern vorbehaltener Nacktbadestrand. Diese uralte Tradition wurde erst vor ein paar Jahren von Journalistinnen gestört, die eifrig mit Teleobjektiven fotografierten, worauf sich die abgelichteten Herren einige Tage später als unfreiwillige Pin-Ups in der *Irish Times* wiederentdeckten, Irlands seriösester Tageszeitung. Inzwischen, so erfuhr ich vom Leiter des Joyce Towers, kann er von seinem Fenster aus auch nackte Damen beim Schwimmen beobachten. Die Emanzipation ist selbst in Irland nicht aufzuhalten.

Sollten Sie an einem 16. Juni, einem ›Bloomstag‹ hierherkommen, bringen Sie auf jeden Fall eine Kamera mit, denn dann begegnet man im Martello und drumherum, in freier Wildbahn, Scharen einer seltenen und durchaus gefährdeten Spezies: echten Joyceanern.

Das Königreich von Dalkey

Wenn sich der Nebel lichtet, sieht man den Regen, heißt es über das irische Wetter, und daß der Sommer naht, merkt man daran, daß der Regen wärmer wird, aber das ist natürlich britische Propaganda. Nehmen wir mal an, die Sonne scheint aus strahlend blauem Himmel über die Küstenlandschaft, und Sie haben im Gewirr der vielen Nebensträßchen zwischen Sandycove und Dalkey nicht völlig die Orientierung verloren. Dann müßte sich nach ein bis zwei Meilen – die Entfernungen sind auf irischen Straßenschildern in Meilen und/oder Kilometern angegeben, aber Wegweiser nach Dalkey sind rar, also fragen Sie lieber – ein unvergeßlicher Panoramablick auf Dalkey Island vor Ihnen eröffnen. Man erkennt die Insel leicht an ihrem leuchtenden Grün, dem zweiten sinnlosen Martello Tower, der seine Entstehung ebenfalls einer Zeitungsente verdankt, und der Ruine einer Benediktinerkapelle. Nur wenige Touristen verirren sich hierher, Sie werden daher schwerlich auf Horden gedrungener, knipsender, häßlich gekleideter Gestalten stoßen, die von ihrem letzten Urlaub in Peru oder Kenia schwärmen. Genießen Sie diesen Augenblick.

Außerdem bin ich in einem entlegenen Schmöker, Edward Walshs *Ireland Sixty Years Ago* (1842), auf eine wahre, amüsante und wiederum sehr irische Geschichte über Dalkey Island gestoßen. Diese Insel war einst ein ganzes Königreich, und damit hat es folgende Bewandtnis: Gegen Ende des 18. Jahrhunderts gab es in Irland und besonders in Dublin eine Reihe von Clubs und Gesellschaften, die sich entweder ernsthaften politischen Zielen verschrieben hatten oder einfach nur der fröhlichen Geselligkeit dienten. Diese ›Societies‹ trugen meist wohlklingende, romantische Namen, wie zum Beispiel ›der geheime Orden der Ritter von Tara‹ – eine Vereinigung junger Männer aus gutem

Hause, welche die Unsitte des Duellierens dadurch bekämpfen wollten, daß jeder von ihnen ein exzellenter Fechter wurde; da der Orden nun einmal geheim und weit verzweigt war, wußte bald keiner mehr so genau, ob er nicht einen Tara-Meister vor die Klinge bekam, und Duelle aus nichtigem Anlaß – »Sie haben soeben meinen Hund fixiert, nennen Sie mir Ihren Sekundanten« – wurden entsprechend seltener.

›The Kingdom of Dalkey and its Officers‹ war hingegen purer, allerdings geistreicher Unfug. Seine jeweiligen Könige wurden auf dem Eiland gekrönt, das wir gerade vor uns sehen und das man damals von Dublin aus nicht so leicht erreichen konnte wie heute. Zu jener Zeit war Dalkey eine winzige Ansiedlung aus sechs oder sieben Hütten und einem Wirtshaus, wo man gebackene Flundern und gekochte Möweneier serviert bekam. Vor allem bei den Trinity-Studenten galt dieses Wirtshaus als Geheimtip. Wer es kannte, machte zu Fuß oder per Boot gern einen Abstecher dorthin. Die Insel jedoch war, bis die Regierung drei Artilleristen für den neuen Martello Tower abkommandierte, seit dreihundert Jahren unbewohnt.

Nur einmal im Jahr erregte sie großes öffentliches Interesse, wenn der König von Dalkey und sein illustrer Hofstaat sich dort versammelten. Dieser Hofstaat bestand aus angesehenen, etwas exzentrischen Dubliner Bürgern; der König wurde aus ihrem Kreis gewählt, hielt das Amt ein Jahr lang inne und mußte dann in einem bewußt pompösen Zeremoniell wieder zurücktreten. Er nahm die Krone ab und übergab sie seinen Untertanen, worauf Neuwahlen stattfanden. Das frischgekrönte Haupt hatte ebenfalls eine längere Rede zu halten, Fanfaren erklangen, der Hofdichter trug eine Ode auf den geliebten Landesherrn vor, und der Bischof weihte und salbte ihn in der verfallenen Benediktinerkapelle. Die Minister und Generäle in Phantasieuniformen applaudierten, jeder erstattete Rapport über seine innen- und außenpolitischen Erfolge, und das Ganze endete in einem Riesenfest, bei dem viel gegessen und noch mehr getrunken wurde. Viele Dubliner Zeitungen berichteten ausführlich auf der ersten Seite darüber, und man druckte sogar ein eigenes *Dalkey Echo*.

Das Hoheitsgebiet von Dalkey umfaßte neben der großen auch noch andere, viel kleinere Inseln und Klippenformationen der Umgebung, wie etwa Magee, Ireland's Eye und Lambay, die Muglins und Maiden; der König durfte sich demnach wie folgt benennen: »Seine scherzhafte und ulkige Majestät, Stephen der Erste, König von Dalkey, Herrscher der Muglins, Prinz des Heiligen Landes von Magee und Kurfürst von Lambay und dem Auge Irlands, Verteidiger seines eigenen Glaubens und Rücksichtnehmer auf den Glauben aller anderen, Großmeister des gefeierten Ordens des Hummers und der Uferschnecke.«

Der Hofstaat mit all seinen Herolden, Lordkanzlern, Turmschließern, Vizekönigen und Meistersingern fuhr an dem bewußten Tag in einem eigens gecharterten Segelschiff von Dublin nach Dalkey. Einmal begegneten sie einem Kriegsschiff der Royal Navy und forderten es mit Flaggensignalen auf, unverzüglich beizudrehen und den Weg für die Barkasse Seiner Majestät, des Königs von Dalkey freizumachen.

Die Besatzung der ›Man of War‹ bewies Humor. Sie kam dem Befehl nach und feuerte obendrein noch mehrere Salutschüsse in die Luft. Der Festakt der Kronenübergabe war seinerzeit überaus populär, und es fanden sich jedesmal Tausende von Schaulustigen an der Küste ein. Diese Popularität verdankte ›The Kingdom of Dalkey‹ nicht zuletzt der Tatsache, daß hier Männer und Frauen durch eine Travestie britischer Prachtentfaltung und besonders in ihren Reden die Regierung und die Tagespolitik auf die Schippe nahmen. Zu den Mitgliedern der Gesellschaft gehörte auch der junge Thomas Moore, der spätere Nationalbarde Irlands. Sämtliche Beteiligten waren freiheitlich-demokratisch gesonnen, und das brachten sie unter dem Deckmantel der Maskerade bemerkenswert offen zum Ausdruck. In ihren scheinbar harmlosen Blödeleien verbarg sich politischer Zündstoff, wie etwa in folgender, wörtlich überlieferter Krönungsansprache: »My Lords, Ladies and Gentlemen, Bürger von Dalkey, an diesem schönen Tage habe ich mich mit meinen fröhlichen Untertanen hier eingefunden, jenes Anlasses zu gedenken, welcher mich auf den Thron unseres Königreiches emporgehoben hat. Es erfüllt mich mit besonderer Genugtuung, daß ich ihn keineswegs durch Erbfolge erwarb oder von einer langen Ahnenreihe verliehen bekam, die sie einst durch Unrecht, Raub, Plünderung und Blutvergießen erzwingen mußte, sondern auf Grund des ehrbarsten aller Verdienste, freier Wahl, dem Vertrauen und der Liebe unversklavter, wohltätiger und glücklicher Menschen. Mein Ruhm besteht darin, euch allen herzlich zugetan zu sein, mein Stolz, zu eurem Glück beizutragen und der Glanz meiner Herrschaft, euch froh und guter Dinge zu sehen. Hiermit bestätige ich die Verfassung von Dalkey, nach deren Statuten Freiheit und Glück als die höchsten Güter anzusehen sind, die weit erhaben über der Macht aller Tyrannen stehen... Ich bin kein Fürsprecher des angemaßten Privilegs von Königen gegenüber den natürlichen Rechten der Nachkommen Adams und Evas. Es ist stets mein höchstes Anliegen und mein tiefster Wunsch gewesen, über eure Herzen zu gebieten und euch mir gewogen zu machen, anstatt Gesetze und Vorschriften zu erlassen, eure Rechte zu beschneiden und eurer freien Entfaltung im Wege zu stehen...«

Diese Rede führte übrigens zur ersten und einzigen Wiederwahl eines Königs von Dalkey in Gestalt von Mr. Stephen Armitage, einem Buchhändler aus der Dubliner Grafton Street. Nach dessen erneuter Krönung hielt Bischof ›Bigott‹ eine weihevolle, politisch ebenfalls nicht ganz unbedenkliche Predigt in der nahegelegenen Kirchenruine. Es folgten weitere Vorträge, u. a. von einem ›Tony Lächerlich‹, dem Minister für auswärtige Angelegenheiten, der den durchaus realen Schatzkanzler der Krone in der Hauptstadt, Lord Chastlereaugh, der Unterschlagung immenser Summen bezichtigte – von Honigkuchen, wie er sich ausdrückte, aber jeder wußte, daß es sich um Steuergelder handelte. Thomas Moore spielte auf der Harfe und sang eine längere Ode auf das Königreich Dalkey, Auftakt zu einem ausschweifenden Fest im Schein unzähliger Fackeln.

Dergleichen Aktivitäten mußten den englischen Statthaltern und Beamten verdächtig erscheinen. Besonders während der Invasionshysterie um 1794 kam es wiederholt zu Vorladungen einzelner ›Minister‹ und anderer Untertanen des Kingdom of Dalkey. Im Verhör gab einer zu Protokoll, er sei »für die gerechte Verteilung des Salzwassers rings um die Insel« zuständig; da sonst wenig Sachdienliches aus ihm herauszubekommen war, ließ man ihn wieder laufen. Aber die Beteiligung an nächtlichen Versammlungen wurde zunehmend gefährlicher und zog oft willkürliche Verhaftungen nach sich, so daß der Hofstaat immer mehr abnahm. Der letzte Kronrat auf Dalkey fand am 20. August 1797 statt. Es ist an der Zeit, diesen schönen alten Brauch wiederzubeleben und nach einer Pause von über 200 Jahren in demokratischer Abstimmung endlich einen neuen König von Dalkey zu wählen. Ministerposten stehen ausreichend zur Verfügung, und wer eine Nationalhymne texten und komponieren möchte, kann bei entsprechender Begabung in die Fußstapfen von Sir Thomas Moore treten.

Powerscourt Demesne

Die amerikanische Dichterin und Spiritistin Sarah Helen Whitman, die kurzfristig mit Edgar Allan Poe verlobt war, schrieb in einem Brief an seinen Biographen J. H. Ingram, sie wisse »instinktiv«, daß Poe von den Le Poers, einer alten normannischen Adelsfamilie abstamme. Er selbst habe ihr gegenüber erwähnt, daß ein Verwandter, von dem einmal sein Großvater sprach, Chevalier L'Poer genannt wurde. Der Dichter des ›Raben‹, Sohn eines Schauspielerehepaars, kam aus zerrissenen, für die damalige Gesellschaft einigermaßen dubiosen Verhältnissen und hätte gar zu gern auf Kreuzritter, grausame Feudalherren oder spleenige Barone und Grafen in seinem Stammbaum verwiesen – jedenfalls hat die Literaturwissenschaft diesen Hinweis stets als romantische Wunschvorstellung abgetan. Poes Urahn ein normannischer Ritter aus Irland? Nun, sein Urgroßvater John war ein irischer Emigrant, der sich um 1750 in Pennsylvania niederließ und könnte tatsächlich, wenn auch nur weitläufig, mit den Le Poers verwandt gewesen sein, wie ja übrigens auch sein Zeitgenosse John Powers, der Whiskeybrenner. Wenn Sie also zu einem Besuch in Powerscourt einen Flachmann mit Powers-Whiskey und einen Gedichtband E. A. Poes mitbringen, sind Sie vielleicht ein bißchen verrückt, aber ganz falsch liegen Sie damit auch nicht.

Powerscourt wurde 1731 für die Wingfield-Dynastie der Grafen Powerscourt erbaut, nach Plänen des deutschen Architekten Richard Castle aus Kassel, der die massiven Mauern der alten Burg von Eustace Le Poer in das Gebäude integrierte. Der große Salon im 1. Stock hatte keinen Kamin, was ihn die meiste Zeit im Jahr unbewohnbar machte; das stattliche Anwesen mit seinen vielen Empfangsräumen diente wohl als Sommerresidenz für Bälle und Lustbarkeiten der georgianischen Gentry, die aus dem stickigen Dublin »zurück zur Natur« strebte. »Nirgendwo sonst fand sich ein so riesiges thèatre de verdure [grünes Freilichtspektakel] mit einem so dramatischen natürlichen Hintergrund wie dem Sugarloaf Mountain. Eine Landkarte der Grafschaft Dublin aus dem Jahre 1760 – von Rocque, dem großen Kartographen – zeigt, daß die Terrassen und der Rundteich schon zu jener Zeit existierten, auch sie müssen von Richard Castle entworfen worden sein.« (Jacqueline O'Brien)

Der letzte George, der dieser Epoche ihren Namen gab, der fette Modegeck George IV. – übrigens der erste englische König, der seit Wilhelm von Oranien wieder irischen Boden betrat – geruhte anläßlich seines Staatsbesuchs von 1821 hier seinen Aufenthalt zu nehmen. Man gab ihm zu Ehren ein Galadiner, und im Anschluß sollte der vorher eingedämmte Wasserfall eine besonders spektakuläre Fontäne erzeugen. Um ihn und seine Entourage in einer Kutsche dorthin zu bringen, wurde extra eine neue Straße angelegt, und vor dem Wasserfall befand sich eine Aussichtsplattform mit bequemen Polsterstühlen.

(Wenn der König zu Empfängen erschien, waren seine ersten Worte gewöhnlich »I am not well, pray get me a glass of brandy«, und bei jeder Mahlzeit pflegte er sich so hemmungslos zuzuschütten, daß diese Maßnahmen seiner Gastgeber auf weise Voraussicht deuteten.) Als schließlich der große Augenblick gekommen war, hatte Georgie wieder mal eine ganze Karaffe Brandy geleert, den er gern mit Opium versetzt trank, und schlief so fest, daß das Schauspiel ohne ihn stattfinden mußte.

Das angestaute Wasser für die Fontäne leckte schon über den Damm, und während man Seine Majestät zu Bett brachte, nahmen die Arbeiter des Anwesens auf den Polsterstühlen Platz. Jemand blies ein Trompetensignal, und der Damm wurde geöffnet. Eine riesige Flutwelle brach hervor, ergoß sich über die Anlagen und riß die Aussichtsplattform den Hang hinunter. Georgie hatte noch einmal Glück gehabt.

Ein ›heavy drinker‹ war auch der Architekt Daniel Robertson, der 1843 die Rekonstruktion der Terrassen leitete. Der sechste Viscount Powerscourt beschrieb ihn in seinen Tagebüchern: »Er war sehr dem Trunk ergeben und nur imstande, gut zu planen oder zu zeichnen, wenn er sein Gehirn durch den Genuß von Sherry anregte. Er litt unter der Gicht, man fuhr ihn daher in einem Rollstuhl auf die Terrasse, mit seiner Flasche Sherry, und so lange deren Inhalt reichte konnte er seine Berechnungen anstellen und die Arbeiter anfeuern. Sobald aber die Flasche leer war, brach er zusammen und blieb in einem Zustand der Besinnungslosigkeit, bis der Rausch verflogen war.«

Erst sein Sohn, der siebte Viscount, vollendete 1858 – 1875 mit Hilfe eines schottischen Landschaftsarchitekten den Park zu der Augenweide, die er heute noch bietet, legte neue Wege an, bepflanzte sie mit seltenen Bäumen und Pflanzen und stattete sie mit Statuen, Zierurnen, schmiedeeisernen Toren (wie dem Bamberg Tor, das aus einer bayerischen Kirche stammt) und den beiden sich aufbäumenden Flügelpferden neben dem Rundteich aus, sowie einem Haustierfriedhof, in dem Hunde, Katzen und sogar Pferde und Kühe begraben liegen.

1960 wuchsen dem 9. Viscount Powerscourt die Kosten für den Unterhalt des Anwesens über den Kopf. Er verkaufte das Grundstück mit allem drum und dran an Mr. und Mrs. Ralph Slazenger, offenbar abermals in weiser Voraussicht, denn zwei Jahre später heiratete deren Tochter Wendy seinen Sohn und Erben. So blieb alles in der Familie. Doch solche Mesalliancen mit Neureichen locken oft die mißgünstigen Parzen an: »Die Zukunft eines der schönsten Gebäude und Parks in ganz Irland schien wolkenlos, als im Jahre 1974 das rachsüchtige Schicksal Powerscourt traf.« (Flann O'Brien)

Man hatte beschlossen, außer dem Park nun auch das Haus der Öffentlichkeit zugänglich zu machen. Die Innenräume und Gemälde wurden restauriert, die einstige georgianische Pracht originalgetreu wiederhergestellt, und nach Beendigung der äußerst kostspieligen Arbeiten gaben Lord Powerscourt und Wendy eine Lunch-Party für vierzig Personen. Im Ankleidezimmer, das lange nicht benützt worden war, fing der Kamin bei dem Versuch, ihn wieder in Betrieb zu nehmen, Feuer. Die herbeigerufene Feuerwehr konnte den Brand löschen, so schien es wenigstens; das Fest ging nach diesem Zwischenfall noch weiter, dann verabschiedete das Ehepaar seine Gäste und legte sich erleichtert schlafen. Der Zufall in Gestalt einer kleinen elektrischen Klingel im Schlafzimmer, die in den frühen Morgenstunden plötzlich leise ertönte und sie aufweckte, rettete ihnen das Leben. Das gesamte Obergeschoß und das Bleidach brannten schon lichterloh. Von Powerscourt blieben nur die Außenmauern übrig, eine leere Hülle.

In diesem Zustand blieb das Gebäude viele Jahre lang, da es an Kapital für die Renovierung mangelte. Der ›sanfte irische Regen‹ durchfeuchtete die Innenwände, an denen die Reste georgianischer Tapeten schimmelten. Doch die Geschichte scheint gut auszugehen. Inzwischen ist das Dach erneuert worden, sind das Erdgeschoß und der Ballsaal im ersten Stock wieder instandgesetzt. Es gibt jetzt sogar ein Restaurant und ein Café für die Touristen.

Ach ja, die Touristen, der fast überall zu gewärtigende Wermutstropfen. Im Juni/August hat ein Besuch in Powerscourt mitunter den Charme einer Kaffeefahrt in ein Luxushotel mit Duty Free-Shop. Kommen Sie lieber in der Nachsaison her, bei leicht verhangenem Himmel.

Irish Fairy Tales

Es gibt auf der Welt nur noch wenige Regionen, in denen Sagen und Legenden so frisch und lebendig geblieben sind wie in Irland. Die Iren haben sich etwas bewahrt, was in Mitteleuropa weitgehend verlorenging: das Bewußtsein, Teil einer Ahnenkette zu sein, dazu berufen, die goldenen Äpfel der alten Mythen und Märchen an die nachfolgenden Generationen weiterzureichen, spielerisch, oft respektlos und ohne den ›gebotenen Ernst‹. Das werden Sie selbst feststellen, wenn Sie öfter in Gesellschaft von Einheimischen sind. Jeder trägt zum Gelingen eines Abends und zur Unterhaltung der anderen bei, indem er irgend eine ›kleine Einlage‹ bringt, sei es, daß er ein Lied vorträgt, ein Gedicht rezitiert, eine Geschichte, eine Anekdote oder nur einen dieser ewig langen Witze erzählt; machen Sie sich darauf gefaßt, daß dann auch Sie an die Reihe kommen und man etwas typisch Deutsches von Ihnen erwartet! (Ich ziehe mich meist mit einem Hans Albers-Song aus der Affäre, etwa *Auf der Reeperbahn nachts um halb eins*, und manchmal begleitet mich sogar jemand auf dem Akkordeon.) Viele dieser kleinen Erzählungen oder Liedchen handeln von Elfen und ähnlichen Erscheinungen. »Freilich«, schreibt Yeats, »gibt es ›aufgeklärte Geister‹, eingefleischte Skeptiker, die an gar nichts glauben und mit solchen Dingen nichts zu schaffen haben wollen. Aber auch ein Sportreporter wird sich, um Mitternacht allein auf einem Friedhof, etwas unbehaglich fühlen… Jeder Mensch besitzt Phantasie und neigt zu Visionen, und seien es nur die Träume, die uns nachts heimsuchen… das ist wie Gold, nach dem man nur tief genug schürfen muß. Die Kelten sind da anders, sie benötigen dazu keinen Schlaf und keinen äußeren Anlaß. Das Gold ihrer Phantasie liegt offen zutage, man braucht nicht erst danach schürfen…« (*The Celt is a visionary without scratching*).

Das Geheimnis, die Fabulierlust eines Iren in Gang zu setzen, besteht lediglich aus Sympathie und Whiskey. Ein Deutscher tippt sich an die Stirn, wenn man das Gespräch auf Heinzelmännchen oder Kobolde bringt, und es gibt weiß Gott auch prosaische Iren, aber die Chancen stehen immerhin 50:50, daß einer auf so eine bestimmte Art in sich hineingrinst, und dann ist es an der Zeit, ihm einen Drink zu spendieren. Noch ein klein wenig Nötigung, und er fängt an, ein Garn (yarn) zu spinnen, daß man glaubt, seinen Ohren nicht zu trauen. Die Elfen, die ›kleinen Leute‹, die ›gentry‹, sind zwar nicht mehr direkter Bestandteil seines Lebens, wie noch vor 150 oder 200 Jahren, als es in ländlichen

Haushalten üblich war, ein Schüsselchen Milch für sie vor die Hintertür zu stellen, ›the fairy's lot‹, oder, wie es heute noch in Schottland heißt, ›des Brownies Scherflein‹. Aber irgendwann ist er ihnen bestimmt schon einmal begegnet, oder weiß von einem Verwandten oder Bekannten... oder dem Bekannten eines Verwandten eines Freundes eines Bekannten... der dieses zweifelhafte Vergnügen hatte. Denn die fairies können verdammt tückisch und boshaft sein, oh ja, das können sie. Zumindest kommt es uns Menschen als ›moralischen Wesen‹ so vor. Elfen gehören jedoch zu jenen Geschöpfen, die auf der Erde gewissermaßen eine Zwischenfunktion einnehmen und »weder im Dienste Gottes noch des Teufels stehen.« Sie leben einzig in der Gegenwart – Vergangenheit und Zukunft sind für sie ohne Bedeutung. So vergessen sie leicht etwas, das sie am Tag zuvor noch mit großer Leidenschaft begehrt, geliebt oder gehaßt haben. Dies ist einer der Gründe dafür, warum sie uns oft als launisch oder gar grausam erscheinen.

Das Wort ›fairy‹ kommt aus dem Englischen. Sie kennen es aus dem Begriff ›fairy tale‹, was schlicht ›Märchen‹ bedeutet, aber genaugenommen mit ›Elfen-‹ oder ›Feengeschichte‹ zu übersetzen wäre. Im modernen Sprachgebrauch versteht man allerdings unter ›fairy‹ auch eine ›Tunte‹ – also Vorsicht, wenn Sie sich in einem Dubliner Pub nach ›fairies‹ erkundigen. Wirklich Elfenkundige benutzen in Irland die gälische Bezeichnung ›sidheóg‹ oder kurz ›sidhe‹ (gesprochen wie ›schie‹).

Leider nimmt die sprichwörtliche Erzählfreude der Iren immer mehr ab. Die Insel ist schon ganz verseucht von gesundem Menschenverstand. Aber wer sich die Mühe macht und sich mit Leuten auf dem Lande unterhält, kann immer noch sein blaues Wunder erleben. Eine ältere Dame, bei der ich ein paar Wochen wohnte, war zum Beispiel der festen Überzeugung, den ›bösen Blick‹ (›the evil eye‹) zu besitzen und schwelgte – eine höchst ehrbare und liebenswürdige Frau – in Erinnerungen darüber, wie sie einst Menschen, die ihr übel mitgespielt hatten, durch diese Gabe ins Unglück gestürzt habe. Ihr kleiner Terrier war mir auch nicht ganz geheuer. Er kläffte irische Worte.

In einem Pub in Cashel ließ ein Lastwagenfahrer die haarsträubende Story über sein Abenteuer mit einem Leprechaun vom Stapel. Das ist eine Elfenart, durch die man, wenn man sie fängt, festhält und den Blick nicht mehr von ihr wendet, zu großem Reichtum gelangen kann. Dummerweise habe ihn der Gnom drangekriegt und sei entwischt – sonst, ja sonst würde er jetzt an einem guinnessgefüllten Swimming-Pool liegen, anstatt mir so'n dusseligen Kram zu erzählen, und sein katholischer Chef wäre Sozialarbeiter in der protestantischen Shankill Road in Belfast.

Es kommt schon mal vor, daß man Ihnen nach einem Pubbesuch auf dem Lande rät, auf dem Nachhauseweg diesen oder jenen Ort zu meiden. Etwa die berüchtigte Eiche ein paar Meilen nördlich von Sligo, an der im 17. Jahrhundert, zu Cromwells Zeiten, zweiundvierzig Männer aufgehängt wurden. Ihre Geister lauern dort noch immer auf ein Opfer ihres unstillbaren Rachedurstes. Und jeder weiß, daß er in keinen Fliegenpilzring treten darf, was es mit den buntgeschmückten Bäumen auf sich hat, und daß man gewissen Hasen ›besser nicht in die Quere kommt‹.

Ob solche Geschichten sich nun einer langen Tradition des Hörensagens verdanken, ob sie auf Erfahrungen oder Einbildungen beruhen, ob sie von Drinks inspiriert sind und wenn ja, von welchen, spielt eigentlich keine Rolle. »Es gibt mehr Dinge zwischen Erd und Himmel, Horatio, als Eure Schulweisheit sich träumen läßt.«

Ich würde es, in Umkehrung der gängigen Meinung der Skeptiker, so formulieren: Die Naturwissenschaft, diese relativ junge, naseweise Disziplin, soll mir erst einmal überzeugend die Nicht-Existenz von Elfen, Gespenstern und dem übrigen Nachtgelichter beweisen, ehe ich bereit bin, sie aus dem Kanon der Möglichkeiten zu streichen. Viel lieber möchte ich an sie glauben, und sei es nur ›for the sake of good story-telling‹.

Das Talent zum Geschichtenausdenken und -erzählen wird in Irland zwar (hoffentlich!) niemals aussterben, aber doch im Zuge von Massentourismus, schleichender Industrialisierung und einer immer komplexeren Welt, die auf Märchen keine Rücksicht nimmt, seltener und seltener werden. Immerhin ist diese Insel eine der letzten Enklaven, in denen Überlieferung, Musik- und Erzähltraditionen noch zur Alltagskultur gehören.

Noch seltener hat man Gelegenheit, wirklichen Elfen zu begegnen, obwohl ich... Also, falls es doch einmal geschehen sollte, könnte es nützlich sein, sich vorher mit ihnen vertraut gemacht zu haben; man stößt ja doch relativ häufig auf Elfen in den Werken der Weltliteratur, der Dichtung, Musik und Malerei. »Kommt! Einen Ringel, einen Feensang!«, gebietet Titania in Shakespeares *Sommernachtstraum* –

Und dann auf ein Minutendrittel fort!
Ihr tötet Raupen in den Rosenknospen!
Ihr jagt auf Fledermäus – ihr zäher Flügel
Gibt kleinen Elfen Röcke ... Ihr verscheucht
Den lauten Kauz, der nächtlich kreischt und starrt
Auf unsre schmucke Schar! Singt mich in Schlaf,
Und dann an euren Dienst und laßt mich ruhn!

In Felix Mendelssohn-Bartholdys Begleitmusik erklingt das Lied *Bunte Schlangen, zweigezüngt* so zauberschön, als hätte er es den Elfen abgelauscht. Unzählige Maler haben sich des luftigen Themas angenommen, William Blake, Moritz von Schwind, Heinrich Füßli, Arthur Rackham, Edmund Dulac, um nur wenige zu nennen; Schriftsteller, Poeten und Dramatiker haben sie beschrieben und besungen, Komponisten ihr verspieltes Treiben in Musik umgesetzt – etwa Beethoven in dem Lied *The Elfin Fairies* oder Richard Wagner in seiner ersten Oper *Die Feen* – doch nirgends sind sie heute noch so gegenwärtig wie an der Westküste Irlands. Sie schwirren durch Volksweisen wie *Dia Luain, Dia Mairt* oder *Na Haori-u*, die Mütter ihren Kindern schon an der Wiege singen; sie funkeln und weben durch die Verse irischer Dichter, wie Thomas Boyd, Moireen Fox, William Butler Yeats, Seumas O'Sullivan, Eleanor Hull, Dora Sigerson, Thomas Moore oder Samuel Ferguson – »Up the airy mountain, Down the rushy glen, We daren't go a-hunting For fear of little men; Wee folk, good folk, Trooping all together; Green jacket, red cap, And white owl's feather!« (William Allingham) – und die besten je ins Deutsche übertragenen *Irischen Elfenmärchen* sind immer noch die der Brüder Grimm.

Zur Einstimmung reicht der Kunstgenuß, aber, wie's der Teufel will, Sie gehen irgendwo abseits der Zivilisation durch eine herrliche irische Landschaft spazieren, und plötzlich, aus heiterem Himmel, merken Sie, wie sich Ihnen die Nackenhärchen aufstellen. Das ist ein ziemlich untrügliches Anzeichen, daß ›irgendwas‹ in der Nähe ist. Gewiß, man liest oft darüber, aber man muß es mal am eigenen Leibe erfahren haben. In solchen Augenblicken empfiehlt sich eine wenigstens flüchtige Kenntnis der Elfenarten, die in Irland am häufigsten sind; die Kerlchen können wie gesagt tückisch werden, und sie mögen es gar nicht, wenn man sie verwechselt, etwa einen Leprechaun mit einer pooka, und sie mit dem falschen Namen anspricht. Hier also nur das Nötigste, was man über sie wissen sollte:

Das gälische Wort für Elfe(n), ›sidheóg‹, ›sidhe‹ findet sich abgewandelt in ›banshee‹, einer gespenstischen, weiblichen Erscheinung, die durch lautes Jammern und Wehklagen den Tod eines der Mitglieder einer alteingesessenen, irischen Familie ankündigt. Man nennt ihre Rasse gewöhnlich ›daoine sidhe‹ (gesprochen ›dini schie‹), was ›Elfenleute‹ bedeutet. In den traditionellen Überlieferungen der katholischen Landbevölkerung handelt es sich bei den ›sidhe‹ um gefallene Engel, die nicht rein genug waren, die Gnade Gottes zu erlangen, aber auch nicht so böse, in die ewige Verdammnis verstoßen zu werden. Sie beobachteten tatenlos die Revolte Luzifers gegen die himmlischen Heerscharen und gehörten zu jenen Unentschlossenen, die stets auf der Seite des Siegers stehen. Für ihren Zweifel und Wankelmut wurden sie ebenfalls aus dem Himmel verbannt, jedoch, auf Fürbitte des Erzengels Michael hin, nicht in die Tiefen der Hölle, sondern auf die Erde, wo sie als Naturgeister das Jüngste Gericht und die Vergebung ihrer Schuld erwarten. Ein anderer Glaube führt sie auf die ›Tuatha Dé Danann‹ zurück, die zauberkräftigen, ›göttlichen Menschen‹ vor der Christianisierung Irlands, die, als sie an Bedeutung verloren, zur Winzigkeit schrumpften und schließlich nur noch so groß waren wie der kleine Finger an einer Hand. Wie immer es sich mit ihrer Ahnherrschaft verhält, so sind es jedenfalls überaus kapriziöse Geschöpfe, die so verletzlich und nachtragend sind, daß man sie, wenn man denn überhaupt ihren Namen aussprechen muß, am sichersten als ›daoine maithe‹, ›gute Leute‹ bezeichnet. Andererseits sind sie leicht zu erfreuen und tun denen, die ihnen Respekt oder gar Gefälligkeiten erweisen (das Schüsselchen Milch vor der Hintertür), manchmal aber auch einfach jenen, die reinen Herzens sind und an sie glauben, viel Gutes. Sie wissen um verborgene Schätze und die Kunst, Liebe zu erringen, können Krankheiten heilen und zum Erfolg in allen nur erdenklichen Angelegenheiten verhelfen. Sie ändern ihre Gestalt, je nach Laune oder dem Gemüt des Wanderers, der ihnen begegnet. Ihre Hauptbeschäftigung besteht darin, Feste zu feiern, lustig zu sein und die Nächte durchzutanzen. Bei solchen ätherischen Reigen spielen sie die wunderschönste Musik: Viele irische Melodien scheinen so zustande gekommen zu sein, daß jemand durch Zufall oder Fügung den Gesang der Elfen vernahm und später in Noten faßte.

Man unterscheidet ferner zwischen den ›trooping fairies‹ und den ›solitary fairies‹, also den geselligen, in Scharen auftretenden Elfen und den Einzelgängern.

Zu letzteren gehören die Leprechauns. Das sind die Elfenschuster, Kobolde in altfränkischer Tracht, welche die ständig zertanzten Schuhe der ›trooping fairies‹ ausbessern müssen. Da sie die Orte kennen, wo Schätze vergraben liegen (häufig am Ende eines Regenbogens), haben es mutige Iren immer wieder versucht, einen Leprechaun zu fangen und ihn zur Preisgabe seines Wissens zu zwingen. Eiserne Nerven braucht es dazu schon – die Burschen sehen nämlich in Wirklichkeit etwas anders aus als die drolligen Figürchen in den Andenkenläden. Außerdem sind sie durch ihr beträchtliches Alter gewitzt. Man muß sie fest am Nacken packen wie eine Katze, und wehe, wenn man sie dabei nur einmal aus den Augen läßt! Gelegentlich gewähren sie dann drei Wünsche; wer aber aus Habgier noch einen vierten äußert, geht nicht nur der ersten drei verlustig, sondern wird auf der Stelle vom Schlag getroffen.

Leprechauns haben eine dunkle Gesichtsfarbe und wirken manisch-depressiv, da sie starken Stimmungsschwankungen unterworfen sind. Meistens sind sie aber mißgelaunt und neigen zum Fluchen, wobei sie sich gern obszöner Worte befleißigen. An ihren Hüten und Schuhen tragen sie silberne Spangen und Schnallen, auf die sie besonders stolz sind. Sie rauchen übelriechenden Tabak aus Pfeifen, die sie ›dudeens‹ nennen und haben gewöhnlich einen Krug Bier dabei, der niemals leer wird. Außerdem legen sie größten Wert darauf, nicht mit den Cluricauns verwechselt zu werden, mit denen sie allerdings verwandt sind. Cluricauns unterscheiden sich äußerlich kaum von den Leprechauns. Sie bevorzugen jedoch blaßblaue Kniestrümpfe statt grüner oder schwarzer und schmücken ihre Hüte mit goldenen statt mit silbernen Spangen. Sie lehnen jedwede Arbeit ab, auch das Schusterhandwerk, und trinken lieber Wein als Bier, von dem sie Unmengen vertragen. Vor der Auflösung des Landlordsystems waren sie vor allem bei den englischen Gutsbesitzern und deren Verwaltern gefürchtet, weil kein Weinkeller vor ihnen sicher war.

Im Allgemeinen treiben die ›sidhe‹ mit Besserwissern, Erbsenzählern, Dünnbrettbohrern, Pfennigfuchsern und anderen blöden Zeitgenossen gern ihren Schabernack. Sie verzehren sich aber auch in aussichtsloser Liebe zu der Schönheit junger Mädchen, die sie gelegentlich entführen; überhaupt lockt sie irdische Schönheit unwiderstehlich an, sei es in menschlicher Gestalt, Musik oder Poesie. Deshalb rauben sie die schönsten Kinder – allerdings ausnahmslos Knaben – aus der Wiege und lassen statt ihrer Elfengeschöpfe, häßliche, krielköpfige Wechselbälger, zurück. Besserwisser würden sagen, daß die Elfen oft als Erklärung für die Folgen der Trunksucht haben herhalten müssen, aber was verstehen die schon davon?

Obwohl die ›sidhe‹ ihre Gestalt beliebig verändern können, meist, um den Nichtsahnenden, der sich in ihre Gefilde verirrt, zu Tode zu erschrecken, werden die ›trooping fairies‹ doch von den Wenigen, die sie unbemerkt bei ihren Tänzen beobachteten oder zu denen sie Zutrauen faßten, als luftige, fast durchsichtige, etwa fingergroße Gestalten von zauberischer Anmut beschrieben. Stets haftet ihnen etwas Kindliches an: Willkür, Boshaftigkeit, Ausgelassenheit, aber auch Weisheit und Gerechtigkeit. »Wenn sie in Erinnerung des ursprünglichen Lichtes wohlwollend und freundlich gegen die Menschen scheinen, so treibt sie das böse Element in ihrer Natur zu heimtückischen und verderblichen Streichen. Ihre Schönheit, die wunderbare Pracht ihrer Wohnungen, ihre Fröhlichkeit ist dann nichts als ein falscher Schein, und ihre wahre Gestalt von abschreckender Häßlichkeit erregt Grausen. Erblickt man sie in seltnen Fällen bei Tag, so zeigen sie ein von Alter eingefallenes oder, wie man sich ausdrückt, welkem Blumenkohl ähnliches Gesicht, eine kleine Nase, rote Augen und das weiße Haar eines steinalten Greises.« (Brüder Grimm, *Die Elfen in Irland: Das stille Volk*)

Sogar heute spielen sie noch oft eine ökologische oder kulturbewahrende Rolle: Die Ringforts, Dolmen und andere Relikte aus megalithischer Zeit sind für die Mehrzahl der Bauern nach wie vor tabu, und viele Pflanzensorten und ganze Landschaften werden eher aus Aberglauben als durch behördliche Verordnungen geschützt – oder ausnahmsweise nicht in Nutzflächen verwandelt.

Die Elfen haben drei besondere Festtage: Die Nacht auf den ersten Mai (unsere Walpurgisnacht), Mitsommernacht und die Nacht auf Allerheiligen (samhain). Besonders an Mitsommernacht tun hübsche Mädchen gut daran, nicht ohne Begleitung auszugehen – wenn die ›sidhe‹ sie erspähen, könnten sie ein paar Tage darauf wie Rip van Winkle in Washington Irvings Erzählung zurückkehren, um ihr Dorf und ihre gewohnte Umgebung um Jahrhunderte verändert zu finden. Denn in Gesellschaft der Elfen steht die Zeit still. Der Feenbereich, ›the realm of faerie‹, wird Tir-nan-Og genannt, ›das Land der Jugend‹. Es ist eine Parallelwelt, überall und nirgends, und immer in der Nähe. Die ›sidhe‹ sollen unsterblich sein, obwohl der Mystiker, Maler und

Poet William Blake steif und fest behauptete, er wäre bei einer ihrer Beerdigungen dabei gewesen.

An Samhain, dem 31. Oktober (dem amerikanischen ›Halloween‹) geht die ›pooka‹ um, ein elfisches, phosphorisch leuchtendes Gespenst, zuweilen mit dem Kopf eines Pferdes und dem Körper eines jungen Mannes. Sie gehört zur Gefolgschaft der Elfenkönigin Maeve – Shakespeares ›Queen Mab‹; aus der ›pooka‹ wird bei ihm ›Puck‹ –, treibt einem durch Zauberei die Nase in den Kopf und liebt es, Gesichter auf wunderliche Art zu entstellen. Auf einsamen Friedhöfen trifft man manchmal den ›dullaghan‹, der seinen Kopf nach Belieben auf- und absetzen kann; man erkennt ihn meist an der dicken Ausbuchtung in seiner Rocktasche, denn dort pflegt er sein müdes Haupt zu betten, wenn er sich nicht gerade mit anderen ›dullaghans‹ bei einer nur unter ihnen gebräuchlichen Form des Ballspiels – zu dem sie ihre Köpfe benutzen – vergnügt.

In Irland gibt es eine ganze Reihe von Elfenköniginnen, die in den Provinzen über verschiedene Reiche regieren. In jedem dieser Hofstaaten besitzt jedoch nicht die Königin die höchste Macht, sondern ihr Narr, Amadan-na-Briona. Er gilt als der launischste, bösartigste und gefährlichste von allen, und wer sich seinen Unwillen zuzieht und von ihm verwunschen wird, ist unrettbar verloren. (Die politischen und gesellschaftlichen Strukturen von Tir-nan-Og haben also eine starke Ähnlichkeit zu unseren diesseitigen, man braucht bloß an George Bush und viele andere Staatsoberhäupter zu denken, oder an deutsche Fernsehchefs.)

Man kann nun die Existenz solcher Phänomene vehement bestreiten oder sie durch parapsychologische Forschungen zu beweisen suchen, den ›sidhe‹ ist das völlig gleichgültig. Wir müssen nicht unbedingt an Elfen glauben, um Gefallen an ihnen zu finden, und die meisten Iren halten es damit genauso.

Literaturverzeichnis (Auswahl)

Alf Åberg: Irland, Insel des Unfriedens. Goldmann, München 1971

J. Romilly Allen: Die Kunst der Kelten. Fourier, Wiesbaden 1998

Anthony Bluett: Things Irish. Mercier Press, Dublin 1994

Sylvia und Paul F. Botheroyd: Lexikon der keltischen Mythologie. Diederichs, München 1995

Henry Boylan (ed.): A Dictionary of Irish Biography. Gill & Macmillan, Dublin 1998

Thomas Cahill: Wie die Iren die Zivilisation retteten. btb, München 1998

Sir Roger Casement: Meine Mission nach Deutschland während des Krieges. Geibel, Altenburg 1925

S. J. Connolly (ed.): The Oxford Companion to Irish History. Oxford University Press, Oxford 1998

Peter Costello: The Irish 100. Simon & Schuster, London 2001

John Cowell: Dublin's Famous People. O'Brien Press, Dublin 1996

K. S. Daly: Ireland. An Encyclopedia for the Bewildered. Aurum Press, London 1999

Ciarán Deane: The Guinness Book of Irish Facts & Feats. Guinness Publishing, Dublin 1994

Aubrey Dillon-Malone (ed.): The Guinness Book of Humorous Irish Anecdotes. Guinness Publishing, Dublin 1996

Miles Dillon/Nora K. Chadwick: Die Kelten. Kindlers Kulturgeschichte Europas, Bd. 6., dtv, München 1983

Diverse: Irland. DuMont visuell, Köln 1995

Roddy Doyle: Henry der Held, übers. v. Renate Orth-Guttmann. Wolfgang Krüger, Frankfurt a. M. 2000

Terry Eagleton: Die Wahrheit über die Iren. C. H. Beck, München 2000

Ruth D. Edwards: James Connolly. Gill & Macmillan, Dublin 1998

Richard Ellmann: Yeats – The Man and the Masks. Penguin Books, London 1979

Martin Elsasser: Germany and Ireland. Brookside, Dublin 1997

Jürgen Elvert: Geschichte Irlands. dtv, München 1993

Catherine Fahy: W. B. Yeats and his Circle. The National Library of Ireland, Dublin 1989

Gerald of Wales: The History and Topography of Ireland. Penguin Books, London 1982

Brüder Grimm: Irische Elfenmärchen. Insel, Frankfurt a.M. 1987

John Haney: Charles Stewart Parnell. Chelsea House, New York 1989

Peter Harbison: Pre-Christian Ireland. Thames & Hudson, London 1988

Elizabeth Healy: Literary Tour of Ireland. Wolfhound Press, Dublin 1995

Henry Hobhouse: Sechs Pflanzen verändern die Welt. Klett-Cotta, Stuttgart 1987

Robert Hogan (ed.): Dictionary of Irish Literature. Greenwood Press, Connecticut 1979

Merlin Holland: Das Oscar-Wilde-Album. Blessing, München 1998

Humaira Husain u. a. (ed.): Dublin Traditions. hamlyn, London 2000

Vivien Igoe: A Literary Guide to Dublin. Methuen, London 1999

Brian Inglis: Roger Casement. Hodder & Stoughton, London 1973

Eberhard Jacobs und Eva de Vitray: Heinrich VIII. von England in Augenzeugenberichten. dtv, München 1980

James Joyce: Ulysses, übertragen von Hans Wollschläger. Suhrkamp, Frankfurt a.M. 1981

Ders.: Kleine Schriften, übertragen von Hiltrud Marschall und Klaus Reichert. Suhrkamp, Frankfurt a.M. 1987

Ders.: Anna Livia Plurabelle, übertragen von Wolfgang Hildesheimer. Suhrkamp, Frankfurt a.M. 1971

Ders.: Dubliner, übertragen von Dieter E. Zimmer. Suhrkamp, Frankfurt a.M. 1994

P.W. Joyce: Irish Local Names Explained, 1923. Reprint Roberts Books, Dublin 1996

John Keating: Irish Famine Facts. Teagasc, Dublin 1996

Conan Kennedy: Ancient Ireland: The User's Guide. Morrigan Books, Dublin 1997

Brendan Kennelly (ed.): The Penguin Book of Irish Verse. Penguin Books, London 1976

Declan Kiberd: Irish Classics. Granta Books, London 2000

Conor Kostick/Lorcan Collins: The Easter Rising. A Guide to Dublin in 1916. O'Brien Press, Dublin 2000

Georg Krämer: Mord und Terror. Britischer Imperialismus: Nordirland. Fischer Taschenbuch Verlag, Frankfurt a.M. 1972

W.E.H. Lecky: History of Ireland in the Eighteenth Century. London 1892

Pat Liddy: Dublin Today. Irish Times Publication, Dublin 1984

Morgan Llywelyn: A Pocket History of Irish Rebels. O'Brien Press, Dublin 2000

Ders.: The Vikings in Ireland. O'Brien Press, Dublin 1996

Brenda Maddox: Nora. Das Leben der Nora Joyce. btb, München 1998

Micheál MacLiammoir/Eavan Boland: W.B. Yeats. Thames & Hudson, London 1971

Elsemarie Maletzke: Irish Times. Unterwegs in Irland und Schottland. Schöffling & Co., Frankfurt a.M. 1996

Dies. (Hrsg): Dublin. Ein literarisches Porträt. Insel, Frankfurt a.M. 1996

Phillip L. Marcus: Standish O'Grady. Bucknell University Press, New Jersey 1970

Flann O'Brien: Golden Hours, übertragen von Harry Rowohlt. Haffmans, Zürich 2001

Jacqueline O'Brien und Peter Harbison: Das alte Irland. Bechtermünz, Augsburg 1997

Dies. und Desmond Guinness: Dublin. A Grand Tour. Weidenfeld & Nicolson, London 1994

Dies. und Desmond Guinness: Great Irish Houses and Castles. Weidenfeld & Nicolson, London 1992

Kit und Cyril Ó Céirin: Women of Ireland. Tir Eolas, Galway 1996

Leonard P. O'Connor Wibberley: The Trouble With the Irish. Henry Holt, New York 1956

Ulick O'Connor: Celtic Dawn. A Portrait of the Irish Literary Renaissance. Town House, Dublin 1999

David O'Donoghue: Hitler's Irish Voices. Beyond the Pale Publications, Belfast 1998

Peter O'Dwyer O Carm: Towards a History of Irish Spirituality. The Columba Press, Dublin 1995

Hans-Christian Oeser: Treffpunkt Irland. Ein literarischer Reiseführer. Reclam, Stuttgart 1996

Daithi O hOgain: Myth, Legend & Romance. An Encyclopaedia of the Irish Folk Tradition. Prentice Hall Press, New York 1991

Peter Pearson: The Heart of Dublin. O'Brien Press, Dublin 2000

David Pierce: James Joyces Irland. Bruckner und Thünker, Basel 1996

Charles A. Read: The Cabinet of Irish Literature. 4 Bde, Blackie, London 1880

George Sigerson: Bards of the Gael and Gall. T. Fisher Unwin, London 1907

Peter Somerville-Large: Dublin, the Fair City. Sinclair Stevenson, London 1996

Jacob Streit: Sonne und Kreuz. Freies Geistesleben, Stuttgart 1993

Jonathan Swift: Betrachtungen über einen Besenstiel. Satiren. Bund-Bibliophil, Köln 1984

Alan Titley: A Pocket History of Gaelic Culture. O'Brien Press, Dublin 2000

Loreta Todd: Green English. Ireland's Influence on the English Language. O' Brien Press, Dublin 1999

Guiseppe Tomasi di Lampedusa: Morgenröte der englischen Moderne. Wagenbach, Berlin 1995

Sibylle von Reden: Die Megalith-Kulturen. DuMont, Köln 1989

Patrick F. Wallace: A Guide to the National Museum of Ireland. Town House, Dublin 2000

John Edward Walsh: Rakes and Ruffians. The Underworld of Georgian Dublin, 1847. Reprint Four Courts Press, Dublin 1979

Robert Welch: Oxford Concise Companion to Irish Literature, Oxford University Press, Oxford 2000

William Butler Yeats: Autobiographie. Luchterhand, Frankfurt a.M. 1991

Herbert Ypma: Klassisches Irland. Knesebeck, München 1999

Wolfgang Ziegler: Irland. DuMont, Köln 1993

Nachweise

Bilder

The Board of Trinity College Dublin, Photo: Pieterse-Davison International: 92
The Irish Times: 258
Irish Tourist Board, Dublin: 75, 157
Kai Ulrich Müller, Berlin: 90, 198
National Monuments Record: 108
The National Gallery of Ireland: 119, 132, 145, 147
The National Library of Ireland: 223
Office of Public Works, Dublin: 260
Sean Ó Mórdha und Radio Telefís Eireann, Dublin: 111
Harry O. Sedlmair, München: 53, 123, 176, 181, 190, 193, 196, 207
Verlagsarchiv: 67, 80, 97, 128, 217, 248
Fulvio Zanettini / laif, Köln: 237

Zitate

167-168: Elsemarie Maletzke, Irish Times. Unterwegs in Irland und Schottland. Frankfurt am Main: Schöffling & Co. Verlagsbuchhandlung GmbH 1996, S. 77-79 (aus ›Willie und Maud‹).
205-206: Flann O'Brien, Golden Hours. Die goldenen Stunden des Myles na gCopaleen. Deutsch von Harry Rowohlt. Zürich: Haffmans Verlag AG 2001, S. 36-37, © der deutschen Übersetzung Harry Rowohlt.
208-209: Roddy Doyle: Henry der Held. Aus dem Englischen von Renate Orth-Guttmann. Frankfurt am Main: Wolfgang Krüger Verlag GmbH 2000, Kap. 6, S. 111-112.

Abdruck mit freundlicher Genehmigung der Rechteinhaber und lizenzgebenden Verlage.

Personenregister

Ortsregister